서울대학교
학생선발
지침

서울대학교 학생선발지침 자유화 파탄, 대학 평준화로 뒤집기

발행일 ▶ 2008년 2월 20일(1판 1쇄)

지은이 ▶ 하재근
발행인 ▶ 유현종

편집 김재원, 전현선 / 디자인 박근영 / 마케팅 이삼영 / 관리 김양희

발행 ▶ **포럼**
등록 ▶ 제300-2003-212호
주소 ▶ 서울시 마포구 서교동 247-30 301호(121-836)
전화 ▶ 02-337-3767
팩스 ▶ 02-337-3731
이메일 ▶ eforum@korea.com

ⓒ 2008 하재근

값 18,000원
ISBN 978-89-92409-20-9 03300

무단 전재와 복제를 금합니다.
저자와의 협의에 의해 인지는 생략합니다.
잘못된 책은 구입하신 곳에서 바꿔드립니다.

자유화 파탄, 대학 평준화로 뒤집기

서울대학교 학생선발 지침

하재근

포럼

머리말

도박장 학교, 정글 사회

지구상에 존재하는 선진국 중에 우리와 같은 극심한 승자독식 사회는 없다. 우리는 아주 어렸을 때부터 성적서열에 의해 사람의 지위가 갈려야 한다는 것을 집요하게 세뇌당한다. 사회, 언론, 부모, 교사 등 모든 통로로부터 대한민국 국민은 십대 후반 입시성적서열이 곧 평생 동안 인간으로서의 서열이 될 것이라고 귀에 못이 박히도록 듣게 된다. 그리하여 상위 서열, 즉 상위 학벌의 권력독점을 모두가 너무나 당연하게 여기는 나라가 된다. 승자독식 구조가 형성되는 것이다.

이 승자독식체제에 걸린 판돈은 너무나 크다. 사실상 인생 전체가 걸렸다. 그리하여 모두가 참여하는 'All or Nothing'의 도박판이 된다. 모든 것을 걸고 승자가 모든 것을 갖는다. 전 국민이 몰두하는 이 도박판이 바로 교육이다. 그리하여 우리 교육은 마치 경마장이나 도박장과도 같은 풍경이 된다. 탐욕과 절망, 이기심과 증오라는 유령이 한국사회를 배회하고 있다.

　우리만 가지고 있는 이 특이한 승자독식 입시체제는 곧 승자독식형 사회로 연결된다. 아주 어렸을 때부터 승자가 모든 것을 다 갖고 패자는 그 밑에서 굴종하는 것이 당연하다고 세뇌받기 때문에 사회가 점점 승자독식형으로 변해가는 것이다. 그리하여 경제지표가 아무리 좋아져도 그 과실을 소수가 독식하는 사회로 진화한다. 기업 중에서는 대기업이, 개인 중에서는 중상층이, 대학 중에서는 일류대가, 지역 중에서는 서울이, 즉 강자, 승자가 모든 과실을 독식하고 패자, 약자는 점차 고사해가는 나라가 된다. 지배와 멸시, 군림과 굴종의 사회가 된다.

　승자독식체제에서 양극화가 심해짐에 따라 점차 일반인들이 지배층, 부자들을 증오하는 사회가 된다. 한 신문사의 조사에 의하면 조사 대상자 중 67%가 '부자가 밉다'고 밝혔다. 이렇게 되면 국가통합의 근간이 흔들리기 시작한다. 어떤 사회에 신뢰가 무너지고 그 자리에 불신과 원망이 자리하게 되면 그 사회의 안정성도 무너지게 된다. 이렇게 되면 결국 기업 하기 힘든 나라가 된다. 경제가 어려워지는 것이다. 경제뿐만이 아니라 민주주의 하기도 힘든 나라가 된다. 정치적인 불안정, 극단적인 투쟁의 일상화로 대화와 타협의 선진적인 정치가 불가능해진다.

　승자독식 구조는 아무리 경제가 성장하고 거시지표가 호전되어도 모든 국민을 불행하게 만든다. 어차피 모든 과실이 승자집단에게 독점되기 때문에 거시지표가 좋으면 좋을수록 오히려 일반 국민의 상대적 박탈감이 커져, 지표와 실질적인 국민 삶의 질이 서로 반비례하는 기현상이 일어난다. 지금 이 순간에도 사상 최대로 치솟는 주가폭등과 민생 파탄이 함께 진행되고 있다. 왜냐하면 사상 최대 주가의 과실을 향유하는 건 소수의 승자 그룹뿐이기 때문이다.

전통적인 지역차별은 승자독식 구조에서 더욱 심화된다. 그리하여 호남은 지금대로 가면 미구에 초등학생이 사라질 수도 있다. 그러나 승자들이 사는 서울 특정 지역엔 아이들이 몰려들고 있다. 즉 출산율에 따른 공동화라는 지표가 각 지역별로 전혀 다르게 적용되는 것이다. 지금 우리나라에서 결혼하는 여덟 쌍 중 한 쌍이 국제결혼이라고 한다. 서울에 사는 나는 국제결혼을 한 번도 본 적이 없다. 이것도 지방의 일일 것이다. 이런 식으로 승자독식 구조는 모든 종류의 거시지표를 공허하게 만들어 국민 공통의 국가적 목표를 실종시킨다.

소수 승자의 세상과 다수 패자의 세상이 전혀 달라지면 정부가 거시지표를 제시하면서 아무리 국민에게 자신감을 갖자거나, 희망을 갖자고 해도 오히려 정치에 대한 냉소만 커진다. 그리하여 결국 국가적 리더십이 와해된다. 어느 사회도 리더십이 와해되어서는 발전할 수 없다.

어차피 소수 승자가 모든 과실을 독식하고, 다수 패자가 무시당한다면, 모두가 함께 노력해 무언가를 성취한다는 국가발전의 지향성은 있을 이유가 없다. 저마다 자기 자신만 승자가 되기 위해 이기적인 무한투쟁을 개시한다. 그것이 사교육 경쟁, 재테크 경쟁, 고시 경쟁 등이다. 모든 국민이 서로에 대해 투쟁하는 정글이 되는 것이다. 학교는 도박장, 사회는 정글. 이런 나라의 미래는 없다. 그러므로 승자독식 구조는 우리 공동체의 자해행위다. 1990년대 이래 우리는 점차 승자독식 구조가 심화되는 것을 목도하고 있다. 이 자해적 정글에서 탈출해야 한다. 국민이 이 정글에서 얻을 건 절망과 고통뿐이다. 국민을 고통으로부터 탈출시켜야 한다. 이 책에선 대학서열체제 혁파가 바로 탈출구라고 지적한다.

　이 책은 참여정부 말기에 쓰여진 것이다. 출판을 준비하는 과정에 대선이 치러졌고 이명박 후보가 당선됐다. 거기에 맞춰 내용을 수정하지 않은 이유는 크게 달라질 것이 없기 때문이다. 이 책은 김영삼 정권부터 노무현 정권까지 자유화라는 하나의 흐름이 이어진다고 주장한다. 이명박 후보의 당선은 자유화의 연장에 불과하다. 그러므로 이 책의 내용은 여전히 유효하다. 이명박 대통령의 등장은 15년 자유화 정권이 20년 장기집권체제로 간다는 걸 의미한다.

　그에 따라 자유화 파탄은 더 심화될 걸로 보인다. 이 책의 문제의식은 단순한 반독재, 반부패 정도로는 국가를 바로세울 수 없다는 데 있다. 현재의 민생 파탄은 독재나 부패가 아니라 자유화 때문에 벌어진 일이다. 이 책의 목적은 그것에 대항하는 것이다. 여전히 자유화 정권이 이어지고 있으니 이 책의 경고도 현재진행형이다.

2008년 1월
하재근

차례

머리말 도박장 학교, 정글 사회 · 4

여는 깃발

국민 다수를 배제하는 교육, 황당한 나라 · 13 / 대학 평준화가 살 길이다 · 17
자유를 타격하라 · 27 / 이 책에서 말하고자 하는 것 · 29

첫째 몸통 자유화 파탄

왜 우리는 못 살게 되었을까 · 35 / 과거엔 다른 구조였다 · 51
소비자 주권과 우리가 당한 민주화 잔혹사 · 79
주주행동, 자산가들의 분배 카니발 · 94 / 노조가 파탄의 원인인가 · 119
인간성 파괴, 파탄으로 가는 개혁 · 132 / 첫째 몸통 정리 · 139

둘째 몸통 자유화 교육 파탄

파탄의 시작 5.31 교육개혁 · 143 / 자사고-특목고, 교육 먹는 괴물의 습격 · 164
자유화 파탄 구조와 자사고, 특목고는 어떻게 연결되는가 · 178
개방형 자율학교 쇼쇼쇼 · 183
국립대 법인화, 교육 파탄, 민생 파탄, 국가성장동력 파탄, 3중 파탄의 결정판 · 201
둘째 몸통 정리 · 219

셋째 몸통 자유화를 하든 독재를 하든
　　　　　　　대학서열체제로 인한 파탄

핵심 중의 핵심 학벌사회, 대학서열체제 · 225 / 사교육에 먹힌 공화국 · 226
영원토록 벗어날 수 없는 가난 · 233 / 아이들 인간성 파탄 · 238
뻔뻔한 지배자, 양순한 노예 · 248 / 신분제와 교육 파탄 · 260
시민은 없다, 공화국도 없다 · 263 / 인재도 없고 학문 지식도 없다 · 270
지역사회 파탄, 부동산 망국 · 283 / 저출산, 죽어가는 나라 · 293
엄마들이 무의미하게 소모되는 나라 · 297 / 매력적이지 않은 불임의 나라 · 303
학교를 사회적 자본의 용광로로 · 323 / 나라 뒤집기 · 343
우롱 각시 교육부의 2008년 입시안 쇼쇼쇼 · 362 / 무슨 짓을 해도 안 된다 · 380
2007년 대선, 무슨 짓인가는 하려 했으나 · 387 / 셋째 몸통 정리 · 399

닫는 깃발

자유와 민주를 넘어 공화국으로 가자 · 403 / 평준화로 가자 · 423

참고문헌 · 437

이 나라가 '우리나라' 맞습니까? 이 나라는 '그들'의 나라인 것 같습니다. 기업의 소유권자로 등장한 '그들(주주)', 부동산 및 각종 자산의 소유권자로 등장한 '그들' 말입니다. '우리나라'가 아닌 '당신들의 나라'. 혹시나 자기 자식도 '우리나라' 국민이 될 수 있을까 싶어 사교육비를 쏟아 붓지만 '우리나라' 국민증은 매우 비쌉니다. 독재 대 반독재 민주화투쟁 구도는 그 시효가 다하고 있습니다. 이젠 자유에 대한 싸움으로 국면을 전환해야 합니다. 이젠 독재에 맞서 싸우는 것이 아니라 수요자로서, 경제주체로서 자기 자신의 욕망에 맞서 싸워야 합니다. 그래야 경제적 활력과 사회적 정의, 모든 것이 제자리로 돌아옵니다.

국민 다수를 배제하는 교육, 황당한 나라

학벌사회는 상층 학벌에 의해 지배되는 사회를 말합니다. 모두가 일류대에 들어가려고 경쟁하지만, 성공하는 사람은 극소수입니다. 왜냐하면 일류대 자체가 극소수니까요. 즉 학벌사회 입시는 국민 절대다수를 패배자로 낙인찍는 게임인 것이지요. 그렇게 낙인찍히는 국민은 누구입니까?

이젠 익숙해져버린 플랜카드들이 있습니다. "베트남 처녀와 결혼하세요." 그 외에도 어디어디 처녀 매우 많았지요. 그 처녀들이 시집와서 아이를 낳았을 겁니다. 그 아이들도 다 한국인입니다. 그런데 그 아이들이 커서 명문대에 들어갈 수 있을까요? 십중팔구는 지방대나 삼류대에 들어갈 것입니다. 아니면 대학에 못 가거나. 제 말이 맞나요? 당연히 별 무리 없이 동의가 될 겁니다. 그럼 명제 하나가 나왔습니다.

혼혈 아이들은 삼류대나 지방대에 갈 것이다.

그럼 여기서 드는 의문. 대한민국 교육이 인종차별을 하나요? 사람 생김새 봐가면서 아이들 진학시키나요? 이 나라가 그럴 정도로 타락했을까요? 그럴 수도 있고 아닐 수도 있겠지요. 확실히 하기 위해 수식어를 하나 붙여봅시다.

'부잣집' 혼혈 아이들은 삼류대나 지방대에 갈 것이다.

맞습니까? 아닐 겁니다. 이 명제에 동의가 되는 분은 별로 없으시겠지요? 다행히 우리나라 교육이 혈통, 인종, 피부색 등으로 사람을 가려 뽑는 짓은 안 하나 보군요.

그렇다면 문제는 혼혈 여부가 아니라 부자냐 아니냐에 있었다는 얘기가 됩니다. 그러면 처음의 명제를 이렇게 바꿔도 말이 되겠네요.

가난한 집 아이들은 삼류대나 지방대에 갈 것이다.

최근 처녀 수입에 의한 결혼은 주로 지방에서 많이 이루어졌습니다. 그러면 이런 명제도 나오겠네요.

지방 아이들은 삼류대나 지방대에 갈 것이다.

그런데 이런 말이 가능할까요?

가난한 집 아이들이나 지방 아이들은 부유층, 서울 강남 아이들보다 저열한 인종으로 태어난다.

말도 안 됩니다. 날 때는 똑같은 사람으로 태어나는데도 결과적으로 부유층 아이들, 서울 강남 아이들이 상위 학벌을 독점합니다. 그렇다면 이런 말도 성립하겠군요.

대한민국 교육은 인종차별을 하진 않지만, 가난한 집 아이들과 지방민을 차별·배제한다.

혼혈은 내부의 이방인입니다. 우리이되 우리가 아닌 것이지요(그것이 옳다는 것이 아니라 지금까지 그렇게 구획되어왔다는 것입니다).
가난한 국민, 지방민들이 혼혈인들과 마찬가지로 명문대로부터 배제당한다면 이런 말도 가능합니다.

가난한 집 아이들과 지방민은 우리 내부의 이방인이다.

그런데 누가 가난합니까? 90년대 이후 국민 다수가 불안정한 계층으로 전락했습니다. 잘나간다는 서울만 하더라도 강남 등 일부 지역을 빼고 나면 누구도 중산층이라 장담할 수 없는 지경입니다. 결국 명문대에 못 갈 가난한 집과 지방민을 합치면 국민 다수, 국민 일반이 된다는 소립니다. 그렇다면 이런 말도 가능하지요.

대한민국 교육은 강남 등 소수 부유층을 제외한 국민 일반을 이방인으로 소외시킨다.

교육은 전 국민에게 기회를 주기 위한 것이어야 합니다. 하지만 이것은 대한민국에서 참이 아니지요. 거짓입니다. 참인 명제는 이것입니다.

대한민국 교육은 다수 국민의 기회를 박탈하기 위한 것이다.

옛날엔 '개천에서 용 난다'는 신화가 있었습니다. 그 당시엔 경제가 성장하면 국민의 실질소득도 올라가고 삶의 질도 향상되고, 중소기업도 함께 좋아졌습니다. 민주화 후 자유화 개혁이 감행되자 부자들과 대기업, 지표만 저 혼자 날아가고 국민은 버려졌습니다.

이젠 '개천에서 용이 나는' 신화는 없습니다. 부모는 구조조정과 유연화로 당대의 삶을 박탈당하고 자식은 미래를 박탈당했습니다. 자기 자식의 기회를 박탈당하지 않기 위해, 박탈당하지 않을 수 있다는 희망을 품고 오늘도 부모들은 사교육비를 쥐어짭니다. 하지만 부유층이 쓰는 돈을 따라갈 순 없지요.

학벌사회 교육제도 → 극소수를 제외한 절대다수가 패배자로 낙인찍힘 → 그 기준은 부모의 재산

학벌사회는 나라를 지배자와 패배자, 두 조각으로 쪼갭니다. 경제부문이 국민을 두 조각으로 내더라도, 교육은 국민을 차별하지 말고 자식들을 다 하나처럼 길러 동등한 경쟁 조건을 마련해줘야 합니다. 교육마저 국민들 가르면 나라가 쪼개집니다. 붕괴되는 것이지요. 그런데 우리 교육은 유연화의 대상으로 전락해 허덕이는 국민의 자식들에게 "저리 꺼져!"라고 말하고 있습니다.

자유화로 국민 빈곤화 → 그 자식들은 교육비가 없어 분리당함 → 당사자도 배제당하고, 자식도 배제당하는 엎친 데 덮친 파탄

이 나라가 '우리나라' 맞습니까? 이 나라는 '그들'의 나라인 것 같습니다. 기업의 소유권자로 등장한 '그들(주주)', 부동산 및 각종 자산의 소유권자로 등장한 '그들' 말입니다. '우리나라'가 아닌 '당신들의 나라'. 혹시나 자기 자식도 '우리나라' 국민이 될 수 있을까 싶어 사교육비를 쏟아붓지만 '우리나라' 국민증은 매우 비쌉니다. 소비자 주권, 수요자 중심주의에서 국민증은 결국 능력 있는 '소비자'만 구매할 수 있는 것입니다.

대학 평준화가 살 길이다

대학서열체제는 기가 막히게 아이들을 재산순으로 분리합니다. 이런 식으로 교육이 아이들을 재산별로 분리한다면 패배자로 낙인찍히는 사람들은 분노하는 것이 정상입니다. "나에게, 내 자식들에게 패배자 낙인이 찍혀야 할 이유가 무엇인가!" 하지만 일반 국민들이 오히려 더 학벌사회를 옹호하는 현상을 자주 목도합니다.

왜 대한민국 국민들은 패배가 예정되어 있는 게임에 뛰어들까? 왜 부당하게 낙인이 찍히고도 분노하지 않고 오히려 그 체제를 옹호할까? 너무 이상합니다. 국민들은 오늘도 헛된 꿈을 꾸며 사교육비를 쏟아 붓습니다. 그리고 학벌체제에 열렬히 가담합니다. 자신에게, 그리고 자신의 자식들에게 패배자 낙인을 찍고야 말 그 체제에 말입니다.

정부에서 주장하는 대로 정말 학교만 열심히 다니면, EBS 과외만 받으면, 방과후학교만 다니면 일류대 갈 수 있을까요? 정말 한 달에 사교육비 몇십만 원 정도만 쥐어짜면 노동자 자식들도 일류대에 갈 수 있을까요? 계산은 간단합니다. 못 사는 사람이 사교육비 십만 원 쓰면 잘 사는 사람은 삼십만 원, 사십만 원 씁니다. 그걸 이십만 원, 삼십만 원 쫓아가면 이번엔 오십만 원, 백만 원으로 달아납니다. 투입이 다릅니다. 투입이 다르면 당연히 산출도 다릅니다. 어차피 극소수만 승리자가 되는 구조에서 승리자는 정해져 있습니다. 처음부터 결과가 정해진 불공정 경쟁입니다.

대학서열체제에서 끄트머리에 놓인 지방의 형편은 지금 어떻습니까? 지방공동화를 모르는 사람은 없습니다. 학벌사회의 끄트머리에 놓인 도시 중하층민들의 형편은 지금 어떻습니까? 주주와 기업에 피 빨리며 간신히 번 돈은 모두 집값과 사교육비로 쏟아 붓고 내일이 없는 삶을 살고 있습니다.

여기서 안전하게 벗어나 있는 국민이 몇 퍼센트나 될까요? 대학서열체제-학벌사회는 그 몇 퍼센트 안 되는 극소수 사람들만의 잔치입니다. 마치 우리나라의 공허한 경제지표 같습니다. 나머지 국민들은 처음부터 소외가 예정되어 있습니다. 국민 다수가 소외되는 사회. 그런 나라가 온전할 리 있습니까? 패배자들이 사는 나라가 약동할 수 있습니까? 그런 나라에 미래가 있겠습니까? 혹시나 극소수 일류학벌 지배층이 나머지 전 국민을 이끌고 나라를 발전시켜줄까요?

나는 지금 발전을 말하고 있습니다. 교육제도가 사라져가는 발전의 역동성을 확인사살하고 있습니다. 이제 교육을 통해 개천에서 용이 나던 시대는 끝났습니다. 사회의 역동성이 사라진 것이지요. 그러자 발전의 에너지도 소진되어버렸습니다. 당연하지요. 절대다수 국민을 소외시키는 나라가 무슨 재주로 발전한단 말입니까?

사회 양극화, 교육격차 → 국가 역동성 소멸 → 발전 에너지 소진

불평등과 양극화는 심화시키면서 나라 발전도 못 시키고, 인재도 못 기르는, 아무짝에도 쓸모없는 '먹통' 같은 학벌체제. 다수 국민을 기회로부터 배제하는 대학서열체제. 인구 5천만도 안 되는 나라가 다 함께 뛰어도 모자랄 판에 소수에게만 기회를 쥐어주고 그 소수가 나라를 먹여 살릴 거라고 기대하고 있습니다. 물론 그 소수는 부잣집 자식들이구요. 정말로 그 소수가 공동체를 살릴 수 있을까요?

잘 사는 소수 집안의 자식들에게만 기회를 쥐어줬던 역사를 우리는 너무도 잘 알고 있습니다. 신라, 고려, 조선, 모두 그랬었지요. 국민 다수를 배제하고 특정 집단에게만 국가를 지도할 엘리트 교육을 시켰던 나라들입니다. 그 나라들의 말로가 어땠습니까? 대한민국이 그 패망한 나라들의 전철을 밟아야 하나요? 문제의 근원은 대학서열체제입니다.

그곳을 어쩌란 말이냐? 평준화합니다. '뭐라고? 고교 평준화처럼 하자고?' 네, 그렇습니다. '무슨 소리냐? 고등학교처럼 대학을 획일화시키잔 말이냐?' 아닙니다. 고교 평준화와 고교 획일화가 무슨 상관이 있나요? 평준화 지역과 비평준화 지역 사이에 고교생들의 학습내용에 차이가 있나요? 평준화를 하든 비평준화를 하든 교육내용하고는 아무런 상관이 없습니다. 평준화라는 단어는 단지 입시서열 폐지를 의미할 뿐입니다.

대한민국의 대학서열도 대학 자체의 교육력, 연구력과는 아무런 상관이 없습니다. 단지 입시성적서열과 관계 있을 뿐입니다. 그러므로 대학을 평준화시키기 위해서 각 대학의 교육과정을 통일한다든가 할 필요는 없습니다. 입시만 칩니다. 학교별로 입시성적이 갈리는 현상, 그것을 없애야 합니다. 즉 학교별 입시성적(커트라인)을 평준화하는 것입니다.

대학 평준화가 지금의 문제를 해결하는 데 가장 쉬운 길이며, 유일한 길입니다. 그것이 힘들다면 국립대는 국가 것이니까 국가가 마음만 먹으면 지금 당장이라도 평준화할 수 있습니다. 그러므로 국립대 평준화는 가장 쉬운 길 중에서도 가장 쉬운 길입니다. 여기서부터 시작할 수 있습니다.

국립대 무상 평준화 + 인재할당제 + 국립대 확대 강화(사립대 흡수)

이것이 한국사회를 뒤집어 우리나라에 다시 희망의 역동성을 부를 일격이 됩니다. 이중에서도 핵심은 물론 평준화입니다. 무상 교육은 예산 문제가 걸리지만 평준화는 그야말로 '당장' 할 수 있습니다. 학교별 입시성적을 평준화한다는 것은 각 학교의 학생선발권을 국가가 몰수한다는 뜻입니다. 물론 소비자·수요자들도 학교선택권을 포기할 것을 결의해야 합니다. 이것은 학교와 수요자가 공히 이기심의 자유를 포기하는 것으로서,

교육에서 이기심을 추방하고 연대 정신을 회복하는 것입니다.

학교의 학생선발권 : 포기 / 몰수
수요자의 학교선택권 : 포기 / 몰수

우리는 이미 중학교, 고등학교 입시를 이렇게 개혁한 경험이 있습니다. 국가가 이런 개혁을 할 정도로 힘을 가졌을 때 우리나라 경제는 활력이 있었습니다. 민중의 실질소득도 더 빨리 늘어났습니다. 개천에서 용이 났습니다. 자유화로 국가의 힘이 무력해지자 국민경제에 파탄이 왔습니다. 국가의 힘이라는 건 시장에서의 이기심을 억제할 힘, 특히 강자의 이기심을 억제할 힘을 말합니다. 이 힘을 박정희 대통령은 총칼로 행사했으나, 지금은 국민의 정치적 결단으로 행사하면 됩니다. 그렇다면 대학엔 어떻게 가란 말인가? 몇 가지 방법이 있습니다.

대학입학자격고사 실시
→ 일정 성적 이상인 학생에게 평준화된 대학 입학자격 부여
내신 트랙 부가 가능
→ 일정 내신성적 이상인 학생에게도 평준화된 대학 입학자격 부여

자율적인 학교선택권은 일단 학벌사회가 사라진 후에 다시 부활시킬 수도 있습니다. 그때는 선택권을 부활시켜도 지금과 같은 입시경쟁이 없을 겁니다. 하지만 당장은 학교선택권을 강하게 규제해야 합니다. 그렇다고 선택권을 모두 없애는 건 아닙니다. 학과선택권은 그대로 둡니다. 없애는 건 학교선택권뿐입니다.

1. 일단 계열별로 지원해 나중에 전공 학과를 선택하는 방식
2. 처음부터 학과를 선택하는 방식 – 이 경우 과목별 커트라인 가능

학과선택엔 두 가지 방식이 있을 수 있습니다. 이런 기술적인 사안들은 국민이 학교선택권을 포기할 것을 결의한 후에, 전문가들이 그 정신이 구현될 방안을 여러 시뮬레이션을 통해 설계하면 됩니다. 중요한 건 평준화된 대학에 들어갈 때 학교별 입시성적 차등이 없도록 한다는 것입니다. 권역별 추첨 방식이 좋겠습니다. 계열별로 일단 선택한다면 계열별 전국 전체 정원을 정해서 그 정원에 맞게 커트라인을 정하고, 학과별 선택으로 간다면 각 학과별 전국 정원을 정한 다음 그 숫자에 맞게 커트라인을 정합니다.

학과선택권은 지금보다 훨씬 강화됩니다. 지금은 일류대를 가기 위해 학과선택권이 사실상 유명무실한 상태입니다. 일류대가 사라지면 학과선택권이 살아납니다. 그땐 극단적으로 폐쇄적인 한국의 대학들이 개방체제로 바뀝니다. 폐쇄적이라는 것은 거기에 들어가기 위해선 목숨을 걸어야 한다는 뜻입니다. 개방체제는 뜻이 있다면 아주 쉽게 들어가 공부할 수 있는 체제입니다. 대신에 공부를 못하면 졸업을 못하게 됩니다. 대학이 진짜 고등교육기관으로 변하는 겁니다. 이렇게 되면 단순한 학과선택 수준이 아니라, 일단 대학에 들어간 후에 자신이 원하는 타 캠퍼스 교수를 찾아가 배울 수도 있게 됩니다. 마치 고등학생이 전학하듯이 대학생도 전학할 수 있게 되는 것이지요. 이제 대학생이 할 일은 간판 따고 안주하는 것이 아니라 진짜 공부하는 일입니다. 교수들도 학생들 입시성적 뒤에서 서열 놀음하는 것이 아니라 진짜 학문경쟁에 나서야 합니다.

지금은 철학하면 1등대 철학과가 1등 철학과고, 2등대 철학과는 2등대 철학과일 뿐입니다. 학교별 입시커트라인으로 학과 서열, 교수 서열이 발

생하니까요. 평준화되면, 예를 들어 가 대학은 고대 그리스 철학이 강하고, 나 대학은 독일 근대 철학이 강하고, 다 대학은 프랑스 현대 철학이 강하다는 식의 학교별 학문 특성이 살아나기 시작합니다. 또는 학교나 교수별로 어디는 공공이성을 중시하는 학풍이고 어디는 개인의 자유나 욕망의 자유를 중시하는 학풍이라는 식의 백가쟁명百家爭鳴이 일어납니다. 문예부흥으로 가는 것이지요. 이때 학생들은 1등대 1등 철학과에 가야 한다는 강박관념에서 해방돼 자유롭게 자신이 원하는 학풍의 교수를 찾아갈 수 있습니다.

그렇다면 특정 학과 쏠림 현상으로 학과서열체제가 도래하지 않겠는가?

대학 평준화는 사회 소득격차를 줄이는 힘으로 작용합니다. 각 개체의 이기심과 자유를 전체에 양도해 모두의 자유와 행복을 극대화하자는 원리가 교육에서부터 파생해 사회로 나가면, 노동시장에서 중앙관리에 의해 임금격차를 줄일 동력이 생깁니다. 마치 자유화 흐름이 십수 년 동안 거침없이 질주하면서 한국사회를 뒤흔들었듯이, 평준화라는 정반대의 흐름은 그 자체의 동력을 가지고 지금까지의 추세를 뒤집기 시작합니다. 그 경우 임금 노동자의 소득격차 줄이기를 넘어 전문직 종사자의 소득도 지금처럼 과도하게 부푸는 것을 막을 정치적 힘이 생깁니다.

이런 식으로 사회 소득격차가 줄어들기 시작하면 일부러 그렇게 하려고 해도 특정 학과 쏠림 현상은 일어나지 않습니다. 왜냐하면 인간이란 존재는 원래 취미적성이 다양하기 때문이지요. 또 인간을 노예·소모품 취급하는 한국사회의 비정함이 대학 평준화로 사라지면 그에 따라 국민 대다수가 불안에 허덕이는 처지를 감수해야 하는 구조도 변할 겁니다. 지금은 그 불안으로부터 탈출하기 위해 전 국민이 특정 직종만 바라고 있습니다. 불안이 사라지면 어차피 특정 학과, 특정 직종 쏠림 현상은 줄어들게 됩니다. 설사 그 특정 직종의 고소득이 유지된다 하더라도 말이지요. 사람은 고소득을 위해서만 사는 존재가 아니니까요. 지금은 상위 꼭짓점 아래 있는 사람을 아예 인간 취급도 안 하는 체제이기 때문에 모든 국민이 강박적으로 상위 꼭짓점이 되기 위해 죽기 살기로 달려드는 것이지요.

그래도 여전히 특정 대학, 특정 캠퍼스 쏠림 현상이 있지 않을까? 국공립대를 먼저 평준화한다면 일류 사립대들이 새롭게 왕 노릇을 하지 않을까?

대학서열체제는 입시성적도 입시성적이지만, 졸업생들이 그 사회에서 차지하고 있는 권력의 크기와도 결정적인 연관이 있습니다. 특히 권력 부문에서의 의사결정권자들이 어느 학벌 출신이냐에 따라 대학서열이 갈립니다. 인재할당제를 해서 특정 지역, 특정 대학 출신자들이, 예를 들어 '고위 공무원은 특정 대학 출신자가 5% 이상을 독점할 수 없다' 이런 식으로 인재할당제를 하면 어느 사립대도 왕 노릇을 할 수 없습니다. 특정 대학, 특정 지역의 쏠림 현상도 사라집니다. 국가균형발전은 저절로 됩니다.

특정 대학에 대한 기부행위를 금지할 수도 있습니다. 교육을 사적인 이익추구의 영역에서 완전히 분리해 국가공동체의 공동관리, 공동책임 구조로 간다면 국민은 국가에 교육세를 낼 권리와 의무를 누리지만, 사적으로 특정 대학에 돈을 몰아줄 수는 없습니다. 그렇게 되면 기존 일류대가 자원을 독점해 귀족대학이 될 것이 뻔하니까요. 그렇게 귀족대학을 만들면 우리 공동체가 얻을 이익보다 손해가 훨씬 큽니다. 그러므로 특정 대학에 대한 기부를 금지하는 것이 당연합니다. 지금과 같은 학벌사회가 사라지면 언젠가는 기부를 허용할 날이 올지도 모르지만 지금은 아닙니다. 일류대 학벌이 한국사회 부귀를 독점하고 있는 상황에서 학교 기부가 활성화되면 결국 부익부 빈익빈이 고착화되니까요. 인재할당제나 특정대 기부금지 같은 정책들을 강구하면 특정 사립대가 왕 노릇하는 일은 생길 수 없습니다. 우리나라엔 왕 노릇을 노리는 일류 사립대보다 운영이 힘에 겨운 부실사학이나, 부패사학이 훨씬 많습니다. 그런 사학들은 국가가 국립화해 평준화체제로 편입시킵니다.

영재교육은 어떻게 할까?

보통의 교육과는 다른 특별한 교육을 받아야 할 영재는 별로 많지 않습니다. 영재는 그야말로 영재일 뿐입니다. 영재교육은 특수한 영역이기 때문에 국가 보편 교육제도를 논하는 이 책과는 상관이 없습니다. 우리나라는 공부 좀 잘하면 다 영재라고 하는데, 그런 일반적인 영재(?)에겐 자신이 노력한 만큼 월반하거나 조기 졸업할 여지를 열어주면 됩니다.

또 향후에 기술적으로 따져봐야 할 사안이긴 하지만, 만약 우리나라가 영재가 아주 많은 나라이고 그 영재들을 따로 격리수용하는 게 맞다면, 프랑스의 그랑제콜 같은 특수한 형태의 전문 고등교육기관 설립을 생각해볼 수도 있습니다. 이것은 우리나라 서울대 같은 권력독점을 위한 거대괴물이 아니라, 각 전공별로 세분화해서 학교를 작은 단위로 쪼개 전국 각지에 흩어놓는 방식이어야 합니다. 그리고 전문지식의 연마 외에, 권력독점과 관계된 부분은 철저히 통제해야 합니다.

일단 전국의 국공립대만 평준화하고, 거기에 부실·부패사학들을 국공립화해도 입시지옥은 사라지기 시작할 겁니다. 그렇게 되면 나라가 뒤집히기 시작합니다. 대학서열체제가 한국사회의 급소니까요.

경쟁을 없앤다는 것이 말이 되는가? 능력 향상은? 인센티브 없이 누가 노력한단 말인가?

네, 경쟁 없앱니다. 인센티브 없앱니다. 아무도 노력 안 하게 만들어야 합니다. 지금 한국 교육에 무슨 경쟁이 있으며 무슨 인센티브가 있습니까? 바로 입시경쟁과 일류대라는 인센티브가 있을 뿐입니다. 입시경쟁이 일류대 인센티브를 강화하고, 일류대 인센티브가 다시 입시경쟁을 강화하는 파탄의 뫼비우스 띠이지요. 이런 경쟁 구조는 없애버립니다. 입시경쟁 사라지고, 일류대라는 인센티브가 없으므로 입시 능력 향상도 사라지고, 그에 따라 사교육비 부담도 사라집니다. 학교는 본연의 자세로 돌아가 정상적인 교육을 할 수 있게 됩니다. 정부가 힘들여 노력하지 않아도 공교육 정상화는 저절로 됩니다. 사교육비 대책을 따로 강구할 필요도 없습니다.

또 대학 사이의 커트라인 경쟁이 사라질 겁니다. 그렇게 되면 대학은 교육과 학문 연구라는 본연의 목적으로 돌아갑니다. 지금 한국의 일류대들은 커트라인 경쟁(학생선발경쟁)에 함몰돼 본고사를 요구하는 등 나라의 근간을 뒤흔들고 있습니다. 일류대 인센티브를 없애면 이런 탐욕의 경쟁이 사라지고 교육경쟁, 학문경쟁이 생겨납니다.

입시경쟁을 없애면 우리 국민은 입시 공부를 안 할 뿐만 아니라 진짜 공부도 안 해 바보국민이 될 것인가?

그런 일은 일어나지 않을 겁니다. 서유럽 복지국가들은 대학 평준화체제이지만 국민이 공부하지 않는 일은 벌어지지 않았습니다. 게다가 국립대 평준화는 대학 평준화보다 훨씬 약한 체제입니다. 어떻게 해도 한국인의 공부에 대한 열망은 쉽게 사라지지 않을 겁니다.

또 인센티브도 사라지지 않습니다. 대학이나 국립대를 평준화한다고 소득이 전면 평준화되는 것이 아닙니다. 격차가 줄어들 뿐 고소득 직종, 혹은 같은 직종 안에서도 능력에 따른 차등은 여전히 존재할 것이고 보다 나은 삶을 살기 위한 노력은 여전히 존재할 겁니다. 단 그 노력이 자신의 능력을 신장시키기 위한 진짜 공부로 전환되는 것이지요. 대학서열체제는 입시기계가 되기 위한 공부만을 강요하는 구조입니다.

아무리 그래도 누군가는 승리하고 누군가는 떨어지는 구조는 영원하지 않을까?

지금과 같은 피라미드형 승자독식 사회, 대학서열체제의 나라에선 모든 사람들이 무한경쟁만을 연상하기 때문에 적당한 경쟁이 존재하는 사회를 상상하지 못합니다. 가장 대표적인 승자독식 시스템이 대학서열체제이고 그것이 무너지기 시작하면 한국사회의 원리가 바뀝니다. 전혀 다른 세상이 펼쳐집니다. 설사 차등이 유지된다 하더라도 지금처럼 살기를 품고 모두가 한곳으로만 달려드는, 거기서 떨어지기라도 하면 인생이 끝난 듯 낙담하는 경쟁은 사라집니다. 사람들이 어느 대학, 어느 학과를 여전히 선망할 수는 있겠지만, 그 양상은 지금과 사뭇 달라질 겁니다. 왜냐하면 대학 평준화는 거기서 떨어져도 사람을 나락으로 밀어넣는 체제가 아니니까요.

자유를 타격하라

독재 대 반독재 민주화투쟁 구도는 그 시효가 다하고 있습니다. 이젠 자유에 대한 싸움으로 국면을 전환해야 합니다. 이젠 독재에 맞서 싸우는 것이 아니라 수요자로서, 경제주체로서 자기 자신의 욕망에 맞서 싸워야 합니다. 그래야 경제적 활력과 사회적 정의, 모든 것이 제자리로 돌아온다는 것이 이 책의 주장입니다.

우리가 당한 민주화는 '자유화'였습니다. 국가권력이라는 공공의 압력으로부터 각 개인, 각 경제주체들을 독립시키는 자유화. 분권화로 수요자들에게 선택권과 판단할 권한을 넘겨주는 자유화. 사적으로 소유하고 사적인 이익을 추구하도록 하는 자유화. 모두가 모두에 대해 경쟁하도록 하는 자유화. 그 결과 국민 개개인의 민주적 권리는 신장된 것 같아 보이지만 시민으로서의 주권, 인간으로서의 존엄성 등은 후퇴했습니다. 군사독재 시절보다 더 광범위하게 거의 전 국민이 삶의 불안과 구조적인 무형의 폭력에 시달리게 됐습니다. 양극화로 실질적인 삶의 질은 나날이 황폐해져가고 있습니다.

자유화는 교육부문에도 그대로 관철됐습니다. 개혁이란 이름으로 감행된 교육 자유화는 교육 파탄을 초래했습니다. 그것은 우리 사회가 원래부터 안고 있었던 최대 모순인 대학서열체제, 학벌사회와 맞물려 최악의 국면을 연출하고 있습니다. 자유화는 교육부문뿐만 아니라 일반 사회경제 부문에서도 원래의 모순 구조를 더 심화시켰습니다. 그러므로 우리의 민주화를 규정하는 한 단어를 고르라면 그것은 '파탄'일 것입니다.

국민은 '자유화 개혁=민주화 개혁=좌파 개혁', 이 도식에 빠져 있습니다. 그 개혁의 결과가 너무나 고통스러워 이제 국민은 민주화, 좌파 개혁을 거부하려 합니다. 지금의 파탄상을 초래한 원흉은 민주화, 좌파 개혁이 아닌 자유화 개혁이란 것을 알려야 합니다. 하지만 그것을 알린다 해도 '어디에서, 어떻게 이 흐름을 뒤집을 것인가' 하는 문제는 남습니다.

대학서열체제가 약한 고리다.

급소를 찾아야 합니다. 그 급소는 한국사회의 모순 구조가 응결된 곳이어서 그 지점을 타격하면 한국사회가 토대부터 흔들릴 곳이어야 합니다. 또한 전망이 제시되어야 합니다. 그 전망은 단지 약자를 포용하는 사회정의 실현 수준이 아니라, 발전의 정체 상태에 빠져 있는 이 나라에 도약의 희망을 줄 수 있는 것이어야 합니다. 그래야 대중이 지지할 테니까요. 이 책은 그 급소로 교육부문을 지목합니다. 자유화 개혁 기간 동안 소득격차, 자산격차가 나날이 커졌습니다. 같은 기간 동안 대학서열체제도 더 심화됐습니다.

90년대 이후 자유화 → 경제 집중 심화, 중소기업 고사, 빈부격차 심화
→ 빈곤의 대물림
90년대 이후 자유화 → 일류대 집중 심화, 지방대 고사, 대학서열체제 심화
→ 신분사회화

흐름이 서로 얽혀 있습니다. 경제부문에선 현실적으로 흐름을 뒤집기가 매우 힘듭니다. 경제부문에서 뒤집기가 힘들다면, 교육부문에서부터 뒤집으면 됩니다. 기본적으로 서로 연결되어 있기 때문에 한쪽에서 균열이 생기면 다른 쪽까지 파급됩니다. 특히 교육제도는 국가의 근간이기 때문에 더욱 그렇습니다.

대학서열체제하의 대한민국 교육은 너무나 고통스럽기만 해서 거의 대

부분 국민이 여기에 환멸을 느끼기 때문에 판을 엎는다고 해도 그에 대한 저항이 약할 겁니다. 반면에 경제부문에선 자유화 흐름이 전복될 경우 잃을 것이 있는 사람들이 많습니다. 부자들, 자산가들뿐만이 아니라 대노조도 임금격차 줄이기의 피해자가 될 수 있고, 공동체 연대형 사회로 나아가기 위해 세금을 올릴 경우 전 국민에게 부담이 발생하기 때문에 저항이 있을 겁니다. 그러나 교육부문 뒤집기에선 상위 1%의 신분대물림 욕망만 박탈될 뿐, 전 국민의 사교육비 부담이 경감·말소되기 때문에 바로 이 지점이 급소라는 것입니다.

이 책에서 말하고자 하는 것

첫째, 자유화 개혁이 민생·교육 '쌍쌍파탄'을 낳았습니다. 수요자(소비자) 중심주의, 경쟁, 자유화 논리에 대한 맹신이 아직도 사람들의 의식을 사로잡고 있습니다. 그런 사고방식의 개혁이 이미 경제부문에서 한국사회에 파탄을 가져왔으며 교육부문에까지 침투했다고 첫째 몸통과 둘째 몸통에 걸쳐 설명합니다.

둘째, 대학 평준화, 혹은 국립대 평준화 외엔 대안이 없습니다. 한국사회에서 대학서열체제는 만악의 근원입니다. 자유화와 자유화 개혁 이전부터 있었던 모순, 그 모든 국민고통이 대학서열체제에 중첩, 응결되어 있습니다. 이것을 혁파해야 쌍쌍파탄으로부터 나라가 구출됩니다. 왜 이것이 만악의 근원인지 셋째 몸통에서 설명합니다.

셋째, 평준화한다고 국가경쟁력이 사라지지 않으며 오히려 증강됩니다. 왜 자유화 질주가 시작됐을까요? 이는 독재에 대한 반감 때문이라고 봅니다. 현실사회주의권이 무너졌을 때 80년대 운동권은 공황에 빠졌고, 그것이 독재에 대한 반감과 함께 증폭되어 국가권력에 대한 금기의식을 낳은 것이지요. 그런 분위기에서 강력한 국가권력을 휘두른 군사독재 정권은 절대악으로 규정됐습니다. 그러나 이상합니다. 이 세상에 미국의 지원을 받았던 독재자들이 얼마나 많았습니까? 그들이 다 기적적인 경제성장에 성공했나요?

어떤 사회가 인류 역사상 그 유례가 없는 기적을 성취했다면, 인류 역사상 유례가 없는 경쟁력이 있었을 겁니다. 박정희 체제를 단지 절대악인 매판군사독재체제라고 규정하면 절대악 체제가 인류 역사상 가장 경쟁력 있는 체제라는 말이 됩니다. 이건 성립할 수 없습니다. 지금 당장 어느 낙후한 지방에 가서 회사를 설립하고 '절대악'인 방식으로 경영한다고 가정해봅시다. 그 회사가 30년 만에 세계적인 일류 기업으로 성장할 수 있을까요? 우리의 개발연대를 단지 절대악으로 치부하면 이것이 가능하다는 말이 됩니다.

우리는 지금 교착 국면에 있습니다. 인류는 역사를 돌아봄으로써 교착 국면을 돌파해왔습니다. 그런 이유에서 현대사를 돌아볼 필요가 있습니다. 왜 과거에 그렇게 역동적이었던 한국사회가 지금처럼 되었습니까? 이 책의 첫째 몸통에서는 과거를 돌아봅니다. 그것을 통해 밝히고자 하는 바는 이것입니다.

과거 한국의 역동성은 국가가 공공적 목표를 성취하기 위해 시장을 규제하고 강자의 이익을 통제했기 때문에 가능했다. 소비자(수요자)중심주의와 주주중심주의는 시장과 강자의 욕망을 해방했고, 파탄이 초래됐다. 자유화는 교육부문에서도 과거의 규제를 상징하는 고교 평준화를 해체(자사고, 특목고)했고 그것은 역시 파탄을 낳았다. 다시 역동성을 회복하기 위해선 시장과 강자를 규제해야 한다. 이젠 고등교육(대학)이 사회의 중심이므로 고등교육 자유입시체제를 규제해야 한다. 시장과 강자의 욕망이 해방된 입시체제는 대학서열체제를 낳는다. 국가 개입에 의한 강력한 국립대 육성과 평준화가 다시 국가의 공공적 역할을 강화해 흐름을 뒤집을 것이다.

자유화에 의한 이기심의 폭주를 멈추고 연대의 원리를 강화해야 합니다. 과거 한국사회엔 분명히 연대의 원리가 작동했습니다. 꼭 독재자를 통해서만 이것이 가능한 것은 아닙니다. 국민의 각성과 민주적 선택, 정치적 결단에 의해 다시 그 기적의 흐름을 계승할 수 있을 것입니다. 이 책에선 과거 한국사회가 어떤 원리로 발전했는지를 설명하기 위해 구체적인 사실들을 많이 제시했습니다.

민주화의 탈을 쓴 자유화 개혁의 전복, 국가 백년대계를 위한 교육개혁, 그것이 이 책의 목표입니다. 이 책은 학술연구서가 아닙니다. 이 책은 운동을 위한 책입니다. 과거 개발연대엔 청년이라면 누구나 정치운동에 관심을 가졌습니다. 지금은 재테크에 관심을 가질 뿐입니다. 누구나 정치운동에 관심을 가질 때 우리 경제는 역동적이었습니다. 모두가 이기심에 함몰되자 그 역동성이 사라졌습니다. 정의를 위해서도, 공동체의 발전을 위해서도 정치운동은 다시 복권되어야 합니다. 자유시장만으로는 결코 잘 사는 나라를 만들 수 없기 때문입니다. 이 책은 평준화를 위한 정치적 결단을 촉구하는 깃발입니다. 모든 국민이 이 깃발을 들 때 우리나라에 활력이 다시 돌아올 겁니다.

자유화 파탄

우리나라의 경제지표는 아주 좋습니다. 특히 기업경영실적과 그것의 표현인 주가지수는 연일 호황입니다. 참여정부에서 종합주가지수는 사상최고치를 넘었습니다. 그렇다면 우리 경제사정이 지금 사상 최고란 말일까요? 참여정부는 "우리나라는 이미 선진국형 경제가 됐기 때문에 어차피 과거와 같은 고도성장은 못하고 지금처럼 4%대로 성장하면 잘하는 거다."라고 주장합니다. 도대체 이렇게 잘 살게 됐다는데, 어떻게 된 겁니까? 왜 노동자들은 80년대처럼 여전히 투쟁을 하고, 양심수는 늘어가는 겁니까?

첫째 몸통은 교육 이야기가 아닙니다. 자유화가 한국사회를 어떻게 바꿔놓았는지를 살펴봅니다. 그리고 과거 한국경제의 역동성이 강력한 시장규제, 강자통제로 가능했음을 밝힙니다. 한국인이 왜 지금 지표와 상관없이 파탄지경에 처하고 있는지를 설명하고, 둘째 몸통에선 그 파탄의 자유화 원리가 교육부문에도 똑같이 나타난다는 걸 설명할 겁니다.

우리나라는 지금 위기상황인데 그것은 자유화 때문이다. 과거 국가가 자유를 적절히 통제했을 때 우리나라의 경제는 훨씬 역동적이었다. 다시 자유라는 괴물의 고삐를 잡아야 한다. 그것은 강자억압과 시장규제를 의미한다.

이 논리로부터 아래의 논리로 이어질 것입니다.

한국 교육은 파탄 상황인데 그것은 자유화 때문이다. 경제사회분야 자유화의 논리가 교육부문에 그대로 투사됐다. 그리고 여전히 정책기조로 유지되고 있다. 원래부터 자유의 영역이었던 대학입시의 폐해는 그대로 둔 상태에서, 고등학교 입시라는 새로운 자유영역까지 만들고 있는 중이다. 뿐만 아니라 국립대 법인화로 고등교육부문의 자유까지 확대하려 하고 있다.

한쪽에선 우리 과거를 무조건 찬양하고, 또 다른 한쪽에선 우리 과거를 전면적으로 부정합니다. 이렇게 되면 냉정한 현실인식이 불가능해집니다. 독재·개발과 그것의 청산을 다 겪은 지금, 우리가 할 일은 정확한 인식과 발전적 종합입니다. 첫째 몸통에선 과거의 일을 자세히 살펴봅니다.

왜 우리는 못 살게 되었을까

대통령도 누차 말했듯이 우리나라의 경제지표는 아주 좋습니다. 특히 기업경영실적과 그것의 표현인 주가지수는 연일 호황입니다. 참여정부에서 종합주가지수는 사상최고치를 넘었습니다. 그렇다면 우리 경제사정이 지금 사상 최고란 말일까요?

노태우 6공화국 5년간 모두 3,992달러의 1인당 국민소득이 늘었다고 합니다. 김영삼 문민정부 5년간 모두 4,025달러의 1인당 국민소득이 늘었다고 합니다. IMF 사태는 김영삼 정부 막판에 터졌기 때문에 1인당 국민소득이 1991년 수준으로 추락한 건 1998년, 즉 김대중 정부 첫 해의 일입니다. 김대중 국민의 정부는 5년간 1인당 국민소득을 약 4,800달러 늘렸습니다. 그리고 노무현 참여정부에 이르러 불과 4년 만에 1인당 국민소득이 약 6,770달러가 늘어났습니다. 참여정부가 경제성장률로는 처지지만 1인당 국민소득을 늘려놓은 액수로는 역대 최고라고 합니다.

참여정부는 "우리나라는 이미 선진국형 경제가 됐기 때문에 어차피 과거와 같은 고도성장은 못하고 지금처럼 4%대로 성장하면 잘하는 거다."라고 주장합니다. 그렇다면 성장도 할 만큼 하고 국민소득은 사상 최대로 늘어났다는 소립니다. 도대체 이렇게 잘 살게 됐다는데, 기업이 수익을 주체를 못해 주가가 하늘을 찌르는데, 어떻게 된 겁니까? 왜 노동자들은 80년대처럼 여전히 투쟁을 하고, 양심수는 늘어가는 겁니까?

우리나라는 지금 사람으로 태어나기 싫은 나라이며(OECD 저출산률 1위), 재수 없어서 태어났어도 여건이 된다면 국외로 탈출하고 싶은 나라이며(해외유학, 두뇌유출), 여건이 안 된다면, 즉 나갈 돈이 없다면 목숨을 끊어서라도 떠나고 싶은 나라가 됐습니다(OECD 자살률 1위).

떠나지 못해, 죽지 못해 이 땅에 살고 있는 사람들 어깨 위엔 600조 원에 달하는 가계부채가 드리워져 있습니다('국민의 20%는 빚내어 살고 있다', 현대경제연구원, 2007-05-06). 그런데 이렇게 폭발적으로 가계부채가 느는 동안 높은 부채비율로 악명 높았던 우리 기업들의 부채비율은 낮아졌습니다. 기업 수익성과 재무구조는 좋아지고, 그에 따라 국가 경제 사정도 좋아졌는데 국민들 살림살이는 더 힘들어진 것입니다. 하나마나 한 경제성장 아닌가요?

- 자금이 비생산적인 부분으로 흘러가 성장 동력을 꺾을 뿐만 아니라 부동산가격 급하락과 금리상승의 경우에는 소비가 크게 위축돼 경제 불안 요인으로 작용할 수 있는 것. [데이터뉴스 2007-05-04]

- 전국가구 상·하 20% 소득격차 8.4배. 사상 최대 [연합뉴스 2007-05-09]

- 가계부채 증가, 기업부채 감소 …… 경제성장 '걸림돌' [데이터뉴스 2007-05-04]

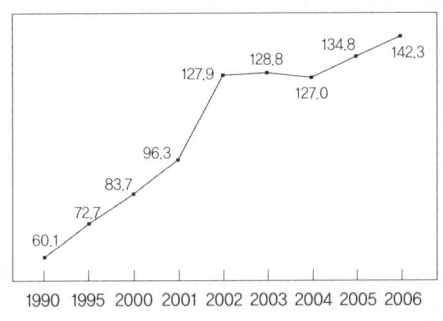

가계부채 비율 추이
(가계부채/개인가처분소득, %)

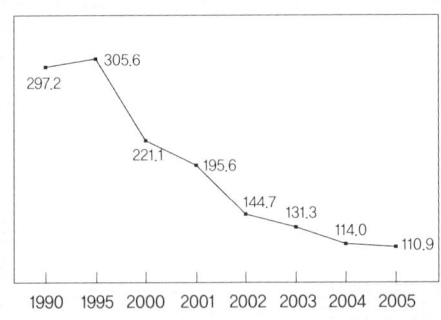

기업 부채비율 추이
(기업부채/자기자본, %)

소득격차를 사상 최대로 늘리는 경제성장? 국민 삶의 질을 오히려 떨어뜨리는 나쁜 경제성장입니다. 과거엔 수출이 잘 되고 기업이 커지면 국민소득도 늘어갔는데 지금은 아닙니다. 국가경제가 잘될수록 국민은 파탄입니다. 국가경제와 국민이 분리됐습니다. 국가경제로부터 국민이 쫓겨난 것입니다. 독재시절에도 안 그랬는데, 민주화 시대에 말입니다.

영화 〈타인의 삶〉은 구동독의 이야기입니다. 영화 속에서 동독의 극작가는 서독 잡지에 동독 사회를 고발합니다. 그 소재가 당시 유럽 2위인 자살률이었습니다. 지난 1982년 전두환 치하의 대한민국은 인구 10만 명당 자살자가 6.8명이었습니다. 이 영화에서 동독보다 더 자살률이 높은 나라로 지목되는 헝가리의 경우는 당시 39.8명이었습니다.

민주화세력이 정권을 잡은 후 우리나라 사람들이 스스로 목숨을 끊기 시작했습니다. 그리하여 마침내 2005년에 이르러선 OECD 자살률 1위에 등극했습니다. 영화 속의 자살강국인 헝가리마저 제쳤습니다. 2005년에 조사된 자살률은 우리나라는 24.7명, 헝가리는 22.6명입니다. 집권 민주화세력이 자살성장률에서 초유의 압축성장을 기록하는 위업을 달성했습니다. 미국 국방부는 2006년 9월, 이라크 주둔 미군이 공포와 스트레스에 시달린다는 보고서를 냈습니다. 2005년 이라크 주둔 미군의 자살률은 인구 10만 명당 19.9명이었습니다. 우리나라는 아마도 국토 전체가 통째로 전쟁보다 더한 스트레스 상태에 빠져 있는 것 같습니다. 군사독재 물리치고 개혁을 그렇게 했는데 성적표가 왜 이 모양인가요?

무엇이 잘못됐는가

우리나라의 기업은 과거 수익률을 중요하게 생각하지 않았습니다. 당장의 수익보다는 막대한 부채를 안고 공격적인 투자를 통해 국가경제성장에 이바지하는 것을 최대의 목표로 여겼습니다. 이것은 물론 국가권력이 강요한 것입니다. 박정희라는 절대권력이 자본을 길들였습니다. 하지만 민주화된 이후 90년대 이래로 이 땅엔 자유화가 시작됐습니다.

그것은 자본과 부자들의 자유로운 욕망 추구를 견제할 권력 주체가 이 땅에서 사라졌다는 걸 의미합니다. 게다가 개방은 우리 경제 체제에 엄청난 변화를 몰고 왔습니다. 그 결과가 기업 가치 평가에 있어서 수익률을 최우선으로 생각하는 풍토입니다. 당장의 수익이 크고, 부채율이 낮아야 건전한 기업으로 평가받고, 그것은 주가에 반영됩니다. 기업경영은 과거처럼 국가경제의 성장보단 주식시장의 평가, 즉 주가에 연연하게 되었습니다.

주주들, 즉 소유권자들은 국가공동체를 위한 기업의 역할보단 당장 자기 손에 쥐어지는 이익, 바로 주가상승을 최고의 가치로 칩니다. 그 주가상승을 위해 기업은 위험도가 큰 장기투자는 피해야 하고, 공동체를 위해 수익을 희생하는 짓도 피해야 합니다. 기업은 최대한의 이익을 내 주식가치를 올리고, 주주들에게 현금배당까지 해야 하는 처지가 됐습니다. 그런 경영을 일컬어 '주주가치경영'이라고 하고, 그것이 90년대 이래 이 땅의 기업들에게 강요되었습니다.

강요의 주체는 시장입니다. 인위적인 권력이 그렇게 한 것이 아니라, 개방된 자유로운 시장 상황을 조성했더니 저절로 그렇게 된 것입니다. 과거엔 국가권력이 경제주권을 가졌었지만 그 권력이 주주들에게 넘어가면서 나타난 현상입니다. 주주들의 자유로운 욕망 추구가 한국 기업의 성격을 바꾼 것입니다.

자유화 → 사적 경제주체의 이기심 해방 → 소유할 자유, 이익을 추구할 자유, 시장에서 선택할 자유 확대 → 그 결과 기업을 주주에게 탈취당하고, 교육 파탄이 심화됐음

이익 = 총수익 − 비용

이것이 이익을 계산하는 공식입니다. 총수익, 즉 매출은 크면 클수록 좋습니다. 그리고 비용은 작으면 작을수록 좋습니다. 총수익 극대화와 비용 극소화의 결과가 바로 이익 극대화입니다. 이익 극대화는 주가상승으로 이어져 기업가치 극대화, 주주가치 극대화로 이어집니다. 그리고 그것은 국가경제지표를 양호한 것으로 보이게 합니다. 돈 잘 버는 기업에, 부유한 주주에, 이익이 크면 아무 문제도 없는 것 같습니다.

총수익

그러나 만약 기업이 '묻지마' 로 매출에만 신경 쓴다면 어떻게 될까요?

> • 시중 은행, 상위 10% 고객 덕에 먹고 산다
> 90%는 순익 축내… 은행들 VIP 모시기 총력
> A은행의 경우 상위 고객 10%가 은행 전체 이익을 떠맡는 반면 나머지 90%의 고객은 오히려 은행 순익을 갉아먹고 있는 것으로 집계됐다.
> 이에 따라 은행들은 '돈 되는' 고객은 우대하고, 그렇지 않은 고객을 점차 홀대하는 차별화 전략을 구사하고 있다.
> VIP(우량고객) 상담실의 면적은 크게 늘리는 대신 일반고객 상대 창구는 줄이는 추세다. 일부 은행 지점은 일반 고객에게 대기 번호표 없이 긴 줄을 서게 하거나, 고객 대기용 의자를 줄이는 방법 등으로 불편을 줌으로써 자동화기기나 인터넷뱅킹, 폰뱅킹 등을 이용하도록 유도하고 있다. 우리은행은 작년 10월부터 본점 영업부에 대기 번호표를 없애고 고객들이 한 줄로 서서 기다리게 하고 있다. [조선일보 2004-06-28]

어느 날부터인가 우리는 은행에 가서 한참을 기다려야 하는 신세가 됐습니다. 여기서 우리라 함은 하위 90%, 즉 절대다수의 일반 국민을 가리키는 말입니다. 우리는 언제부터인가 은행에게 애물단지로 전락했습니다. 왜냐하면 우리가 은행의 매출을 증대시켜주지 못하기 때문입니다. 그래서 우리는 한참을 기다리거나 차가운 기계를 상대해야 합니다. 민주화 개혁 이후로 우린 효율적으로 움직이는 은행을 갖게 됐고 그 결과 친절한 서비스로부터 버림받았습니다. 우리가 박탈당한 것만큼 은행의 수익성은 좋아지고 우량은행으로 주식시장의 칭송을 받게 됩니다.

과거의 은행은 이렇지 않았지요. 모든 국민이 은행을 마치 동사무소 이용하듯 이용했습니다. 그때는 '관치금융'이었기 때문입니다. 어느 날 은행을 주주들에게 탈취당했고, 주주들은 은행을 자신들의 사유재산이라 선언했습니다. 그리고 돈을 벌 수단으로 사용했습니다. 국민은 이제 소비자가 되었습니다. 수익을 많이 내줄 능력이 안 되는 국민은 은행에겐 애물단지일 뿐입니다.

과거 : 은행 – 공공자산 – 국민을 위해 존재
현재 : 은행 – 사유재산 – 국민의 주머니를 털기 위해 존재?

그래도 한국 사람은 그전부터의 관성이 있어서 은행을 순전히 이익추구의 사기업이라고 생각하기 힘듭니다. 그러나 외국인들은 다릅니다. 그들에게 은행이 한국에서 차지하는 공공적 역할은 관심사가 아닙니다. 그들은 철저히 수익만 따집니다.

• HSBC, 정기예금 3,000만 원 미만 사절에 "서민 외면 ······ " 비난 봇물
이와 관련, 은행권의 한 관계자는 "HSBC다이렉트 서비스와 정기예금 예치금 상향정책은 모두 비용이 많이 드는 고객들은 국내 시중은행으로 보내고 HSBC는 수익성이 높은 고객만 확보하겠다는 전략"이라며 "은행의 공익성을 외면한 처사"라고 비판했다.
[서울경제 2007-02-26]

외국인에게 한국의 공익이 무슨 상관이 있단 말입니까? 한국은행의 대주주격인 외국인 주주들을 위한 주주가치 경영에 따라 한국의 은행은 완전히 다른 기관으로 변했습니다. 외국인 주주들이 선도하면 국내 주주들도

곧 따라하고, CEO는 주주들의 요구를 따를 수밖에 없습니다. 모두가 수익만을 좇게 되는 것입니다. 수익은 국민 다수를 천덕꾸러기로 만듭니다.

- '럭셔리 마케팅' 액셀 밟는다 [중앙일보 2007-01-24]
- 뉴럭셔리 시대 …… 중산층이 타깃 [조선일보 2007-02-03]

기업은 단지 수익 극대화를 위해 합리적으로 움직일 뿐입니다. 기업이 수익 극대화만을 추구할 때 자연히 소비자를 둘로 나누게 됩니다. 수익에 도움이 되는 럭셔리 트랙의 소수와 별 도움이 되지 않는 절대다수. 이에 따라 양극화된 서비스가 제공되면 국민이 양극화됩니다. 주주들의 수익 추구가 국가공동체를 파괴하는 것입니다. 결국 국가 전체의 경제지표와 상관없이 비럭셔리 절대다수 국민은 상대적 박탈감에 시달리게 됩니다.

같은 논리로 학교가 경제주체로서 시장에서 수익 극대화를 추구할 때 수요자를 두 개로 나누게 된다. 그래서 일류대들이 고교등급제 등 강남, 특목고 우대책을 실행하여 수익에 보탬이 되는 고급 수요자와 버려야 할 수요자들(지방, 강북)로 나누는 것이다. 여기서 말하는 수익이란 높은 학업성취도(입시점수)를 통한 학교의 서열 기득권이다.

비용

이익은 수익에서 비용을 뺀 것이라고 했습니다. 그러므로 비용을 극소화해야 이익은 커집니다. 도대체 비용이 뭘까요?

한마디로 비용이란 바로 '우리'들입니다. 그리고 국가경제 그 자체입니다. 즉 사람에게 들어가는 돈과 국가경제를 위해 쓰는 공격적 투자 등이 모두 비용입니다. 사람에게 들어가는 돈은 바로 월급입니다. 주주들은 그 돈을 '비용'으로 간주합니다. 비용 극소화는 노동자에게 돈을 최대한 주지 않는 것을 뜻하게 됩니다. 그런데 노동자라는 것은 결국 국민 다수, 우리 자신입니다. 기업이 노동자들에게 돈을 주고, 그 돈이 내수로 소비되면서 국민경제가 돌아가는 것입니다. 하지만 주주들은 노동자에게 돈을 주지 말라고 요구합니다. 결국 비용극소화를 위해 국민경제가 희생됩니다.

비용 극소화 → 기업가치 극대화, 국민 빈곤화, 투자 빈곤화 → 경제 빈곤화

멀쩡히 잘 돌아가던 회사가 어느 날 갑자기 사람들을 자르기 시작합니다. 망할 위기에 처해 그러는 것이 아니라, 대통령 말대로 경제상황도 좋고, 주가도 높은 상황에서 사람을 자르는 겁니다. 왜냐하면 주주들은 끊임없이 비용 극소화를 요구하기 때문입니다. 자르기만 하는 게 아닙니다. 좋은 말로 노동유연화, 즉 고용불안에 시달리게 해서 사람을 끝까지 쥐어짭니다. 잘린 사람은 이미 잘려서 고통스럽고 아직 다니는 사람은 언제 잘릴지 몰라 고통스럽습니다. 잘린 노동자 가정이 파탄 나고, 사람이 죽고, 어린아이들의 영혼이 파괴되고, 국민경제가 고사해도 주주들이 알 게 뭡니까? 주주에게 그들은 사람이 아니라 단지 '비용'일 뿐인 것을요.

사람들이 잘려나가니까 자영업이 증가합니다. 하지만 자영업은 유통개방으로 이마트 등이 들어서 점점 더 영세업자들이 설 땅이 줄어듭니다. 게다가 노동자들에게 분배되던 돈이 줄어들어 내수시장도 말라갑니다. 비정규직은 이미 소비할 여력을 잃은 지 오래구요. 대체로 잘린 노동자들이 창업하는 자영업이 먹는 장사인데 노동자가 돈이 있어야 사먹든지 할 것 아니겠습니까? 안전한 중산층 노동자에서 영세 자영업자로 전락한 국민들은 결국 벼랑 끝까지 몰립니다.

하청업체도 희생양이 됩니다. 하청업체, 즉 중소기업의 흥망은 일반 국민이 체감하는 민생에 직결되는 사안입니다. 절대다수의 국민이 중소기업에 다니거나 중소기업 경제와 관련이 있기 때문입니다. 하지만 주주 입장에서 그런 게 무슨 문제가 됩니까? 최대한 비용을 줄이기 위해 쥐어짤 대상일 뿐입니다. 쥐어짜도 비용이 줄어들지 않으면 수입선을 외국으로 옮겨버리면 그만입니다. 대기업이 하청업체를 이끌어줌으로써 중소기업의 생산성 혁신과 기술발전을 도모해 국가경쟁력이 향상될 수 있지만 주주들에게 그런 일은 성가실 뿐입니다. 만약 대기업이 이런 것을 염려해 비용을 늘린다면 바로 주식시장이 주가하락으로 철퇴를 내리겠지요.

비용으로 전락한 국민들은 같은 비용 중에 누가 좀 많이 받는다 싶으면 증오를 보내게 됩니다. 흔히 대기업 노조의 이기심 때문에 비정규직이 피해를 받고 하청업체가 피해를 받는다고 합니다. 그러나 대기업의 영업행태를 바꾼 것은 노조가 아니라 주주가치경영이고 주주들의 요구입니다. 그런데 당장 벼랑 끝에 몰린 국민들은 그나마 아직 안전한 영역에 있는 대기업 대노조를 증오하며 그들에게 들어갈 비용을 줄일 것을 요구합니다. 그러면 그 돈이 자기에게 올 줄 알고. 하지만 그래 봤자 주주들만 좋을 뿐입니다. 비용을 아무리 줄여도 주주들이 국민에게 나누어줄 것은 없기 때문이지요.

예를 들면,
- 내가 '가' 라는 대기업의 주식을 삼.
- '가' 기업 노조가 대결단을 내려 임금 삭감, 비정규직 전환 협조.
- 노조는 국민의 칭찬과 사랑을 얻음.
- 그 대가로 노조의 자식들은 사교육비가 줄어 일류대 입시에 실패, 인생 행로가 바뀜, 그들은 장차 비정규직으로 자라 빈곤을 대물림함.

- 그중 몇은 자살함. 많은 수는 비행청소년이 됨. 학교폭력의 가해자나 피해자가 됨.
- 그러나 줄인 비용으로 회사 현금흐름은 좋아지고 주가가 올라감.
- 덕분에 난 10%의 수익률을 얻음.
- 그런데 만약 회사가 그 돈을 기존 비정규직과 하청업체를 위해 쓰려고 할 경우, 주주 수익은 0%로 떨어짐. 나는 마치 내 재산을 강탈당한 것처럼 분노함.
- 분노한 주주들은 회사를 공격함. 시장의 분노로 주가가 떨어짐.
- 소액주주(소수주주, 각종 펀드)들이 경영진을 격렬히 공박함.
- 회사는 비정규직, 하청업체를 위한 지출 취소.
- 결국 양보한 대기업 노조의 자식들만 비참해짐.

이런 구조입니다. 여기서 더 확장해볼까요?
- 주식을 많이 가진 자산가는 대부분 부자들과 중상층.
- 이런 식으로 그들의 부가 늘어나면,
- 그들은 저렴한 보통 공교육이 점점 더 우스워 보임.
- 자신들을 위한 특별한 학교를 요구하거나 자기 자식을 유학 보냄.
- 유학수지 적자폭 확대.
- 유학수지 적자를 줄이기 위해서라도 부자들이 갈 특별한 학교를 만들자는 여론 비등.
- 결국 자사고, 특목고, 특목중, 국제학교 같은 일류학교가 생겨 평준화 깨짐.
- 일류대들은 그 일류학교 출신자들만을 독식하려 함(본고사, 고교등급제 등).
- 양보한 노조의 아이들은 멀쩡히 일반학교 다니다가,

- 일류가 있으려면 반드시 삼류도 있어야 하므로, (부자를 위한 일류학교를 만드는 순간 일반 국민의 학교는 삼류학교로 하향평준화됨. 마치 일류대의 존재 때문에 이 땅의 모든 대학이 하향평준화되는 것처럼) 일류학교들에 의해 졸지에 삼류학교 학생으로 전락, 삼류 국민이 됨.
- 주주(소유권자)는 국민을 하류인생으로 만들고, 일류학교(학벌권력)는 그 국민의 자식들을 삼류인생으로 만드는 구조 성립.

이제 국민은 소비자로서도 애물단지로 전락하고, 노동자로서도 '비용'이라는 애물단지로 전락했습니다. 비용절감을 통해 기업 수익성이 좋아지고 주가가 올라갈수록 소비여력은 줄어듭니다. 소비여력이 없는 일반 국민은 소비자로서 더더욱 애물단지가 됩니다. 가난한 소비자만 있는 시장은 점점 더 빈약해집니다. 기업 입장에선 시장이 작아지니까 비용절감 압력이 더 거세집니다. 신규투자 안 합니다. 국민은 더 가난해집니다. 떨려져 나간 사람들은 자영업자가 됩니다. 하지만 손님 주머니는 비어 있습니다. 모두 가난해집니다. 주식을 가진 자산가들만 빼고. 그들은 사상 최고 주가의 잔치를 누립니다.

럭셔리 마케팅 트랙과 절대다수 가난한 트랙으로 국민이 양분됩니다. 옛날엔 종신고용체제로 국가가 중산층 국민공동체를 형성했지만 지금은 상시적인 고용불안뿐입니다. 안 잘리고 남은 사람들은 능력주의, 성과주의 연봉제란 미명하에 소수와 다수로 다시 양극화됩니다. 높은 연봉을 받는 소수 인재가 국민경제를 먹여 살린다고 선전되지만 결국 그들은 럭셔리 마케팅 트랙에 속할 뿐이고 가난한 트랙의 경제와는 상관이 없습니다.

게다가 더욱 놀라운 것! 럭셔리쪽 사람들, 엘리트들은 국민경제를 먹여 살리기 위해 고뇌하는 것이 아니라 호시탐탐 이 나라를 떠날 궁리만 하고 있습니다. 그들을 잡는다고 연간 학비가 수천만 원이 드는 특목고, 자립형 사립고, 대학 영리법인, 외국인 학교, 국제 학교, 고가의 영리 의료기관 등등이 생겨납니다. 그러나 그런 제도들은 사회를 더욱 양극화시키고, 양극화된 사회는 점점 더 황폐해지고, 아쉬울 것 없는 럭셔리 트랙의 사람들은 여건만 되면 이 황폐한 사회를 등지려 합니다. 일반 국민에게 남는 건 상대적 박탈감과 가난뿐이지요. 그리고 방향 잃은 증오.

이익

수익 극대화, 비용 극소화로 이익이 났습니다. 그런데 그 이익이 누구의 것인가요? 누가 돈을 벌고 있습니까? 주식이라는 금융자산을 '유의미'하게 소유한 사람들이 한국 국민 중에 과연 몇 %나 될까요? 일단 외국인이 상당수를 가져갔고, 남은 것 중 절대다수를 소유한 것은 당연히 부자들입니다. 주주가치경영이란 국가경제의 모든 여력을 쥐어짜 그 집단에게 이익을 안겨주는 경제체제를 말합니다. 결국 그들의 금융소득을 위해 한국인이 가난해져야 하는 경제가 된 셈입니다.

국민의 부 → 외국인 주주, 국내 부자들에게 이전 → 국민 몰락

- **참여정부 4년 주가지수 148%↑ "최대 호황"**
  노태우 대통령 집권 기간의 지수 상승률은 5.94%
  김영삼 대통령 때는 지수가 오히려 17.50% 떨어졌다.
  김대중 대통령 시대에도 주식시장은 19.35% 상승하는 데 그쳤다. [세계일보 2007-02-26]

자, 최대호황입니다. 외국인들과 부자들이 벌었습니다. 대신에 한국인들은 구조조정과 노동유연화로 기업 수익의 덫에 걸렸습니다. 우리가 당한 민주화 세상의 목표는 어찌된 셈인지 결국 부자들의 이익이 됐습니다. 그것을 위해 절대다수 국민이 수단으로 동원되는 구조입니다. 이른바 '민

영화'란 이름으로 공기업마저 주주들에게 탈취당합니다. 국민이 수단이 되면 될수록, 그래서 자산소득이 커질수록 경제지표는 좋아지고 국가경제는 좋아지는 구조입니다.

주주는 '먹튀' 계의 제왕입니다. 지금 당장 주식을 사서 주주가 되어보십시오. 그 주식 뒤에 있는 노동자, 노동자의 가족, 국가공동체, 국가경쟁력, 생태환경 등등이 눈에 보입니까? 아니지요. 주주의 눈에 보이는 건 그냥 이익이라는 이름의 '숫자' 뿐입니다. 주주는 그 숫자의 오르내림만 신경 쓸 뿐입니다. 끝없이 그 숫자를 캐내다가 약발이 떨어지면? 즉 기업이 망하면? 떠나면 그뿐입니다. 먹튀도 이런 먹튀가 없지요.

주주가 기업에 자본을 댄 건 처음 창업 당시뿐입니다. 국가경제에 영향을 미치는 대기업의 경우 주주는 기업을 위해 아무런(!) 일도 하지 않습니다. 흡혈귀처럼 단지 이익만을 착취할 뿐입니다. 당장 1억 원 들고 주식시장에 가서 삼성전자 주식을 사보십시오. 그랬다고 해서 삼성전자에 갓 들어온 최저임금 노동자의 만분의 일이라도 삼성전자를 위해 기여했을까요? 아닙니다. 대기업 정도 되면 주주는 기업활동을 위해 전혀 기여하지 않습니다. 노동자와 지역사회, 국가가 기업을 위해 기여합니다. 주주는 그렇게 생긴 이익을 '쭉쭉쭉' 빼먹습니다. '쭉쭉쭉 쭉쭉쭉'

> 투자가 갑자기 예전의 3분의 2 수준으로 뚝 떨어졌는데, 일시적인 현상이 아니다. …… 한국경제 시스템이 바뀌면서 투자가 떨어지고 있다. 기업마다 주주가치 극대화를 추구하면서 단기 수익만 좇다보니 모험적이고 위험한 장기투자는 꺼리고 있는 것이다. …… 한국경제가 적당히 3%대 성장하고 말 것이라면 모를까, 국민소득 2만 달러의 야심이 있고 진짜 선진국으로 가려면 이런 문제에 대한 진지한 성찰이 필요한 때다.
>
> — 장하준(영국 케임브리지대학교 교수)

주주는 '쭉쭉쭉' 빼먹기 바쁜 판에 장기비전 생각할 틈이 있겠습니까? 기업이 지금 100을 벌었는데 10년 후를 내다보고 투자를 할 경우, 주주는 어떻게 생각할까요? 불쾌하지요. "왜 내 이익 100을 나에게 안 주고 투자를 하느냐?" 이렇게 나오게 됩니다. 게다가 그 투자가 매우 위험한 것이라면?

위험하고 공격적인 투자는 과거 대한민국의 '전매특허'였습니다. 미치지 않고서야 어떻게 허허벌판에 철강공장을 지었으며 조선공장을 지었겠습니까? 자동차, 전자, 반도체, 모두 미친 투자의 결과입니다. 주주는 이런 걸 용납하지 않습니다. 주식을 사보면 이런 심정을 바로 이해할 겁니다. 지금 있는 회사 돈 100으로 자사주 매입·배당 돈 잔치를 하면 내 주머니가 두둑해지지만, 10년 후를 내다보고 투자하면 나에게 돌아오는 건 아무것도 없지요.

현대가 자동차를 발전시키기 위해선 건설부문이 희생해야 했습니다. 삼성이 반도체를 하기 위해서도 역시 다른 부문의 이익을 희생해야 했습니다. 지금 같으면 현대건설 주주가 한국 자동차산업을 위해 자신의 권리를 포기하지 않을 겁니다. 한국 기업의 주주(소유권자) 무시 경영 행태가 오늘날 한국경제의 기적을 일군 것이지요. 결국 '이익=총수익-(비용 + 투자)' 이렇게도 식을 고칠 수 있는 셈입니다. 장래 성장을 위한 투자마저도 당장의 주주이익을 위해 극소화해야 하는 것입니다.

비용 극소화 → 국민 빈곤화 → 시장감소 → 중소기업 투자기회 실종
→ 투자 감소
주주가치 → 기업경영 단기수익 집착 → 대규모 장기투자 압박 → 투자 감소

과거 한국 기업은 주주 무시하고 투자했습니다. 은행은 미친 척하고 그

것을 책임져줬습니다. 그 뒤엔 강한 국가가 있었습니다. 민주화 이후 강한 국가는 사라졌습니다. 그러자 주주가 국민들이 피로 키운 은행과 기업들을 도둑질해갔습니다. 그리고 말합니다. "너흰 모두 비용이야! 꺼져!"

적대적 M&A는 기업경영을 주주가치 일변도만 강요합니다. 주주들은 CEO에게 스톡옵션을 안겨주며 협박합니다. "당신의 목표는 첫째도 주주가치, 둘째도 주주가치, 셋째도 주주가치다." CEO는 해고, 비정규직화, 장기투자 축소, 사회적 책무 방기, 하청업체 착취로 주가 올려가지고 스톡옵션으로 주주와 함께 부자가 되든지, 아니면 쫓겨나든지 양자택일해야 합니다.

만약 주주가치 경영을 안 하고도 안 쫓겨난다면 시장이 주가하락으로 철퇴를 내립니다. 싼 주식은 부자들에게 만만한 먹잇감이 됩니다. 누군가 나타나 주식을 대량매집하며 경영권을 위협합니다. 그 경우 결국엔 경영을 주주가치 경영으로 바꾸거나 아니면 M&A를 당해야 합니다. M&A한 측은 론스타처럼 노동자 자르고, 월급 줄이고, 비정규직화하고, 갖은 비용절감을 통해 주주가치를 올린 다음 비싼 값에 팔아넘기고 먹튀를 감행하려 합니다. 비싸게 산 사람은 또 같은 짓을 하겠지요. 이런 시장 상황에서 장기투자는 사치일 뿐입니다. 국민은 당장 가난해지고 국가경제는 장기적으로 활력을 잃으며 가난해집니다.

> 기업지배구조에서는 회사의 경영진이 '누구의 이익을 대변해야 하는가' 하는 문제가 중요하다. 두 가지 견해가 존재한다. 미국식 자본주의에서 회사는 주주의 이익에만 신경 쓴다. 반면 유럽식 자본주의는 주주뿐 아니라 지역사회와 노동자도 신경 쓴다. 나는 유럽의 견해를 지지한다. 미국식 주주자본주의가 우월하다는 경제이론적 근거나 실증적 증거는 없다.
>
> — 스티글리츠(2001년 노벨경제학상 수상자)

민주화 후 우리는 미국식 경제체제로 변모해온 것입니다. 기업이 소유한 실물 자산뿐만 아니라, 인적 자본, 환경, 튼튼한 공동체 등도 모두 국가경제가 소유한 자산입니다. 주주는 그 모든 것을 기업 내로 빨아들여서 내부화합니다. 예컨대 폐수를 방류하여 한 기업이 80을 벌었다면, 공동체는 환경파괴로 80 혹은 그 이상을 잃은 대신에 기업은 그만큼 이익을 내부화한 것입니다. 즉 주주의 이기심은 피해는 외부화하고 이익은 내부화하는 경향이 있습니다. 멀리 떨어져 수익이라는 숫자만 보는 주주는 피해의 외부화에 대해 아무런 죄책감도 느끼지 않습니다. 그 폐기물 때문에 아이가 암에 걸려 죽더라도 수익이 올라가면 그뿐입니다.

같은 논리로 일류대와 수요자의 이기심은 피해 외부화를 신경 쓰지 않음. 오직 상위학벌 권력 독차지라는 이익 내부화에만 집착함. 그 피해 때문에 나라가 망할 지경이라 해도! 일류대들의 경악스런 탐욕은 이런 구조에서 나옴. 교육 자유화, 입시 자율화 개혁은 그들의 이기심을 부채질했을 뿐. 그들은 오늘도 자율화를 주장하고 있음. 주주처럼 행동하기 위해.

주주는 내부화한 이익을 챙겨 먹튀하면 그만입니다. 그러나 장기적 폐해에 대해선 결국 국가가 국민 세금으로 치유할 수밖에 없습니다. 돈은 주주들이 먹고, 부작용 치료는 노동자들이 감당하게 됩니다. 주식시장은 투기장이어서 폭락의 위험이 상존합니다. 호황에도 노동자는 가난한데 폭락이라는 부작용이 닥치면 정리해고에 공적 자금 만들 세금까지 냅니다. 개미들이나 망하고 부자들은 오히려 더 부자가 됩니다. IMF 때처럼. 주주는 이중 삼중으로 먹고 노동자는 이중 삼중으로 빼앗깁니다. 비용이 되고, 가난한 소비자가 되고, 공동체 자산까지 내부화 당하는 것이지요. 경제구조가 이렇게 변해왔는데 민생 파탄이 안 오면 그게 더 이상하지요.

과거엔 다른 구조였다

옛날엔 기업을 평가하는 공식이 이랬습니다.

이익 = 수출량(국가경제성장)
     = (총수익 - (영업비용 + 주주몫 + 노동몫)) + 투자(부채)

기업은 수출을 많이 해서 외화를 벌고, 국가경제의 규모를 키우는 것이 최대 목표였습니다. 그것을 위해서 노조를 탄압하고 노동자 임금을 억압했습니다. 비용을 줄여야 하니까요. 하지만 여기선 주주의 자본이익도 역시 비용입니다. 목표가 아니라 수단이었던 것입니다. 국가가 현대, 삼성 같은 재벌에게 신규 산업에 투자할 것을 종용한 것은 말하자면, 국가권력이 현대, 삼성 주주의 이익을 탈취한 것입니다. 주주의 주머니로 갈 수 있었던 돈이 장기투자로 돌려진 것이니까요.

과거 기업의 목표 : 국가 공동의 이익, 전체의 성장
        수단 : 노동몫, 주주몫 억압
현재 기업의 목표 : 소유권자의 이기심 충족(주주의 이익)
        수단 : 노동몫, 투자 억압

후발 공업화 과정에서 **한국, 대만 등의 정부는 전략적인 산업과 기업에 대한 다양한 형태의 금융, 세제 지원을 항상 수출실적과 성과에 연동**시켰던 데 비해 남미 정부는 일방적인 보조금 지원으로 그치는 경우가 많았다. 그 결과 남미에서는 정부개입이 특정산업의 고도화나 기업의 생산성 향상을 유도하지 못했던 데 비해, **한국 정부는 재벌의 지대추구 행위를 일정하게**

제어함으로써 산업적 변형 능력의 고도화를 가져왔다.

- 전창환(한신대학교 경제학과 교수)

철저하게 수출실적에 연동해 기업가치가 평가되었습니다. 그런데 여기서 금융 지원이란 말이 나옵니다. 국가가 금융 지원을 할 수 있나요?

첫째, 기업수익성이 아니라 수출실적이 기준이므로 은행수익성의 최대화를 담보하지 못합니다. 은행 입장에선 그 기업이 수출을 하든, 수입을 하든 돈 잘 버는 기업하고만 거래하고 싶습니다. 후진국에서 공산품 수출회사는 선진문물 수입회사보다 당연히 수익성도 나쁘고 경영도 불안정합니다. 국가가 우량회사에 대출하는 것을 막고, 부실위험회사에 대한 대출을 강요한 겁니다. 은행의 수익, 주주가치는 몰수당했습니다. 사적재산권 침해입니다.

둘째, 어느 기업에 대출을 하건 말건 그 은행 맘이지 왜 정부가 감 놔라 배 놔라 하는 겁니까? 국가권력이 이렇게 자유시장질서를 어지럽혀도 되나요? 이것이 바로 그 악명 높은 관치금융인데요.

해방 후 식민지 시대의 은행은 정부 소유였습니다. 1954년 이승만 정부는 은행 민영화를 결정했습니다. 삼성재벌이 조흥은행의 55%, 흥업은행의 83%를 장악하는 등 재벌이 금융계의 주요 주주로 등장했습니다. 박정희는 쿠데타 후 재벌의 금융 주식을 몰수합니다. 국가가 주주들로부터 금융을 탈취한 것입니다. 그 다음 수출실적과 장기비전 평가에 따라 금융 지원을 결정합니다.

수출증대, 외화획득이 산업추진의 목표였지 주주가치 증진이 아니었습니다. 석유화학공업 추진이 결정될 때 그 이유는 단 하나, 수출과 독자적 공업화였습니다. 이를 위해 석유화학공업에 대한 각종 유틸리티 가격(전기료, 수도료 등)도 국가가 책임졌습니다. 당시 한전의 전력요금이 킬로

와트당 6원 정도였는데 3.5원에 공급하도록 하고 이를 위해 국영기업체를 설립했습니다. 지금으로 치면 민영화된 한전의 주주이익을 국가가 침해, 몰수한 것입니다.

중화학공업은 초기에 막대한 투자비가 소요되고 언제 이익이 회수될지 알 수 없는 위험도가 큰 사업이었습니다. 민간기업 입장에선 주저할수밖에 없었습니다. 정부는 중화학공업에 참여하는 기업에게 막대한 지원을 제공했습니다. 70년대 후반 일반금리는 17%에 달했지만 수출관련 융자, 핵심산업 설비투자 융자의 금리는 각각 8%, 13% 정도였다고 합니다. 그런데 당시 도매물가 상승률은 16%에 달했다고 합니다(전창환, 「1980년대 발전국가의 재편, 구조조정, 그리고 금융자유화」). 수출기업은 가만히 앉아서 돈을 번 것입니다. 그러기 위해서 은행의 수익성, 주주의 이익은 철저히 무시당한 셈입니다.

비용 중에서도 하청업체, 중소기업을 살리기 위한 비용은 그리 심하게 극소화하지 않았습니다. 현대자동차는 국산 하청업체들을 키우기 위해 일부러 국산품을 쓰고 중소기업의 기술개발을 독려했습니다. 단위기업의 이익 극대화보다 국가경제의 성장이 목표였기 때문입니다. 현대자동차는 시작할 때부터 불순한 목적으로 출발한 회사입니다. 그 말은 미국식의 경제관념대로 주주의 이익을 극대화하기 위한 장사도구로 시작한 회사가 아니라는 뜻입니다.

> 나의 고유모델 구상은 시작부터 벽에 부닥쳤다. 고유모델 얘기를 꺼내자마자 중역이나 간부들을 포함해 회사 전체가 반대하고 나섰던 것이다. ……
> 우선 기술이 전혀 따라가지 못할 뿐 아니라 고유모델 개발에 엄청난 시간과 자금이 투입된다는 사실을 들면서 고유모델 운운하는 나의 생각 자체가 지극히 위험한 발상이라고 했다. 심지어 윤 상무는 내게 "회사 들어먹으려

고 그러십니까?"라는 말까지 했을 정도였다.

내 결심에 힘을 실어준 것은 당시 정부의 방침이었다. 그 무렵 정부에서는 독창적인 한국형 자동차 생산에 강력한 의지를 보이고 있었다. 특히 박정희 대통령은 1973년 1월에 〈중화학공업정책〉을 선언하면서 80년대 자동차 공업의 기본목표를 '완전 국산자동차 생산 및 수출기반 확립'이라고 밝혔다. …… 하루는 김재관 차관보를 그의 집무실에서 만났더니 대뜸 창가로 나를 데리고 가 세종로를 내려다보며 말했다.

"정 사장, 정주영 회장께서 우리의 숙원이었던 조선을 시작했으니, 정 사장은 우리 고유의 자동차를 만들어내야 하지 않겠소? …… 정 사장, 저기 저 대로를 내려다봐요! 저길 좀 봐요. 저게 몽땅 일본차들 아니오? 저 차들을 죄다 걷어내고 우리 차들이 달리게 해야겠는데, 그 일을 정 사장이 맡아줘야겠어요!" …… (그럼에도 불구하고) 반대 여론이 워낙 거세자 이번에는 정부의 방침과 의지를 알아보려고 큰 형님이 직접 김재관 차관보를 찾아갔다. 김 차관보는 고유모델 개발이야말로 상공부로서도 지대한 관심을 갖고 추진하는 문제이기 때문에 적극적으로 도와주겠다는 매우 긍정적인 입장을 재삼 확인해주었다. …… 그의 다짐은 우리를 적잖이 고무시켰다. 김 차관보를 만나고 돌아온 큰 형님은, 우리가 1972년 말에 내린 '고유모델 개발' 결정이 역시 옳았다는 생각을 확고히 굳히면서 내게 다짐을 해두었다.

"네가 사장이니까 이제 죽고 사는 건 너한테 달렸어!"

큰 형님을 만나고 나오면서 나는 곰곰이 되새겼다. 죽고 사는 건 나한테 달렸다.

— 정세영(전 현대자동차 회장)

현대자동차에서 만드는 차를 '우리 차'라고 했습니다. 주주의 이익을 위한 차가 아닙니다, '우리 차, 우리 회사'라는 걸 전제로 하고 국가가 강력히 지원했던 겁니다.

하루는 점심을 먹는데 옆자리에서 이런 소리가 들렸다.

"글쎄 우리 회사 기획실은 큰일났어요. 처음에는 1만 대다, 2만 대다 하더니 고무풍선처럼 부풀어 이제는 5만 대를 만들겠대요. 이대로 가다가는 얼마까지 늘어날지 모르겠어요. 아니 연간 5,000대도 팔까 말까 한 실정인데, 5만 6,000대를 만들겠다니, 그 사람들 완전히 돌았어요. 돌아도 보통 돈 것이 아니라니까."

"맞아요. 너무 실정을 몰라요. 외국과 기술제휴도 안 하고 독자적으로 만들겠다니, 그래 그게 팔리겠어요? 포드도 떨어져 나가서 말썽투성인데, **순국산 기술로 차를 만들어 누구를 죽이려고 하는지 몰라. 그런 차를 누가 사주기나 할 것 같아요?**"

새로 들어온 나를 알아보지 못한 그들이 마음 놓고 하는 소리였다. 나는 마치 호랑이 꼬리를 잡은 꼴이 되고 말았다. 놓치면 물려 죽으니 놓을 수도 없다. 정신을 바짝 차리고 끝까지 그 꼬리를 잡고 늘어지는 길밖에 없었다.

– 강명한(전 현대자동차 상무)

주주의 입장이 되어보세요. 외국제품 수입해 팔면 앉아서 돈을 버는데, 외국과 합작해도 안전하게 돈을 버는데, 아무 기술도 없는 상태에서 회사 역량을 다 기울여 위험한 개발을 한다는 겁니다. 개발해봤자 품질이 떨어져 누가 사줄지, 도대체 언제 수익이 발생할지 아무도 모릅니다. 그때까지 주주는 이제나저제나 주가 오르기만 기다려야 합니다. 세상에 어느 주주가 이런 경영을 용납하겠습니까?

나는 김재관 차관보에게 현대나 기아는 어떤 움직임인가 물어보았다. 두 회사 모두 하겠다고는 하는데 원체 투자가 커서 좀 문제가 있다고 한다. 나는 "수고했다." 하고 돌려보냈다. 그리고는 김광모 비서관, 권광원 비서관과 상의를 했다. 결론은 (박정희) 대통령 지시각서를 떼는 길을 택할 수밖에 없다고 났다. …… 그래서 대통령 지시각서의 기안을 시켰다. 나는 김정렴 실장에게 상공부 보고서에 대해서 설명을 하고, 대통령 지시각서가 필요하다고 건의를 했다. 김 실장은 "잘해보소." 하며 지시각서안에다 서명을 해주었다. …… 나는 대통령에게 상공부 안에 대해 브리핑했다. 그리고는 자동차 4사의 동태를 설명하고, "각하께서 직접 명령을 내리셔야 되겠습니다. 그래서 지시각서를 기안해가지고 왔습니다."라고 상신했다. 대통령은 "그래." 하고 크게 서명을 했다. 그리고 상공부에서 올라온 병풍에까지 사인을 했다. 강력한 의지가 담긴 힘찬 사인이었다. 지시각서의 형식은 "○○ 할 것"으로 명령조이다.

대통령 지시각서라는 것은 중요한 의미를 갖는다. 대통령의 관심사라는 것이고, 대통령이 직접 관장하겠다는 뜻이 된다. 다시 말하자면, 자동차공업 육성은 상공부에만 맡겨놓을 것이 아니라, 청와대에서 직접 다루겠다는 뜻이 되기도 한다. 따라서 상공부는 자동차공업 육성정책을 수립할 때는 경제각의를 통과하고 난 후, 총리 재가를 받아 가지고 대통령에게까지 보고해야 한다. 그리고 추진사항도 그때그때 보고해야 한다.

"이제 대통령 지시각서까지 나왔으니 이번 기회에 완전 국산화를 이룩하자."고 서로 다짐을 했다. 나 자신도 이제는 한 치도 물러설 수 없다는 결심을 했다. 상공부는 대통령 지시각서에 의해 자동차공업 진흥계획을 각 자동차 업체가 제출한 계획에 맞추어 다듬었다. 1974년 11월에 최종안이 작성되었다, 그해 5월 7일에 확정되었다. 이로써 세제혜택 등 정부지원책도 완비하게 되었다.

— 오원철(박정희 전 대통령 경제제2수석비서관, 중화학공업기획단 단장)

투자도 이런 무모한 투자가 없습니다. 정부와 기업이 이심전심으로 모두 미쳤던 것 같습니다. 그런데 여기 주주가치나 기업수익성(사익)은 어디 있습니까? 국민경제(공익)만 있을 뿐이었습니다.

> 고유모델 개발을 위해 내가 가장 먼저 취한 조치는, 코티나 판매 미수금 때문에 잠정적으로 폐지했던 기획실을 부활시키는 일이었다.
> "현대건설 기획실에 있는 똑똑한 친구 두세 명을 지원받을 테니까 우리 직원 중에서도 똑똑한 친구 두셋 붙여서 기획실 조직하고 시장조사부터 하시오!" …… 당시 우리 회사 자본금이 약 17억 원이었으니까 280억 원을 투자한다는 것은 실로 엄청난 일이 아닐 수 없었다. 이 같은 예상이 나오자 이번에는 우리의 주 자금원이었던 현대건설 쪽에서 강력하게 반대를 하고 나섰다.
> — 정세영(전 현대자동차 회장)

현대건설 주주는 어디 있나요? 한번 내가 주주라고 생각해보세요. 내가 투자한 회사가 핵심기획인력을 다른 데로 빼돌리고 있습니다. 게다가 남의 회사의 너무나 불확실한 거대한 기획에 돈을 쏟아 부으려고 하고 있습니다. 용납이 됩니까? 지금 같으면 현대건설 주주의 "NO!" 한마디로 끝입니다. 어딜 감히 인재와 돈을 다른 곳으로 빼돌립니까? 그것은 주주의 재산을 빼돌리는 것과 같습니다(주주중심체제에서 인재, 즉 노동자는 인간이 아니라 주주의 사유재산이니까).

은행은 당연히 이 위험한 도박에 융자를 해줬을 겁니다. 지금 같으면 은행 주주도 용납할 리가 없습니다. 주주에겐 국가경제 따위는 안중에도 없기 때문이지요. 하지만 당시엔 주주가 마치 유령처럼 실질적으로 존재하지 않는 존재였습니다. 그런데 민주화 후 그 유령들이 실체가 돼 우리 앞에서 주인 행세를 하고 있습니다. 모든 기업들이 자기 거랍니다.

포항제철도 처음 만들 때 난항을 겪었습니다. 포항제철을 만들기 위해선 국내 금융지원과 함께 외국의 자금지원이 꼭 필요했습니다. 그런데 당시 세계은행에서, "한국의 제철소 건설은 엄청난 외환비용에 비추어 경제성이 의심된다. 그보다는 노동기술 집약적인 기계공업을 먼저 하는 것이 좋다." 이런 보고서를 냈답니다. 그래서 돈을 꾸기가 힘들어졌다네요(홍하상, 『주식회사 대한민국 CEO 박정희』).

우리나라가 제철공업을 필요로 한 것은 국가 장기전략 때문이지 당장 현금장사하기 위해서가 아니었습니다. 그러나 돈놀이하는 사람들은 대체로 그날그날 매상을 따지는 가게 운영자의 정신을 갖기가 쉽습니다. 특히 주주에 의해 좌우되는 법인이 그렇지요. 그들은 경제성을 따집니다. 돈을 꾸기가 힘들어지자 어디서 돈을 마련했느냐면 대일청구권 자금 중 1억 달러를 사용했습니다.

대일청구권은 한일수교를 진행하면서 식민지 시대에 대한 우리 핏값으로 일본에게 받은 돈입니다. 말하자면 포항제철은 우리 조상들의 핏값으로 건설된 셈입니다. 그런데 그런 포항제철마저도 민영화와 주주중심주의로 주주들에게 탈취당하게 생겼습니다. 만약 주주중심주의가 당시에도 맹위를 떨쳤다면, 외국 자본조달을 걱정하기에 앞서, 국내 금융지원부터 막혔을 겁니다. 은행 주주들의 이기심이 이런 '미친 투자'를 용인하지 않았겠지요. 은행 주주들은 제철업체가 아닌, 당장 수익이 발생하는 철강수입업체에 자금을 대려 했을 겁니다. 그랬다면 한강의 기적은 없었겠지요. 물론 공장 지을 때보다 일자리도 안 늘어났을 거구요. '미친 투자'는 '미친 일자리 창출'을 불러왔습니다. 자유로운 이기심이 추구하는 경제적 효율성과 단기 수익은 일자리를 줄입니다.

그때나 지금이나 비용은 작을수록 좋습니다. 그러므로 당연히 임금도 억압하긴 했지만 요즘처럼 연봉제란 이름으로 양극화하진 않았습니다. 국가경제의 원활한 성장을 위해선 거대한 중산층 집단을 육성해야 하는

데, 임금 양극화는 다수를 빈곤하게 만들기 때문이지요. 현대자동차는 우리 국민소득이 늘어서 내수시장이 커질 것으로 예상하고 자동차산업을 밀어붙였습니다.

그러나 지금은 어떻습니까? 민주화 후 국민소득이 아무리 늘어도 내수시장 활성화하고는 상관이 없습니다. 국민소득이라는 지표는 어차피 평균치일 뿐이고, 그 내용을 들여다보면 일반 노동자는 주주들에게 소득을 탈취당하고 있습니다. 과거엔 이런 일이 없었습니다. 경제가 성장하면 노동자의 소득도 늘고, 그에 따라 내수시장이 커질 것이라는 예측이 너무나 당연했습니다.

하청업체 얘기로 돌아갑시다. 과거에 하청기업, 즉 중소기업은 단지 비용 극소화의 대상인 소모품이 아니었습니다.

피 같은 중소기업이

아래에서 또다시 오원철의 글을 길게 인용합니다. 오원철이 누구길래 이렇게 그의 글을 많이 인용하냐는 의문이 있을 수 있는데요, 그 답은 이 인용문으로 대치하겠습니다.

> (중화학공업기획단은) 경제기획원이나 상공부를 뛰어넘는 실질적 경제정책기관으로서의 역할을 수행. 이 기획단의 업무 한계와 능력은 초정부적으로 막강한 것 …… 오원철 단장은 방대한 창원기계공단 사업을 비롯하여 제철, 조선, 전자, 석유화학 등 우리나라 모든 중화학공업의 개발계획을 수립하고, 그 집행과정에서 총괄적인 조정과 감독을 직접 나서서 지휘.
>
> – 한국정치문제연구소, '박정희 시대의 경제비화';
> 하용출, 「후발 산업화와 국가의 동학」에서 재인용

국방부의 비행기, 군함까지 오원철 씨가 직접 다루었다.

- 김흥기, 『경제기획원 33년 영욕의 한국경제』

각 자동차 조립공장의 성쇠가 대지각 변동을 일으키고 있을 때, 정부가 할 일은 부품공업의 국제화라는 어려운 과제를 풀어나가는 것이었다. **1974년도의 장기 자동차공업 진흥계획의 진짜 알맹이는 오히려 부품공업의 진흥에 있었다**고 할 수 있다. …… 그런데 당시 우리나라의 부품공업은 아직 미약한 단계이니 정부에서 이끌어나갈 수밖에 없었던 것이다.

다시 말하면 공업의 단계별 육성정책에서 부품공업은 유치원 단계로서 **정부가 어머니 역할을 할 수밖에 없었던 것이다. 부품공업 육성도 해주어야 하고, 대기업체인 모기업의 횡포로부터 보호도 해주어야** 했다. 이 일을 정부에서 맡게 되니 상공부로서는 힘겨운 일이 아닐 수 없었다. **부품공업을 소형선박에 비유한다면, 상공부는 항구의 방파제 역할을 해야 하는 것**이었다. …… 현대가 종합자동차공장 건설계획서에 변속기와 후차축 공장까지 포함시켜서 신청했다는 이야기는 이미 했다. 그런데 이런 분야는 부품제조업체가 맡아야 한다는 것이 정부방침이었으므로 정부는 현대자동차가 제출한 종합자동차공장 건설계약의 인가 과정에서 "**변속기 및 후차축 제조기술은 기존 또는 신설 계열(하청)공장에 제공해야 하며**, 신설공장의 경우는 기존업체와 공동출자로 창원기계공단에 건설토록 할 것"이라는 조건을 붙였다. …… 이에 대해 현대는 "변속기 및 후차축은 자동차 생산업체가 자가 생산하는 것이 국제적 통례이며, 당사 자체 수요만을 위한 생산규모로도 경제규모가 될 수 있을 뿐만 아니라, 특정사양에 의한 생산준비가 시급하므로, 종합자동차공장 건설사업에 포함해, 조속 추진될 수 있도록 사업인가 조건을 해제해 줄 것"을 여러 차례 건의했다.

그러나 정부는 "현대가 제조코자 하는 소형승용차 변속기 및 후차축의 국산화를 위해서는 기술도입이 필요하나 기존의 전문계열업체로 동양워너와 코리아스파이서 2개 업체가 있으므로, 이들 **기존업체가 기술도입계약을 맺도록 현대자동차가 알선하는 것이 바람직하다.**"고 못박고 말했다.

이런 식으로 정부가 유도해 나가니 부품공업은 급신장하여 동양기계를 위시한 대규모 부품공장들이 창원에 속속 건설되기 시작했다. 창업하는 회사도 많았다. – 오원철(박정희 전 대통령 경제제2수석비서관, 중화학공업기획단 단장)

현대가 국제적 통례까지 들어가며 자신들에게 필요한 부품을 직접 만들려고 했으나 정부가 한사코 기존 중소기업 제품을 사라고 강요했다는 것입니다. 게다가 기존 중소기업의 기술력이 떨어지니 현대가 나서서 기술도입을 알선하라고 '명령' 하고 있습니다. 이렇게 국가가 강자를 철저히 통제했기 때문에 경제 기적이 가능했습니다. 민주화 후 어찌된 일인지 국가는 강자에 대한 통제를 포기했습니다. 지금은 이런 상황에서 강자의 이익 극대화 쪽으로 결정이 날 겁니다. 즉 스스로 만들거나 아니면 수입선을 외국으로 돌리거나. 그렇게 십여 년이 흐른 후 중소기업과 국민이 파탄지경에 처했습니다. 강자에 대한 통제를 포기한 명분은 세계화 시대 국제경쟁력 향상이었습니다. 그러나 과거 강자의 사익을 통제하던 시절 인류 역사상 전무후무한 경쟁력 향상 정도와 그 이후를 비교하면 어떻습니까?

경제개발 5개년 계획은 처음 추진될 당시부터 소련 등 사회주의 국가에서나 하는 것이라고 비판받았다고 합니다. 미국식 시장원리에 의하면 주주이익을 최고로 여기는 기업들이 자유롭게 기업활동을 한 결과로서 국민경제가 형성됩니다. 하지만 우리는 과거에 그런 미국식 시장원리를 무시했습니다. 민주화 후 미국식 시장원리를 받아들이자 국민들이 가난해졌습니다.

사업체수 : 99.4% / 종사자수 : 76.9% / 부가가치 : 52.8%

– 중소기업이 한국경제에서 차지하는 비중, 2003년 기준, 한국은행(2004)

사업체수 99.4%에 종사자 수 76.9%. 한마디로 중소기업은 국민경제 그 자체입니다. 요즘에 마치 삼성전자 혼자서 우리나라를 먹여 살리는 것처럼 국민들이 생각하는데 실상은 전혀 그렇지 않습니다. 대기업 몇 개가 먹여 살리는 나라가 아닙니다. 중소기업이 죽으면 국민이 죽는 것입니다. 실제로 요즘에 대기업들이 잘 나간 결과 지표만 저 혼자서 좋아지고, 중소기업이 죽으니까 민생은 파탄되었습니다. 그런데도 국민들은 여전히 대기업에만 환호를 보내고 있습니다.

과거 개발독재 시절, 경제가 성장할 때 국민 삶의 질이 함께 성장한 것은, 대기업이 클 때 중소기업도 같이 컸기 때문입니다. 그리고 노동자의 실질임금도 함께 성장했기 때문입니다. 오로지 대기업만을 위한다고 비난받았던 박정희가 민주화정권보다 오히려 더 중소기업을 위해 강력한 국가권력을 휘둘렀습니다. 그리고 노동자는 특별히 보호하지도 않고, 노조도 탄압했지만, 종신고용으로 고용을 안정시켰습니다. 자유화, 시장화는 중소기업도 버리고 고용안정성도 버렸습니다.

〈자동차 및 주요부품 국산화계획〉
우선 **자동차조립공장과 부품공업을 완전히 분리해서 육성하되 정책상 부품공업에 총력을 경주한다.** (자동차회사의) 공장은 부품을 사용해서만 엔진이나 차체를 조립하기 때문에 국산 가능한 부품은 국내에서 구입하게 된다. **비로소 국산품의 수요가 생겨나는 것이다.** …… 국내에서 부품이 생산된다고 해도 자동차 조립공장들이 과거와 같이 정치적인 압력을 구사하면서 수입에만 몰두하고 국산 부품을 구매해 주지 않는다면 부품제조공장들은 살아남지 못할 것이다. 그래서 **국산 부품을 사용토록 강요하는 행정조치**를 취하기로 했다.

상공부의 권한이 자동차조립회사가 필요한 부품을 수입 신청할 때 수입승인 가부를 결정하는 힘밖에 없을 때였다. 그러나 당시는 모든 부품을 국산화한다는 것이 불가능했기 때문에 자동차조립회사로서는 부품수입을 못하게 되면 자동차 생산을 할 수가 없었다. 따라서 수입 수량이란 바로 생산 가능량을 뜻하게 되는 것이다. 상공부는 이 권한을 최대한 활용키로 했다.

초기에는 국산화율이 높은 회사에 더 많은 양의 부품을 수입해주는 제도를 채택했다. 그러나 **나중에는 정치적 압력(로비)에 견디다 못해 부품수입 심사권을 자동차협동조합에 위임**해버렸다.

자동차협동조합이란 자동차부품 제조업자들의 단체이다. 국산이 가능한 부품에 대해서는 수입승인을 해줄 리가 만무했다. 그리고 73년 말을 기한으로 해서 승용차용 부품 수입은 완전히 금지하기로 했다. 이러한 행정조치는 자동차 국산화에 막강한 작용을 하게 된다. …… 엔진의 국산화를 서두르기로 했다. 당시까지만 해도 자동차 엔진은 몇 번씩이나 재생해서 사용했기 때문에 엔진용 부품은 거의가 다 국산화된 상태였다. 단지 **자동차조립회사가 자기 이익만을 위해 엔진을 완제품 상태로 수입**했기 때문에 국산품을 쓰지 않았을 뿐이다. 고쳐 말하면 엔진주물만 국내에서 생산되면 엔진은 완전히 국산이 가능하단 뜻이다. 그래서 엔진주물공장을 먼저 건설키로 하고……

– 오원철(박정희 전 대통령 경제제2수석비서관, 중화학공업기획단 단장)

자동차협동조합이라는 중소기업단체에 대기업 규제권을 줬다는 내용입니다. 지금으로선 상상도 할 수 없는 일입니다. 국가가 과거엔 이런 일을 했습니다. 또, 국가는 중소기업이 경쟁해서 클 때까지 기다린 것이 아니라 무조건 수요(시장)부터 만들어줬습니다. 위의 인용문을 보면, 당시 자동차조립회사는 단지 자기의 이익 때문에, 이미 국산화가 가능했던 부문까지도 외산 완제품을 구입했다고 나옵니다. 당연하지요. 내가 사업주라도 이렇게 영업할 겁니다. 이때 국가는 자동차조립회사에 엔진 국산화를 명령했습니다. 그 결과 관련 중소기업이 살아났습니다(전자산업 육성도 부품 국산화 품목을 먼저 정해놓고 시작했음). 지금은 주주와 CEO더러 마음대로 하라고 하지요. 그 결과 1990년대 이후로는 대기업 혼자서 북 치고 장구 치고 다 하고 있습니다.

현대자동차는 처음 공장을 지을 때부터 부품까지 다 직접 하려는 욕심이 있었는데 정부가 강력히 막았다는 얘기는 앞에서 했습니다. 막연히 시장자유가 좋은 줄 알고 자유를 주니까 현대자동차는 옛날부터 하고 싶었던 일을 한 것 같습니다. 「완성차업체의 협력업체에 대한 사회적 책임 : 현대자동차의 사례를 중심으로」(이상호, 진보정치연구소)에 의하면 최근 구조조정 과정에서 현대자동차는 부품공업을 지속적으로 인수하고 있다는 겁니다.

> 독립적 부품기업의 독자적 발전에 큰 걸림돌로 작용하고 있다. …… 중견기업으로 성장하려고 하는 기존 독립부품업체들의 발전경로를 훼손하는 효과를 발휘한다. 동일부품을 계열회사에도 발주함으로써, 독립업체를 불공정한 경쟁관계에 놓이게 할 뿐만 아니라, 부당한 단가인하 압력을 어쩔 수 없이 수용하도록 만들고 있다.　　　　　- 이상호(진보정치연구소)

자유화 개혁론자들은 박정희가 과거에 국가권력으로 독점을 조장해 시장경쟁을 막아서 국가경제가 나빠졌다고 주장합니다. 그런데 그들이 득세해서 시장자유화를 단행하니까 독점과 불공정 경쟁이 오히려 더 심화되고 있는 것입니다.

> 90년대 이후 부품조달의 이원화를 의미하는 완성업체의 복사발주율이 점진적으로 증가하고 있음. …… 복사발주는 전속거래라는 **폐쇄적 의존관계를 넘어서서 거래관계가 다각적으로 이루어지고 있다**는 것을 의미 …… 1998년 자동차 4사의 부품업체 중 하나의 완성차업체에만 납품하는 기업이 70.7%에 이르렀으나, 2001년에는 이 비중이 55.4%로 하락하였다. 과거에는 부품구매에 있어 수의계약방식이 대부분이었으나, 외환위기 이후에는 **경쟁입찰제가 일반적인 계약방식으로 정착**하고 있다.
>
> — 이상호(진보정치연구소)

마치 고교 평준화를 해체하고 자유롭게 상호선택이 가능한 경쟁적 상황을 조성한 것 같습니다. 점점 더 시장을 자유화하고, 선택을 다양화하고, 보다 경쟁적인 환경을 조성했더니 모두가 자유롭게 잘 살기는커녕 지금처럼 되었습니다. 뿐만 아니라 현대자동차는 중소기업의 임금을 억압하기 위해 임금협상시기에 납품단가 인하 요구를 했다고 합니다(현대자동차 협력업체, 납품단가에 '죽을 맛', 업코리아, 2005-09-23).

그 중소기업은 자기보다 더 영세한 하위 부품업체에 똑같은 짓을 하겠지요? 이것이 나날이 대기업이 사상 최고의 실적을 내는데도 불구하고 민생이 파탄나는 이유 중 하나였습니다. 사실은 사상 최고 실적이 안 나오는 게 더 좋았던 겁니다. 주주들에겐 미안한 말이지만.

중소기업은 대체로 물건을 두 군데 팝니다. 하나는 하청기업으로서 대기업에, 또 하나는 내수시장에. 과거 중화학업종이 주도하던 시절엔 대기업이 중소기업 제품을 잘 사줬습니다. 90년대 이후 IT업종이 새로운 주도산업으로 등장했는데, 여기에 대해서 국가가 우리 중소기업을 위해 어떤 강력한 규제를 했는지 의심스럽습니다. 자유화로 주주들의 이익을 최우선으로 생각하게 된 대기업은 '우리 중소기업 육성'이라는 소명보단 이익 극대화를 위한 싼 부품 구매, 편하게 글로벌 소싱, 이런 식으로 영업하게 됐습니다.

중소기업의 또 하나의 판로인 내수시장의 경우, 주주들에게 비용으로 전락한 노동자들이 비정규직으로 빈곤에 떨어져버렸고, 또 유통업 개방으로 이마트 같은 것들이 창궐해 소비자 주권, 소비자 선택권이 극대화되어 저가격경쟁이 시작되었습니다. 결국 노동자들이 빈곤해지고, 자영업자들마저 빈곤해지자 내수시장이 사라져 중소기업이 설 땅이 없어졌습니다. 뿐만 아니라 저가격경쟁으로 비용절감의 극심한 압력에 놓인 중소기업은 노동자를 더욱 쥐어짰고 내수시장은 더욱 축소되었습니다.

이런 식으로 기존 판로가 막히고, 그나마 남은 판로라고는 이익도 얼마 안 남는 극심한 가격경쟁의 장이 되자 수익을 얻을 시장이 줄어들어 이른바 '투자할 곳이 없다'는 현상이 일어났고, 이렇게 먹을 곳이 없는 시장에 주주가치 은행은 더더욱 대출을 꺼리게 되어 중소기업은 시장가뭄에 돈가뭄이라는 이중고에 갇혔습니다. 전체 노동자의 76% 이상이 다니는 중소기업이 어려워지자 민생이 파탄됐고 그에 따라 내수시장도 파탄이나 악순환의 고리가 형성되었습니다.

왜 중소기업이 저가격경쟁에 휘말렸을까요? 기술이 없기 때문입니다. 박정희 대통령은 우리 중소기업이 기술력이 형편없다는 걸 알고 강제로 사게 했습니다. 대기업에 중소기업 기술지도를 시켰습니다. 그냥 내버려 두면, 자유시장에서 소비자는 절대로 '후진' 기술의 제품을 비싼 돈 주고 사지 않습니다. 결국 기술 없는 기업의 경쟁력은 저가격밖에 없습니다.

국내에서 저가격경쟁으로 노동자를 쥐어짜고 내수시장을 파탄 냈지만 그것으로도 모자라 해외 저임금을 노리고 국내를 탈출하게 됩니다. 또 국내에서 시장이 사라지자 해외 시장을 찾아 떠난 측면도 있습니다. 즉 노동자들이 가난해진 결과 시장이 사라졌고, 중소기업이 떠나버린 겁니다.

노동자들이 중산층이 되면 내수 중소기업, 자영업자들이 다시 번성하겠지요.

그런데 중소기업 번성이 먼저입니까, 노동자들이 중산층 되는 게 먼저입니까? 중산층이 될 돈은 하늘에서 뚝 떨어지나요? 중소기업이 부자가 돼야 76%에 달하는 노동자들이 중산층이 될 것 아닙니까? 그런데 지금 현재 시장도 없지, 기술력도 없지, 어느 세월에 중소기업이 잘돼서 노동자가 잘되길 기다립니까? 과거엔 기다리지 않았지요. 그냥 육성했습니다. 대기업이 중소기업을 돌보도록 강제했습니다. 그러자 중산층 노동자 계급이 탄생했습니다.

90년대 이후 자유를 얻은 대기업은 공익을 위해 약자를 돌보길 거부하고 사익만 챙기기 시작했습니다. 바로 이때가 국가가 나서서 강자들을 규제할 때였습니다. 그래서 대기업의 혁신역량이 중소기업으로 이전되어 우리 중소기업의 국제경쟁력이 자생할 때까지 보육해주어야 했습니다. 그런데 불행하게도 이 중대한 시기에 자유화, 시장화라는 우상을 섬기는 사람들이 한국사회에서 헤게모니를 장악했던 것으로 보입니다.

세계에서 가장 품질 좋은 숙련 노동자들이 집중되어 있는 곳이 일본이나 독일 등입니다. 거기 노동자들은 손이 네 개인가요? 유전자가 다른가요? 거기나 우리나 다 똑같은 사람입니다. 그렇다면 문제는 구조이고 사회문화이고 제도입니다. 현대자동차가 처음 생겼을 때 우리 중소기업들은 '억' 소리가 날 만큼 형편없었다고 합니다. 글자 그대로 '무'에서 출발했던 것이지요. 그 '낫 놓고 기역 자도 모르던' 중소기업 노동자들이 어느 날부터 세계적인 수출상품의 부품들을 척척 만들어내기 시작했습니다. 어떻게 된 건가요? 인종이 변했나요? 국가와 대기업이 시장과 기술혁신의 조건을 만들어 주었기 때문이지요(현대자동차는 하청기업에 청소하는 법부터 가르쳤습니다!).

그 다음엔 더욱 강력한 지원과 계획으로 혁신역량을 세계 1등까지 올렸어야 했습니다. 그런데 그 순간에 우리 중소기업은 가격경쟁, 비용절감 경쟁에 내몰렸습니다. 그러자 기술 혁신은커녕 고임금의 숙련노동자를 저임금의 비정규직 비숙련노동자로 대체해 싸구려 공산품을 만들게 되었습니다. 고용안전성이 사라지자 부가가치도 사라졌습니다. 혁신역량이 오히려 퇴보한 것입니다.

> 일본 주도산업이 전환되는 과정에서 대기업과 중소기업 간의 분업구조는 일본 경제의 경쟁력 강화에 도움을 주었다. …… 이것이 가능케 된 데에는 우수한 숙련공들이 존재하고 있었기 때문 …… **중소기업에 근무하는 숙련공들은 일본제품의 경쟁력을 뒷받침하는 원동력.**
>
> — 럭키금성(LG)경제연구소, 『일본과 독일 어떻게 강대국이 되었는가』

> 독일의 노동 숙련화 전략
> "고용보장, 노동자교육훈련, 숙련노동자간 임금 평준화"
> (→ 세계 최고 기술경쟁력 : 저자 주)   — 정이환, 『현대 노동시장의 정치사회학』

비숙련노동자를 숙련노동자로 질을 높여야 하는 그때, 우리 대기업들은 비용 극소화를 위해 부품소재를 수입해서 쓰기 시작했습니다.

> 그때만 해도 대부분 신진자동차에 부품을 납품하던 업체들로 거의 경기 서북부 지역에 몰려 있었는데 그야말로 가내수공업 형태를 벗어나지 못한 채 설비도 빈약하기 그지없었다. …… 최우선 과제는 우리가 작성한 도면을 주고, 그 동안 외국에 나가 기술을 익혀온 우리 직원들을 업체에 **파견시켜 일일이 지도**하는 일이었다. …… 나는 협력업체(하청업체) 사장들을 초청

해서 …… 수시로 세미나를 열고, 각 지역별로 업체를 방문했다. 그때마다 나의 질책은 실로 매정하다 싶을 정도였다.

"현대자동차와 한솥밥을 먹어온 지 벌써 십 년이 넘었어요! 그런데 이걸 부품이라고 만들었소!"

…… 나는 품질보증을 위해 누구보다 협력업체 사장들이 업계의 실태를 정확히 알아야 한다고 생각해 새로 시작한 것이 소위 '야간학교' 와 '새벽시장' 이었다. 야간학교에서는 각 사의 사장, 공장장들을 모시고 생산성 향상과 품질향상에 관한 세미나를 자주 열었다. …… 현대자동차에 몸담고 있는 동안 내가 무엇보다 큰 관심을 가졌던 사안 중 한 가지가 협력업체들의 품질향상을 위한 노력이었다. …… 수많은 방문 때마다 그들에게 주지시킨 것은 바로 **'부품 국산화를 좌우명처럼 여겨 달라'** 는 것이었다. …… 비록 일부 업체가 가격과 품질 면에서 경쟁력이 조금 떨어지긴 해도 거개의 협력업체들이 세계 수준의 부품을 만들어내게 된 것이 자랑스럽고, 그것이야 말로 진정한 실력이고 자산이 아닐 수 없다.　　－ 정세영(전 현대자동차 회장)

하청업체 키우는 것을 대기업으로서 마땅히 할 일이라고 여겼던 걸 알 수 있습니다. 주주들이 기업경영을 좌지우지했다면 절대로 있을 수 없는 일이지요. 주주는 자신들이 소유한, 즉 투기한 기업이 국산부품을 쓰든 말든 상관하지 않습니다. 단지 비용 극소화를 위해 싼 부품을 조달할 것만을 요구합니다. 그 결과 90년대 이후 부품 국산화율이 떨어지고 있습니다. 요즘 수출업종엔 일제 부품의 비율이 상당히 높다고 합니다.

전체 산업 평균 수입유발계수 : 0.28 (일본은 0.09)

전기전자 업종 수입유발계수 : 0.46 (일본은 0.13)

－ 수입유발계수, 한국은행, 2004; 『투기자본의 천국 대한민국』에서 재인용

수입유발계수가 0.46이라는 것은 1,000원어치를 팔면 그중에 460원이 부품 수입으로 인해 다시 외국으로 빠져나간다는 뜻입니다. 과거 전자공업을 육성할 때 박정희 대통령은 처음엔 전자공업이 외화를 많이 벌어줄 것으로 기대했으나, 상공부는 대부분의 부품이 수입이라 우리나라는 조립비밖에 못 버는 사업이라고 보고하고, 주요 부품 국산화안을 제출하여 통과되었습니다. 그렇게 육성했던 전자산업인데, 지금 전기전자 업종 수입유발계수가 0.46이나 되는군요. 90년대 이후 집권 세력이 자유화 주술에 홀려 자국 산업 육성을 방기했기 때문이 아닐까요?

우리가 자꾸 일본의 부품을 수입해 일본 부품소재 산업이 맹렬히 돌아가면 일본의 관련 노동자들의 혁신역량은 날로 강화되고, 우리 노동자는 저임금 비숙련노동자로 퇴화됩니다. 우리 중소기업 노동자의 경쟁상대가 독일, 일본 노동자가 아니라 중국 노동자가 됐으므로 점차 소득이 중국 노동자와 가까워집니다. 그러자 내수파탄, 민생 파탄이 오고, 지금까지의 악순환은 다시 심화됩니다.

꼭 주주의 이해관계 때문이 아니라도 원래 기업은 공격적인 기술 혁신을 꺼려합니다. 귀찮기도 하고 너무나 위험하기 때문이지요. 게다가 후진국 기업은 자체적으로 혁신할 역량도 없습니다. 사실 장사하는 입장에서야 만만한 물건 들여다 적당한 가격에 팔아 이문 남기는 것이 최고 좋은 겁니다. 그래서 과거 전전자교환기를 우리나라가 개발할 때 기업들이 참여하지 않아 국가가 스스로 개발했습니다.

> 기업들의 참여가 없었던 이유는 높은 기술적 위험성과 상업적 위험성으로 인해 기업들이 전자교환기의 자체개발에 대해 회의적이었기 때문이다. 특히 기업은 연구개발능력의 취약성으로 인해 자체개발에 따르는 위험을 부담하지 않으려고 했다. — 이상철, 「1979~80년 경제위기와 산업정책의 변모」

개발된 국산 전전자교환기를 한국전기통신공사에게 몽땅 사게 해 시장을 창출했습니다. 전전자교환기 2차 개발 때, 비로소 기업들이 달라붙어 삼성전자, 금성반도체, 대우통신 등에게 부문별로 나누어 기술을 개발토록 정리했습니다. 이때 축적된 기술역량을 바탕으로 1987년에는 더욱 개량된 형태의 전전자교환기를 개발하기 시작했습니다. 그리고 90년대 이후 수출길이 열렸습니다. 선진적인 산업 부문이 우리나라에 또 하나 탄생한 것입니다. 이 기술이 나중에 CDMA까지 이어지는 초석이 됩니다.

위험을 감수하고라도 경쟁력과 시장을 창출해나가는 방식, 그것을 위해 약자들이 클 때까지 국가가 철저히 보호해줘야 한다는 생각, 강자를 강력히 규제해야 한다는 생각. 그런 사고방식을 시장화, 자유화 맹신이 대체하자 약자들이 모두 나가떨어지고 강자들만 저 하늘로 훨훨 날아갔습니다.

이 장의 첫머리에 "부품공업을 소형선박에 비유한다면, 상공부는 항구의 방파제 역할을 해야 하는 것"이라는 인용문이 있습니다. 시장원리를 완전히 무시하는 말이지요. 시장경쟁압력으로부터 그 업종, 그 회사를 보호해 땅 짚고 헤엄치기 식으로 크게 해주겠다는 소리니까요. 그런데 지금 우리 관료들은 한국경제가 일찍부터 개방을 통한 자유경쟁을 해서 성장할 수 있었다고 주장하고 있습니다. 개방과 자유경쟁은 민주화 후부터 이루어진 일입니다.

기억상실증에 걸린 경제관료들

한미FTA 관련 TV 토론회에 출연한 김종훈 한미FTA 협상 한국 측 수석대표는 이런 발언을 한 적이 있습니다.

경쟁을 하지 않고 경쟁력을 키울 수만 있다면, 보호막이 쳐진 상태에서 경쟁력을 키울 수만 있다면 얼마나 좋겠습니까? 근데 지금까지 인류가 개발해낸 어떠한 학문이나 기술도 **보호하면서 경쟁력을 키울 방법은 없습니다.** 그래서 우리가 경쟁력을 키우려면 경쟁을 할 수밖에 없고, 경쟁을 하는 속에서 경쟁력을 키워야 한다는 거죠.

이 얼마나 놀라운 발언입니까. 미국 사람도 아니고, 생전 한국에 한 번도 못 와본 사람의 발언도 아니고 대한민국의 현직 관료 입에서 나온 말입니다. "상공부는 항구의 방파제 역할을 해야 하는 것"과 "보호하면서 경쟁력을 키울 방법은 없습니다." 사이에 어떤 공통점이 있습니까? 서로 다른 나라 사람인가요? 또 김종훈 수석대표는 국회에서 진행된 토론회에서 이런 말도 했습니다.

> 그 말씀은 …… 미국 소비자들이 한국 영화를 안 본다는 말씀이시죠. …… 그럼 한국 영화계가 미국 소비자들이 볼 만한 영화를 만들면 될 것 아닙니까?

한국 영화계더러 미국 영화와 자유경쟁해서 알아서 크라고, 스크린쿼터 없애야 한다는 겁니다. 이걸 만약 우리나라 경제개발 시기로 돌리면 이렇게 됩니다.

> 그 말씀은 …… 자동차회사들이 국산 부품을 안 쓴다는 말씀이시죠. …… 그럼 국내 중소기업들이 자동차회사가 쓸 만한 부품을 만들면 될 것 아닙니까?

개발 시기 한국경제를 이끌었던 관료들의 사고방식과 민주화 후 개방과 자유화를 이끌고 있는 관료들의 사고방식 사이엔 하늘과 땅 사이만큼 큰 차이가 있는 것 같습니다. 한마디로 과거엔 국가가 개입해서 강자를 통제해야 성장한다고 생각했고, 지금은 국가가 개입하지 않아야 한다고 생각하는 것 같습니다. 국가가 퇴각한 결과 기업을 주주(소유권자=부자=강자)들에게 탈취당한 것입니다.

> 정세영 사장이 상의할 것이 있다며 찾아왔다. 그 내용을 들어보니 서독 폭스바겐 회사에서 합작 이야기가 나왔다는 것이었다. …… 폭스바겐 사는 이 차(비틀)를 한국에서 만들어 극동지구, 동남아지구에 팔자는 제안을 해 왔다는 것이었다. 설명을 들으면서 나는 기분이 몹시 언짢았다. 그래서 정 사장에게 말했다.
> "정 사장, 현대자동차는 대한민국의 자동차회사요. 그간 얼마나 고생하고 오늘날까지 왔소. 이제 와서 외국회사와 합작한다는 것은 있을 수 없는 일이오. 정 하고 싶다면 폭스바겐만 만드는 새 회사를 따로 설립하시오."
> 그러자 정 사장은 "꼭 현대자동차와 합작해야 된대요."라고 말했다. 나는 한마디만 했다. "다른 사람 의견은 모르오. 나는 NO요." 정 사장은 돌아갔다. 조금 후 전화가 왔다. 합작을 안 하기로 결정했다는 내용이었다. 자칫하면 망아지(포니, 첫 국산차)가 딱정벌레(비틀)에게 당할 뻔 했다."
> ─ 오원철(박정희 전 대통령 경제제2수석비서관, 전 중화학공업기획단 단장)

폭스바겐의 비틀은 세계적인 히트 브랜드고 그 성능에서도 검증받은 모델입니다. 현대가 폭스바겐의 동아시아 생산기지가 된다면 즉시 기업 수익의 향상을 기대할 수 있었습니다. 그러나 그 경우 이제 막 개발된 국산차 '포니'는 뒤로 처질 수밖에 없습니다. 당장 돈이 아쉬운 기업 입장에서 효자 상품 놔두고 시장에서 알아주지도 않는 제품에 영업력을 투여할 리가 없지 않습니까. 이런 식으로 돈을 벌다 보면 자체개발능력은 퇴화합니다. 국가는 현대자동차의 수익을 몰수하고 미래 비전과 국가적 책무성을 요구했습니다. 그 대신 정부는 기업이 발전할 수 있도록 모든 지원을 아끼지 않았고 과도한 경쟁으로부터도 보호해줬습니다. 요즘처럼 "알아서 좋은 제품 만들면 잘될 거야. 경쟁하다 보면 자연스럽게 크겠지." 이렇게 세월 좋은 소리는 하지 않은 것입니다.

> (외국회사와의 합작에 대해) "첫째, **자력으로 커 나갈 것**. 즉 절대 외국 자동차회사와는 합작하지 말아야 한다. …… 외국회사와 우리나라의 자동차회사가 합작을 하고 경영권까지 넘겨주게 되면 이 외국회사는 자기들 나라에서 팔다가 남아도는 자동차의 뒤처리를 우리나라에 강요하게 된다. 이런 경향은 어떤 자동차회사건 마찬가지이다. 지금까지 세계의 어느 자동차회사도 후진국의 자동차공업을 진정 육성해준 예는 없다. 이들 회사를 믿고 자동차공업을 하겠다는 것은 마치 '호랑이 굴에 들어가 어미 호랑이의 양해를 구하고 새끼 호랑이를 갖다 키우는 것'과 같은 이치이기 때문에 절대로 피해야 한다."
>
> – 오원철(박정희 전 대통령 경제제2수석비서관, 전 중화학공업단 단장)

나라 팔아먹는다고, 종속경제 만든다고 비난받았던 박정희 시대 관료가 더 '무식하게' 자주성 지킵니다. 요즘 이런 원리를 말하면 사람들은 나에게 북한처럼 쇄국을 하자는 거냐고 따집니다. 모두 기억상실증에 걸려버렸습니다. 맨땅에서 자동차공업 일으키는 다급한 판인데 합작은 절대로 안 된다고 못을 박았습니다. 현대조선도 경영권을 절대 외국에 넘기지 않는다는 조건을 정하고 시작했습니다. 직접 투자는 절대 안 받고 싶고, 경영권도 안 넘길 건데 지금 당장 '땡전' 한 푼 없는 처지. 그래서 빚을 얻어다 투자한 겁니다. 이게 종속입니까?

이때 국산차 개발에 미온적이었던 아세아자동차가 기아자동차로 넘어갔습니다. 신진자동차는 도요타자동차와 합작으로 공장을 짓겠다고 했으나 허가받지 못했습니다. 현대는 포드와 합작하려 했으나 포드가 한국을 글로벌 생산망의 한 기지 정도로 생각한다는 걸 알아채고 협상을 파기했습니다. 선진국의 기업이 후진국 공업을 육성해줄 리가 없다고 분명히 말하고 있습니다. 이런 건 상식입니다. 그런데 민주화 후 우리 관료들과 지배엘리트들은 선진국 자본에 우리 기업의 지분과 지배권을 넘기면 그들이 한국 기업을 선진화해줄 거라고 선전했습니다.

> **개방효과에 대한 정부의 선전 내용**(괄호 안 : 저자 주)
> 1. 장기적, 안정적으로 외자 확보. 단기적 자본유출의 위험성이 적은 가장 안정적인 외자 확보의 수단(⇦ 실제로는 가장 불안정하고 자본유출 위험성이 큰 자본이었다는 것이 곧 드러났지요)
> 2. 신규고용을 창출(⇦ 개방 후 얼마나 많은 일자리가 생겼나요? 비정규직만 늘어나지 않았나요?), **연관산업 활성화**(⇦ 그런데 중소기업들은 왜 망했죠?)
> 3. 선진기술 및 경영기법을 도입(⇦ 그것은 더 냉혹한 이기심이었습니다)
> 4. 장기적인 국부창출 효과. 국내 산업구조 고도화. 기업가치 증가(⇦ 대기업만 좋아지는 쪽으로 산업구조가 고도화되더군요)
>
> ─ 장상환, 「한국경제와 제국주의」

규제를 풀고 개방, 자유화, 시장화해야 경제가 발전한다는 신념 때문에 상식이 사라진 것입니다. 반면에 우리의 경제개발은 지금까지 보았듯이 '상식'을 기반으로 한 것이었습니다. 그 상식이란 자유시장 상태로 놓아두면 산업발전은 없으며, 강자의 이익을 자유롭게 풀어준 상태에서 약자는 절대로 발전할 수 없다는 생각이지요. 그리고 외국인, 외국자본이 한국을 위하는 일은 없다는 생각도. 이건 정말 상식 중의 상식입니다. 그런데 자유화의 신념으로 가면 강자에게 이익을 추구할 자유를 주고, 그들이 누리는 각종 혜택을 전혀 몰수하지 않아야 국가경제가 발전한다는 '몰상식'으로 변합니다. 이런 몰상식은 지금 이 순간에도 국가 정책으로 입안되고 있으며, 주요 언론의 지면을 장식하고 있습니다.

버림받은 약자

더 문제는 "보호하면서 경쟁력을 키울 방법은 없습니다."와 같은 사고방식이 국내 부분에 적용되면 파탄적 상황을 부른다는 겁니다. 과거엔 주주가 무시당한 것 이상으로 노동자는 더 무시당했습니다. 임금과 노동자로서의 권리를 억압당한 것입니다. 한국 기업의 국제경쟁력은 형편없었습니다. 정부는 노동을 억압해서 세계적 수준의 노동생산성을 기업에 제공했습니다.

기업은 자체적으로 기술을 개발할 능력도 없었지요. 정부는 스스로 기술을 제공했습니다. 1966년 한국과학기술연구소 설립을 시작으로, 선박, 화학, 전자, 전기, 기계금속 연구소가 줄을 이었습니다. 한국 기업은 규모로도 국제경쟁력이 없었습니다. 정부는 막대한 금융지원을 아끼지 않았습니다. 말하자면 국가의 모든 자원을 수출기업에 쏟아 부은 것입니다.

이 과정에서 국민은 철저히 희생해야 했습니다. 노동자로서 살인적인 노동과 저임금에 시달린 것은 물론이고, 소비자로서 비싸고 품질은 떨어지는 국산 공산품을 사줘야 했고, 자금 수요자로서 은행이 저금리로 기업에 퍼주는 동안 고금리로 힘들게 은행 돈을 써야 했고, 일반 중소기업에겐 은행 문이 한없이 높았으며, 수출기업의 경쟁력을 키워주는 과정에서 자연스럽게 발생하는 부의 독점, 상대적 빈곤화도 참아야 했습니다.

그래서 개발 과정의 수혜자들은 막대한 부와 정치적 영향력, 문화적,

학문적 권력을 쌓은 반면에 일반 국민들은 이렇다 할 것이 없습니다. 과거에 국가는 국민들에게 조금만 참아달라고 요구했습니다. 나중엔 다 잘 살 수 있다고 말입니다. 그 결과 이제 세계 상위 그룹의 경제를 일궜습니다. 이젠 과거에 참았던 국민들, 즉 민중들에게 혜택이 돌아가야 합니다. 그런데 이제 그들은 요구할 힘이 없습니다.

> 부품공업은 유치원 단계로서 정부가 **어머니 역할**을 할 수밖에 없었던 것이다. 부품공업 **육성**도 해주어야 하고, 대기업체인 모기업의 횡포로부터 **보호도** 해주어야 했다. 이 일을 정부에서 맡게 되니 상공부로서는 힘겨운 일이 아닐 수 없었다. 부품공업을 소형선박에 비유한다면, 상공부는 **항구의 방파제 역할**을 해야 하는 것이었다.

이럴 때 국가가 할 역할은, 바로 이런 것입니다. 약한 민중이나 중소기업, 그동안 보호받지 못했던 분야는 그 스스로 강자들과 자유경쟁하기엔 너무나 경쟁력이 없습니다. 대학서열체제는 구조적으로 이 약자들을 배제하는 장치가 됩니다(사교육비 경쟁으로 1차 배제, 자식 삼류대행으로 대물림 배제). 이럴 땐 국가가 당연히 약자의 어머니 역할을 해야 합니다. 방파제가 돼주어야 하는 것이지요. 그런데 지금 우리 관료들은 개방, 자유화, 시장화 일변도로 나가면서, "보호하면서 경쟁력을 키울 방법은 없습니다." 이렇게 한가한 소리들을 하고 있는 겁니다. 이러니까 주주들이 모든 이익을 탈취해가고 나라는 마치 메뚜기떼가 지나간 벌판처럼 황량해집니다. 주주들이란 결국 과거 개발독재 시절에 혜택을 본 사람들의 집단과 외국자본입니다. 민주화 후 주주중심체제는 과거에 희생했던 사람들과 그 자식들, 그리고 그 자식의 자식들에게 더 큰 희생을 요구하고 있습니다.

그 말씀은 …… 일류대가 잘 사는 집 아이들만 뽑고 가난한 집 아이들을 많이 안 뽑는단 말씀이시죠. …… 그럼 가난한 집 아이들이 일류대가 뽑을 만한 실력을 기르면 될 것 아닙니까?

우리 관료들은 이런 생각을 하고 있는 건 아닌지 모르겠습니다. 일류대들은 지금 변별력 확보에 혈안이 돼 있고, 아무도 일류대가 변별력에 집착하는 것을 타박하지 않습니다. 그런데 변별력이라는 것은 결국 점수 좋은 아이들을 뽑겠다는 것이고 그건 현대자동차가 품질 좋고 싼 부품만 사겠다는 것과 같은 소리입니다.

정부가 약자를 경쟁으로부터 보호해야 한다는 생각을 버리고 그저 자유시장에서 냉정히 평가받으며 경쟁하도록 경쟁만을 촉진하려 할 때 사회는 엘리트주의에 빠집니다. 강자만을 우대하게 되는 것입니다. 약자를 보호한다는 것은 약자에게 특혜를 주는 것을 의미합니다. 경쟁지상주의는 약자에게 최소한의 시혜적 복지, 경멸 섞인 사회안전망 정도만 제공합니다. 왜냐하면 경쟁주의자들은 경쟁의 패자에게 냉혹할수록 경쟁이 건강해진다고 믿으니까요. 또 승자에게 돌아가는 혜택이 클수록 그들은 건강한 사회라고 생각합니다. 그래야 모두 열심히 경쟁한다는 겁니다. 결국 양극화지요. 패자에게 지급되는 사회안전망이란 게 교육으로 치면 방과후학교나 EBS 수능과외 같은 것들입니다. 이런 것들로 어차피 가난한 집 아이들이 일류대 못 갈 것이 뻔한데 사탕 주듯이 주는 겁니다. 이런 사고방식이 대학서열체제를 신성불가침의 것으로 여기게 만듭니다.

과거 불균형성장 → 사회 양극화 → 90년대 관료변신, 자유화 개혁 감행
 → 약자들에게서 보호막 거둬 → 강자(대기업) 집중 심화, 중소기업 몰락
 → 사회 양극화 심화

교육 분야 보호막

고교 평준화 → 90년대 이후 자유화 개혁 → 학교선택권 확대 → 일류고 등장(고교 평준화 해체) → 자유경쟁 →입시경쟁 심화, 사교육비 팽창 → 강자들 일류고 선택권 독점 → 민생 파탄, 교육 붕괴

소비자 주권과 우리가 당한 민주화 잔혹사

지금은 수익 최대화를 위해 소비자들을 차별하지만, 그때는 국민을 동질적인 중산층 집단으로 만드는 것이 목표였기 때문에 귀족트랙, 가난한 트랙 이런 식으로 나누지 않았습니다. 대신에 일률적으로 제품의 소비자가를 올려 받았습니다. 비싼 소비자가는 출혈 수출을 위한 버팀목이 돼줬습니다. 그리고 군사독재가 마무리된 무렵엔 다수 노동자가 중산층을 위해 기획된 내수모델을 소비할 여력을 갖게 되었습니다.

하지만 비싸고, 품질 나쁘고, 디자인 조악하고, 획일적인 국산 상품 소비를 강요당했던 소비자들의 불만은 지금 하늘을 찌르고 있습니다. 소비자는 자신들의 선택권(이익)을 찾으려 합니다. 부자만 더 부자가 되고 나머진 가난해진다면 정상적인 민주주의가 가만히 있을 리 없지요. 그래서 주주중심주의 체제는 국민의 소비자적 불만을 포착해 민주주의 주권자들을 소비자로 치환합니다. 국민들이 주권자로서 응당 누려야 할 인간다운 대접, 복지와 평등의 권리는 어디론가 사라지고 대신에 시장에서 상품을 선택할 권한을 한아름 안겨주는 것입니다. 이래서 자산가와 소비자 사이에 이기심 동맹이 체결되고 이기심의 질주가 시작됩니다. 소비자들은 자신의 이익이 커진다는 환상 속에, 자신들이 평등한 서비스를 누리지 못하

는 것을 그저 자신이 누린 선택권과 자유에 따른 책임 정도로만 생각합니다. 게다가 현실적 박탈에 대한 불만을 선택권 추가 확대로 풀려 합니다.

"그래, 내 자식이 일류고, 일류대에 못 간 건, 나와 내 자식이 경쟁을 제대로 못해서야. 경쟁할 자유는 주어져 있었는걸. 아니지, 아니지. 가만히 생각해보니 일류대 간 애들은 다 자사고, 특목고 나온 애들이잖아. 그렇다면 왜 내 자식은 평준화 학교를 간 거지? 우리 동네에도 특목고를 신설해 내 자식에게 일류고를 선택할 선택권을 달라!"

이런 생각을 하게 되지요. 그런데 알고 보면 국민 누구에게나 평등하게 일류고, 일류대를 선택할 권한이 주어져 있었습니다. 일류고 선택권을 아예 몰수한 것이 고교 평준화고, 자유화 개혁으로 등장한 일류고는 모든 국민에게 개방되어 있습니다. 일류대는 수십 년 전부터 이미 전 국민에게 선택권을 제공해왔지요. 일류학교라는 제도 자체가 강자들을 위한 양극화 제도라는 것에까지 생각이 미치지 못하고 선택권 확대를 통해 일류서비스를 선택할 수 있다는 환상을 품게 됩니다. 그 선택권 확대를 명분으로 과거에는 금지됐던 부자들만을 위한 제도들이 생겨나는데도 마치 마약에 찌든 사람처럼, 국민은 선택권이라는 환각에 취해 양극화를 자발적으로 추인합니다. 개발독재 시기에 소비자 선택권이 철저히 무시당했던 것에 대한 반발로 말입니다.

경쟁논리로 자신의 가난과 박탈을 스스로 정당화합니다. 그래서 소비자가 된 국민들은 90년대 이후의 새로운 체제에 저항하기는커녕 오히려 더욱 열성적으로 새 체제를 옹호합니다. 소비자 주권, 즉 자유 선택권이 시민주권을 밀어내고 국가와 국민이 있던 자리엔 주주와 소비자만 남게 됩니다. 즉 민주주의가 이루어지는 정치공간은 사라지고 당사자 간 계약과 자유거래가 이루어지는 시장만 남습니다. 시민주권이 사라지자 평등이라는 가치도 사라집니다.

국민 → 소비자

보편주권 → 소비자 주권

국가 → 주주(투자자)

국가의 공공보편서비스(고교 평준화) → 자유시장거래(일류고 입시경쟁)

고등교육(대학) 부문은 처음부터 수요자들의 자유(입시)경쟁, 자유거래(지원, 선발)가 이루어져 왔음 → 여기서 누적된 파탄이 자유화로 더욱 심화됨

정치는 이타적이고 공동체적 이해가 관철되는 공간이지만 시장은 각자의 이기심과 사적 이익만이 추구되는 공간입니다. 모두가 이기적이 되면 결국 강자, 부자의 이기심만 충족될 뿐입니다. 선택권 역시 강자, 부자들만 향유할 수 있습니다. 그럼에도 불구하고 개인에게 무한한 자유를 주는 것처럼 환상을 안겨주는 소비자 선택권 무한 확대에 지금 국민들은 환호를 보내고 있습니다.

국민경제 죽이는 소비자

다음 글은 우리에게 많은 것을 말해줍니다.

> 일단 국보위의 자동차산업 포기 정책이 사실인지 여부를 물어보았고, 그가 사실임을 확인해주었다. …… **경제기획원 국장쯤 되는 직위에다 미국 유학까지 갔다 온 사람**이라길래 상당히 합리적이고 진지한 대화가 가능할 줄 알았다.
> "우리나라에서 자동차 같은 건 안 돼요. **비교우위론으로 봤을 때 자동차는 수입해서 타는 게 나으니까 현대는 비교우위가 될 만한 걸 찾아서 하시오!**"
> 긴 설명 필요 없으니 '자동차공장 문 닫으라'는 소리였다.
> 나는 섬뜩함을 느끼지 않을 수 없었다. 어쩌다 우리나라가 이 지경이 되었

는가 싶기도 했다. 시장경제와 자유민주주의를 신봉하는 나라라면, 세계 어느 국가의 행정부 간부가 이렇게 극단적이고 오만하게 단언할 수 있는가. 나는 치밀어 오르는 울화를 꾹꾹 눌러가며, 그동안 자동차산업이 국가와 국민경제에 기여한 점을 설명하려고 애썼다. 그러나 그는 내 설명을 제대로 듣지도 않고 갑자기 흥분하기 시작했다.

"솔직히 얘기해서 자동차가 지금까지 잘한 게 뭐 있어요? 비싼 값으로 팔아먹고 고장 잘 나고. 국민의 피와 땀으로 살찐 자동차지, 국가에 도움 된 게 뭐 있어요?" …… 나중에야 알게 된 사실이지만, 당시 정부는 세계은행(IBRD)으로부터 7억 달러의 산업구조조정자금을 차관으로 들여와야 할 입장이었다. 그러니까 **세계은행에서는 차관을 주는 조건으로 한국 정부로부터 '자동차산업을 비롯한 주요 기간산업들을 포기한다' 는 각서를 제출받았다고 한다.** …… 당시 정책 당국이 생각하던 비교우위 논리는 그 자체가 우리나라 실정에는 맞지 않는 것이었다. 그런 식으로 비교우위론을 대입한다면 우리나라에는 비교우위 산업이라곤 하나도 존재하지 않는다고 봐도 무방할 것이다.

그때 경제기획원 장관으로 비교우위론을 주장한 당사자 중 한 사람인 신병헌 씨는 1990년대 중반 동아일보에 당시를 회고하는 글을 실었었다. 그 글의 요지는 '당시에 하지 말라고 압력을 넣고 회유했던 기업들이 지금에 와서는 모두 효자기업이 됐다' 는 반성이었다. 나는 **비교우위란 사람의 노력에 의해서 만들어지는 것**이지 애당초 비교우위가 되지 못하는 업종은 하나도 없다고 생각한다. 자동차, 반도체, 조선만 봐도 당시에 비교우위에서 우위를 차지했던 사업이 있는가.

— 정세영(전 현대자동차 회장)

'후진' 차를 비싼 값에 팔아먹어 국민의 피와 땀으로 저 혼자 살찌는 현대자동차에 대한 소비자들의 반감. 이 얼마나 현재적입니까! 위의 사건은 전두환이 쿠데타를 일으킨 후 국보위에서 자동차산업을 포기하려 했다는 이야깁니다. 소비자들의 불만을 대변하는 논리로 말입니다. 그리고 그 소비자들의 불만은 현재진행형입니다. 현대자동차에 대한 국민들의 불만이 하늘을 찌르고 있습니다. 국보위는 바로 그런 반감을 표출하며 현대자동차를 정리하려 했습니다.

우리 기업은 맨 땅에서 시작했습니다. 저 혼자서는 절대로 선진국 기업과 경쟁할 수 없었습니다. 비겁하게도 우리나라는 정정당당한 자유경쟁을 선택하지 않고 '떼거지 전법'을 썼습니다. 선진국 기업이 링 위에 혼자 올라올 때 우리나라 기업은 전 국민이 떼거지로 달라붙어 체급을 불려 올라갔습니다.

> 1973~1980년 동안 이루어진 중화학공업에 대한 산업은행의 대출금은 1조 2,302억 원에 달하는데, 이것은 제조업 전체 대출금의 80%에 해당하는 금액이다.
> — 이상철, 「1979~80년 경제위기와 산업정책의 변모」

1973년에서 1979년 사이 대기업 차입금의 평균금리는 11.80%였던 데 비해 중소기업 차입금의 평균금리는 13.74%였습니다(한국은행 기업경영분석; 김상조, 『재벌문제의 현실과 인식』에서 재인용). 중화학공업 수출 대기업에 자원을 일방적으로 몰아준 것입니다. 대기업은 시장경쟁을 통해 정정당당하게 소비자들의 선택을 받아 몸집을 키운 것이 아닙니다. 소비자들은 강제로 국산 대기업을 선택할 수밖에 없었습니다(국산품 구매). 자유경쟁을 했다면 대기업은 절대로 국제경쟁력을 기를 수 없었을 겁니다.

선택권을 박탈당한 소비자들의 불만은 하늘을 찌릅니다. 이미 1980년에 등장한 국보위가 그 불만을 대변하면서 비교우위에 입각한 산업정리를 주장하고 있습니다. 이것은 그냥 시장에 맡기자는 소립니다. '경쟁력 없는 기업 국가가 억지로 자원 몰아줘서 키우지 말고 시장에 맡기면, 비교우위가 있는 것은 성장하고 없는 것은 자연도태되어 자연스럽게 나라 경제가 성장할 텐데 뭐하러 특정 기업을 인위적으로 키우기 위해 국민이 희생해야 하는가'라는 것이지요.

바로 그런 사고방식에 입각해 1990년대에 등장한 것이 '소비자 주권'론입니다. 과거 파쇼 시대에 억압당했던 소비자들의 주권을 되찾아 소비자의 선택권을 극대화하자는 논리입니다. 결국 독재타도가 '소비자 주권'으로 귀결된 셈입니다. 그런데 소비자에겐 두 가지 문제가 있습니다.

첫째, 소비자는 주주와 마찬가지로 단기적이고 이기적입니다.

둘째, 소비자는 시장의 구매자입니다. 국민의 소비자화는 사회의 시장화를 의미합니다. 소비자는 우리 기업이 장기적으로 어떻게 성장할 수 있을지도 상관없고(단기적), 당장 내 주머니의 돈이 몇 만 원이나 절약될 것이냐만 중요합니다(이기적). 마찬가지로 교육 수요자들은 한국 교육의 장기적 성장엔 관심이 없고(단기적), 당장 자기 자식이 일류대 가는 것만 중요하지요(이기적). 이러한 이기심을 해방시킨 것이 바로 '자유화' 개혁이었습니다. 우리나라 기업이 성장해야 고용이 늘어나고 국민소득이 커져 한국경제가 윤택해지고 결국엔 내 주머니가 윤택해져, 진정한 선택권이 생긴다는 생각으로 소비하는 소비자는 없습니다.

싼 외제를 사면, 국내기업에도 가격압박이 발생해 감량경영을 해야 하고, 1차적으로 노동자들의 임금이 깎이며, 그에 따라 사회빈곤층이 늘어나고 내수가 위축되어 양극화와 경기침체가 발생, 돈 몇 만 원 아끼려다 결국엔 다 같이 가난해지는 사태가 올 수 있지만, 그런 걸 생각할 여유가 없는 것입니다. 사교육과 학벌사회, 입시경쟁이 망국적이라는 건 누구나 압니다. 하지만 여유 없는 소비자는 그저 당장 내 눈 앞에서 내 자식에게 이익을 줄 길을 선택하는 겁니다. 그래서 소비자 주권이 강화되자 입시경쟁이 더 심화되고 있습니다.

과거로 돌아가봅시다. '가'라는 은행은 당장의 수익성도 없고 나중에라도 성공할 수 있을지 매우 불확실하지만 국가경제 차원에서는 꼭 필요한 자동차공장, 조선공장, 제철공장 짓는 데다 소비자들의 예금을 펑펑 쏟아 붓고, '나'라는 은행은 당장 수익이 발생하는 자동차 수입 조립공장, 외국배 운용회사, 철강수입유통업체에 예금을 대출해 경영상태가 매우 우량하여 그 이익을 주주와 소비자들에게 배당, 높은 주가, 고금리로 나누어줍니다. 주주로서 나는 어떤 은행 주식을 살 것이며, 소비자로서 나는 어떤 은행에 내 돈을 맡길까요? 이래서 초록은 동색, 주주와 소비자는 동색인 것입니다.

1990년대 이후 소비자 주권이 대대적으로 확대됐고 그에 따라 단기적 이기심이 팽배해지고 있습니다. 한미FTA 추진 과정에서도 소비자를 위하는 것이 자유화 개혁의 중요한 목표임이 분명히 드러났습니다. 일류대가 가난한 집 애들을 안 뽑고 중상층 애들만 뽑는 것은 당장 성적이 좋은 학생만 선택해 학교의 서열(이익)을 극대화하겠다는 일류대의 소비자의식 때문입니다. 그것 때문에 사회양극화가 심해지고 교육격차가 심해지는 부작용에 대해선 신경 쓰지 않는 것이지요. 이런 것이 소비자 주권입니다. 대학 평준화는 이 흐름을 전복하자는 겁니다.

> 그 말씀은 …… 자동차회사들이 국산 부품을 안 쓴다는 말씀이시죠. ……
> 그럼 국내 중소기업들이 자동차회사가 쓸 만한 부품을 만들면 될 것 아닙니까?

이런 논리는 자동차회사들이 소비자로서 합리적으로 선택하면 그만이라는 소립니다.

그 말씀은 …… 미국 소비자들이 한국 영화를 안 본다는 말씀이시죠. ……
그럼 한국 영화계가 미국 소비자들이 볼 만한 영화를 만들면 될 것 아닙니까?

소비자들에겐 죄가 없으니 제품을 알아서 잘 만들라는 겁니다. 시장의 선택에 맡기라는 것이지요. 이런 식이니까 "그 말씀은 …… 일류대가 잘 사는 집 아이들만 뽑고 가난한 집 아이들을 많이 안 뽑는단 말씀이시죠. …… 그럼 가난한 집 아이들이 일류대가 뽑을 만한 실력을 기르면 될 것 아닙니까?" 이런 논리도 말이 되는 겁니다. 소비자 주권론은 이런 말도 안 되는 궤변을 정당화합니다. 국민들이 소비자 권리가 커진다고 좋아하는 것은 결국 자기파괴인 셈이지요. 그리고 아래와 같은 정책들이 나옵니다.

"소비자의 합리적 선택에 의해 버림받은 한국 산업은 망하시오."
"소비자(일류대)의 합리적 선택에 의해 버림받은 지방, 강북 학생은 삼류 인생을 사시오."
"소비자의 합리적 선택에 의해 버림받은 특목고 아닌 일반고는 망하시오."
(서울시교육청은 소비자 선택권을 향상시키면서 인기 없는 학교 퇴출안을 내놨음)
"소비자의 합리적 선택에 의해 한국 영화가 버림받는다면 망하시오."
"소비자의 합리적 평가에 의해 선택받지 못하는 교사는 그만두시오."
(교원평가)
"소비자의 합리적 선택권 보장을 위해 학교서열체제는 유지되어야 한다."

소비자는 상품을 사는 사람입니다. 소비자의 선택권이 커진다는 것은 소비자 앞에 놓인 상품이 많아진다는 뜻입니다. 그것은 종래에는 자유롭게 거래되지 않던 것들이 자유롭게 거래되기 시작한다는 것을 뜻합니다. 고교 평준화의 경우 종래에는 고등학교를 자유롭게 선택할 수 없었으나 소비자 선택권이 확대되면 선택할 수 있게 됩니다. 이런 식으로 하나하나 선택의 영역을 늘려감으로써 국민의 소비자성이 강화되는 것입니다. 개방으로 광우병 소고기 등 외제를 자유롭게 선택할 수 있게 된 것도 그렇고, 각종 규제 완화로 서비스 상품이 다양해지는 것도 그런 맥락입니다.

 옛날엔 그냥 아무 생각 없이 살아도 됐습니다. 직장 다니고, 애들 학교 보내고, 은행에 예금하고, 시장에 나가 국산품 사고, 그냥 그렇게 살면 고만고만하게 살던 대로 살 수 있었습니다. 이런 게 중산층 사회입니다. 그런데 민주화된 이후엔 사는 게 복잡해졌습니다. 직장 다니면서도 항상 다른 직종을 선택하기 위해 기웃거려야 하고, 자기계발을 위한 종목을 선택해야 하고, 학원 선택에 고심해야 하고, 아이들 학원 문제, 조기교육 문제로 고심해야 하고, 어학연수 선택에 대해 고심해야 하고, 특목중, 특목고 선택을 고심해야 하고, 재테크 방법을 고민해야 하고, 선택할 펀드를 고심해야 하고, 어느 사보험에 들 것인가를 고심해야 합니다. 그렇게 고심하며 사람들은 자신의 이익 극대화를 위한 시장 선택을 매순간 합니다. 그런데 이상하죠? 그렇게 이익 극대화를 위한 선택에 매진할수록 점점 사람들은 가난과 고통의 수렁에 빠져듭니다.

 사람들은 결정적인 것을 놓치고 있습니다. 소비자는 바로 상품을 '사는' 사람이란 것 말입니다. 상품을 사기 위해선 돈이 있어야 합니다. 결국 소비자가 누리는 선택의 자유란 부자가 자기 돈을 쓸 수 있는 자유를 말하는 것입니다. 소비자의 선택권이 확대되어 사회가 시장화, 상품화하면 가난한 사람들은 오히려 선택권이 제약당하거나, 선택한다 해도 싸구려 상품들 중에서만 고르게 됩니다. 선택권 확대를 명목으로 귀족 학교를 만들고, 귀족 의료기관을 만들수록 서민들은 점점 더 사회주류로부터 배제

당하고, 부자들은 자신들만의 성채를 구축합니다. 이건,

"상공부는 항구의 방파제 역할을 해야 하는 것이었다."

이런 사고방식하고는 상반된 것입니다. 경제성장이 일정 궤도에 올라 국민이 사람 대접을 받아야 할 찰나에 국가는 국민더러 소비자가 되라고 했습니다. 방파제 치울 테니 마음껏 능력 되는 대로 살라는 소립니다. 이것은 결국 부자는 부자대로, 가난한 사람은 가난한 사람대로 별개의 세상을 구성하란 얘깁니다. 국민이 소비자적 경향성을 가지면 가질수록 시장화는 심화되고 사회양극화는 깊어집니다. 또 교육에서 국민의 소비자성이 강화(선택권이 확대)되면 학교 서열체제가 심화되어 일류학교를 부잣집 자식들이 독점하게 됩니다. 선택권을 몰수(평준화)하면 이 파탄의 흐름에 거대한 역전이 시작될 겁니다.

소비자 의식에 사로잡힌 국민은 소비자로서 기업을 심판하려 합니다. 소비자 선택이 작용한 대표적인 예가 유통업, 영세자영업의 붕괴입니다. 모든 소비자가 대규모 마트를 선택했고, 소비자는 일시적으로 이익을 얻었지만 그 결과 주변 상권이 붕괴해 내수가 줄어들고, 국민은 더 가난해졌습니다. 황량해진 주변 상권에 소비자적 불만은 더욱 가중되고, 그럴수록 휘황찬란하며 값도 싼 마트를 선택해 소비자는 일반 국민의 목을 칩니다.

소비자 의식은 지금까지 국내 산업을 키우기 위해 희생했던 것에도 불만을 가집니다. 게다가 공동체의 희생으로 큰 국내 산업은 지금 주주들에게 탈취당한 상태입니다. 주주들은 기업으로 하여금 주변의 모든 것을 착취(이익의 내부화)하게 만듭니다. 소비자들의 분노는 극에 달합니다. 그래서 선택을 다변화하면(외제를 사면), 나빠진 경영실적만큼 주주들은 월급을 줄이고, 비정규직 비율을 높이고, 하청업체를 쥐어짜 보충할 겁니

다. 그 폐해는 고스란히 국민경제로 되돌아와 더욱더 분노하는 소비자 집단을 만들 겁니다. 민주화 후 우리가 가난해진 데는 이런 국민의 소비자 의식도 단단히 한몫을 하는 것입니다.

> 나는 섬뜩함을 느끼지 않을 수 없었다. 어쩌다 우리나라가 이 지경이 되었는가 싶기도 했다. 시장경제와 자유민주주의를 신봉하는 나라라면, 세계 어느 국가의 행정부 간부가 이렇게 극단적이고 오만하게 단언할 수 있는가.

정세영 회장의 이 말은 얼마나 웃깁니까? 난데없는 시장경제, 자유민주주의라니. 독재권력이 시장자율 무시하고 국가의 모든 자원을 강압적으로 끌어 모아 특혜를 줄 때는 아무 말도 안 하다가, 규제 당하니까 갑자기 시장경제가 튀어나오고, 자유민주가 튀어나옵니다. 지금 한국의 부자들이 말하는 귀에 걸면 귀걸이, 코에 걸면 코걸이가 되는 시장경제, 자유민주의 원조가 나왔습니다.

신군부 측의 비교우위 논리가 박정희 정권의 총화단결 논리보다 훨씬 더 시장경제 원리에 가깝습니다. 시장원리대로 했다면 어떻게 이 후진국에서 국제경쟁력을 갖춘 대기업이 출현할 수 있었겠습니까? 정세영 회장은 시장원리를 거꾸로 갖다 붙이고 있습니다. 우리나라가 시장경제를 신봉하는 식으로 경제운영을 했었다면 현대는 아직까지 물량투입 위주의 건설업을 하고, 삼성은 양복 만들고, 설탕 만드는 일을 하고 있었을 겁니다.

신군부를 대리해 현대자동차 포기 정책을 주도한 사람이 미국에 유학 다녀온 경제관료라는 사실은 얼마나 의미심장합니까? 정확히 한미FTA가 추진되는 구조와 일치합니다. 90년대 이후 자유화 개혁이 추진되는 구조와도 일치합니다. 세계은행이 지원을 대가로 한국에 기간산업 포기를 종용했다는 것은 IMF 사태의 구조와 일치합니다.

지금 한국의 재벌들은 개방으로 인한 외국 자본의 경영권 탈취 압력에 대해선 국가가 보호해줘야 한다고 아우성입니다. 그러는 한편 수도권 투자 규제 같은 것엔 정부가 왜 시장원리를 가로막느냐고 아우성입니다. 그러면서도 과거 한국사회가 재벌을 키우기 위해 희생했던 것에 대해 공공적 책임감을 갖고 있다는 그 어떤 징후도 보이지 않습니다.

장차 적반하장, 철면피의 화신으로 장대하게 성장할 재벌의 징조가 이미 이때 나타났습니다. 소비자의 이기심과 함께, 과거 고도성장기에 특혜를 받았던 집단의 이기주의도 국민이 가난해진 데 일조한 것입니다. 자기들이 클 때는 시장원리 무시하고 보호받았다가, 지금 크고 나서는 시장원리 주장하며 다른 국민들에게 '너흰 너희 힘으로 커야지' 하고 오리발을 내밀고 있는 것이지요. 그런 집단을 견제하지 않고 그냥 풀어줘버린 것이 자유화입니다. 마음껏 이익을 추구해보라는 겁니다. 또 시장원리의 강화는 부자들로 하여금 자신이 누리는 부에 대한 사회적 책무감을 잊게 만듭니다. 같은 논리로 대학서열-자유경쟁체제는 일류대 엘리트들에게 사회적 책무감을 잊게 만듭니다.

소비자 중심주의 → 시장화 → 뻔뻔한 재벌, 부자 양산
(난 시장경쟁에서 승리해 소비자의 선택을 받은 몸이야, 이거 왜 이래!)
대학서열체제 → 입시경쟁시장 → 뻔뻔한 엘리트 양산
(난 시장경쟁에서 승리해 선택받은 몸이야, 이거 왜 이래!)

'남들도 열심히 경쟁해서 부자 되면 될 것 아닌가' 이런 생각을 하게 되는 것입니다. 그리고 자신이 누리는 특권이 정당한 권리라는 생각을 하게 됩니다. 이렇게 되면 국민 일반의 복지는 점점 더 열악해질 수밖에 없습니다. 한국의 기득권층이 시장자율을 외치면 외칠수록 그들 스스로도

점점 더 뻔뻔해지는 자기최면에 빠지는 것입니다. 거꾸로 그들이 시장자율을 외치는 목소리의 크기는 그들이 얼마나 뻔뻔하며 이기적이고 무책임한가를 나타내는 징표가 됩니다.

> 나는 비교우위란 사람의 노력에 의해서 만들어지는 것이지 애당초 비교우위가 되지 못하는 업종은 하나도 없다고 생각한다. 자동차, 반도체, 조선만 봐도 당시에 비교우위에서 우위를 차지했던 사업이 있는가.

당연한 말 아닙니까? 왜 부잣집 자식만 엘리트 지도자가 되고 가난한 집 자식은 영영 그 밑에서 지배를 받아야 합니까? 선진국 대기업만 영원히 대기업이고 후진국 기업은 그렇게 크지 말란 법 있습니까? 대한민국은 '후진' 기업에 강력한 인큐베이터를 제공해서 '우량' 기업으로 키워냈습니다. 한국 영화나 가난한 집 애들도, 냉혹한 평가보다 강력한 지원을 받는다면 세계적으로 자라지 말란 법 있습니까?

그러나 민주화 후 몰아닥친 자유화, 시장화, 소비자 중심주의는 점차 약자에 대한 강력한 지원을 '빨갱이'라고 몰아붙이면서 원천봉쇄했습니다. 대학입시를 자율화하고, 고교 평준화를 해체하고, 대기업 규제를 풀고, 금융을 자유화했습니다. 각자 소비자와 공급자로서 자유롭게 선택하되 그 책임은 자기가 지란 것입니다. 그 결과 부의 집중, 사회 양극화는 점점 더 심해지고 그것이 교육격차로 이어져 일류학교를 중상층이 독점하는 사태가 벌어졌습니다. 부귀가 자손들에게 대물림되는 것입니다.

당대에 멸시당하는 것으로도 모자라 자식에게까지 그 운명을 대물림해야 하는 부모의 심정이 어떻겠습니까? 중상층이나 서울 강남 등 특정 계층, 특정 지역을 제외한 전 국민이 그런 한을 품게 되었습니다. 이래서 민주화 후 경제지표의 등락과 상관없이 국민이 체감하는 삶의 질은 점점 더 파탄 국면으로 치닫고 있습니다.

외제든 국산이든 싸고 좋은 물건 선택하면 그만이라는 대기업의 소비자 의식은 중소기업의 몰락을 가져왔습니다. 정부는 대기업의 소비자 의식에 제재를 가하지 않았습니다. 일반 국민의 소비자 의식은 중견기업과 토착 유통업, 동네 상권의 붕괴를 가져왔습니다. 이젠 스크린쿼터도 없애자고 합니다. 선택권 제한하는 국가규제는 다 풀라고 합니다. 비교우위 없는 산업조차도 결사적으로 보호해 순식간에 세계적 산업으로 키웠던 한국경제라는 사상 최강의 인큐베이터는 사라졌습니다.

우리의 경제개발 모든 분야가 그렇듯이, 국방기술 개발도 소비자, 수요자들의 불만을 국가가 억누르며 진행했습니다. 국방기술의 수요자인 군부는 국방기술개발이 마땅치 않았습니다. 왜냐하면 성능 좋은 수입품을 못 쓰고 조악한 국산품을 억지로 선택해야 하니까요. 하지만 그런 수요자들을 국가가 억누른 덕택에 고도의 정밀성, 내구성을 요하는 방위산업이 발달했고, 그 과정에서 대한민국 기계공업 경쟁력이 대폭 향상되었습니다. 소비자 후생만 생각했다가는 절대 이룰 수 없는 일이었지요. 왜 지금 한국 정부가 소비자 후생에 집착하며 우리 미래의 싹을 자르려는지 아무리 생각해도 이해 못할 일입니다.

민주화 잔혹사

자기 코앞의 이익만 추구하는 투자자(주주)와 소비자가 자유롭게 서로 접속했다 떨어졌다 하며 유영하는 공간이 시장입니다. 서로의 이익(욕망)이 접속하는 순간 거래가 이루어지는 것이지요. 그러므로 거래에 의해 어떤 식으로든 서로의 이익이 증진된다는(욕망의 성취) 것이 시장주의자들의 주장입니다. 거래를 할 때마다 서로의 이익이 증진되므로 결과적으로 국부가 증진되는 것이고 국가가 시장의 자유거래를 침해하지 않으면 더욱 활발히 거래가 이루어져 모두의 이익이 증진돼 결국 모두가 잘 살게 된다는 것이지요. 그러니까 각종 규제를 없애고 시장화를 주장하며 심지어 고교 평준화까지 해체하고 자유롭게 선택(거래)하도록 하자는 말도 나옵니다.

그러나.

어떤 서민이 자기 자식을 위해 족집게 사교육을 선택하려 합니다. 족집게 사교육의 가격은 300만 원입니다. 한데 그 서민은 30만 원밖에 여유가 없습니다. 그 서민은 어쩔 수 없이 30만 원짜리 동네 보습학원을 선택해 거래가 이루어집니다. 그래서 결과적으로 이 서민의 자식은 일류대를 선택하고 싶었음에도 불구하고 삼류대를 선택할 수밖에 없었습니다. 혹은 특목고를 선택하고 싶었음에도 일반고를 선택할 수밖에 없었습니다. 이 경우 그 서민의 이익은 증진되었습니까? 이 거래를 자유로운 거래라고 할 수 있습니까?

그런데.

시장주의는 이런 거래조차도 자유로운 거래라고 강변합니다. 그러므로 그 서민의 자식이 삼류대를 선택한 것은 그 서민과 그 자식의 자업자득이 됩니다. 그 서민은 소비자로서 자신이 원하는 것을 선택했다는 겁니다. 바로 이런 식으로 가난과 특권이 소비자 주권의 이름으로 자업자득이 되어 사회를 양극화하고 불평등이 정당화됩니다. 여기서 대학서열체제는 다수 국민에게 삼류가 아닌 정상적인 고등교육 기회를 박탈하기 위해 작동하는 장치가 됩니다. 주주(학교)는 소비자 선택을 위해 다양한 상품을 만들어 이익(서열)을 취하면 그뿐입니다. 부자 소비자(특목고생)를 위한 귀족상품(일류대), 가난한 소비자를 위한 삼류상품(삼류대)을 진열해 돈을 지불하는(능력이 있는) 소비자에게 팔면 그뿐이지요.

과거엔 국가가 이런 식의 시장논리를 믿지 않았습니다. 국내 중소기업이 자동차회사 납품을 선택하고 싶어도 품질이 나빠 선택할 수 없다면 국가가 나서서 그 중소기업에 특혜를 줘 납품할 수 있도록 하고, 자동차회사가 다른 나라 납품업체를 선택할 수 없도록 했습니다. 즉 약자의 선택권은 국가가 보호하고 강자의 선택권은 박탈한 것입니다. 이런 식으로 대한민국의 경제발전이 가능했습니다.

주주들은 이런 부자유를 용납할 수 없습니다. 국가에 대해 자유를 요구하게 됩니다. 노동자를 자를 자유. 공장을 마음대로 짓고 옮길 자유. 하청업체를 다변화할 자유. 투자하지 않고 이익을 주주 주머니로 빼돌릴 자유를 말입니다. 소비자들은 자신이 원하는 상품을 선택할 자유를 요구하며 귀족학교를 만들라고 합니다. 또 대학 평준화를 반대합니다.

가난을 선택할 수밖에 없는 소비자들. 특권 트랙을 선택하는 부자들. 넘쳐나는 주주가치와 선택의 자유라는 바다 속에서 국민은 익사해버렸습니다. 이것이 우리가 당한 '민주화 잔혹사' 입니다.

주주행동, 자산가들의 분배 카니발

주주의 정체에 대해 좀 더 알아봅시다.

- **[대기업 주총전망] 주식손실 보상 '고배당 처방'**
  배당 늘려 주주 불만 무마 노려
  삼성전자는 올해 액면기준 60%의 배당을 실시할 계획이다. 지난해 40%보다 20%포인트 높은 수준이다. 포항제철도 …… **사상 최대 규모다.**
  배당을 하지 못하는 기업은 과거 어느 때보다 강한 항의를 받게 될 것 …… 소액주주들이 원하는 사람도 이사회 구성원으로 참여할 수 있도록 하는 집중투표제에 대한 **소액주주들의 요구가 거세질 것으로 보인다.** [매일경제 2001-01-25]

우리 대기업들의 수익이 노동자, 서민, 하청업체, 국가경제를 살찌우지 않고 주주들에게 탈취당하는 현장입니다. 이런 소액주주운동을 우린 민주화개혁인 줄 알고 당했습니다. 그것이 소액주주밖에 될 수 없는 일반 국민의 이익을 극대화해 줄 걸로 기대했기 때문입니다. 일반인들이 생각하는 소액주주는 글자 그대로 개미 소액주주이지만 이것은 착각입니다. 기업경영권과 상관없는, 즉 대주주가 아닌 주주는 모두 소액주주입니다. 다시 말해 분산투자하는 각종 펀드들도 소액주주가 됩니다. 그러므로 요즈음 같은 펀드전성시대는 주주행동주의를 타고 소액주주전성시대를 만듭니다. 지금 당장 이런저런 펀드에 가입해보십시오.

- '가' 라는 펀드의 수익률은 15%인데, '나' 라는 펀드의 수익률은 10%가 나왔음.
- 10% 나온 '나' 펀드에 찾아가 따짐.
- '나' 펀드는 소액주주로서 자기가 투자한(투기한) 기업에 따짐.
- 그 기업은 비용을 절감하며 기업 수익성을 높이고(노동자 해고, 사업 매각, 자산 매각, 공장 이전, 구조조정, 하청업체 착취), 자사주를 매입(주주의 기업이익 탈취)해 주가를 올림.
- 노조는 결사반대하고, 공장엔 공권력이 투입되고, 사람이 맞아 죽음.
- 그 결과 '나' 펀드의 수익률은 15%로 오름.
- CEO는 스톡옵션을, '나' 펀드 담당자는 성과급을, 나는 금융소득을 받음.

이런 식으로 장기비전이 소액주주 돈잔치로 날아갑니다. 국민경제가 고사해가구요. 그런데 주식의 대부분은 부자들 손아귀에 있으므로 부자들만 더욱 부자가 됩니다. 미국의 펀드들은 외환은행을 인수했던 론스타처럼 아예 경영권을 접수해 기업을 쥐어짜는 경우도 있지만, 분산투자를 통해 소액주주가 되는 경우도 많습니다. 바다 건너 미국의 펀드한테 한국 경제의 장기적인 성장이나, 국민의 삶의 질, 양극화 등이 무슨 상관입니까? 그들이 원하는 건 (한국경제의) 성장이 아니라 분배파티뿐입니다. 그저 주주이익 극대화 경영만을 요구할 뿐입니다. 민주화로 오인된 소액주주운동은 바로 그런 일들이 벌어질 수 있도록 주단을 깔아주었습니다.

- **주주행동주의**
  소액주주 이익 대변한다며 경영압박 …… 요구사항은 주로 자산매각, 사업부문 매각, 각종 구조조정 등이다. …… 칼아이칸 연합군이 대표적인 예다.
  [한국경제 2006-11-05]

칼아이칸은 KT&G의 소액주주로 적대적 인수합병이라는 기업 구조조정 장사(수익률이 떨어지는 기업을 인수해 노동자를 자르고 자산을 매각해 주가를 올려 팔아치우는 것. 적대적 인수합병 소재가 뜨면 주주들은 노동자들이 죽든 말든 만세를 부름. 주가가 오르니까)가 힘들어지니까 소액주주로서 주주행동주의로 국부를 탈취하고 있습니다.

- **'기업사냥꾼'의 승리 … 아이칸이 남긴 것**
  아이칸이 이겼다. KT&G가 9일 내놓은 '주주가치 극대화를 위한 중장기 마스터플랜' 얘기다. 3년 동안 주머니를 박박 긁어 2조 8000억 원을 배당과 자사주 소각에 쓰겠다고 했다. 때마다 배당으로 현금을 내주고, 자사주 소각으로 주가도 받쳐주겠다는 얘기다.
  [머니투데이 2006-08-09]

바로 이 아이칸 말입니다. KT&G가 앞으로 5년 동안 연구개발, 시설투자 등으로 투자할 돈이 연 평균 7,000억 원 정도랍니다. 그런데 주주들에겐 연 1조가량을 바친다는 겁니다. 그러면 세계적 수준의 품질은 언제 개발하나요? 국산 담배는 품질이 떨어진다는 이유로 양담배를 피우는 사람들이 부지기수인데 말입니다.

　우리나라는 지금 선진국과의 지식격차를 줄여야 할 절체절명의 과제를 안고 있습니다. 그저 튼튼한 중산층용 대량생산 공산품 말고, 아무도 따라올 수 없는 우리만의 품질, 브랜드로 치고 나가야 할 단계인 것이지요. 맹렬히 우리 뒤를 따라오고 있는 중국을 따돌릴 길은 이것밖에 없습니다. 그러려면 과거 경부고속도로를 짓던 심정으로 '미친 듯이' 연구개발에 투자해야 합니다. 그런데 주주한테 퍼주고 있는 것입니다.

　이건 우리의 미래를 퍼주는 것과 같습니다. 좀 더 정확히 말하면 우리 자손들의 삶이 지금 도둑질당하고 있는 것이지요. 뿐인가요? KT&G는 원래 공사였습니다. 과거 개발독재 시절에 헌신했던 우리 국민의 피가 맺힌 회사입니다. 우리의 과거마저도 주주들에게 탈취당했습니다.

　아이칸은 8% 남짓의 지분을 가지고 이런 개가를 올렸습니다. 바로 이것입니다. 이런 것이 소액주주운동의 결실입니다. 아이칸이 총대를 멘 덕분에 모든 주주들이 돈을 벌었습니다. KT&G의 발표가 난 이후로 주가가 올랐으니까요. 앞으로도 배당에 자사주 매입에 주주들은 3조짜리 돈벼락을 맞은 것입니다. 이게 도대체 노동자 몇 명의 생명값이며, 이 돈이 임금으로 풀렸을 경우 시장에서 돌고 돌아 자영업, 택시, 여타 내수 중소기업이 얼마나 풍성해질 것이며, 첨단 전략 분야 연구개발비로 투자되었을 경우 얼마나 큰 부가가치를 만들어낼 돈입니까?

중국이 온다

　앞에서 중국의 추격 얘기를 했는데요, 중국은 목전에 닥친 칼입니다. 좋든 싫든 중국과 경쟁해야 합니다. 그런데 무엇으로, 어떻게 경쟁해야 하나요?

1. 저임금, 저가격경쟁. 비용절감 경쟁

이 경우 전 국민이 가난해지며 경제지표만 좋아짐. 우리 노동자 소득이 중국 노동자 소득보다 더 작아져야 이길 수 있는 경쟁. 소수 대주주들만 부자가 됨.

2. 기술경쟁. 노동자 품질 경쟁. 창조성 경쟁

이 경우 높은 부가가치를 생산하는 고도의 산업구조와 인적자원을 가질 수 있게 되어 국민의 실질 소득이 올라감. 모두 중산층이 됨. 그들이 문화를 향유함에 따라 문화대국이 됨.

아마도 누구나 다 2번을 택할 겁니다. 그런데 실제로 우리 사회가 지금 가고 있는 방향을 보면 꼭 1번을 선택하고 있는 것 같습니다. 노동자가 가져가는 몫에 대해 적대감을 보이는 이유가 국가경쟁력 약화이고, 그 배후엔 중국위협론이 있습니다. 결국 국가경쟁력을 위해 가난해지라는 소리지요.

2번, 즉 기술경쟁으로 가기 위해선 연구개발은 물론이고 국민공교육에도 지금쯤 거의 미친 거 아니냐는 말을 들을 정도로 돈을 쏟아 부어야 합니다. '국민을 세계 최고 인재로 길러내지 못하면 동해 바다에 빠져 죽자' 는 정신으로 말입니다. 그런데 우리 고등교육 재정은 OECD 평균의 절반 수준밖에 안 됩니다. 어쩌라고요? 뿐만 아니라 대학서열체제로 극히 소수에게만 고등교육을 시킵니다. 대학서열체제는 극소수 일류를 위해 나머지 전체를 삼류화하는 체제여서 국민 다수는 삼류 고등교육만을 받을 뿐입니다. 또, 대학서열체제가 생산하는 학벌사회는 전문직업교육을 무력화해 노동력 경쟁력을 갉아먹습니다.

정부 예산 지출에 필요한 세금을 국민은 적대시합니다. 동시에 노동자 몫에도 분노합니다. 주주가치경영이나 기업수익률엔 아무도 분노하지 않습니다. 결국 2가 아닌 1로 가자는 소립니다. 2의 길로 가기 위해 꼭 필요한 공공재원은 주주들에게 상납하고 말입니다.

주주의 탈을 쓴 외국인? 외국인의 탈을 쓴 주주?

• '삼성 100억 불'로 수십조 챙기는 외국인들
  외국인들 삼성전자에서만 1조 원 이상 현금배당 얻어
  최근 수년 동안 삼성전자에 투자한 외국인들이 현금배당과 주가상승에 따른 시세차익 등으로 수십조 원에 달하는 이익을 챙긴 것으로 나타났다. …… 삼성전자는 지난해 7월 2분기 실적을 발표하면서 주주들에게 주당 5,000원씩 중간배당을 하겠다고 발표했었다. 당시 주당 5,000원이라는 금액은 2003년 주당 500원 배당보다 10배가 늘어난 금액이었다. …… 외국인들이 전체 배당금의 3분의 2를 가져가는 셈.
  [오마이뉴스 2005-01-18]

1999년 이후 2003년까지 4년 사이에 외국인 주주 1년 배당금이 450% 가량 늘었다고 합니다. 삼성경제연구소에 의하면 1998년의 비금융 상장기업 배당성향은 0.084였지만, 2003년엔 0.964로 뜁니다. 외국인 지분이 1% 뛸 때마다 배당성향이 0.7% 뛴다네요. 특히 2003년엔 기업 순이익 증가율이 6.0%였는데 배당금 증가율은 21.1%였다고 합니다. 반면에 외국인 지분이 1% 늘어나면 기업의 고정자산 증가율은 0.09% 포인트 줄어든다고 합니다. 돈 빼먹으려고 설비투자 못하게 막는 겁니다. 주주들, 참 가지가지 합니다.

• 한국은행 통계에 따르면 설비투자가 국내총생산에서 차지하는 비중은 2000년 12.8%에서 2003년 9.5%로 줄어들었다. 1998년 이래 가장 낮은 규모다. 물가상승률을 감안한 실질 설비투자 규모는 1995년 수준에 머물러 있다. 기업이 더 이상 새로운 공장을 짓거나 새로운 기계를 들여놓지 않는다는 이야기다. [월간 말 2005년 1월호]

자꾸 외국인 외국인 하니까 외국인 욕하는 것 같은데 절대로 그런 게 아닙니다. 그들은 그저 자기의 이익에 충실할 뿐이지요. 냉정하게 단기수익을 추구하는 건 주주의 본성입니다. 자기 자식만 위하는 학부모나, 자사고 특목고 찬성하는 학부모도 당장의 이익만 추구하는 외국인 투자자와 같습니다. 그 뻔한 본성에 경제를 내맡긴 자유화 제도가 문제지요. 그런 걸 개혁이라고 착각해왔습니다. 그런 학부모의 요구를 충족시켜주는 것이 교육개혁인 줄 알았구요.

> (구조조정이) 한국의 전통적인 산업구조와 노사관계에 큰 변화를 가져왔다. 영미식 주식시장과 주주의 권리가 강조되는 구조로 바뀌었다. 그러나 한국이 선택한 이런 구조는 기업의 단기적 이익을 실현하는 데는 유리할지 모르나, 고용을 확충하고 장기적인 성장동력을 얻기 위한 사람과 기술에 대한 투자를 늘리는 데는 도움이 되지 않는다.
>
> – 데이비드 엘러만(미국 캘리포니아대학교 교수)

주가상승으로 외국인들이 돈을 번 것에 대해 보통은 우리나라 사람들이 멍청해서 우량기업 주식을 안 사는 바람에 외국인들 좋은 일만 시켜줬다고 합니다. '내 탓이오' 라는 것이지요. 과연 그럴까요?

> • 삼성전자 주가를 뒷받침해준 것은 무엇보다 회사의 자사주 취득 부분이 크게 작용했다. …… 삼성전자는 최근 3년 동안 자사주 취득을 위해 무려 7조 3100억 원의 돈을 썼다. 지난 2002년 1조 5,000억 원을 사용한데 이어, 2003년에는 2조 280억 원, 작년에는 3조 7,920억 원을 주가방어를 위해 쏟아 부은 것이다. 결국 삼성전자는 열심히 돈 벌어 외국인투자자들 배만 불린 셈이다. [오마이뉴스 2005-01-18]

지분을 늘린 외국인 주주들이 냉혹하게 압력을 행사했습니다. 그 결과

주가가 오른 것이지요. 외국인이 내국인보다 더 냉혹했던 겁니다. 그들을 위한 주가 부양에 돈을 조 단위로 쓰도록 했습니다. 이런 건 소유권자의 본성이기 때문에 자유화 이후 내국인 소유권자들도 점차 외국인의 행태를 배워갑니다.

70년대에 전 국민이 허리띠를 졸라매며 대기업을 키운 것은, 장차 이 기업들이 크면 당연히 투자하고, 사람 고용하고, 하청업체 돌보고, 국민경제 책임질 줄 알았기 때문입니다. 그런데 두 눈 멀쩡히 뜨고 뺏겼습니다. 이러니까 우리 공동체에 신뢰가 사라지고 날로 파편화된 이기심만 증폭됩니다. 이런 상황에선 아무리 경제지표가 좋아도 민심은 파탄으로 갑니다.

외국인 지분율이 어느 정도일까요? 2004년 12월 기준으로 한국상장회사협의회 자료에 의하면 이렇습니다.

시가 총액 상위 10개사

삼성전자 54.76% / 포스코 69.97% / 국민은행 77.94% / SK텔레콤 48.92% / 현대자동차 56.41% / KT 48.75% / SK 61.71% / 한국전력공사 30.47% / 신한금융지주 63.84% / LG전자 42.63%

기업 이익이 배당과 자사주 매입으로 분배될 때 누가 번 돈이 누구 주머니로 들어가는지가 명백히 나타납니다. 포스코의 외국인 지분율이 거의 70%에 달합니다. 대일청구권으로 만든 포스코(포항제철)가 말입니다!

아, 포항제철!

(박태준 포항제철 회장은) 조상들의 피의 대가로 공장을 짓고 있으므로 우리는 실패할 수 없다고 강조하였다.

— 조셉 인너스, 애비 드레스, 「세계는 믿지 않았다」

"공사 기일을 맞추지 못하면 우리는 전원 저 오른쪽에 보이는 영일만에 빠져 죽는다."

이른바 '우향우 정신'이다. 일제의 대일청구권 자금으로 만드는 제철소여서 그런지 건설에 참여했던 철강회사 전 임직원은 실패하면 민족의 반역자가 된다는 비장한 각오로 임했다.

— 홍하상, 「주식회사 대한민국 CEO 박정희」

세계적인 투자 귀재인 미국의 워렌 버핏이 포스코의 주식을 매집해 7,000억 원 정도의 이익을 얻었다고 해서 올 초에 화제가 됐었지요. 그가 포스코 주식을 산 여러 가지 이유 중에 포스코가 '안정적인 배당 등 주주가치 극대화' 경영을 한다는 것도 있었다고 합니다.

• [대기업 주총전망] **주식손실 보상 '고배당 처방'**
포항제철도 올해 열리는 정기주총에서 액면기준 50%(중간배당 포함)인 주당 2,500원의 현금배당을 실시할 계획이다. 이는 지난해 35%의 배당보다 42% 증가한 것으로 사상 최대 규모다. [매일경제 2001-01-25]

자, 영일만에 빠져 죽자던 포스코에서 분배잔치가 벌어졌습니다.

- **경영 잘한 CEO '한 번 더…' 연임 바람**
  재임 중 괄목할 만한 경영실적으로 주가를 2~3배 끌어올려 'CEO 주가'의 명성을 높인 곽영균 KT&G 사장과 이구택 포스코 회장의 연임이 최근 각각 확정된 것은 경영성과와 주주가치 제고에 성공한 데 따른 것으로 전문가들은 해석하고 있다.
  [문화일보 2007-02-20]

주주를 위해 국민경제를 배임하고 노동자를 수탈할수록 위대한 CEO로 칭송받습니다.

민족중흥의 꿈을 실현할 사명 …… 민족중흥의 대업을 완수하는 밑거름이
되어야 ……   - 박태준, 포항제철소 착공식 식사, 1970

제철보국과 인간존중의 기업문화   - 박태준, 창립 21주년 기념사, 1989

주주이익을 위해 만들어진 기업이 아니었습니다. 삼성은 사업보국, 포스코는 제철보국. 모두 공공적 목표가 분명했습니다. 그리하여 공동체를 위한 과감한 투자를 주저하지 않았습니다. 요즘엔 기업들이 당장 돈 될 투자처 없으면 돈을 쌓아두고만 있지요.

선진국의 기술장벽을 뛰어넘을 수 있는 자주과학과 자립기술의 기반을 구축하는 것이 시급한 과제로 등장하고 있습니다. 이러한 시대적 과업을 수행하기 위해 우리 정부가 산업계가 지금 당장 시행해야 할 일은 **우수한 과학기술 인력의 양성과 함께 이를 뒷받침할 최첨단 연구시설을 대폭적으로 확충**해 가는 일이라 생각합니다.

저는 기회가 있을 때마다, 진정한 과학기술의 발전을 위해서는 그야말로

'발상의 대전환'을 통한 획기적인 투자의 증대가 선행되어야 한다는 것을 역설해 왔습니다.

또한 이것은 결코 정부의 책임으로만 떠넘길 일이 아니라 현실적으로 정부의 힘이 미치기 어려운 여건하에서 **우리 산업계의 가위 '혁명적'인 투자의 결단이 있어야 한다**는 것을 강조해 왔습니다.

이것이 바로 우리나라의 **산업계가 목전의 이해관계를 떠나 최우선적으로 감당해야 할 사회적 책임**의 일단이라고 저는 굳게 믿고 있습니다.

— 박태준, 포항 방사광가속기 착공식 식사, 1991

바로 이런 식의 과감한 투자의식이 과거엔 있었습니다. 소유권자들의 이익을 억압하고 경제운용이 보다 공공적 이해에 충실해야 한다는 생각이지요. 요즘처럼 '시장이 없어서 투자를 못한다'가 아니라 '무조건 투자하는 것이 기업의 사회적 책임'이라는 것입니다.

변화와 개혁 — 세계화, 개방, 자유화, 망국의 질주

현실사회주의권이 패퇴하고 모든 것이 변하기 시작합니다. 이때 사람들은 '아 사회주의는 안 되는 건가보다, 자본주의가 최고인가보다.' 하면서 시장화, 자유화를 하나의 종교처럼 받아들이기 시작했습니다. 개방에 대한 신념도 생겼지요. 폐쇄적인 현실사회주의권이 망하는 것 보면서, 그리고 개방경제했다는 우리나라 경제발전한 것 보면서, '아 개방은 무조건 해야 하는 건가보다' 이렇게 여겼던 것 같습니다. 그러면서 그 이전에 국가가 국민경제 성장을 위해 자산가들의 소유권과 소비자 주권에 가했던 제약을 풀기 시작합니다.

1992년에 김영삼이 대통령에 당선됐고, 그 이듬해에 드디어 세계화, 시장화, 자유화, 개방 개혁을 시작합니다. 그것은 국가의 퇴각, 규제의 철폐로 나타났습니다. 국가가 손을 놓자 기업들이 저마다 욕망을 추구했고, 그 전까지는 외채 빌려다 투자하면 재벌 되는 경제였으니까, 아무 생각 없이 돈 빌려다 투자하기 시작합니다. 곧 과잉부채, 과잉투자의 거품이 생겼고, 불과 4년 만에 나라 경제가 무너집니다(IMF 사태).

IMF 사태 이후, 2차 개방, 자유화, 시장화 개혁이 이어졌습니다. 그러자 이번엔 기업부채가 너무 줄고, 투자가 줄더니, 가계부채가 뛰고, 부동산 거품이 생겼습니다. 양극화와 민생 파탄이 왔습니다. 같은 기간 자유화는 대학서열체제를 심화시키고 교육 파탄을 불러옵니다. 기업의 이윤과 자산은 주주들에게 약탈당했습니다. 특히 경제의 핵인 금융은 주주 중에서도 외국인 주주들에게 뺏겼습니다. 그리고 지금 3차 개방(한미FTA)을 추진하고 있지요. 도대체 어떻게 해서 우리는 자살을 하게 됐을까? 신장섭, 장하준은 『주식회사 한국의 구조조정』에서 이렇게 설명합니다.

박정희 대통령이 암살당했을 때 한국 내 신자유주의 세력(시장화 세력)이 결정적으로 진전했다고 합니다. 이들이 국보위를 내세워 자동차산업 포기안을 추진했었다는 건 설명했습니다.

아마도 미국에서 유학한 관료와 지식인들이 우리나라에 돌아와 목소리를 내기 시작한 시기와 겹치지 싶습니다. 한국경제의 발전은 미국식 사고방식이 아니라 일본식 사고방식이 이끌었습니다. 박정희 자신이 친일파 출신에, 좌파 출신이었기 때문에 미국식 시장주의와는 거리가 있을 수밖에 없었지요. 일본인들은 후진국에서 출발해 세계 최강대국과 맞설 준비를 했던 나랍니다. 그런 나라를 보고 배우니 당연히 우리도 중진국으로 큰 것이지요. 여기서 잠깐 전창환의 글을 인용하면,

> (전두환 집권 후) 관료들 내에서 워싱턴 컨센서스, 즉 신자유주의적 이념과 이를 반영하는 일련의 경제정책으로 무장한 관료들이 크게 증가하였다. 집

권 초기 전두환은 오원철(박정희 전 대통령 경제제2수석비서관) 등 1970년대 중화학공업화 계획에 깊숙이 관여해 온 실무형 관료를 배제하고 **미국에서 훈련된 기술관료와 경제자문가들**에게 더 귀를 기울였다.

이들은 압축적인 금융자유화가 초래할 위험과 함정에 대해서는 철저하게 외면한 채 **금융자유화의 조속한 실현만이 한국경제를 수렁에서 구해낼 수 있을 것이라고 선전**했다. …… 전두환 정권하에서도 정부가 재벌들에게 많은 인센티브와 금융지원들을 제공하기는 했지만, 예전과 같이 경제실적과 성과보다는 대통령과 그 주변 최측근들이 요구한 정치자금 명목의 기부금 등에 의해 크게 좌우되었다. …… 전두환 정부와 **핵심 자유주의적 개혁세력이 추진했던 자유화, 개방화, 민영화 정책**은 국가주도적 발전국가모델의 결함을 치유하기는커녕 **재벌의 비대화와 규제공백을 초래**했다.

- 전창환, 「1980년대 발전국가의 재편, 구조조정, 그리고 금융자유화」

그러나 여전히 이때까지만 해도 대한민국은 국가가 주도하는 발전국가였지요. 민주화세력은 독재타도, 재벌타도, 외채망국, 외치고 있었구요. 그 속에서 미국 유학한 관료들, 지식인들이 자유화 개혁을 목표로 절치부심, 세력을 키우고 있었습니다.

> **일본의 인구가 한국보다 세 배 많지만 미국에서 박사학위를 받은 사람의 수는 한국의 3분의 1에 불과**하다.   - Amsden, 1994

> 박정희 정권 때의 관료들(상공부, 재무부, 기술관료)은 대부분 일제하에서 일본식민지 교육을 받았던 관료들이었다.   - Kim, H-A, 2004

신장섭, 장하준은 1987년 이후 좀 더 근본적인 변화가 찾아왔다고 합니다. 1987년 6월 항쟁. 바로 군사독재가 타도된 것이지요. 그런데 타도된 게 단지 군사독재인지, 아니면 국가권력, 즉 국가 공공성 그 자체인지 매우 헷갈립니다. 추측하건대 목숨 바쳐 민주화운동하느라 정신이 없었던 민주화운동권이 이 지점에서 길을 잃은 것 같습니다. 신장섭, 장하준은 바로 이 구체제 와해기에 미국에서 공부한 사람들이 관료엘리트와 지식인 주류를 형성하기 시작했다고 합니다.

현실사회주의권이 망하고 나서 기득권세력도 자유화 기조로 방향성을 굳히고, 반대세력이었던 민주화세력 주류도 자유화를 채택했습니다. 원래도 반독재 자유화를 주장했는데 마르크스니 종속이론이니 하는 것들을 폐기하고 나니까 완연한 자유화, 시장화 만능에, 개방 만능론자들이 된 겁니다. 거기에 소액주주니 소비자 주권이니, 자율성이니, 자치분권이니, 재벌개혁이니 하는 달콤한 말들이 상황을 뒤죽박죽으로 만들기 시작했습니다(이 시기 교육에선 다양성, 창의성, 자율성 등의 달콤한 말들로 교육 자유화, 즉 교육 파탄이 준비되지요).

1990년을 기점으로 그런 변화들이 서서히 진행되고 있었습니다. 이때 근대이성을 비판하며 분열, 탈주, 전복, 유목하자는, 억압됐던 욕망을 긍정하자는 사상조류가 범람하기 시작합니다. 근대이성은 박정희로 치환되고, 욕망은 해방으로 치환됐습니다. 정치적으로 이성은 국가 주도의 공공성이고 욕망은 자유시장에 분권화로 이어질 수 있습니다. 욕망은 결국 자유로운 소비로(소비자 주권) 이어지지요. 또 경제주체의 자유로운 이익추구(시장화)로도 이어집니다. 운동권 지식인들이 이런 사상에 빠져들기 시작하자 자유화세력이 대활약할 지평이 펼쳐졌습니다.

다시 신장섭, 장하준 얘기로 돌아가면, 이런 시기에 재벌들은 자유기업원을 만들어 자유화 개혁을 요구하기 시작하고, 급기야는 국방부와 외교부를 제외한 정부부처의 폐지를 주장하는 초자유화 문건을 작성하기도 했답니다. 가난한 사람들은 자유를 요구하기엔 너무 배가 고파서, 일반 서민과 자유는 아무런 상관이 없습니다. 국민한테 자유를 주면, 그게 실제론 어떻게 작동하냐면, 강자 밑에서 노예가 될 자유로 작동합니다. 모두에게 주어지는 자유란, 자유로운 주체들끼리의 투쟁을 초래하는데, 결국 힘센 깡패가 구역 먹게 되지요.

국가권력이 지켜줬던 개인의 존엄은 사라지고 국민 다수가 노예로 전락하는 것이 '자유'의 마법입니다.

탈규제 자유 → 강자 전횡, 약자 노예화 → 국민 빈곤화
입시 자유화 → 강자 전횡, 약자 노예화 → 대학서열체제 심화(전국구 깡패 서울대)

그럼에도 불구하고 재벌뿐만이 아니라 지식인들, 관료들, 심지어 민주화 세력까지 자유란 말에 혹해서 '자유화' 동맹을 맺기 시작했고 드디어 김영삼 정부가 금융개방, 금융자유화로 파국의 문을 열었다는 겁니다. 5개년 계획, 경제기획원 이런 것들이 폐지되고, 교육부문에도 자유화 교육개혁이 시작되지요.

집 나간 은행

2004년 현재, 국민은행의 외국인 지분율은 78%에 달합니다. IMF 때, 기업대출을 하면서 경제성장의 버팀목이 됐던 은행들은 몰락하고 국민은행이 소매금융바람을 주도하면서 한국의 주도은행으로 성장했습니다. 소매금융이라는 것은 위험도가 크고 이익도 단기적이지 않는 기업대출보단, 개인들을 상대로 담보 잡아 돈장사를 한다는 소립니다.

은행이 이런 식으로 영업을 하니까 가계부채가 날로 거대해집니다. 특

히 개인들이 잡힐 수 있는 담보라는 것이 부동산일 때가 많기 때문에 아파트 담보 대출이 성행하고, 그 결과 아파트 가격 거품과 연동된 담보대출의 압력이 생겨서 지금 정부는 부동산 가격을 떨어뜨릴 수도 없는 지경에 처했습니다. 담보가치가 떨어지면 은행은 개인들에게 대출금을 갚으라고 할 것이고, 그렇게 되면 대출받은 가계가 부실해져 가계발 IMF가 올 수도 있다는 겁니다. 대출받은 기업이 부실해진 것이 IMF의 원인이었지요. 이렇게까지 나라경제가 중병이 드는 동안 주주중심주의와 은행의 외국인 지분율이 상관이 없을까요?

> 국내에는 민영화된 8개의 시중은행이 있는데, 이들 시중은행에 대한 외자 평균지분률이 이미 60%를 넘었다. …… 전 세계적으로 **은행을 이처럼 외국자본에 넘긴 경우는 한국, 멕시코 두 나라밖에 없다.** 그 어떤 나라도 은행을 외자에 송두리째 팔아넘긴 사례는 없다.
>
> — 이찬근, 「한국경제가 사라진다」

이런 상황에서도 정부는 지금 우리나라가 구한말과 같은 쇄국상황에 폐쇄경제라며 빨리 개방해야 한다고 하고 있지요. 이 은행들은 LG카드 사태가 터졌을 때 나 몰라라 했습니다.

- LG카드 사태가 터졌을 때, 금융시스템 안정화를 위해 출자에 나서달라는 정부의 주문에 대해 그(주주가치 경영으로 스타가 된 국민은행 김정태 행장)는 "나는 주주 아닌 그 누구의 눈치도 보지 않는다."면서 '신관치금융'을 비판하며 공동 행동을 거부했다. 하이닉스가 유동성 위기에 봉착했을 때, 뉴브리지캐피탈이 인수한 제일은행도 정부의 금융시장 안정 요구에 반기를 들었다. [한겨레21 2004-11-22]

"(LG카드 사태는) 금융시장의 안정을 뒤흔들 수 있는 결정적인 사안이었다. 하지만 외국계 자본이 1대 주주로 있는 은행들과 국민은행은 주주가치를 내세우며 LG카드의 청산을 막으려는 금융당국의 요구를 외면했다.

— 김용기, 「금융의 공공성과 금융 규제」

우리 일류대들도 위와 같은 자율성을 요구하고 있습니다. 금융감독원 은행경영통계에 의하면, 1997년 말경에 가계대출은 48조 원, 기업대출은 95조 원이었습니다. 그랬던 것이 2003년 말이 되면 가계대출은 214조 원으로 폭증한 데 반해, 기업대출은 184조 원으로 늘어납니다. 대출비율로 따졌을 때 1997년엔 가계대출 32.6%, 기업대출 64.5%였던 게, 2001년에 가계대출 49.1%, 기업대출 48.9%로 역전됩니다. 2003년에 이르면 가계대출 52.9%에 기업대출 45.5%입니다.

- **가계 빚 582조 원 사상최고 '한은'**
  1년 새 60조 5천억 원 증가 [연합뉴스 2007-03-06]

보통 김대중 정부 때 카드대란으로 가계부채가 커졌다면서 아직까지 김대중 정부 욕을 하는데, 그 당시까진 겨우(?) 200조 원 수준밖에 안 됐었습니다. 김대중 정부 물러난 지가 언젠데 아직도 카드대란 탓인가요? 근본적인 원인은 다른 곳에 있는 것 아닙니까?

은행이 자기 수익성만 따지면서 경기과열과 불경기를 부추긴다는 게 문제의 본질입니다. 지금은 이렇게 가계대출하다 기업쪽 대출이 돈이 된다 싶으면 기업에다 또 미친 듯이 돈을 퍼부을 것 아닙니까? 한때 기업이 무분별하게 대출을 받았던 적이 있습니다. 이때가 민주화 후 1차 금융개방이 이루어졌을 때지요. 그 결과 거품이 생겨 IMF 사태가 터졌습니다. 이렇게 이리저리로 돈이 '우~우~' 몰려다니는 게, 그리고 은행이 그걸

선도한다는 게 문제지요. 국민경제가 투기판이 돼가는 것입니다.

1996년엔 기업 설비투자 재원의 75%가 외부자금(대출 등), 24%가 내부자금이었습니다. 2004년엔 외부 15%, 내부 84%입니다.

• 우리나라 제조업 설비투자 재원 가운데 은행이 차지하는 비중은 1996년 72.8%에서 지난해 15.4%로 크게 줄어들었다. 유철규 성공회대학교 교수는 이를 두고 "한국경제의 공격성이 거세됐다."고 지적한다. 자동차 생산 세계 5위를 비롯해 선박 건조량 1위, D램 반도체 시장 점유율 38% 등의 과거 놀라운 경제 성장을 이끌어왔던 공격적인 설비투자가 사라지고 있다는 이야기다. [월간 말 2005년 1월호]

위험을 감수하며 기업투자를 위해 헌신하던 한국의 은행을 주주들에게 탈취당한 것입니다. 당연히 제일 위험이 큰 부문, 즉 중소기업이 가장 큰 피해를 봤습니다. 원래 우리나라의 큰 은행들은 대기업 위주 대출로 악명이 높았습니다. 하지만 1997년까지만 해도 제일은행의 중소기업 대출비중이 50%대였다고 합니다. 그런데 선진금융기법을 전수받기 위해 뉴브리지캐피탈에 팔아넘긴 후 중소기업 대출 비중이 23% 정도로 떨어졌다고 합니다. 한국산업은행의 '설비투자계획조사'에 의하면 1999년까지만 하더라도 중소기업 투자증가율이 39.8%에 달했습니다. 2003년엔 -3.4%, 2004년엔 -6.1%입니다(2004년은 예상치, 조복현, 『은행경영의 형태 변화와 경제적 효과』에서 재인용). 가계대출은 1998년까지는 17.5%에 불과했으나, 외국자본에 넘겨진 후 2003년 말에는 67.8%까지 치솟습니다(이것이 소비자 중심 경영의 실체. 그 결과 가계부채 폭증, 소비자 파산 위기 초래).

외국은행의 선진경영기법을 배운 국내 은행과 한국인 주주들도 같은 방식의 경영기법을 적용하기 시작했습니다. 기업대출을 줄이고 가계대출을 늘린 것이지요. 그 돈이 부동산으로 가 지금 서민들 가슴에 못 박는 아파트 거품이 탄생한 것입니다(2002년 1/4분기 현재 가계대출 쓰임처 중

주택 구입 비중 56.1%, 은행의 가계대출 표본조사, 한국은행). 그러니까 말하자면, 주주가 탈취한 은행이 중소기업 투자 못하게 발 묶어놓고, 그 돈을 부동산 투기용으로 전용, 생산형 경제를 비생산형 투기경제로 바꾼 겁니다. 그것이 그들의 이기심을 충족시켜주니까요.

- **은행들 배당 '펑펑' 사회공헌은 '찔끔'**
  대형 은행들이 지난해 사상 최대 순이익을 냈지만, 주주가치 극대화에만 치중해 사회공헌에는 인색하다는 지적을 받고 있다. [한겨레 2007-03-02]

구조조정으로 '쭉쭉쭉' 끌어모았습니다. 배당으로 '쭉쭉쭉' 빨아먹습니다. 주주들은 이익 극대화를 위해 기업 내부에 피바람을 불러일으킵니다. 한국인 주주보다 외국인 주주가 더 저돌적이지요. 외환은행은 직원 8,000여 명 중에 3,000여 명이 잘렸답니다. 다 자영업으로 갔겠네요. 비용 화끈하게 줄였습니다. 이런 일들이 생기고 나면 모든 노동자들이 공포심을 갖게 됩니다. 그러니까 노조의 투쟁이 점점 더 극단적으로 몰리는 것이지요. 한국인들은 항상 무엇엔가 쫓기듯이 살게 됐습니다. 그 대신에 우리는 사상 최대의 순이익을 내는 우량은행을 갖게 됐습니다. 경제지표는 참 좋아졌겠군요.

1996년까지만 하더라도 은행들의 평균 예대마진이 0.42%에 불과했습니다. 대출해주고 은행이 받는 이자와, 예금을 받아서 내주는 이자 사이에 별 차이가 없었다는 소립니다.

그런데 주주들이 은행수익성을 극대화하기 시작하자 예대마진이 2004년 2.23%로 커졌습니다. 예금 받아서 빌려주기만 하고 중간에서 먹는 수익이 5배 이상 커진 것입니다. 또 2001년부터 2004년 상반기까지 은행의 수수료 신설, 인상 건수가 모두 990건에 달합니다. 국가경제를 위했던 은행이 주주를 위한 은행이 되면서 국부를 '쭉쭉쭉 쭉쭉쭉' 빨아먹고 있습니다.

> 한국 은행의 극단적인 사익 추구는 경제성장을 촉진시키기는커녕 국민경제의 정상적인 발전을 저해하는 요인이 되고 있다.
>
> — 김용기, 「금융의 공공성과 금융 규제」

경영행태도 성과급을 크게 차등지급하는 등 노동자 내부에 위계와 경쟁을 조성하는 쪽으로 나갑니다. 그것 때문에 소수의 고액 연봉 대신에 다수는 절대적 빈곤화, 상대적 박탈감, 경쟁으로 인한 삶의 피폐에 시달립니다. 노동자들을 정규직과 비정규직으로 분열시키고, 정규직은 연봉제와 성과급 차등지급으로 분열시켜 비용을 절감하는 것이 최선이니까요. 소수만 중상층으로 만들어주고 나머진 다 가난하게 만드는 것이지요.

주주들에게 탈취당한 은행은 이제 더 이상 국민경제를 위해 희생하지 않습니다. 말하자면 기업들에게 건실한 물주였던 한국의 은행이 어느 날 갑자기 이기적인 일수업자로 변모한 셈입니다. 주주라는 일수업자가 한국경제의 장기성장동력을 쥐어짜고 있습니다.

우리 자산이 환원당하고 있다

- [심층진단-한국 점령한 외국자본] 외국자본 "高배당 or 경영권" 조폭식 위협
 기업들은 '실탄' 확보를 위해 현금보유를 사상 최고 수준으로 높이고 있다. 올 3분기 말 국내 10대 그룹의 유보율은 593.9%로 지난해 말(505.4%)보다 88.5%나 뛰며 사상 최고치를 기록했다. 유보율이 높다는 것은 기업이 현금성 자산을 많이 갖고 있다는 얘기다. 또 2001년 말 8조 2,000억 원이었던 상장기업의 자사주 보유총액은 올 상반기 19조 원을 넘어 2년 6개월 만에 배 이상이 됐다. 경영권 방어와 주가관리에 그만큼 돈을 쏟아 부었다는 얘기다. [서울신문 2004-12-10]

기업들이 투자를 하지 않고 돈을 쌓아두고 있다는 얘깁니다. 그리고 자사주 매입이 주가를 올리기 위해서도 사용되지만, 주주들의 공격으로부터 경영권을 지키기 위해서도 동원된다는 것입니다. 결국 주주들끼리의 기업소유권 쟁탈입니다. 양쪽 다 기업을 사적 재산이라고 여기는 것 같습니다.

그렇다면 한국 정부와 국민들이 왜 지금까지 그렇게 희생하며 기업을 키워온 것입니까? 기업의 사회적 책무성은 어디로 갔습니까?

삼성의 창업정신은 '사업보국'입니다. 요즘에 사업보국 얘기했다가는 주주들에게 '빨갱이'로 몰릴 판이지만, 옛날에 우리의 기적적인 고도성장을 이끌었던 것은 바로 이런 정신이었습니다. 2006년 3월 26일 방영된 〈KBS스페셜〉을 보면 이런 장면이 나옵니다.

> [삼성전자 주총장 발표 장면] 2005년 약 2조 원의 자사주 매입을 하여 당기 순이익의 약 40%에 해당하는 (배당까지 합쳐) 약 3조 원의 재원을 **주주님들의 몫으로 환원**하였습니다.
>
> [장면이 바뀌어 삼성전자 전무 인터뷰] **기업은 곧 주주입니다. 주주가 곧 기업을 만든 겁니다. 사업이 번창하면 주주가 살이 찌는 겁니다.** 그건 당연한 겁니다.
>
> 질문 : 제가 알기론 사훈이 사업보국으로 알고 있는데요.
>
> (조금 전까지의 단호한 표정이 사라지면서 순간 말을 잃고 당황)
>
> …… 근데 그거는 인제 이 ……. 에 ……

삼성전자를 도둑맞았습니다! 환원이란 말이 나옵니다. 이익을 주주들에게 주는 것을 환원이랍니다. 환원이라 함은 원래의 소유자에게 돌려준다는 뜻입니다. 원래의 소유자? 원래의 소유자? 주주가? 과거에 금융지원을 몰아줬던 우리 국민들은 어디로 갔나요? 저임금과 노동탄압을 감내하며 산업역군으로 일했던 노동자들은 어디로 갔나요? 각종 특혜 정책으로 성장을 함께 하자고 약속했던 국가는 어디로 갔나요? 금융불이익을 당하며 헌신했던 하청업체, 중소기업은 어디로 갔나요?

> 1986년 7월, 상공부와 과학기술처는 '4메가 D램을 1989년까지 개발하겠다'고 발표했다. 삼성반도체통신, 금성반도체, 현대전자 등이 참여한 가운데 1천 48억 원의 자금을 들여 4메가 D램을 개발하겠다는 내용이었다. 이 가운데 정부가 지원하는 자금은 무려 982억 원. …… 이는 '더 이상 방치해 두었다가는 국내 반도체산업이 꽃피어 보지도 못한 채 시들어버릴 우려가 높다'는 인식에 따라 나온 조치였다.
>
> — 한상복, 「외발자전거는 넘어지지 않는다」

반도체 개발자금 중 국민이 책임진 것이 980억. 재벌 3사가 합쳐 백억 미만. 이게 어떻게 주주 것이 됩니까? 16메가, 64메가 D램 등 당시 국민을 열광케 했던 반도체 개발들이 모두 국책사업이었습니다.

어떻게 해서 어느 날 주식 산 사람이 원래의 소유자가 된 겁니까? 학교 지을 때 같이 땀 흘렸는데 이제 와서 학교가 자기 사유재산이라는 어떤 부패 사학재단에겐 모두가 분노했습니다. 그런데 왜 삼성전자를 강탈당하면서는 주주들에게, 주주중심주의에, 소유권과 소비자 주권만을 절대화하는 시장화에 분노하지 않습니까? 왜 빈곤에 대해서 분노하지 않습니까? 기업 오너는 그 자신이 주주이기 때문에 주주가치 경영이 손해만은 아닙니다. 주주가치 경영이 개혁으로 포장된 동안 그 개혁에 맞선 건 노조입니다. 노조는 주주가 원하는 구조조정의 피해당사자이기 때문입니다. 즉 노조는 주주가 왕으로 등극해 국부를 강탈하는 걸 최일선에서 막는 방파제입니다. 옛날에 우리 정부 상공부가 우리 기업에 제공했던 그 방파제 말입니다. 그런데 국민들은 노조에 대해 분노하고 있습니다. 왜 민주화 후 우리는 우리의 목을 치고 있습니까? 적어도 과거의 언론은 지금보단 제정신이었던 것 같습니다. 4메가 D램이 개발되고 나서 한국일보는 감격에 찬 사설을 실었는데요, 그 결론이 이렇습니다.

• 국내 자원을 집중적으로 조직함으로써 우리도 기술선진국의 꿈에 도전할 수 있다는 자신을 준 것이 4메가 D램이 갖는 뜻이라고 할 수 있다. [한국일보 1988-02-11]

국내 자원을 집중적으로 조직, 즉 시장자율을 무시하고 주주가치를 억압하고, 소비자 주권을 억압함으로써 기술선진국이 될 수 있다는 소립니다. 그런데 지금은 시장자율, 주주가치, 기업이익, 선택권 등의 말에 휘둘려 모두 상식을 잃어버린 것 같습니다. 지금 독재하자는 말이 아닙니다. 민주화를 빙자한 시장논리의 전면화가 파탄을 가져왔단 뜻입니다. 구차하게 이런 부연설명을 붙이는 이유는 그만큼 한국사회를 뒤덮은 신종 레드+파쇼 콤플렉스(자유화강박증, 자유비판을 독재, 쇄국, 공산주의, 국가주의, 애국주의 등으로 몰아붙이는 태도)가 두렵기 때문입니다.

지난 2003년 1월에 SK텔레콤은 3세대 이동통신 서비스에 대한 대규모 투자를 선언했습니다. 그러자 주가가 뚝 떨어졌습니다. 주주들이 분노한 것입니다. 당장 자기 주머니로 들어올 돈이 투자로 새나가게 생겼으니까 말입니다. 기업 투자로 국부가 늘고 국민들 삶이 윤택해지는 것이 주주들에겐 분노일 뿐입니다.

"왜 내 돈을 나에게 환원하지 않고 도둑질하는가!"

이런 것일까요? 이런 식으로 퍼갈 생각만 하니까 96년엔 기업 설비투자 자금의 2.8%가 주식시장으로부터 조달됐으나, 2차 금융개방으로 주식

시장이 더 활성화된 2004년엔 단지 0.2%만이 조달될 뿐입니다. 2003년 기준으로 유상증자와 신규 상장 등 기업에 투자된 돈은 모두 11조 1686억 원인 데 반해, 자사주 매입과 배당 등으로 기업에서 빠져나간 돈은 15조 1557억 원에 달한답니다. 주식시장이 기업에 자본을 투자해주는 것이 아니라 이익을 빼먹고만 있습니다. 주주가 기업을 위해 하는 일이 없는 겁니다. 당시 SK텔레콤 주주들은 (포항제철을 지을 때 세계은행이 그랬던 것처럼) 투자로 이익을 얻을 수 있는지에 대해 회의감을 표명하며, 투자 대신 배당 확대를 요구했다고 합니다.

> 삼성전자는 작년에 경영권 방어를 위해 **자사주 매입에만 4조 원** 가까이 지출했다. 그 기간 동안에 삼성전자 **전체 종업원 6만 명의 임금이 4조**를 약간 넘는 수준이었다.
> — 이승철(전경련 상무)

삼성전자 직원은 전 국민이 선망하는 일자리입니다. 그런 일자리 6만 인분을 자사주 매입으로 강탈당했다는 소립니다. 만약 이 돈이 옛날처럼 투자로 사용됐다면?

• 주총 앞두고 기업들 주주 달래기
지난해 최악의 성적표를 받아든 LG전자도 배당금은 실적 대비 소폭 내리면서 배당성향은 2005년 28%에서 57%로 크게 올려 주주들을 달래고 있다.
[헤럴드 생생뉴스 2007-02-07]

LG전자는 과거에 금성전자였지요.

박정희 대통령은 금성사의 라디오가 폐업 위기에까지 몰리자(저자 주 : 애초에 전자산업 육성 자체가 대통령 지시였음) '농어촌 라디오 보내기 운동'을 전개하기도 했다. 당시 라디오는 사치품일 정도로 비싼 물건이었다. **돈이 있는 사람들은**(저자 주 : 수요자, 소비자) **금성사 라디오를 사는 것이 아니라 외제품, 특히 미제 라디오를 선호하였다. 박 대통령은 외제 라디오를 밀수품으로 규정하고 '외제 라디오 단속령'을 발표한다**(저자 주 : 소비자 선택권 몰수). 거기에 '농어촌 라디오 보내기 운동'까지 전개하여 금성사는 폐업 위기로부터 회생한다.   - 홍하상, 「주식회사 대한민국 CEO 박정희」

말하자면 부자들로부터 일류고 선택권을 몰수, 고교 평준화를 한 것입니다. 돈이 있는 사람들은 일류고, 국제고 등을 선호하지요. 이런 강자규제, 시장규제 정신이 폭발적인 경제성장을 가능케 했습니다. 하지만 자유화 개혁은 부자들에게 일류고 선택권을 다시 돌려주고 있습니다. 그러자 국민경제가 파탄지경에 처하고 있지요. 일류고뿐만이 아니라 부자들이 선호하는 일류대를 '밀수품' 쯤으로 규정해 금지해야(대학 평준화) 한국교육이 살아날 겁니다. 또 그런 정신이 국민경제도 다시 살릴 겁니다.

우리나라는 처음부터 중화학공업을 할 수 없었기 때문에 경제발전의 1단계를 경공업이 책임졌습니다. 즉 여공들이 살인적인 중노동을 감내하며 국가경제를 이끈 것입니다. 시골에서 서울로 올라와 창살 없는 감옥과도 같은 공장과 기숙사에 갇혀 생명과 외화를 맞바꿨습니다. 그들이 명절날 돈 모은 것을 가지고 금성사 '라.디.오'를 사서 농어촌 고향으로 돌아갔습니다. 그렇게 해서 망했을 LG전자가 살아났습니다.

왜 지금 주주여야 합니까? 우리나라 대기업들은 주주가 키운 것이 아니라 국민이 키웠습니다. 키운 것도, 죽어갈 때마다 살린 것도 모두 국민 희생이었습니다. 주주도 없었고, 소비자 주권, 소비자 선택권도 그 자리에 없었습니다. 즉 자유시장이 없었습니다. 왜 지금 우리 공동체가 자유시장이란 죽음의 축제를 벌여야 합니까?

노조가 파탄의 원인인가

• **노동생산성 증가율 세계최고 … 제조업 작년 9% 상승**
우리나라 제조업의 노동생산성 증가율이 세계 최고 수준을 기록한 것으로 나타났다. ……
이 같은 증가율은 조사 대상인 주요 14개국 중 가장 높은 것 [머니투데이 2004-11-10]

이런 상황에서조차 주주들에게 탈취당한 우리 기업들은 주주들에게만 퍼주고 있습니다. 그리고 열심히 일한 노동자들은 쥐어짭니다.

> 2001년 단 한 해를 제외하면 매년 실질임금 상승률이 생산성 증가율에 크게 못 미쳤다.
> — 김유선(고려대 아세아문제연구소)

구조조정 협박을 수시로 하고, 노조를 탄압하며 국민과 노조 사이를 이간질합니다. 어떻게 하면 비정규직을 더 많이 쓸까 궁리합니다. 우리 노동자들은 아무리 열심히 일해도 비용절감의 대상일 뿐이고 민생은 파탄입니다.

• **한국근로자 능력만큼 대우 못 받는다**
경제협력개발기구(OECD)가 30개 회원국을 대상으로 '기업하기 좋은 환경여건'을 비교분석한 결과 우리나라는 세계에서 가장 우수한 노동력을 확보하고도 근로자 임금은 최저수준에 머물고 있는 것으로 나타났다.
18일 재정경제부가발표한 'OECD 구조개혁지수'(2003년 기준)에 따르면 우리나라의 노동비용 지수는 24.8로 1998년(22.8)보다 다소 높아졌지만 OECD 평균(42.12)의 절반에 머무르며 멕시코(19.2)에 이어 30개 회원국 중 가장 낮았다. [경향신문 2006-06-18]

얼마나 더 깎아야 하나요? 얼마나 더 쥐어짜야 하나요? 왜 주주에게 '환원' 되는 돈에 대해선 모두가 약속이나 한 듯이 꿀 먹은 벙어리이고 노동자에 돌아가는 돈만은 한사코 강탈하려 하나요? 노동비용 지수 OECD 평균의 절반. 이것이 경쟁력을 갉아먹는다는 노조 철밥통입니까? 고임금 노동자의 대표선수로, 민중의 적으로, 이마에 주홍글씨가 박혀버린 현대자동차 노동자의 경우 연간 노동시간이 2,600시간에 달합니다(세계 최장 수준). 폭스바겐은 1,400시간. 도요타는 2,029시간입니다(〈KBS스페셜〉, 2006-04-02 방영).

이 문제에 대해 현대 측에선 자사 노동자의 과중한 노동량은 인정하지만, 비슷한 임금의 경쟁사 직원에 비해 생산성은 떨어지는 경우가 있다고 합니다. 어쩌라고요? 생산성은 일단 국가 공교육이 근본적으로 받쳐줘야 하고, 설비투자가 받쳐줘야 하고, 연구개발에 의한 기술 혁신이 받쳐줘야 합니다. 공교육은 세금으로 하는 건데 세금 내기 싫어하고, 주주가치 경영하면서 생산성 언제 향상시킵니까? 생산성이 노동자의 노력으로 하늘에서 뚝 떨어지나요? 그런데 최근 현대자동차는 해외에서 잇달아 품질평가 수위를 차지하고 있습니다. 무작정 노동력을 투입하는 방식으로 일구는 품질경쟁력에선 노동자들이 할 만큼 하고 있다는 뜻입니다.

일본과 유럽에 집중된 세계 최고 수준의 노동자는 노동자 혼자만의 노력으로 탄생한 게 아닙니다. '열심히 일하는 것'으로 따지면 우리 노동자도 세계 최고입니다. 그 외의 부분은 사회적 여건의 문제입니다. 예를 들어, 독일은 고졸 노동자도 마이스터라고 존경을 받는데 우리나라의 고졸 노동자는? 행여 월급이나 많이 받았다가 민중의 적으로 찍히지 않으면 다행이지요. 도요타가 자랑하는 내부 유연성은? 현대와는 달리 도요타와 일본사회가 노동자들에게 생산라인 변화에 유연해도 삶의 대열에서 낙오되지 않는다는 믿음을 준 것입니다(일본 기업은 최근까지도 주주가치보다 노동자 고용 유지라는 국민경제적 가치를 더 중시했음).

나는 경단련 회장에 취임할 때 지금까지 일본 기업이 경영의 근간으로서 중시해온 인간 존중과 장기적인 안목의 경영을 계속 지켜나가며 **고용 유지에 전력을 다할 것**을 여러분들께 주장해왔습니다. 조금 속된 표현이긴 합니다만 경영자에게 **종업원을 해고하려면 자신이 먼저 할복하라**고 외친 것도 이 시기입니다.

- 오쿠다 히로시(도요타자동차 회장)

도요타는 절대 해고하지 않는다는 약속이 있다. 회사가 어려워졌다고 해서 해고하는 일은 있을 수 없다. 그 전에 사장이 그만둔다.

- 다나카 마사토모(도쿄대 경영연구센터)

일본 대기업의 태반은 '**기업은 주주의 소유물이 아니고 경영자, 종업원의 공동체이다**' 라는 인식이 있고 외부세력에 대해 **경영자, 사원이 일치단결**해서 대처하려는 관행이 있다. …… 공동체로서 기업은 **단기 수익보다도 장기적인 성장을 목표로** 삼게 되고 …… **기업 내부의 소득격차도 미미**했는데 일본 기업은 이러한 노사관계를 기초로 자본을 축적하고 새로운 기술을 적극적으로 도입하여 **급속한 기술 혁신**을 해왔다.

- 럭키금성(LG)경제연구소, 『일본과 독일 어떻게 강대국이 되었는가』

미국의 자동차업계는 (80년대 엔고로) 인상 초기에는 예상외로 막대한 이익을 올렸으나, 이를 투자로 돌려 그 동안 떨어진 경쟁력을 회복하는 데 사용하지 않았다. 우선 그 **이익을 주주에게 배당**하고 **경영진에게 엄청난 보너스 등을 지급**함으로써 예기치 않았던 호기를 놓치고 만 것이다.

또한 일례로 제너럴모터스의 전 회장이었던 알프레드 스론은 일찍이 회사가 불황에 빠졌을 때 노동자를 해고하면서까지 주주에게 배당을 계속해왔다고 자랑한 적이 있다. 그러나 일본의 경영자는 결코 그러한 일을 하지 않을 것이다.

만일 일본 기업이 종업원을 해고하면서까지 주주의 배당을 위해 이익을 도출해냈다면 노사관계는 틀림없이 깨지고 말았을 것이다. 일본의 기업 사회에 있어서 기업이 책임을 져야 하는 것은 종업원이지, 주주가 아니기 때문이다.

– 김영문, 『일본식 경영』

세계은행과 하버드 대학 소속 연구자가 공통적으로 **일본에서는 아직 종신고용 제도가 무너지지 않았다**고 주장하더군요. 비정규직도 우리나라처럼 심각하게 늘어난 것이 아니고, **비정규직에 대한 차별도 그리 심하지 않다**는 겁니다.

– 장하준, 정승일, 『쾌도난마 한국경제』

저 위에 『일본식 경영』의 한 문장을 다시 인용할까요? "종업원을 해고하면서까지 주주의 배당을 위해 이익을 도출해냈다면 노사관계는 틀림없이 깨지고 말았을 것이다." 네, 깨졌습니다. 한국의 노사관계 틀림없이 깨졌습니다. 이것이 노조 탓입니까? 노조가 잘린 동료 내팽개치고 배당하고 자사주 매입했습니까?

경제성장을 하는 데는 두 가지 전술이 있다. 전후 독일이나 일본에서 채택한 '상향평준화(High road)' 전술과 미국이 제3세계에 주입시키고 있는 '하향평준화(low road)' 방식이다. **전자(독일, 일본)는 노동자들에게 고용 안정을 보장하고, 그들에게 노동 성과를 자본화하고 재투자하는 것이다. 후자(미국)는** 기업이 어려움에 놓일 경우 단기에 비용을 줄이기 위해 노동자들을 즉각 해고하고 사정이 나아지면 노동시장에서 새로운 인력을 또 사들이는 방식이다. 한국이 어느 쪽을 선택할지 고민해봐야 한다. 분명한 사실은, 연간 수천억 달러의 무역적자를 내더라도 자본과 군사, 외교적 힘으로 이를 버틸 수 있는 미국의 토양은 한국에 전혀 맞지 않다는 것이다.

- 데이비드 엘러만(미국 캘리포니아대학교 교수)

노동자 임금을 절대로 깎을 수 없다는 말이 아닙니다. 임금을 깎으려면 그 대안을 먼저 마련해줘야죠. 사회적으로 호시탐탐 자를 기회(비정규직 전환)만 엿보면서 공포분위기를 조성하고, 사람답게 사는 비용은 점점 더 폭증하고(사교육비), 세금 많이 내는 거 싫어해 복지보장 안 해주고, 이익의 큰 부분은 주주에게 상납하면서, 노동자 월급 탓하는 게 황당하다는 겁니다(현대자동차는 1998년에 만여 명이 잘림. 노조는 동료가 당한 참혹함을 바로 곁에서 지켜봤음. 떨려져 나가면 죽는다는 공포심과 악만 남음).

- "한번 가난해지면 벗어나기 어렵다", LG −국회예산처. '세대별 빈곤 진출입 결정요인 연구'······ "상대빈곤 탈출 비율 26.5%"
한국 사회에서 '가난'의 구조가 점차 굳어지고 있는 것으로 나타났다. 일단 빈곤층이 되면 가난에서 탈출하기가 갈수록 어려워진다는 얘기다. [민중의소리 2007-02-13]

일단 떨려져 나가면 그 수렁에서 다시 나오기가 점점 더 힘들어지고 있습니다. 기술 혁신이나 생산성 혁신을 위해 신기술 도입, 생산라인 유연화를 하려고 할 때, 기업 차원에서 고용이 보장되어 있거나 국가 차원에서 인간다운 삶이 보장되어 있다면 "어, 새 기술 들어오나보다." 하고 그만이지요. 쉽게 기술 혁신, 생산성 혁신, 국가경쟁력 제고가 이루어집니다. 그런데 우리나라처럼 노동자 목숨을 파리 목숨 취급하게 되면, 특히 대규모로 잘리는 사태를 경험하고, 잘린 사람들 가정이 어떻게 처참해지는지를 똑똑히 목격한 노동자들은 새로운 뭔가가 들어오거나, 변화를 주려고 하면 "이거 또 나를 죽이려고 흉계를 꾸미는구나." 하면서 결사저항하게 되는 겁니다. 이런 상황에서 '혁신은 개뿔, 하루살이들이 악에 받쳐

하루하루 연명하는' 분위기입니다.

내일이 없는 사람이 뭐 하러 내일을 위해 혁신을 합니까? 오늘 당장의 이익이 중요할 뿐입니다. 노동자뿐만 아니라 주주에게도 내일이 없지요? 오늘 이익 실현하고 내일은 주식을 팔 테니까. 결국 기업의 지배자로 등장한 주주도 혁신엔 관심이 없고, 그들이 혁신을 위해 노동유연성을 도입한다고 하는 건 모두 거짓말이었군요. 단기적 이기심이 혁신동력을 앗아갑니다.

재경부의 'OECD 구조개혁지수'에 의하면 노동자가 잘렸을 때 순소득 대체율이 OECD 평균은 68.1%지만, 우리나라는 54.1%입니다. 반면에 사교육비 부담, 집값 부담 등 생활비 부담은 가장 높은 편입니다. 다시 말해, 우리나라는 가장 밥통 깨지면 바로 가족이 굶어야 한다는 소립니다. 북부 유럽 강소국들에서 구조조정이 용이한 것은 잘려도 인간답게 살 수 있고, 나라가 제공하는 무료 평생 교육을 통해 다른 직종으로 옮기는 것도 쉽기 때문입니다. 또 그 나라들은 자식을 기를 때도 무상교육에 평준화로 고등교육의 기회도 전 국민에게 평등하게 분배되지요.

한마디로 말해 내.가.잘.려.도.내.자.식.이.사.람.대.접.받.으.며.사.는.데.아.무.지.장.이.없.다는 소리입니다.

우리나라는 어떤가요? 멀쩡히 회사 다니는 중에도 OECD 수준에 훨씬 못 미치는 노동비용 감수하며 사회의 천덕꾸러기 대접을 감수합니다. 자식이요? 그 사교육비 어떻게 다 댑니까? 노동자 자식이 특목고 갈 수 있습니까? 조기어학연수 갑니까? 직장을 다녀도 힘듭니다. 그런데 잘리면요? 구조조정 당하면요? 죽으라는 소리지요. 나만 죽는 게 아니라 내 자식의 인생도 짓밟힙니다. 그런데 투쟁 안 하게 생겼습니까? 그냥 앉아서 죽어야 합니까? 머리띠 두르면 그게 이기주의입니까? 주주(소유권자)와 소비자의 이기주의는 어디로 가고 왜 노동자가 이기주의 대표선수가 되어야 합니까?

자유시장은 주주와 소비자의 이기심을 합리적 경제행동이라고 찬양하고 노동자의 삶을 향한 절규는 철밥통 이기주의라고 밟아버립니다. 또 일류학벌을 향한 수요자들과 일류학교들의 이기심을 당연시하고 전교조의 저항은 밟아버립니다. 결국 자산가가 아닌 대다수 국민이 자기 발에 밟히는 겁니다. 이러니까 민생 파탄으로 갑니다. 국민의 노동자의 대한 증오지수와 민생 파탄지수와 대기업수익률이 정비례하는 사태가 벌어졌습니다.

주주가 가져가는 몫에는 시장 자율의 신장이라며 기뻐하고, 노동자가 가져가는 몫에는 마치 재산을 강탈이라도 당하는 것처럼 적의를 보이는 분위기가 노조에 대한 적개심을 키웁니다. 그 적개심은 결국 경찰 폭력으로 이어집니다. 군사독재 정권도 노동비용을 억압하기 위해 노동자에게 폭력을 행사했는데, 민주화 정부도 노동비용을 억압하기 위해 폭력을 동원합니다. 그런데 박정희 정권은 똑같은 폭력을 사유재산권자, 자산가들, 소비자들에게도 행사했는데, 민주화 정부는 자산가와 소비자들에겐 한없이 자상합니다.

- 서울지방경찰청 기동단 특수기동대가 하중근씨 죽였다?
  [사건현장 재구성] 소화기 뿌리며 진입, 무차별 폭행 [민중의 소리 2006-08-05]

- 노무현 정권, 문민정부 이래 최대 수의 양심수 낳아
  노무현 집권 4년 동안 구속된 노동자의 수는 문민정부 이래 최대 [참세상 2007-02-08]

특히 정규직 노조에 대한 적개심은 민주화된 이후 한국사회의 독특한 특징인데요. 정규직 노조만 혼자 잘 먹고 잘 살면서 비정규직 노동자와

하청업체와 소비자의 이익을 '등쳐먹고' 있다는 것이지요.

노동소득 분배율과 취업자 대비 노동자 비중

1996년 노동소득 분배율 63.4%, 노동자 비중 63.3%

2003년 노동소득 분배율 59.7%, 노동자 비중 65.1%

— 김유선, 「한국노동자의 임금실태와 임금정책」

취업자 대비 노동자 비중이 커졌음에도 불구하고 노동소득 분배율이 오히려 떨어졌습니다. 전체적으로 노동의 몫이 줄었습니다. 정규직이 아니라 주주가 '등쳐먹은' 것입니다. 물론 노동 내부의 양극화도 심해졌습니다. 임금소득 불평등률은 1980년 이후 꾸준히 낮아지다가, 김대중 정권 이후 거꾸로 올라가기 시작합니다. 주주가치 극대화가 진행된 이후입니다. 그 결과 자랑스럽게도 OECD 선진국 중 최악의 양극화 국가인 미국을 제치고, 임금소득 불평등률 1위에 등극했습니다.

미국 2001년 4.33배, 한국 2001년 5.19배

— 김유선, 「한국노동자의 임금실태와 임금정책」

2003년에도 자랑스러운 1등입니다. 민주화가 선진조국을 창조해줬습니다. 우리가 5배 수준을 유지하는 사이, 일본이나 독일은 2.7배에서 2.8배 정도에 불과합니다. 핀란드나 스웨덴은 2.2~2.4배 정도입니다.

우리나라 경제관료들에 의하면 연봉제나, 성과급 차등지급, 비정규직 양산 등으로 노동자들의 소득을 양극화해야만 기업경쟁력, 국가경쟁력이 살아난다던데 이 나라들은 경쟁력이 떨어져 다 망하고 말겠군요. 요즘 경쟁기제 강화, 경쟁원리 강화가 한국사회 구조개혁의 핵심 화두인데요. 이

나라들은 이렇게 평준화되어 있으니 아무도 경쟁하려 들지 않겠군요. 팽팽 놀고먹겠군요. 매우 이상합니다. 이 나라들의 노동자 '품질'은 세계 최고 수준이라고 알려져 있는데 말입니다.

사실은, 경쟁원리 강화 필생론을 세뇌시켜 놓고 연봉제, 성과급 차등지급, 비정규직 양산 등을 진행하면, 소수에게만 많은 돈을 줘도 나머지 사람들이 '아, 이건 내가 경쟁력이 없기 때문이야' 하면서 체제에 대한 저항을 못하고(내 탓이야), 그나마 많이 받는 소수에게 일차적인 증오심을 갖게 됩니다(노조 탓이야). 주주 입장에선 미움 안 받고, 비용 줄이고, 님도 보고, 뽕도 따고. 이런 꽃놀이패가 없지요.

노조의 투쟁은 새삼스럽게 2000년대에 시작된 것이 아닙니다. 2000년대 이후와 그 이전이 다른 것은, 국가가 경제 개입을 멈추고, 은행을 외국인 주주에게 탈취당하고, 주주가 우리 기업의 소유권자로 등장했다는 것 밖에 없습니다. 노조는 예나 지금이나 투쟁해왔습니다. 그런데 왜 2000년대 양극화의 책임을 노조가 뒤집어써야 합니까?

정규직 대노조는 힘껏 싸웠습니다. 그 결과 정규직 대노조의 보호 바깥에 있는 노동자들만 빈곤에 처했습니다. 정규직 대노조가 무슨 천사 집단쯤 돼서 자기 월급을 깎아 몽땅 나눠가졌다면 좋았겠지만, 자기가 당장 죽게 생겼는데 어쩌란 말입니까? 시장화는 한국사회 모든 경제주체에게 이기적으로 행동하기를 요구하는데 왜 노조만은 희생적인 천사가 되라고 요구하는 것인가요? 게다가 노조가 천사가 돼도 절감된 비용은 결국 주주들에게 넘어갔을 텐데요? 나눠가져봤자 노동소득분배율은 점점 더 줄어 다 함께 가난해지는 길밖에 없을 텐데요? 와중에 주주들은 노동을 더 유연화해야 기업경쟁력이 살아난다며, 한국의 노동시장은 아직도 경직되어 있다고 엄포를 놓습니다. 유연화쪽은 미국이 선진국 중 최고입니다.

정규직 고용 보호 및 임시직 고용 규제의 정도(OECD 1999 보고서)

프랑스　　정규직 보호 엄격성 : 2.3　　임시직 고용 규제 : 3.6

독일　　　정규직 보호 엄격성 : 2.8　　임시직 고용 규제 : 2.3

네덜란드　정규직 보호 엄격성 : 3.1　　임시직 고용 규제 : 1.2

미국　　　정규직 보호 엄격성 : 0.2　　임시직 고용 규제 : 0.3

영국　　　정규직 보호 엄격성 : 0.8　　임시직 고용 규제 : 0.3

― 정이환, 『현대 노동시장의 정치사회학』

　이른바 영미식 체제가 유난히 정규직 보호 정도가 낮고, 임시직 고용 규제도 낮습니다. 그리하여 그들은 양극화 정도가 유난히 높습니다. 미국의 빈민가 풍경은 전 세계적으로 악명이 높지요. 우리나라는 지금 멀쩡한 서구유럽의 선진형 모델을 놔두고 미국의 후진형 모델을 좇아 맹렬히 돌진하고 있습니다.

한국과 미국의 고용변동성 비교

외환위기 이전

한국 0.013 / 미국 0.009

외환위기 이후

한국 0.023 / 미국 0.006

한국과 미국의 노동시간, 임금 변동성 비교

외환위기 이전

한국 노동시간 변동성 0.038, 시간당 실질임금 변동성 0.132

미국 노동시간 변동성 0.009, 시간당 실질임금 변동성 0.005

외환위기 이후

한국 노동시간 변동성 0.042, 시간당 실질임금 변동성 0.121

미국 노동시간 변동성 0.008, 시간당 실질임금 변동성 0.006

— 김유선, 「한국노동자의 임금실태와 임금정책」

우리가 미국을 제쳤답니다! 어쩌란 말입니까? 지금보다 얼마나 더 유연해지란 말인가요? 모든 국민이 하루살이 인생으로 전락해야 속이 시원할까요? 이런 불안 속에서 노조의 전투성이 당연히 올라가지, 안 그러면 그게 사람입니까?

• [살림살이 탐구] 도시 근로자들 '마이너스 人生'
주택대출 갚아야지 ⋯ 애들 과외시켜야지 ⋯ 3가구 중 1가구 "저축 한 푼도 못해"
1998년 24.8%에 달했던 가계저축률이 매년 2~3% 포인트씩 하락하더니 지난해 4.4% 선으로 급락했다. 세계에서 가장 빠른 하락 속도다. ⋯⋯ 금융연구원 박재하 박사는 ⋯⋯ "한국과 미국 중산층의 삶을 비교해보면 한국 쪽이 더 피곤한 편" [조선일보 2006-08-03]

얼마나 더 가난해져야 합니까? 얼마나 더 비용이 절감되어야 합니까? 다 죽고 증오만 남아야 합니까? 노조 혐오증, 노조 증오증이 극을 향해 치닫고 있습니다. 노조를 찢어내고, 노조의 협상력을 약화시켜 개인별 경쟁에 의한 개인별 연봉 체제로 가야 국가가 발전할 거라는 주장이 대세지요. 그래서 교육부문에선 교원평가, 성과급 차등지급 공세가 진행됩니다. 이것도 미국식 사고방식일 뿐입니다.

단체협약 적용률 차이

프랑스 : 90 / 독일 : 68 / 네덜란드 : 80 / 미국 : 14 / 영국 : 30

— 2000년 기준, OECD 2004 보고서

자유화 개혁의 과정에서 글로벌 스탠더드라며 우리에게 선전된 건 결국 미국식 제도였을 뿐입니다. 내부식민지라고도 일컬어지는 악명 높은 빈민층을 보유한 미국의 제도를 자발적으로 받아들인 것입니다. 그에 따라 우리에게도 내부식민지가 생겨나고 있습니다. 화려한 경제지표의 적용을 못 받는 그늘진 인생들이지요. 그 결과 국민들이 고통을 호소하고 있습니다. 이걸 또 노조 탓이라고 받아치는 자유화 개혁파의 철면피란!

국부 분배 카니발에 동참하는 투자자 계급

문제는 국민들이 각종 펀드에 가입하고 있다는 겁니다. 소득이 줄어들고 삶이 불안정해진 국민들이 시장화에 분노하지 않고 엉뚱하게 노조에 분노하면서, 동시에 나 하나만이라도 잘 먹고 잘 살아야 하기 때문에 재테크에 점점 더 집착하게 되고, 가장 만만한 재테크가 바로 펀드 가입입니다. 이렇게 해서 전 국민의 소비자화, 주주화가 완성됩니다. 이제 국민은 소비자로서, 주주로서 이중으로 자기 목을 치게 됩니다.

노동자가 얼마 되지 않는 월급 가지고 주식을 사면 얼마나 사겠습니까? 외국 금융자본과 한국 자산가들의 보유분 나머지를 수많은 국민들이 조금씩 나눠 가질 뿐입니다. 그것으로 주가 오르면 수익률 올라간다고 좋아하겠지만, 결국은 자신을 비용으로 전락시킬 뿐입니다. 주기적으로 찾아오는 주가하락기엔 더욱더 펀드 수익률에 집착해 기업의 노동착취를 부추깁니다. 상승기 때는 조금씩 가난해지다가 하락기 때는 큰 폭으로 가난해집니다.

내가 산 펀드의 수익률이 높아지기 위해서 내가 다니는 직장에선 날 도매금에 팔아치우게 됩니다. 그렇게 실직하고 비정규직이 되면 더욱 재테크에 한이 맺히고 부지런히 수익을 쫓아다니다 보면 어느새 빈곤을 대물림하고 있는 자신을 발견하게 됩니다. 그럴수록 소비자 의식과 주주의식이 발동하고, 아직도 남아 있는 대기업 정규직 집단에 대한 분노를 폭발시키지만 자승자박일 뿐.

소비자는 돈으로 구매하는, 즉 돈을 가진 사람입니다. 결국 자산가입니다. 주주는 경제적 가치를 소유한 사람입니다. 결국 자산가입니다. 국민이 자산가와 자신을 동일시하고 자산가의 이해와 자신의 이해를 결부시키면서 노동자를 증오할 때, 결국은 자기 자신을 증오하는 셈이지요. 공허한 허위의식이 물질적 실체로서의 자기 삶을 부수는 겁니다.

비용으로 전락해 헌신짝처럼 버려진 국민들의 노후는 점점 더 불안해지고 그에 따라 연금이나 재테크 수익률의 중요성이 점점 더 커집니다. 국민들이 이런 나라 '꼬라지'에서 아이 낳기를 거부하고 있기 때문에 나를 부양할 다음 세대는 점점 더 줄어들고, 세대간 연대가 붕괴, 결국 내 노후는 내가 챙겨야 해서, 내가 가입한 연금의 수익률이 점점 더 중요해집니다. 연기금, 펀드는 주식시장으로 달려가 각종 우량 대기업에 분산투자를 하고 모든 우량 대기업의 소액주주로 군림하면서 주주가치경영을 압박해 기업, 노동자의 자산을 탈취, 가입자에게 분배합니다. 그에 따라 일자리는 점점 더 줄어들고, 경제의 활력이 꺼지고, 주주가치증진에 따라 부자들만 더 부자가 되며 국민은 가난해지지만 당장 올라가는 수익률을 보며 펀드, 연기금 가입자들은 기뻐합니다. 자유시장에서 벌어지는 이런 자기파괴적인 분배잔치로 과연 국가경제가 얼마나 더 지탱될 수 있을까요? 지금 우리가 성장 멈추고 분배잔치 벌일 땐가요?

국민이 시장의 덫에 빠져버렸습니다. 장사할 종자돈을 나눠먹고 좋아하게 됩니다. 통상적으로 자산이 8대 2로 나뉜다고 했을 때, 이 분배잔치에서 소수 부자가 80을 먹고 다수 국민이 20을 쪼개 푼돈을 나눠 갖게 됩니다. 그것이 펀드를 통해 국민이 얻게 되는 이익의 실체입니다. 당연히 사회양극화는 점점 더 심해지지요.

『이코노미 21』 2003년 6월 13일 보도에 의하면, 일반인들은 여전히 기업의 지배자가 경영자(오너 포함)이라는 인식을 가지고 있었습니다(경영자 약 39.6%, 주주 약 14.7%). 그러나 금융경제의 최일선에 있는 펀드매니저, 애널리스트들은 지금 상황이 어떻게 돌아가고 있는지 분명히 인식하고 있었습니다. 기업의 지배자가 주주라고 응답한 비율이 62.8%에 달합니다.

기업은 경제의 핵심 단위입니다. 기업의 지배권, 즉 국민경제의 지배권이 뒤바뀌는 상전벽해의 쿠데타가 감행됐는데, 게다가 금융개방으로 외국인들이 한국 부자들과 함께 지배자가 됐는데, 우리 국민들은 아직 모르고 있는 겁니다. 어느 날부터 주가지수니, 펀드수익률이니 하는 것들이 신문의 지면을 장식하고, 그 지표가 올라가면 '경제가 좋아지나 보다' 하면서 국민들은 막연히 좋아하고 했는데, 그 사태의 의미를 깨닫지 못했습니다. 통탄할 일입니다.

인간성 파괴, 파탄으로 가는 개혁

과거 국가는 공공의 이익을 위해 기업에게 '위험'과 '저이익'을 감수할 것을 요구했습니다. 반면에 주주들이 원하는 것은 '안전'과 '고수익'입니다. 국가의 요구를 집행한 것은 재벌 오너였습니다. 소액주주는 그들을 공격합니다. 그런데 국가가 좋은 편인가요, 소액주주가 좋은 편인가요? 이렇게 질문을 바꿔보지요. 국가권력은 어떻게 이루어집니까? 국가권력은 무엇을 위해 기능합니까? 소액주주는 어떻게 될 수 있습니까? 소액주주의 권력은 무엇을 위해 기능합니까?

1. 국가권력은 국민의 투표로 이루어집니다.
2. 국가권력은 국가 공공성을 위해 기능합니다.
3. 소액주주는 주식을 돈으로 사서 됩니다.
4. 소액주주의 권력은 소액주주의 이익을 극대화하기 위해 기능합니다.

국민투표로 이루어진 권력과, 돈 있는 사람이 돈 주고 산 권력 중에 어떤 게 더 민주적입니까? 국가 공동체 모두의 이익(공공성)을 위해 기능하는 권력과, 자산 소유자의 이익만을 위해 기능하는 권력 중에 어떤 게 더 민주적입니까? 비록 현실정치에서 국가권력이 공공성을 위하기보단 부자들의 이익만을 위할 때가 더 많지만, 그럼에도 불구하고 명시적으로는 국민을 위해야 한다고 여겨지는 정부와, 아예 공식적으로 자기 이익만 위하라고 사면장을 받은 주주 중에 어느 쪽의 힘이 더 커져야 합니까?

한때는 참정권이 재산과 연결되던 시절이 있었습니다. 오늘날 우리가 너무나 당연하게 생각하는 1인 1표제가 확립된 것은 20세기 초중반 경의 일입니다. 1인 1표의 세계가 바로 정치의 세계입니다. 그 정치가 경제영역에 대해 강력한 우위에 있었던 것이 한국의 경제발전기입니다. 물론 그때는 독재 시기였지만 어쨌든 정치권력이 경제 위에 있었습니다. 그리고 다행인지 불행인지 개발독재는 자산가들의 이익을 국민 전체의 이익을 위해 강력히 통제했습니다(채산성 없는 국산품 개발 강요, 기술 혁신 강요: 외제품 수입 금지, 공격적인 투자 강요, 은행에 위험한 장기투자 자금 대출 강요 등등).

민주화 후 정당성 있는 국가권력으로 더욱 강력한 규제를 실시했어야 했는데 거꾸로 자유화 개혁이 시작되었습니다. 반독재는 국가권력을 몽땅 악으로 치부했고, 그것은 결국 정치영역 그 자체, 심지어는 민주주의 자신을 악으로 치부한 것과 같은 결과를 불러왔습니다. 1인 1표가 악으로 규정된 것입니다. 박정희를 처형했지만 그것을 대신할, 국가공동체의 공공성을 책임질 정치적 리더십을 건설하지 않고(그런 건 악이니까) 시장자율화에 맡겨버렸습니다. 그러자 자산가들에 의한 할거 지배 현상이 일어났습니다. 1원 1표의 세계가 된 것이지요. 돈 가진 만큼 영향력을 행사하는.

박정희의 부당한 권력 공격 → 국가규제, 강한 정부 부정으로 발전 → 민주화 → 정당한 권력마저 공격 → 결국 민주화 후 민주적 정치권력 거세 → 시장독재가 시작됨

소유권자들은 기업을 탈취하고 1원 1표 원리로 발언권을 장악했습니다. 그리고 강력한 CEO를 내세워 기업과 노동자와 국민경제를 수탈하기 시작했습니다. 어떤 일이 벌어진 거냐면, '지분도 얼마 안 되는 주제에 왠 오너 지배권?' 하면서 소액주주운동을 하는 사이에 지배권의 기준이 '지분'으로 굳어진 겁니다. 지분은 돈 주고 산 것이지요? 이렇게 해서 지배권이 돈 있는 사람들, 즉 자산가들에게 넘어가고 국가의 발언권은 탈취당했습니다. 그런데 국가는 비자산가를 포함한 전체 국민의 이해를 대변합니다. 그리고 기업엔 노동자와 하청기업, 지역사회 등 수많은 이해관계자가 있습니다. 그 모든 이해관계의 민주적 발언권은 묵살되고 자산가들이 지배권을 전유하는 사태가 발발한 것입니다. 민주화와 함께 역사가 맹렬히 뒤로 돌아가버린 것이지요. 1인 1표제가 없던 그 시절로.

형식적 민주화는 진전됐지만 기업은 탈취당했고, 자유화, 분권화란 이름으로 사회 각 영역에서 국가권력이 제거되어 실질적으로는 자산가들의 지배가 확대되었습니다. 국민경제생활에 절대적인 영향을 미치는 기업을 자산가들에게 탈취당한 것만으로도 이미 1인 1표제는 상당부분 와해된 것이지요. 자산가들은 즉시 자산-이익 분배파티를 벌였습니다. 박정희가 엄격히 금지했던 것입니다. 그 결과 성장동력이 고갈되고 있습니다. 대신에 분배한 자산가들은 더더욱 부자가 됐구요, 분배당한 국민은 거덜 났습니다.

- **돌파구 안 보이는 '워킹 푸어'**
  일을 해도 가난에 시달리는 근로빈곤층(Working Poor) 문제는 좀체 돌파구가 없다.
  [중앙일보 2007-01-22]

분배당한 국민의 말로이지요. 더 통탄할 일은 지배권을 탈취한 자산가들 중 상당수가 우리와는 아무런 상관이 없는 외국인들이었다는 겁니다. 우리나라 사람이, 우리나라 경제가, 우리나라 기업이 죽든 말든 아무 상관이 없는. 성장은 싫고 분배만 좋은. 소액주주운동은 그 외국인들이 수월하게 지배권을 행사할 수 있도록 길을 열어주었습니다. 자유화, 시장화 맹신에 빠진 관료들은 그것이 좋은 구조조정이라고 국민들에게 선전했습니다.

게다가 분배당한 국민들이 소비자 의식을 가지고 소비자 주권을 요구하며 소비자 선택권을 탐하기 시작했습니다. 소비자는 자신의 욕망을 돈으로 충족시키는 사람이지요. 결국 모든 국민에게 자신이 가진 돈만큼 알아서 자신의 욕망을 충족시키고 지배권을 누리라고 해방령이 선포된 겁니다.

그래서 모든 국민, 경제주체가 점점 더 이기적으로 변해가고, 각각의 주체가 아무런 걸림 없이 자신의 이기적 욕망을 충족시킬 수 있도록, 규제를 혁파하는 구조조정이 이루어지며, 사회는 급격히 효율화됩니다. 그 결과 돈 많은 사람만 이기심을 충족시킬 뿐, 대다수 국민은 좌절과 박탈감에 절망하게 된 것이지요.

인간은 어떤 존재입니까? 인간은 혹시 존엄합니까? 인간은 혹시 숭고

합니까? 나는 배고플 때 먹으면 기분이 좋아지고, 못 먹으면 기분이 나빠집니다. 싸고 싶으면 싸야 하고, 누가 때리면 아프고 기분이 나쁩니다. 그런 나는 존엄합니까? 먹고, 자고, 싸는 나는 숭고합니까?

나의 먹고, 자고, 싸는 그것이 인간성일까요? 대체로 그렇지 않다고 여겨집니다. 먹고, 자고, 싸는 것은 생물체로서의 일반적인 성질일 뿐, 특별히 인간성은 아닙니다. 인간은 다른 동물과 달리 특별히 악독한 짓을 할 수 있습니다(재미로 생명체를 죽인다든가). 그리고 인간은 다른 동물과는 달리 자기파괴에까지 이를 정도로 1차적 욕망에 탐닉할 수 있습니다. 대체로 이런 것들도 굳이 인간성이라고 부르진 않습니다.

인간성이라 함은 인간성 중에 존엄한 것과 관계된 것인데, 어차피 먹고, 자고, 싸는 나는 생명으로선 소중하나, 특별히 존엄하진 않고, 또 나의 욕심이나 욕망에만 탐닉하는 점도 특별히 존엄하진 않기 때문에, 존엄한 인간성이란 곧 인간의 이타적 정신을 말합니다.

인간은 추잡하고, 악독해질 수 있는 존재이지만, 동시에 존엄해질 수 있는 존재이기도 합니다. 내 정신이 나 하나의 욕망, 안위의 차원을 넘어 다른 사람, 다른 세계까지도 포용할 수 있을 때, 그때 인간은 존엄하고 숭고한 존재가 됩니다. 부처, 예수, 이런 사람들이 위대한 것은 그들이 삼라만상, 혹은 모든 인류를 품은 정신이었기 때문이지요.

동양 불교에선 '자리즉이타自利卽利他'의 정신 상태에 도달하는 것을 최고의 경지로 쳤습니다. 이것은 '나에게 이익 되는 것이 곧 남에게 이익이 된다'는 뜻입니다. 비록 먹고, 자고, 싸는 동물로 태어났으나 정신의 크기를 키워 자신의 사적 욕망, 사적 이익이란 감옥을 깨쳤단 의미지요.

공자는 자신이 나이 70에 '종심소욕불유구從心所慾不踰矩'의 경지에 올랐다고 했습니다. 이는 '자기가 욕망하는 바대로 행동해도 그것이 법도에 어긋나지 않는 경지'를 말합니다. 법이란 것은 곧 보편성입니다. 나에게 적용되는 법 따로, 남에게 적용되는 법 따로 있는 것이 아니지요. 내 욕망대로 해도 법도에 어긋나지 않는다는 것은, 나의 욕망이 나라는 개인적 이익의 틀에서 해방되어 공공성의 바다로 나아갔다는 의미입니다.

즉 사익이 아닌 공익을 추구할 때, 자신의 사적 이익을 버리고 공적 이익을 추구할 때에야 인간 정신은 존엄성의 경지에 오르게 되는 것입니다. 인간에겐 이런 가능성이 있기 때문에, 일단 존엄하다고 치고, 악독해질 가능성보단 존엄해질 가능성을 끊임없이 조금씩이라도 높여가는 것이 인간사회의 발달입니다.

오직 이런 사회에서만 민주주의가 가능해집니다. 모든 시민이 자기 욕심만 차리려고 들면 사회는 투견장이 되겠지요. 시민이 사적 이익이 아닌 공적 이익, 개인의 관심사가 아닌 공동의 관심사에 힘을 쏟을수록 그 사회가 민주적으로 성숙해집니다.

또 저마다 자기 욕심만 차리려는 '콩가루 사회'는 경쟁력도 형편없겠지요. 전체를 위해 헌신하는 마음. 내 욕심만 차리려 '뻥땅' 치지 않는 마음. 나 혼자 편하겠다고 건성건성 일하지 않는 마음. 이런 자세를 가진 사람들의 사회가 훨씬 경쟁력 있고 강한 사회가 됩니다.

그런데 시장화, 자유화, 분권화로 공적인 통제를 무력화하고, 소액주주 운동, 소비자 주권으로 모두에게 자신의 이기적 욕망을 마음껏 추구하라며 북을 울려대는 사회는 모두를 점점 더 이기적인 존재로 만들겠지요. 그 결과 모두가 인간 정신의 존엄성으로부터 점점 더 멀어집니다. 인간성이 와해되는 겁니다. 추잡한 사회가 됩니다. 그러니까 한국사회에서 종교도 점점 더 기복적이 되고, 나 하나 잘 살겠다는 재테크, 웰빙, 건강 열풍이 불고, 온갖 자기계발, 자기배려의 바람이 불면서 공공의 일을 염려하는 정치의식은 빠르게 엷어지는 겁니다. 인간성 파탄으로 가는 것이지요.

대노조는 비정규직이 어떻게 되든, 회사 사정이 어떻든, 일단 투쟁하고 보자는 경향이 있습니다. 그 전에 주주와 회사 경영진이 노동자를 희생해서 자신의 이기심을 채웠기 때문입니다. 이렇게 경제주체들이 서로 자기의 이기심을 채우니까 한국의 경쟁력이 하락합니다. 서로 믿고 돕지 않는 사회. 이런 사회에서 무슨 기업을 합니까? 기업하기 힘든 나라가 됩니다.

'자산가들의 지배권'과 '이윤추구-선택권을 통한 자유로운 이기심 충족'을 지상 가치로 여기는 자유시장이 확대되면서 우리 인간성이 파괴되어가고 있습니다. 일종의 자기파괴인데, 원래 유기체는 자신이 파괴돼가면 위기감을 느끼게 마련입니다. 그래서 왠지는 모르지만 사람들은 점점 더 불안감을 느끼고 위기감을 느낍니다. 게다가 양극화와 그에 따른 실질적인 추락의 공포까지 더해져, 혼자 널뛰는 경제지표와 상관없이 국민은 심정적으로 파탄 상황에 처하게 됐습니다. 자, 이제 교육으로 넘어갑니다. 교육부문에서도 같은 일들이 벌어집니다.

첫째 몸통 정리

과거의 교훈으로부터 알 수 있는 것들

- 과거 우리는 강자통제, 시장규제, 이기심 통제로 기적을 일궜다.
- 맹목적인 경쟁만능론은 틀렸다.
- 자유경쟁은 기존의 강자만을 위한 것이다.
- 약자(중소기업, 유치산업, 민중)는 국가가 방파제가 되어 보호해야 한다.
- 이기심의 자유로운 추구는 국민경제를 황폐하게 한다.
- 독재든 민주적인 방식이든 공동체적 원리가 작동해야 한다.
- 소유권자가 발언권, 결정권을 독점해선 안 된다.
- 소비자(수요자)의 선택권에도 적절한 규제가 필요하다.
- 소유권과 선택권이라는 자유의 원리와 이것을 뛰어넘는 평등 원리, 즉 주권 원리가 공존해야 경제적으로도 성공한다.

둘째 몸통

자유화 교육 파탄
얼마 전 방영된 한 TV 다큐 멘터리에서 학원 관계자는 이렇게 말했습니다. "이젠 특목고, 자사고, 일류대 출신이 한국의 새로운 지배계급이다." 경쟁력이니, 사교육비 경감이니, 저소득층을 위한 공교육 정상화니 온갖 좋은 말들을 갖다 댔지만 교육개혁의 결과는 이것입니다. '한국의 지배계급 형성.' 이것이 우리가 당한 민주화 20년이었습니다. 애초에 중등부문을 '다양화, 자유화, 선택권 확대' 하지 말았어야 합니다. 고등교육입시제도를 엎어야 합니다. 대학평준화나 그에 가까운 조치가 내려지기 전까진 온갖 미사여구를 동반한 교육개혁이 모두 '사기' 치는 '쇼쇼쇼'일 수밖에 없습니다.

90년대 이후 한국사회가 크게 잘못되어 왔으며 지금은 중대한 위기국면이라고 생각합니다. 정부는 자꾸 거시지표를 내세우며 우리나라의 상황이 좋다고 강변합니다. 이런 안일한 문제의식으론 개선할 수 없을 정도로 우리 현실의 문제가 심각하다고 생각합니다. 그런데 교육부문을 다룬 책에서 왜 지금까지 교육과 직접 상관이 없는 이런 얘기들을 했는가? 구조적으로 상관이 있기 때문입니다.

자유화의 기본 원리인 소비자(수요자) 중심주의, 사적 소유권 강화, 자유선택, 자율경영, 국가퇴각(탈규제) 등이 교육부문으로 모두 들어옵니다. 그에 따라 각 개별주체가 단기적, 이기적 욕심에 매몰돼 공동체 전체의 이익과 장기적 성장잠재력이 고갈되는 사태가 고스란히 반복됩니다. 독재시절의 관치 통제 교육의 폐해를 시정한다며 감행한 민주화 교육개혁이 교육 파탄을 낳은 셈입니다. 그런데 아직도 자유화 교육개혁의 공세는 멈출 줄 모릅니다. 둘째 몸통에선 자유화 개혁이 교육개혁과 어떻게 맞물리는지 살펴봅니다.

1. 과거 한국경제가 활력을 유지했을 때, 그것이 일종의 공공성 원리에 의했던 것임을 밝혔음.
2. 각 경제주체의 이기심 추구 자유화가 파탄의 원인.
3. 교육부문에서도 같은 일들이 벌어졌다는 걸 설명해 우리가 당한 교육개혁의 성격을 드러내려 함.
4. 국가가 각 경제주체의 선택권과 자유를 적절히 몰수했을 때 국가경제가 기적적으로 성장했음을 첫째 몸통에서 설명했고, 이제부터 선택권과 자율선발이 교육에 가져온 파탄을 설명해, 학교선택권·선발권을 몰수하는 것에 대한 두려움을 없애려 함.

교육개혁이 단순히 교육부문만의 특수한 의제가 아님을 밝히는 것도 첫째 몸통을 교육부문이 아닌 이야기로 시작한 이유였습니다. 지금까지 설명한 자유화의 흐름은 너무나 강고히 구조화돼서 어디서부터 균열을 내야 할지 막막합니다. 난 교육부문이 그 답이라고 생각합니다. 이제 교육으로 넘어갑니다.

파탄의 시작 5.31 교육개혁

세계화 광풍에 구체제가 날아가다

1994년 11월 15일 인도네시아의 보고르에서 자카르타로 가는 고속도로. 아시아태평양경제협력체(APEC) 제2차 정상회담에 참석한 김영삼 전 대통령의 승용차 안.

김영삼 대통령 : 어이 한수석, 이제 정말 국경 없는 시장이 열리는가봐. 보통 일이 아니야.

한이헌 경제수석 : 예, 철저히 준비해야 합니다. 이것도 개혁에 중요한 한 줄기입니다. 요새 국제화, 세계화를 모르면 세상을 제대로 볼 수가 없습니다.

김영삼 대통령 : 그래 그래, 연말까지 우르과이라운드 협상안 비준도 받아야 하고 말이야. 돌아가면 준비를 단단히 합시다. 미리 생각 좀 해둬요.

다음날(16일) 자카르타에서 호주 시드니로 향하는 대통령 전용기 안, 김영삼 전 대통령이 갑자기 수행비서관회의를 소집합니다.

김영삼 대통령 : 내일 아침 기자간담회가 예정돼 있지요. 뭐 기삿거리가 될 만한 것이 없겠습니까?

정종욱 외교안보수석 : 각하, 내일 특별한 뉴스는 없고 조금 쉬어가는 일정입니다. 그냥 편안하게 간담회를 하시지요.

그러나 기자들과 만날 때면 '어떻게든 기삿거리를 제공해야 한다'고 생각했던 김영삼 대통령은 기삿거리를 도출하기 위한 비서관 회의를 지시합니다. 물론 창졸간에 이렇다 할 아이디어가 나올 리 없지요. 잠시 후 김영삼 전 대통령이 한이헌 경제수석을 호출합니다.

> **김영삼 대통령** : 어제 우리가 얘기한 거 말이야. 세계화라고 했나 세계시장이라고 했나, 그것을 경제적인 개념으로 표현하면 어떨까.
> **한이헌 경제수석** : 예, 세계화로 정리해보겠습니다.
> **김영삼 대통령** : 내일 기자간담회 때 발표할 수 있도록 준비해보세요.

한 수석은 즉시 청와대 경제비서실에 "세계화를 경제와 접목시켜 결과를 내일 새벽까지 호주로 보고하라."는 특명을 하달합니다. 당시 국내에 남아 있었던 박관용 대통령비서실장의 기억.

> 출국하실 때까지 세계화에 대해서는 한 번도 언급한 적이 없었습니다. '세계화'라는 말을 전해 듣고 무척 당혹스러웠습니다. 부랴부랴 비서실과 경제기획원에 연락해 준비를 시켰지요.

한국 관료들은 단 하룻밤 만에 국가의 새로운 정책기조를 짜내는 놀라운 능력을 보여줍니다. 보고를 받은 한 수석은 호텔에서 17일 새벽 5시까지 작업해 김영삼 대통령의 세계화 선언을 위한 자료 제작을 완료합니다.

17일 아침 김 대통령은 기자들에게 이른바 '시드니 구상'을 발표합니다. 당시 어수선한 국내 상황을 돌파하기 위한 정치적 노림수가 깔려 있는 것 아니냐는 의혹이 일각에서 제기됩니다.

그러나 일단 발표된 세계화 구상은 자체 동력을 가지고 이후 김영삼 정권의 정책 방향을 결정짓게 됩니다. 삼성자동차가 생기고, 현대에 대한 규제가 풀리고, 재경원이라는 공룡부처가 생겼습니다. 세계화에 대응해 민자당은 신한국당으로 이름을 바꿨습니다. 김종필 당시 민자당 대표는 세계화를 이유로 날아갔습니다. OECD에 가입하고 금융자유화, 개방이 감행되었습니다.

> 준비 안 된 OECD 가입으로 한국이 해외 투기자본의 희생양이 되고 말았다.
> — 정용석(단국대학교 명예교수)

세계화는 마치 박정희 정권 때의 '잘 살아보세' 새마을운동처럼 김영삼 정권의 정당성을 담보하는 절체절명의 과제가 됐고 세계화라는 주문은 만사를 형통시키는 국정 운영의 키가 됩니다. 감히 세계화에 저항하는 자는 살아남을 수 없는 세상이 된 것입니다. 세계화는 무소불위의 주문이 되어 한국사회를 전면적으로 재편했습니다.

물론 이것을 김영삼 대통령의 즉흥적인 아이디어로만 치부할 수는 없습니다. 세계화는 개발독재에 넌덜머리를 내던 국민들에게 변화와 자유화라는 꿈을 제공했습니다. 국민은 정말로 세계화를 통해 우리에게 자유와 경쟁력이 생길 줄 알았습니다. 이미 김영삼 정부 이전부터 자유화의 바람이 불기 시작했고, 김영삼 정부 들어선 광풍이 되고 있었습니다. 단지 그 구호가 이렇게 졸속으로 정해졌다는 것이지요. 이 사건의 맹목성과 졸속성이 90년대 이후 자유화 개혁의 실체를 상징적으로 보여줍니다.

1994년 9월 16일. 서울 하얏트 호텔. 한국경제인동우회장. WTO 체제와 우리 산업의 경쟁력 강화안 발표.

> 중소기업 고유업종과 단체수의계약 등 정부의 중소기업 **보호 및 지원 제도는 마약과 같은 부작용을 낳아 기업체질만 약화**시켰습니다. 우리 경제의 **국제경쟁력 강화**를 위해서는 이러한 중소기업 **보호, 육성책의 폐지가 불가피합니다**(박운서 통상산업부 차관).
> — 최원룡, 「중소기업 죽이기」

그 자리에 있던 (대기업 아닌) 중견기업인들은 경악했다고 합니다. 딱 한미FTA로 취약산업 경쟁력 키우자는, 스크린쿼터 폐지하자는 재경부의 논리입니다(자유무역 상황에서 우리 영화사는 미국 영화사에 비하면 중소기업). 경제, 통상계열 관료들이 이때 이미 정신이 별나라로 가 있었던 것 같습니다. 장차 10여 년이 흐른 후 중소기업 몰락을 부를 세계화, 자유화 개혁입니다. 경쟁력을 향상시킨다는 명목으로!

『중소기업 죽이기』라는 책에선 박정희 대통령이 했던 것처럼 청와대가 부품 국산화 회의를 주도해달라고 요청하고 있습니다. 그러나 한국 정부는 골치 아픈 국가개입보다 손쉬운 자유화 개혁을 선택했습니다. '정부가 개입하면 부패가 생길 수 있으니, 모든 것을 시장 자율에 맡기자.' 이 얼마나 편리한 생각입니까.

2000년대 파탄상까지 넘어올 것도 없이 김영삼 정부 기간 동안에 벌써 사상 최대의 중소기업 부도사태가 벌어집니다. 이미 이때부터 은행은 중소기업, 제조업 대출을 줄이고 민간 소비 분야 담보 대출을 일삼기 시작했습니다. 자유화 파탄은 IMF 이전부터 닥쳐왔었던 겁니다.

국민은 자유라는 것이 결국엔 강자만을 위한다는 것을 몰랐습니다. 경쟁력도 기존의 강자들에게만 생긴다는 것을 몰랐습니다. 부자, 강자들은 세계화로 자신들에게 가해지던 규제가 풀리므로 대환영이었지요.

1994년 11월 19일. 호주 시드니에서 국정지표로 세계화를 제시한 뒤 귀국하는 비행기 안.

김영삼 대통령 : 국경 없는 세계화 시대 아니오? 국가경쟁력 강화에 도움이 된다면 삼성의 승용차사업을 허용하는 것도 괜찮을 것 같은데. 한 수석 생각은 어떻소?

한이헌 경제수석 : 그렇습니다, 각하. 세계화를 하려면 외국기업이 한국에

서 공장을 짓겠다고 할 때 환영하고 도와줘야 합니다. 그런데 우리 기업이 공장을 짓겠다고 하는 것을 막아서야 되겠습니까.

얼마나 무서운 대화입니까. 이후 지금까지 13년 민주화 개혁 역사를 형성한 사고방식이 이 안에 들어 있습니다. '자유화', 이 한마디에 말입니다. 과거에 맨 주먹으로 맨 땅에서 국제경쟁력 있는 대기업을 일굴 때도 결코 방기하지 않았던 국가의 규제가 '세계화' 주문에 풀린 것입니다. 국가가 경제활동에 개입해 통제하는 것을 그만두고 자유롭게 기업활동 하도록 하자는 사고방식입니다.

외국공장이 한국에 공장 짓겠다고 할 때 환영한다는 것이 결국 외국자본에 대한 무조건적인 호의, 맹목적 개방의지로 발전되었습니다. 그리고 벌써부터 역차별론이 나옵니다. '외국 기업도 마음대로 하게 해주려는 판에 한국 기업을 규제해서야 되겠느냐'라는 것이지요. 한미FTA에 대비해 사학개혁을 멈추고 사학에 자율성을 달라는 사학재단들의 논리가 이때 국가시책으로 등장한 것입니다. 세계화, 즉 자유화 개혁이 마치 민주개혁인 것처럼 오인된 것은 현대에 대한 대선 보복이 중지된 것을 봐도 알 수 있습니다.

1992년 12월 26일. 여의도 민자당사.

> **정세영 현대그룹 회장** : 주 주 죽을 죄를 지었습니다. 형님(정주영) 고집이 워낙 세서…… 온 집안이 (정계진출을) 반대했는데도…… 그리 됐습니다. …… 부디 용서하십시오.
> **김영삼 대통령 당선자** : 기업인은 기업을 잘하는 것이 중요하지요.

그리고 현대 그룹 임직원 20여 명 구속, 100여 명 입건 사태가 이어졌습니다. 정주영 전 회장이 대선에 출마한 것에 대한 정치보복이 자행된 것입니다.

> 92년 대선 이후 나와 현대에 가해진 정치보복은 더 이상 생각하기도 싫다. 소도 말도 웃을 후진국적 정치폭력이 백주에 횡행했던 지난 시절이 어이없을 뿐이다.
> — 정주영(전 현대그룹 회장)

이런 식으로 국가가 경제에 개입하는 것은 후진적 정치폭력이라는 사고방식이 형성됐습니다. 그래서 국가의 경제개입을 차단하는 것이 곧 민주화요 선진화라는 생각이 은연중에 퍼진 것입니다. 김영삼 정부는 관치금융으로 현대 목을 졸랐습니다. 설비투자자금 대출을 막은 것이지요. 이런 일들을 거치며 사람들은 은행을 자유화해야 한다는 생각을 갖게 되었습니다. 그 결과가 지금 시중은행 지분의 60% 이상을 외국인이 가져간 사태입니다.

> **한이헌 경제수석** : 각하, 퇴임시에는 무엇보다 경제가 좋아야 합니다. 경쟁력 있는 첨단제품을 많이 만들어 팔아야 하지요. 그러려면 지금 좋은 공장을 지어야 합니다. 현대가 공장을 짓겠다는데 차질이 생기면 안 됩니다. 국경없는 경쟁이 이뤄지는 '세계화' 시대 아닙니까.

그 서슬 퍼런 정치보복까지도 세계화를 이유로 중지됩니다. 여기서 한 가지 짚고 넘어갈 것은, 언제는 무한경쟁 안 했나요? 우리의 경제개발은 처음부터 국제경쟁을 목표로 추진되었습니다. 그것이 대외의존적이라고 내수지향형 경제구조를 만들자고 주장했던 것은 민주화 운동권이었습니다. 그런데 그들은 집권하자마자 마치 사오정처럼 갑자기 무한경쟁 타령을 하더니 그때까지 무無에서 국제경쟁력을 만들어냈던 시스템들을 부수기 시작했습니다. 내수파탄 상황을 만들었습니다. 대외의존은 더 심화되었습니다.

아무튼 이런 식으로 정치보복까지도 세계화가 막아내자, 세계화는 기존의 자의적인 국가폭력을 막고 한국사회를 투명화, 선진화한다고 받아들여졌습니다. 그리고 시장과 사회를 자율적인 상태로 놓아두는 게, 시장에서 이루어지는 다양한 선택과 거래를 국가가 통제하지 않는 것이 바로 그 선진화의 내용이 되었습니다. 언론은 여기에 막대한 힘을 제공했습니다.

• 왜 언론개혁인가
신문들은 날이면 날마다 '국제화'나 '세계화'라는 김 대통령의 엉터리 구호를 합창했다. …… 언론이 이처럼 김영삼 대통령의 합창단으로 전락한 지 채 5년도 안 돼 이 나라는 덜컥 IMF사태라는 재앙의 수렁에 빠졌다. [경향신문 2004-06-10]

이렇게 우리는 세계화 시대를 열광적으로 맞이했습니다. 그 이후의 역사는 국민들이 지금 몸으로 느끼는 바, 그대로입니다.

1980~2005년 1분위와 10분위 소득배율

	1분위	10분위	
1980	7.14만 원	56.89만 원	7.97배
1985	12.45만 원	105.30만 원	8.46배
1990	30.30만 원	225.46만 원	7.44배
1995	63.25만 원	432.61만 원	6.84배
2000	68.25만 원	605.31만 원	8.86배
2005	80.65만 원	773.56만 원	9.59배

– 통계청, 시민경제사회연구소에서 재인용

1980년부터 1995년까지 잘사는 10분위와 못사는 1분위 사이의 소득격차가 줄어들었습니다. 하지만 세계화 개혁의 성과가 나타나기 시작하는 1995년 이후부터 격차가 커지기 시작해, 세계화 개혁이 본격화한 21세기엔 1980년대보다도 후퇴해버렸습니다. 물론 결정적인 변곡점은 IMF 사태이겠지만 IMF 사태 자체가 세계화, 자유화 개혁의 큰 흐름 안에서 벌어진 일인 데다가, 주주자본주의를 본격화한 2차 금융개방은 IMF 사태 이후에 우리 정부의 의지로 관철된 것인 만큼, 90년대 이후의 퇴보 원인으로 세계화, 자유화 개혁을 지목하는 것이 타당할 겁니다.

(위의 사건진행과 대화 내용은 모두 동아일보 특별 취재팀의 『YS 문민정부 1,800일의 비화』를 바탕으로 구성한 것임)

교육을 집어삼킨 세계화

- **세계화 각론이 미흡하다**
  교육개혁 지지부진
  세계화시대에 납득할 수 있는 교육제도의 개선이 이루어지지 않고 있다. **세계화의 핵심은 교육에 달려** 있다고 하면서도 막상 교육개혁은 지지부진한 실정이다.
  [조선일보 1995-01-11]

세계화 교육개혁을 주문하고 있는 것입니다. 바로 이즈음에 나온 책이 『소비자 주권의 교육대개혁론』입니다. 자, 드디어 교육에 소비자가 등장했습니다. 예전 봉건시대에 교육은 일반 주권이 아니라 특권이거나, 소비자 주권이었습니다. 돈 있는 사람만 자기가 원하는 교육을 살 수 있었기 때문이지요. 시민혁명 이후 공교육을 건설하면서 교육은 특권, 소비자 주권에서 일종의 시민권으로 바뀌었습니다. 소비자 주권론의 전면화는 다시 특권의 사회로 퇴행하는 것을 의미합니다. 민주화 20년간 민주화와 봉건사회화가 동시에 진행된 것이지요.

  소비자 후생 증대는 한미FTA의 주요 목표입니다. 소비자의 선택권을 향상시켜주면 소비자 자신에게도 이익이고 더 나아가 우리 산업의 구조조정도 된다는 사고방식인데요, 이게 하늘에서 뚝 떨어진 게 아닙니다. 1990년대 이래 자유화 개혁의 일관된 기조라는 건 이미 설명했습니다.

> **소비자는 왕이다**
>
> 경제운영에 대한 선택권을 생산자나 공급자, 혹은 관리나 국가가 가지고 있는 것이 아니고, **수요자가 선택하는 데 따를 수밖에 없는 경제**, 즉 국가나 생산자가 소비자를 위해 대신 선택하는 것이 통하지 않는, **경제운영에 대한 실질적인 권한이 소비자로 이전**된 체제 …… 전화든, 전기든, 또 우편이든 **정부에서 독점할 이유가 없다.** …… (우리 기업이 외제에 밀린다면) 소비자의 선호 취향에 맞추지 못하는 기업에 문제가 있는 것이다.
>
> …… **한미자유무역협정(한미FTA)** 추진할 때이다. 무언가 획기적인 전기를 **마련할 수 있는 발상**의 전환이 있어야 한다. …… 개방화 세계로 진출하는 계기를 만들고, 이를 위한 우리의 기업환경을 획기적으로 정비하고, 새로운 도약의 기틀을 만들어 갈 수 있을 것이다.
>
>   – 강경식(IMF 파탄을 부른 문민정부의 경제부총리),
>   「국산품 애용식으론 나라가 망한다」

『소비자 주권의 교육대개혁론』은 위의 책이 출간된 지 2년 후에 나왔습니다. 이 책의 주 저자인 박세일은 김영삼 정부에서 교육 분야를 다루는 청와대 정책기획 수석비서관으로 임명되었습니다. 이주호 현 한나라당 의원은 당시 교육개혁위원회 위원으로 이 책의 집필에 참여했습니다. 이런 식으로 제안된 교육개혁안이 집약된 것이 1995년 발표된 이른바 '5.31 교육개혁' 입니다.

소비자 주권이라는 것은 교육을 일종의 시장이라고 보고, 그 안에서 이루어지는 공급-수요자 간의 자유로운 선택에 국가가 간섭하지 말라는 소리입니다. 대기업이 우리나라 중소기업 제품을 쓰든 말든 국가는 상관하지 말라는 사고방식, 바로 세계화의 정신이지요. 세계화가 IMF 파탄을 부른 것처럼, 소비자 주권 교육개혁은 교육 파탄을 초래했습니다.

> **교원평가제의 역사를 거슬러 가면, 95년 5.31 교육개혁안에서 출발**한다. **수요자중심교육**이라는 슬로건을 내걸고 공교육시스템을 **친시장 시스템**으로 바꾸자는 것이 5.31 교육개혁안의 핵심이다.
>
> — 하병수(경기도 구리여중 교사, 범국민교육연대 교육과정위원회 위원)

교원평가는 요즈음 교육계 최대 현안 중의 하나입니다. 말하자면 우리 교육계에 여전히 세계화 광풍이 몰아닥치고 있는 것입니다. 5월 31일 교육개혁에 주도적으로 참여했던 박세일, 안병영, 이주호 의원 중에서 안병영은 참여정부 교육부총리, 이주호는 한나라당 의원이 되었습니다. 박세일은 한나라당과 열린우리당의 구애를 동시에 받았지만 한나라당을 선택했습니다. 『소비자 주권 교육대개혁론』에서 김영삼 정부 교육개혁위원회가 제시한 교육개혁의 방향은 이렇습니다.

가. 질 높은 교육 실현 : 양적 성장 위주의 교육에서 벗어나 각급 학교 교육의 **질적 수준**을 높이기 위해 교육의 **경쟁체제**를 도입함.

나. 교육 수요자 중심의 교육 추구 : 교육 공급자 편의 중심 교육으로부터 교육 **수요자의 요구 중심** 교육으로 전환함.

다. 교육의 다원성 신장 : 획일적인 교육에서 벗어나 다원화 사회에서 개개인의 자질과 요구에 부합할 수 있도록 **교육 제도, 내용 및 방법을 다양하게 설계**함.

라. 교육 운영의 자율성 및 책무성 제고 : 규제와 통제 중심의 교육 운영으로부터 단위 학교의 **자율과 책무** 중심의 교육 운영으로 전환하고, 교육 가치를 활성화함과 동시에 교사의 교권을 최대한 신장함. 사립학교가 본래의 건학 이념을 구현하고 다양한 교육 프로그램을 운영할 수 있도록 **자율의 영역을 확대**함.

경쟁체제 도입, 수요자 중심, 교육제도 다양화, 자율과 책무, 자율 영역 확대. 지금 봐도 우리나라 개혁세력이 모두 좋아할 내용들입니다. 그런데 이런 아름다운 말들 뒤엔 무서운 칼날이 숨겨져 있습니다. 단순히 생각해서 1995년에 비해 지금의 교육이 더 좋아졌습니까, 나빠졌습니까? 학교 붕괴, 공교육 파탄, 획일성, 입시경쟁, 사교육비 폭발, 격차 심화, 지방고사, 편입경쟁 등장, 사상 최대의 유학행렬, 끊이지 않는 자살, 그야말로 대환란입니다. 자유화 개혁 이후 마치 재벌들처럼, 서울 명문대들만 저 하늘 위로 날아올랐습니다. 그리고 일류대에 다니는 중상층의 비율은 오히려 더 커졌습니다. 자유화 개혁을 하면 할수록 부자들만의 귀족사회가 되는 것이지요. 지방, 강북, 노동자, 농민 등 나머지 국민들은 환란 속에 떨어졌습니다.

자율, 경쟁체제, 수요자 중심, 이것들을 한마디로 줄이면 '시장화' 입니다. 국가가 관치적인 규제를 줄이고 당사자들끼리 자유롭게 거래하라는 것입니다. 책무성은 자율성에 대한 반대급부로서 시장의 냉혹한 평가를 감수하는 것을 말합니다. 시장의 버림을 받은 기업은 법정관리에 들어가거나, 퇴출되지요? 학교도 점차 그렇게 됩니다. 세계화 광풍 12년 만에 서울시 교육청은 수요자들의 선택권 확대를 위해 서울 학군 통일 방안을 내

났고, 그 안에는 수요자 선택을 받지 못한 학교는 '집중관리' 하거나, '퇴출' 시킨다는 것까지 들어 있었습니다. 세계화는 살아 있습니다.

당사자들끼리 자유롭게 경쟁하니까 학생은 학력 경쟁, 학교는 서열 경쟁, 양극화는 점점 더 심화됩니다. 더군다나 5.31 교육개혁안은 국제경쟁력이란 미명하에 학력신장을 지상과제로 삼았습니다. 사람까지 죽이는 성적 집착증은 점점 더 심해졌습니다. 『소비자 주권의 교육대개혁론』의 기조글은 박세일이 작성했습니다. 그 제목이 너무나 전형적입니다.

'세계화 시대의 교육을 위한 발상의 전환 : 규제에서 탈규제로'

세계화는 곧 지력 경쟁이라면서 인적 자원의 질을 높일 것과 경제의 거래 비용을 낮출 것을 주문하고 있습니다. 그것을 위해 자유화, 자율화, 국제화하자는 것입니다. 거래 비용을 낮춰야 하는 이유는 간단합니다. 그래야 시장화가 촉진되니까요. 인적 자원의 질을 높이기 위해서 각 주체가 자율적으로 경쟁하고, 자율적으로 경영하게 되면 그 귀결은 고교 평준화 해체입니다. 사회 양극화 심화, 공화국 파탄인 것입니다.

이때도 교육개혁의 의의를 입시 지옥의 완화, 사교육비 해결, 학교 교육의 고품질화로 들고 있습니다. 이 중에 단 하나라도 실현된 게 있습니까? 그런데도 아직까지 개혁정권들은 5.31 교육개혁의 정신을 추종하고 있습니다. 그것은 자유화 개혁이 한국의 기존 경제사회구조를 부쉈듯이, 한국의 교육제도마저 부수고 있습니다. 탈규제만을 주장하는 것도 아닙니다. 세계화 논리는 강력한 규제도 주장합니다.

앞으로 강화되어야 할 교육 규제는 교육 소비자 보호를 위한 규제들이다. '소비자 선택의 확대', '소비자 피해의 구제', '소비자 정보의 확대'를 위한 교육 규제나 정부의 개입은 필요하다.

– 『소비자 주권의 교육대개혁론』, 박세일의 기조글

규제를 하긴 하는데 소비자를 위한 규제, 즉 시장화를 위한 규제, 시장화를 촉진하는 규제를 하라는 것입니다. 소비자 정보의 확대는 간단한 것입니다. 우리나라 자영업자들과 중소기업을 죽인 대형마트 같은 식의 시스템을 교육에도 구축하라는 것입니다. 그에 따라 한나라당 이주호 의원은 요즘 학교 정보 공개를 주장하고 있지요? 마치 외국자본 한국 진출과 주식시장 활성화를 위해 투명한 기업정보의 공개가 중요하게 된 것처럼, 소비자들의 시장선택을 위한 학교정보 공개를 통해 학교가 상품이나 주식처럼 거래 가능한 상품이 됩니다(거래비용 저하). 소비자들은 이것을 통해 자신이 학교에 대해 잘 알게 되고, 선택권 확대에 도움이 될 걸로 착각하는데, 전혀 그렇지 않지요. 결국 가난한 사람들은 '후진' 학교만 선택할 수 있을 뿐입니다. 전국 모든 학원정보를 투명하게 공개하면 가난한 사람들이 강남 족집게 학원에 갈 수 있습니까? 소비자 선택권 확대는 이렇게 번역하면 정확합니다.

'고교 평준화 해체, 대학서열체제 심화'

평준화를 깨고 자율경영하는 학교들끼리 관치 눈치 보지 말고 자유경쟁해서 소비자들에게 심판 받아 서열체제로 가자는 것이지요.

개별 교육 공급자들의 자율적 결정에 의하여 교육의 주요 결정, 즉 학생 모집, 교과 과정, 교사 채용 등이 결정되어야 하면 결정에 대한 최종책임은 교육 소비자인 학생과 학부모들에게 대해 지는 식으로 운영되어야 한다.

> **교육 소비자들을 만족시키기 위한 교육 공급자들간의 경쟁이 정부의 규제나 간섭 없이 자유스럽게** 이루어질 수 있어야 한다.
>
> - 「소비자 주권의 교육대개혁론」, 박세일의 기조글

요즘 우리나라 일류대들이 주장하는 자율성입니다. 이런 이상이 현실화된 것이 자립형 사립고나 개방형 자율학교 같은 것들입니다. 전자는 한나라당이 밀고 후자는 참여정부가 미는 상품이지요.

'소비자 주권의 교육대개혁론', 구체적인 개혁 방향

1. 대학 교육: 탈규제와 네트워크 강화

학교 간 경쟁 원리 도입, 고등교육기관 설립 자유화. 교수 채용과 교육과정 자유화. 학생 수와 학비 결정 자유화.

이것의 귀결은 우리 모두 알고 있습니다. 설립 자유화로 대학 수가 갑자기 불어나, 학력 인플레 현상과 함께 부실 대학의 증가, 지방대 고사, 대학서열체제 심화, 메뚜기 편입 과열 현상 등 총체적 난국입니다. 일류대만 날아올랐습니다. 마치 삼성자동차 설립을 국가가 자유경쟁 논리로 규제하지 않자 자동차회사들이 다 고사하고 현대자동차만 남은 것과 같지 않습니까? 학비 결정 자유화. 그래서 지금 등록금이 얼마가 됐습니까? 가난한 애들은 대학 절대 못 갈 지경입니다. 허울 좋은 자유화가 가난한 서민에게 어떤 파탄을 가져다주는지 분명히 보여줍니다.

2. 중등 교육: 경쟁 원리 도입과 교육 정보 확대

평준화 해체, 학군 통합, 학교선택권 전면 확대, 학생선발권 전면화, 학교 자유 설립, 학교 운영 방식 자율화, 사립학교에 대한 재정적 지원 폐지, 학교별 경쟁 결과에 따라 학생수 변동.

정말 무시무시합니다. 학교 운영 방식 자율화는 정규직 교원체제의 해체를 의미합니다. 한국사회를 빈곤화한 노동유연화를 학교에서도 관철시키겠다는 것이지요. 사립학교에 대한 재정지원 폐지. 자립형 사립고 체제로 가자는 말입니다. 서민은 어차피 자립형 사립고 못 갑니다. 학교별 경쟁 결과에 따라 학생 수 변동. 이건 완전히 학교를 학원으로 만들자는 말 아닙니까. 교육은 죽습니다.

3. 대입 제도의 개혁: 선발 기준 **다양화**와 학교선택권 확대

정부 통제에 의한 획일적 선발 기준을 다양화해 봉사, 특기, 적성 등 다양한 전형요소를 반영. 학생의 특수 상황도 고려. 기존의 통제는 획일화 초래. 기존의 규제를 과감히 풀고 **선발 기준을 대학별로 자율화**. 학생의 학교선택권 **자유화**, 복수 지원 가능하도록 함.

민주화세력은 다양화라고 하면 덮어놓고 좋아하는 경향이 있습니다. 이때의 기획대로 대입 선발 기준을 다양화했습니다. 그랬더니 어떻게 됐나요? 획일성 심화되고 입시경쟁 더 심화되고, 대학서열체제도 더 심화됐습니다.

다양화가 우리에게 가져다준 건 양극화, 교육격차, 치솟는 사교육비뿐입니다. 선발 기준을 대학별로 자율화하자 우리가 지금 겪고 있는 2008년 입시안 파동, 죽음의 트라이앵글 파동, 논술 파동, 내신 파동, 고교등급제 파동 등이 터졌습니다. 세계화 정신은 지금 이 순간에도 완강히 교육과 국가를 파탄시키고 있는 중입니다.

아직도 우리나라 수요자들은 자신들의 선의의 선택이 작용한 결과 국가교육이 붕괴되는 구조를 이해하지 못합니다. 수요자들의 시장선택은 단기적이고 이기적이어서, 본질적으로 공공적 이해, 국가 백년대계라는 장기적 이익과는 상충됩니다. 경제가 망한 것처럼 학교도 망합니다. 부자

들만의 세상이 됩니다. 95년 이후 십여 년이 흐른 지금 상황을 보십시오. 이보다 효과적으로 '말아먹을 순' 없습니다.

별나라에 살고 있는 개혁 추진자들

5.31 교육개혁 이후 교육규제가 완화되었다면서 한국교육개발원이 2003년 5월에 배포한 자료엔 이렇게 나와 있습니다.

> (5.31 교육개혁으로) 교육규제의 완화로 초·중등학교에서는 창의적인 학교운영과 자율성이 신장되었고 대학의 경우에는 대학 간 경쟁이 유도된 것으로 나타나고 있다.

공교육 붕괴, 교육 파탄 현장에서 대한민국 교육개발원이 배포한 자료입니다. 마치, 우리 경제가 주주와 외국 자본에 '피가 빨리는' 상황에서도 경제상황은 좋다던, 어디 별나라에 살고 있는 듯한 경제관료들을 보는 듯합니다.

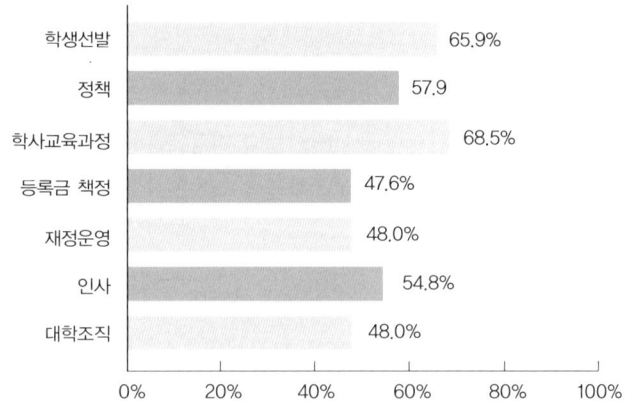

— 5.31 교육개혁 이후 고등교육 규제 완화의 정도: '완화되었다'고 응답한 비율(한국교육개발원, 2003)

학생선발에 대한 규제가 완화되었다는 응답이 65.9%입니다. 그만큼 획일적인 입시규제가 사라졌다는 것이지요. 그 귀결은 파탄입니다. 민생 파탄의 이유를 인지하지 못하고 엉뚱하게 노조 탓을 하는 사회 분위기가, 교육 파탄 상황에선 엉뚱하게 전교조 탓을 합니다. 전교조는 5.31 교육개혁의 정신에 가장 강하게 반발하는 집단입니다. 그러므로 전교조는 한국 사회에서 교육을 위해 가장 긍정적인 역할을 하는 집단입니다. 그럼에도 불구하고 사회는 소비자 의식으로 무장해 전교조를 탓하고 있습니다. 경제 상황과 교육 상황이 똑같이 움직이고 있는 것입니다. 파탄의 원인은 단 하나 '선발 규제 완화'였습니다. 경제 부문 개혁을 말하면서 미국 유학자들의 힘에 대해 언급했었는데 교육개혁에서도 같은 현상이 일어나는 것 같습니다.

> (5.31 교육개혁을 추진한) 교육개혁위원의 약 50%, 그리고 전문위원의 대부분이 미국에서 학위를 취득한 교수, 학자 출신이라는 점에서 교육개혁안의 구상과정에서 작용했을 제도개선의 내용을 짐작케 하고 있다.
>
> — 안기성 외, 『한국 교육개혁의 정치학』

경제 구조개혁과 교육 구조개혁은 함께 출발했습니다. 그리고 그것은 2000년대에 이르러 우리나라를 두 군데서 나란히 쌍쌍파탄의 국면으로 몰아넣고 있습니다. 교육이 문제라고 탓하기 전에 어쩌면 우리는 우리 자신의 의식부터 '싹' 바꿔야 하는 것 아닐까요? 자유화와 소비자 주권 신장이 개혁의 목표라고 생각하는 사고방식을 몰아내지 않으면 쌍쌍파탄은 계속됩니다.

이명현 교수 인터뷰

『프레시안』 2006년 11월 10일자에 교육선진화운동본부의 발기인 대표를 맡은 서울대 이명현 교수의 인터뷰가 실렸습니다. 이명현은 5.31 교육개혁안이 입안될 당시 김영삼 정부의 교육개혁 위원회 상임위원을 지냈고, 그 후 김영삼 정부에서 교육부 장관까지 지냈습니다. 그는 자신이 5.31 교육개혁안에서 중요한 역할을 했다는 것을 숨기지 않습니다.

> 5.31 교육개혁 …… 이건 1995년에 발표한 것인데 그 안을 만들 때 제가 실무책임 역할을 했습니다. (5.31 교육개혁은) 아주 포괄적인 개혁안을 담고 있는 것입니다. 말하자면 앞으로 한국이 바꿔나가야 될 교육의 방향을 담은 아주 포괄적인 문서인데요. …… 사실 국민의 정부와 참여정부에 이르기까지 그 개혁안 자체를 뒤집고 새로운 틀을 크게 만든 것은 없습니다.

5.31 교육개혁 이후 정권이 두 번 바뀌었지만 기조는 여전히 유지되고 있다는 얘깁니다. 그렇다면 참여정부의 교육정책을 지지해야 마땅한 것도 같습니다. 그런데 교육선진화운동본부는 참여정부를 격렬히 비난하는 단체입니다. 왜일까요?

> 현재의 정부가 한 것은 결국 과거의 평준화라는 게 쉽게 말하면 유신시대에 만들어진 제도인데, 지금 박정희 시대 산업화 시대의 교육정책을 많이 비판하면서도 이것을 계속 붙들고 늘어지는 사람들이 지금 우리나라의 진보파라는 사람들입니다.

박정희의 국가 통제 교육제도인 고교 평준화를 속시원히 자율화하지 않는다는 게 바로 그 이유입니다. 이것이 삼성이 자동차공장 짓겠다는데 왜 국가가 규제하고 난리냐는 세계화 정신입니다. 부자가 일류고 가겠다는데 왜 국가가 방해하냐는 거지요. 흔히 한국의 기득권세력을 박정희와 동일시하면서 정권을 잡은 민주화세력 주류, 즉 개혁세력은 박정희 반대에 열을 올립니다. 그런데 5.31 교육개혁안의 정신에선 정반대의 현상이 벌어집니다. 저쪽에서 오히려 구체제를 파괴하려 안달입니다. 관치를 타도하고 자율화, 시장화, 소비자 주권화하자는 것이지요. 그런데 민주화운동권도 이런 구호들을 좋아합니다. 뭔가 혼돈에 빠져 있는 것 같지 않습니까?

> (5.31 교육개혁안에 의하면 고교 평준화는) 여러 가지 방식으로 보완돼야 합니다. 그 중 하나가 7차 교육과정 이후의 수준별 교육과정 그리고 자립형 사립고등학교의 새로운 설립, 그 외 여러 가지가 있습니다만 이 정부 들어서 문제가 되는 것은 전교조를 중심으로 해서 그 두 가지를 억제하거나 비판하거나 못하게 하는 겁니다.

개혁세력은 충실히 5.31의 정신을 실현하고 있습니다. 김대중 정부에서 수준별 교육과정이 도입됐고, 2006년엔 수준별 교육을 더욱 강화하는 안이 나왔습니다. 그것을 감행하기 위한 공청회에는 경찰이 투입돼서 전교조를 비롯한 반대자들을 끌어냈습니다. 5.31 교육개혁 정신을 실현하기 위해서 항상 동원되는 것이 경찰폭력입니다. 박세일이 국가규제를 없애기 위한 목적으로는 국가규제를 사용하라고 주문했었습니다. 자율화를 위한 국가폭력은 충실히 사용되고 있습니다. 요즘 우리나라는 점차 경찰국가로 변모하는 것 같습니다. 한미FTA에선 드디어 80년대에나 볼 수 있었던 '원천봉쇄'까지 등장했습니다. 이 모두 '탈규제 자유화'를 위한 국가의 강한 '규제'입니다.

탈규제 자유화 → 부자, 강자들만의 이익

탈규제 자유화를 위한 강한 규제 → 부자, 강자들을 위해 국가가 휘두르는 폭력

관치청산하자는 공청회에 경찰이 투입되어 반대자들을 싹 쓸어버릴 때, 관치청산하자는 사람들이 '왜 지금 국가권력이 논의의 장을 깨고 마음대로 정책을 강요하느냐'고 따지지 않습니다. 그들이 말하는 관치청산의 실체가 무얼까요?

자립형 사립고, 특목고 등의 학교도 다 만들어졌습니다. 단지 문제는 기득권세력과 수요자들, 각 분권화된 정치단위의 자립형 사립고 대폭 확대 요구를 들어주지 않은 것뿐입니다. 바로 이 지점이 똑같이 5.31 교육개혁안을 추종하는 두 집단 사이에 관계가 틀어진 이유입니다.

그런데 참여정부는 개방형 자율학교로 우회해서 공교육을 자유화하려 하고 있습니다. 5.31의 정신을 계승하는 것입니다. 국립대 법인화도 추진하고 있습니다. 이런 정책들의 공청회가 강행될 때는 항상 경찰력이 힘으로 뒤를 받칩니다. 분권화도 강화하고 있습니다. 교육감을 주민 직선으로 뽑게 됩니다. 이런 게 민주화 개혁처럼 보이지만, 점차 수요자들을 위한 시장으로 변모해가는 것입니다(자유화와 분권화는 동전의 양면). 그런데도 기득권세력은 더욱 노골적으로 자유화하라고 목청을 높입니다. 자유화는 이런 결과를 빚을 뿐입니다.

단위기업 자유화 → 주주이익 극대화 → 민생 파탄

단위학교 자유화 → 학교이익 극대화 → 교육 파탄

참여정부는 무한자유는 규제한다고 합니다. 그래서 기득권세력과 틀어

졌습니다. 그러나 본질적으로 교육 자유화, 시장화의 정신은 분명히 계승하고 있습니다. 학교가 돈을 벌 수단이 될 수 있는가의 문제도, 참여정부는 고등교육법인을 영리법인화할 뜻을 여러 차례 비춰왔습니다. 그리고 교육개방을 통해 외국 자본에게 '학교영업의 이익금' 송금을 허가하려 하고 있습니다. 이것 때문에 국내 사학들이 '우리도 그렇게 해달라'고 요구하는 것이지요. 세계화가 시작될 때부터 나왔던 역차별론입니다.

교육수요자의 목소리가 커야지요. 일반 **장사꾼**들도 손님은 왕이라고 하다 보니까 기업체들이 **서로 경쟁하면서 좋은 상품을 내놓으려고** 하지 않습니까? 말하자면 그런 원리입니다. **손님이 왕이 돼야지요.**

'장사꾼' 나오지요? 괜히 나온 말이 아닙니다. 시장주의에 입각해 교육을 해체하려다 보니 자연스럽게 학교를(!), 교육자를(!) 장사하는 분에 비유하는 겁니다. 『소비자 주권의 교육대개혁론』의 기조글인 「세계화 시대의 교육을 위한 발상의 전환」에서도 우리 교육을 '기업가와 소비자'의 구조로 바꾸자고 합니다. '교육자와 학생'이 아닙니다.

 기업가는 수익을 극대화하기 위해 기업 내에서 독재를 휘두르며 노조를 탄압합니다. 그 기업가 뒤에는 주주들이 있습니다. 학교 운영조차도 그렇게 바뀌는 걸 '개혁'이라고 생각하고 있습니다. 그래서 민주화 개혁이 진행될수록 학교민주화는 점점 더 멀어지는 것입니다. 교장을 기업가로 만들기 위해 공모교장제를 추진하고, 시장의 압력을 구조화하기 위해 지역사회와 교육수요자(학부모)들의 발언권을 강화합니다. 경제부문에서 일반 노동자에게 일어났던 일들이 학교의 노동자, 즉 교사에게도 똑같이 일어나게 됩니다.

 "교육수요자의 목소리가 커야지요." 수요자 중심 교육개혁에선 분명한 일치가 있습니다. 참여정부의 교육정책 기조도 이것입니다. 그래서 인터뷰 도입부에서 5.31 교육개혁안 자체는 국민의정부, 참여정부에서 그다지 변하지 않고 이어져왔다고 말했던 것이지요. 사학개혁 싫다면서 수요자 중심주의 하자는 것을 보면 결국 수요자란 부자라는 것이 분명히 밝혀집니다. 부패 사학으로 고통 받는 가난한 수요자들은 수요자로 안 치는 것이지요. 왜냐? '장사꾼' 들이 왕으로 치는 손님은 구매력이 있는 손님뿐이기 때문입니다. 구매력 없는 사람이 내 가게에 와서 앉아 있으면 '거지'로 생각합니다. 수요자 중심주의는 국민 다수의 자녀를 '거지' 취급하고 있습니다. 근본적으로 강자들의 이기심과 탐욕을 그 본질로 하는 5.31 교육개혁안을 우리가 언제까지 국가시책으로 유지해야 합니까?

자사고-특목고, 교육 먹는 괴물의 습격

5.31 교육개혁의 정신이 현실에서 구체화된 학교가 자립형 사립고와 특목고입니다. 교육을 획일화하고, 경쟁력을 저하시키고, 아이들의 질(수월성)을 내리누르고, 입시경쟁을 심화시키고, 사교육비를 치솟게 하는 '국가통제 체제' 고교 평준화를 자립형 사립고와 특목고를 통해 보완하겠다는 것입니다.

첫째, 자율성.

수요자들을 위해 학교 운영을 자율적으로 할 경우에 어떤 일이 벌어집니까? 우리나라 교육 수요자가 원하는 것이 인성교육입니까? 창의성교육입니까? 아닙니다. 모두들 입시교육을 원하고 있습니다. 자율성으로 인해 입시교육만 강화됩니다. 이것이 자유화 교육개혁 이후 입시경쟁의 폐해가 더 심해진 이유입니다.

둘째, 서열.

자립형 사립고와 특목고의 대폭 확충은 고등학교서열체제의 부활을 의미합니다. 사람들의 생각이 얼마나 단순합니까.

1. 자립형 사립고, 특목고는 1등 학교다.
2. 내 자식도 1등 학교에 다니게 하고 싶다.
3. 기존 1등 학교에 지금 내 자식을 못 보내겠다.
4. 그렇다면 내 자식을 보낼 수 있는 1등 학교를 또 만들자.
5. 1등 학교를 많이 만들면 우리나라 교육이 1등 되겠네?
   (하향평준화 보완론)

이렇게 순진무구한 논리가 자립형 사립고, 특목고 확충 논리입니다. 1등 학교가 하나이던 것을 100개로 늘렸다고 칩시다. 그럼 그중에 1등은 없습니까? 어떻게 1등이 100개가 됩니까? 대학서열체제 아래에서는 그 100개 중에서 다시 1등을 향한 경쟁이 시작됩니다. 고교 평준화체제일 때보다 경쟁이 훨씬 심해집니다. 학교 간, 학생 간 경쟁이 뭐겠습니까? 두 가지 방향입니다.

1. 질 경쟁
2. 양 경쟁

질 경쟁은 성적 경쟁입니다. 성적 경쟁의 심화는 사교육비의 고조를 부릅니다. 또 아이들의 죽음을 부릅니다. 양 경쟁은 학교 규모와 시설 경쟁인데요. 이것은 결국 등록금 경쟁으로 귀결됩니다. 그런데 등록금을 낮추는 경쟁이 아니라, 등록금을 높이는 경쟁이 시작됩니다. 그래서 학교들은 등록금 순서로 다시 서열이 매겨집니다. 그 결과 자립형 사립고, 특목고를 많이 만들면 만들수록, 사교육비는 더 많이 들고, 아이들 학습부담은 늘어나고, 등록금도 폭등합니다. 그래서 결국 가난한 수요자들은 1등 학교로부터 그 전보다 더욱더 멀어집니다.

이것은 5.31 교육개혁으로 대학을 많이 만들고 자율화하자 가난한 사람들과 지방민들이 일류대로부터 더 멀어진 것과 비슷한 경과입니다. 90년대 이래 탄생한 수많은 자율적인 대학들의 난맥상이 바로 자사고, 특목고 난립의 미래인 것이지요.

대표적 자립형 사립고인 민족사관고등학교가 4주에 390만 원 하는 영어캠프를 열자 지원자들이 쇄도했다고 합니다. 과거 국가통제가 강력했을 때는 학교가 어떻게 이런 일들을 합니까? 경제 자유화가 모두에게 자유를 줬는데 결국 드러난 본질은 부자들만 그 자유를 따먹은 것처럼, 교육 자유화도 겉으로는 모두에게 자유를 줬는데 결국은 재산순으로 따먹었습니다. 이젠 부자들만을 위한 귀족교육을 선택할 자유를 누리게 된 것입니다.

기득권세력이 자립형 사립고 대폭 확충을 주장하는 반면에 집권 민주화세력은 규제강화 입장입니다. 그러나 자립형 사립고 대신에 그에 못지않은 자율성을 학교에 주려는 개방형 자율학교를 추진하고, 국립대 자율화(법인화), 교원평가제를 시행하려 하고 있습니다. 이 정책들의 추진엔 항상 경찰력 투입과 전교조 징계가 수반되구요. 올 초엔 군사독재 시절 이래 최대규모의 징계까지 감행됐습니다. 정리하면 이렇습니다.

- 박정희가 불균형성장 정책을 추진해 일단 일부에 부를 몰아줌.
- 어느 정도 파이가 크자 그 일부에 해당하는 부류들이 국가공동체에 대해 져야 하는 책임을 버리고 싶어짐.

- 특권을 누리고 싶어짐. 부귀를 세습하고 싶어짐.
- 그에 따라 90년대 이후 그들은 자유화 개혁을 주장함.
- 바로 이 시점에 민주화가 됨.
- 정부는 민주화를 명분으로 그들의 요구를 충실히 실행.
- 공동체로부터 기업 독립, 주주가 그것을 받음.
- 일반 국민은 소비자, 구조조정 대상으로 전락해 버려지고 민생 파탄.
- 교육부문에서도 그들은 국민과 함께 연대하는 체제(고교 평준화)를 깨고 저희들끼리만 자유롭게 귀족이 되고 싶었음.
- 고교 평준화 망국론, 고교 평준화 보완론 제기.
- 고교 평준화 보완론이 교육개혁 방향으로 채택됨.
- 공동체로부터 학교 독립(자율성).
- 입시경쟁 심화, 사교육비 폭등, 조기유학자 속출.
- 교육 파탄, 부자들의 세습귀족화.
- 결국 민주화 20년 교육개혁은 그들의 앞잡이로 '마름질'을 했던 셈.

민중이 봉기하면 지주보다 마름이 앞서 처단되지요. 어쩌다 이렇게 됐는지 한탄스럽기만 합니다.

부자들은 가난한 사람과 섞이는 걸 싫어합니다. 국가가 억지로 섞이게 해야 범죄율이 떨어집니다. 그런데 부자들은 자꾸만 자신들만의 별천지를 만들고 싶어합니다. 그러면 빈민가가 분리돼, 아이들이 일찍부터 좌절하고, 미국처럼 범죄율이 올라가, 결국 자기들도 고달파지는데 그런 건 생각 못합니다. 소비자로서의 이기성, 단기성 때문이지요. 그들의 이기성과 단기성이 발현된 시장 선택이 바로 자립형 사립고나 특목고 같은 귀족 입시학교와 심화된 대학서열체제를 만듭니다.

- **민족사관고 귀족영재학교 되나**
  등록금은 연간 1500만 원으로 인상됐다. 대학등록금 2배 이상이다.
  [문화일보 2005-03-22]

　이렇게 비싸질수록 인기는 올라갑니다. 한국사회 명품병과 비슷한 현상이지요. 부자들의 '구별짓기' 욕망 때문입니다. 이렇게 교육이 국민을 재산별로 구별짓는 사태가 바로 '파탄' 입니다. '특목' 이라는 것도 웃깁니다. 특목고와 아이들 특기적성이 무슨 상관이 있답니까? 과학고는 의대를 목표로, 외고는 법대를 목표로 입시학원으로 전락했습니다.

- **무한경쟁 … 성적 만능 영재들이 병들고 있다**
  '과학고생 자살' 로 돌아본 '특목고 생활상' [문화일보 2005-04-13]

　애초에 이렇게 될 줄 몰랐답니까? 지금과 같은 대학서열체제와 학벌사회에서 중등교육 자유화, 다양화는 '미친 짓' 입니다. 게다가 '자립형' 이라니. 자립, 즉 독립은 미국식 가치입니다. 국가공동체로부터 독립한 개인. 그래서 미국에서 '고독한 영웅' 영화가 많이 나오는 것이지요. 그런데 어떤 사람이 자립할 수 있습니까? 결국 부자들입니다. 없는 사람에게 필요한 건 자립하라는 윽박지름이 아니라 국가의 보호입니다. 몽땅 자립시켜놓으면 결국 부자들의 밥이 되니까요. 각 주체들을 몽땅 자립시켜서 각자들 알아서 잘 해보라는 게 바로 '시장화' 입니다.

　부자들은 '자립' 하길 원합니다. 자립하면 간섭도 없어지고 책임질 것도 없어지니까요. 그래서 부자 사학들이 사학개혁 반대하면서 차라리 자기들을 '자립형 사립학교' 로 만들어 달라고 했던 겁니다. 90년대 이후의 역사는 부자들 자립사입니다. 그들이 주주로 독립해서 마음껏 자유를 누리며 국가자산을 '쭉쭉쭉 쭉쭉쭉' 빼먹었습니다. 자립형 사립고는 '쭉쭉쭉' 빼먹은 것이 아닐까요? 이것도 맞습니다. 이것은 중학생마저도 입시경쟁 대열에 들게 하고, 사교육비를 팽창시키고, 국민들을 차별해서, 다수 국민의 삶의 질을 하락시키고, 사회의 공동체적 기풍(사회적 자본)을 잠식하는 형태로 공동체가 피 빨린 사례입니다.

지금 당장 학교 설립해서 자립해보세요. 그 학교를 어떻게 운영할 수 있습니까? 방법은 딱 하나. 등록금을 '왕창' 받는 길뿐입니다. 결국 자립형 사립고에서 자립이란 말은 고액등록금이란 뜻이었습니다. 이런 걸 교육개혁이라고 추진했던 겁니다. 이러니 파탄이 안 납니까?

게다가 대학서열체제, 학벌사회에서 중등부문(중학교, 고등학교)이 누리는 자율이란, 결국 마음껏 입시교육을 할 자유를 일컫습니다. 그런데 교육개혁 추진자들은 자유를 주면 다양화, 입시교육 탈피 등, 이렇게 될 것이라고 주장했습니다. 이런 황당한 소리들은 지금 이 순간에도 이 땅의 정치인, 학자, 교육전문가들 입에서 나오고 있습니다.

평준화 보완론은 사기극

- 학비만 50,000,000원, "귀족학교 맞네" 자립형고인 민족사관고 학생이 3년간 낸 돈 살펴보니… [오마이뉴스 2005-09-02]

- 민족사관고 학부모 한 해 소득은 8250만 원
  자립형사립고 평균 6440만 원… 일반가구 소득의 3배 [교육희망 2005-09-06]

이런 학교에 다니는 귀한 집안 자녀들이 행여나 '불이익'을 당할까봐 일류대학들은 전전긍긍합니다. 그래서 내신강화에 강력히 반발했습니다. 입시 자율화를 주장하는 대학들을 보면 이미 공화국 공교육으로서의 고등교육기관은 사라진 것 아닌가하는 느낌이 듭니다.

국민이 희생해 기업이라는 국가경제의 기틀을 마련했는데 어느 날 갑자기 국민이 쫓겨나고 주주와 소비자만 남았습니다. 마찬가지로 국가가 국민을 대신해 교육제도를 건설한 것인데 어느 날 갑자기 '기업가' 성격의 학교와 소비자만 남았습니다. 그들끼리의 자유거래를 허용하고 국가는 이제 팔짱 끼고 물러나라는 겁니다. 그 결과 교육공공성, 교육의 질이라는 국익이 피 빨리고 있습니다.

모두 다 당연하다는 듯이 입시에 몰두하고 있어서 이런 말하는 게 좀 우습지만, 분명히 말하자면, 입시교육은 국가경쟁력을 좀먹습니다. 입시경쟁은 국내에서 서열을 가리기 위한 경쟁입니다. 모든 국민이 여기에 목숨을 걸면 나라꼴이 어떻게 되겠습니까? 우리끼리 1등 2등 가리는 데 정신 파는 사이 다른 나라는 저만치 앞서 갈 겁니다. 그런데 대학들은 1등 학생 따먹기에 여념이 없습니다. 학교가 자유롭게 1등 따먹기를 하면 이렇게 됩니다.

- 민사고 합격 10명 중 8명 서울·경기 출신 [세계일보 2006-10-11]

고교 평준화가 사교육 팽창을 부른다면서 일류학교를 만들면 사교육이 줄어들 것이라고 교육개혁 측은 주장합니다. "1등과 꼴찌를 한 교실에 모아놓는 붕어빵교육 … 과외비만 늘렸다." 이런 식인데요. 5.31 교육개혁에서 일류고들을 만들면 사교육비가 줄어들 거라고 바람을 잡았었습니다. 하지만 그것은 새빨간 거짓말임이 드러났습니다.

- 사교육 70%, 자립형고는 '과외 천국'
  교육부 자료, 전국 일반고교 평균보다 10% 많아 [오마이뉴스 2005-09-06]

그나마 민족사관고처럼 지방에 박혀 기숙사생활을 하는 곳은 사교육 비율이 낮지만, 그런 민족사관고도 사교육 받는 학생의 비용은 평균 월 105만 원으로 비정규직 한 달 임금 수준입니다.

- 평준화 예외 학교 봇물=현재 전국의 특수목적고는 122곳이다. 이 가운데 이미 '입시 목적고'로 자리를 잡은 과학고와 외국어고가 각각 18곳, 25곳이며, 학생 수는 전체 일반계 고교생의 1.8% 정도인 2만 3천여 명이다. 전국 6개 자립형사립고(자사고)의 학생 5100여 명을 더하면 2.2%가 '입시 명문고'에 다니는 셈이다. …… **"현재로도 1970년대 비평준화 시절 명문고 수보다 많다."** [한겨레 2006-01-02]

이것이 5.31 정신에 입각해 평준화를 보완한 결과입니다. 대체 더 나아진 것이 무엇입니까? 그런데도 교육개혁 추진자들은 여전히 평준화 보완론을 주장하고 있습니다(보완론은 평준화 체제를 자유화, 시장화하자는 것). 여기서 뭘 얼마나 더 보완합니까? 기업가 정신으로 수요자 중심주의에 충실할 때 어떻게 되는지 볼까요?

- **특목고 학원들 호텔서 입시설명회 … 부자 겨냥 마케팅**
생활수준이 중상위층 이상인 학부모들의 눈높이에 맞추겠다는 전략 …… 화려한 조명과 붉은 카펫이 깔린 연회장에서 학부모 100여 명이 커피와 다과를 즐기며 이야기를 나누는 모습은 고급 사교모임을 연상케 했다. …… 이 학원의 원장은 "주로 압구정, 청담, 잠원 지역의 학부모들을 초청해 조용하고 우아한 분위기에서 강사들과 개별상담까지 받을 수 있도록 했다."고 말했다. [한국경제 2006-03-01]

구매력에 따라 노골적으로 대접이 달라지는 것입니다. 누구는 호텔에서 사교하다가 일류고에 일류대 가서, 일류 학벌 되고, 누구는 시장바닥 같은 일반학원에서 지지고 볶다가 일반고, 일반대 가서 일반국민, 혹은 비정규직 되고. 대놓고 이윤을 좇는 사기업 부문도 아니고, 전 국민이 주권자로서 헌법적 권리를 누리는 교육부문이 이렇게 되면 나라꼴이······. '개판'인 것이지요.

황당한 재정경제부

교육부는 2005년 말에 자립형 사립고를 대폭 늘리겠다고 했다가 취소했습니다. 황당한 건 재경부가 반발했다는 겁니다. 자유화 개혁을 주도한 게 이런 재경부와 경제관료들이었지요. 나라가 파탄이 안 났으면 그게 더 이상할 뻔 했습니다.

- **교육부 2조 원 '먹튀' 재경부 허탈**
  자립형 사립고 30개와 '교육시설 2조 지원' 맞교환
  교육부가 최근 자립형 사립고 확대계획을 철회할 것으로 전해지자 재정경제부가 불편한 심기를 드러내고 있다. [이데일리 2006-03-22]

교육부가 자립형 사립고를 30개까지 늘리기로 하고, 일반고교 과밀학급 문제 해소를 위한 예산 2조를 받아갔답니다. 그러니까, 자립형 사립고와 일반 고교생들의 교육권이 거래된 것입니다. 이런 것이 바로 '수요자 중심주의'입니다. 소설 『테스』에 보면 테스를 사랑하는 남자가 개울에서 테스 일행을 맞이합니다. 그는 테스를 안아서 강을 건너게 해주고 싶었습니다. 그러나 테스만 따로 그럴 수 없어서 일행을 차례차례 건너게 해줍니다. 여기서 테스 이외 나머지는 모두 '익명의 덤'이었습니다. 그러니까 재경부에게는 자립형 사립고가 테스고 나머지 국민들은 '덤'이었던 셈입니다. 재경부도 할 말은 있습니다.

- 재경부 한 관계자는 "돈 많은 사람들은 공교육의 질이야 어떻든 비싼 학원비와 해외연수 유학 등 사교육에 돈을 쏟아 부을 수 있다."며 "그러나 **저소득층 자녀들은** 질 높은 공교육만

바라볼 수밖에 실정"이라고 말했다.
재경부는 자립형 사립고 입학생의 **일정비율을 학업성적이 좋은 저소득층 자녀로 채우고**, 이들에게 정부가 학비지원을 해줌으로써 **사교육 없이 좋은 공교육을 받을 수 있는 기회를** 많이 만들어줘야 한다는 주장이다.
전문가들도 "양극화 해소 차원에서 등록금이 비싼 자립형 사립고를 늘릴 수 없다는 논리가 있지만, 이렇게 되면 많은 학부모가 비싼 사교육에 의존해야 하기 때문에 오히려 양극화는 심화될 수 있다."고 지적하고 있다. [이데일리 2006-03-22]

그렇게 자립형 사립고, 특목고를 늘린 결과 무슨 사교육비가 감소됐으며, 무슨 저소득층이 혜택을 받았냐고 물을 수밖에 없습니다. 경제개혁을 추진하는 이상한, 마치 별나라에 살고 있는 듯한 사고방식이 교육개혁에도 그대로 나타나고 있습니다.

첫째, 저소득층을 위해 일류학교를 만들자는 논리는 말도 안 됩니다. 왜냐하면 일류학교는 소수일 수밖에 없기 때문에 격렬한 입시경쟁을 유발하고, 사교육비를 폭증시켜, 그 경쟁에서 탈락하는 건 언제나 가난한 집안 순서대로이기 때문입니다. 또 일류학교는 질 높은 공교육을 하는 곳이 아닙니다. 강력한 입시교육을 하는 곳입니다. 입시교육은 국가경쟁력을 갉아먹습니다. 경제부처가 앞장서서 국가경쟁력을 말아먹으려 하고 있습니다.

둘째, 일정 비율을 저소득층 자녀로 채우자는 주장은 사기입니다. 이건 장학금과 함께 고액 귀족학교를 만들자는 주장에 언제나 등장하는 단골메뉴인데요, 대학 부문에서도 똑같이 재현됩니다. 이것이 미국의 일류대가 정당성을 획득하는 방식입니다. 결국 우리나라 개혁의 목표가 '미국화'라는 것을 다시 한번 알 수 있습니다. 각종 사회적 약자를 위한 쿼터제를 시행하는 미국에서도 일류대는 중상층들의 몫입니다. 약자는 중상층 '그들만의 리그'가 무너지지 않기 위한 장식품으로만 기능합니다. 왜 흑인의 가난이 대물림될까요? 미국이 바로 이런 사고방식으로 교육제도를 운영하기 때문입니다. 말하자면 재경부는 지금 우리나라를 부귀와 가난이 대물림되는 미국식 사회로 만들려 하는 것입니다. 그것이 자유화 개혁, 수요자 중심주의 개혁의 궁극적 목표인 셈이지요.

> 여당 정책위 라인들이 모두 재경부 출신 아니었나. 이헌재 부총리가 군단장이면, 청와대나 당의 재경부 출신들은 사단장.
>
> – 경향신문 특별취재팀, 「민주화 20년의 열망과 절망」

그들이 15년 개혁을 이끌었습니다. 교육개혁도 역시 경제관료들과 경제학자들의 파상공세가 주도했지요. 교육에서 시장논리가 판을 치게 된 이유입니다. 시장주의 광신도의 입장에서 보면 고교 평준화는 용납이 안 되는 사회주의 정책입니다. 국가가 일률적으로 교육기회를 배급하는 것이니까요. 그래서 그들은 유리할 땐 평준화 폐지, 불리할 땐 평준화 보완을 외치며 끊임없이 고교 평준화를 흔드는 것입니다.

- 외고 확대 뒤 상위층 사교육비 급상승 [한겨레 2007-03-21]

- '사교육 열풍' 진원지는 '특목고' [YTN 2007-03-20]

- 외고 신입생 68%, '특목고 대비반' 출신, 서울 6개 외고 전체 신입생 조사 결과, 입학 후에도 학원 더 많이 다녀 [오마이뉴스 2006-10-04]

- 중학생 '나홀로 공부' 하루 93분
  최근 5년 동안 청소년들은 혼자 공부하는 시간은 줄고, 학원이나 과외 등 사교육 시간은 크게 늘어난 것으로 나타났다. [서울신문 2006-03-24]

이것이 고교 평준화를 '보완' 한 결과입니다. 중학생까지 사교육의 노예가 돼버렸습니다. 그런데도 여전히 저소득층을 위해 고교 평준화를 '보완'하자는 말들을 떠벌립니다. 그 결과 저소득층은 사교육비 때문에 더욱 고통받습니다. 황당합니다.

- 특목중 합격생 100명 중 21명 '(같은) 학원 동창'
  서울 강남 사설학원 …… 초등학생 '특목중 과외 시대' 오나 [오마이뉴스 2006-04-01]

이게 믿기십니까? 이런 학교가 버젓이 운영되고 있습니다. 그것도 사회 지도층들의 전폭적인 지원을 받으면서. 그러면서도 말로는 사교육비가 문제다, 문제다 떠들지요.

- [기고] 自私高 확대는 공교육 살리기 대안
  사학들이 국가지원 없이 잘해 보겠다면 얼마나 고마운 일인가! (이경자 인간교육실현학부모연대 사무국장) [동아일보 2006-04-18]

이런 글이 백주에 유포되는 상황입니다. 얼마 전 방영된 한 TV 다큐멘터리에서 학원 관계자는 이렇게 말했습니다. "이젠 특목고, 자사고, 일류대 출신이 한국의 새로운 지배계급이다." 경쟁력이니, 사교육비 경감이니, 저소득층을 위한 공교육 정상화니 온갖 좋은 말들을 갖다 댔지만 교육개혁의 결과는 이것입니다. '한국의 지배계급 형성.' 이것이 우리가 당한 민주화 20년이었습니다.

- 한국의 새 명문 특목고
  한국의 엘리트 계보가 변하고 있다. [매경이코노미 2006-07-12]

- 밤 잊은 학원가 … 새벽까지 불야성
  특목고 입시 D-7 … 중3들은 '지금 전쟁 중'
  '특목고=인생역전' 학교 빠져가며 입시 삼매경 [헤럴드경제 2006-10-23]

- 외고 입학시험, 대입 못지않네! [KBS TV 2006-11-01]

- 초등생까지 "특목고 진학 강좌 듣자" 북적 [한겨레 2007-01-20]

- "선배들 대부분 명문대 갔어요" 특목고 열풍
  특목고 합격 축하 플래카드를 정문에 걸어놓은 서울의 한 중학교 [조선일보 2007-02-03]

대학입시경쟁의 상징인 합격자 현수막까지 중학교에 등장했다는 겁니다. 결국 평준화 보완이란 명문고의 부활이었고, 입시경쟁체제의 강화였습니다. 독재시절보다 더 악화됐습니다. 국민이 또 속았습니다.

- 서울 특목고 강세 여전 10명 중 9명 명문대 진학 … 6개 외고 어문계열 진학률 29%
  [국민일보 2006-06-07]

- [올해 서울대 고교별 합격자 분석] 20명 이상 12곳 … 특목고 초강세
  [조선일보 2006-09-07]

2006년보다 2007년엔 서울대 합격자 중 특목고 비중이 더 늘어났습니다.

- 서울대 합격자 5명 중 1명꼴로 특목고 출신
  특목고생 비중은 2004년 14%, 2005년 15%, 2006년 17%에 이어 2007년 19%로 해마다 증가하고 있다. [조선일보 2007-03-13]

- 서울지역 外高는 '법조인 사관학교'
  외국어고등학교에서 어문계열 진학률이 29%에 불과합니다. 대신에 법조계 진출률은 폭발적으로 늘고 있습니다. 현재 경기고 출신 법조인이 417명, 대원외고 출신이 204명이랍니다. 몇 년 만에 이렇게 따라잡았습니다. [경향신문 2006-10-09]

- 외국어고 입학하려면 조기유학은 필수?
  국제중과 외고 가려면 조기유학 가라? [오마이뉴스 2006-10-12]

- 요즘엔 초등학생 때 2년 정도 … 유학 트렌드가 바뀐다
  아이들도 단기유학 → 국내 특목고 코스를 당연한 것으로 받아들이는 분위기
  [세계일보 2006-05-15]

외고가 오히려 조기유학을 더 부추기고 있다는 겁니다. 정부나 교육개혁론자들은 계속해서 특목중고를 늘려야 조기유학 수요를 흡수할 수 있다고 주장해왔습니다. 역시 손바닥으로 하늘을 가리고 있었습니다. 결국 자유화 교육개혁 결과 조기유학 열풍까지 생겨난 셈입니다.

한편 모든 수요자들이 그렇게도 특목고를 원하는데 대전에선 특목고 증설에 학부모들이 반대하는 사태가 벌어졌습니다. 이미 특목고가 있는데 왜 또 특목고를 만드냐는 기존 특목고생 학부모들의 반발이었습니다. 이것 참……(오마이뉴스 2006-11-22).

결국 일류학교를 둘러싼 논란의 본질은 이기적인 욕망입니다. 특목고 증설을 반대하는 학부모들의 주장도 딴에는 일리가 있는 것이, 특목고가 늘어나면 결국엔 경쟁률 하락, 미달, 학력 저하 현상이 일어난다는 것입니다. 이건 너무나 당연한 말 아닙니까? 여기저기 마구 만들어놓으면 일류학교는 더 이상 일류학교가 아니라 보통 학교일 뿐입니다. 이 뻔한 사실을 무시하면서 온갖 전문가들과 언론, 정치인들이 여기저기에 일류학교를 마구 만들겠다며 국민을 선동하고 있습니다.

그 학교들은 운영의 자율성을 받아 입시교육에만 열중할 것이므로 이 나라에서 교육은 더더욱 파탄이 나고, 학교 운영의 자율성은 반드시 교원 비정규직화와 연결되므로 우리 아이들은 교사가 아닌 강사들에게 배우게 되며, 등록금만 치솟아 일류학교를 원하는 모든 중하층 학부모의 욕망이

짓밟힐 것입니다.

애초에 중등부문을 '다양화, 자유화, 선택권 확대' 하지 말았어야 합니다. 뒤집어야 합니다. 고교 평준화를 지키면 뒤집히나요? 사교육비 약간 줄어드는 것 말고는 본질적으로 뒤집히는 것 없습니다. 고등교육입시제도를 엎어야 합니다. 대학 평준화나 그에 가까운 조치가 내려지기 전까진 온갖 미사여구를 동반한 교육개혁이 모두 '사기' 치는 '쇼쇼쇼'일 수밖에 없습니다. 이 와중에 각 교육청들은 특목고를 더 많이 만들겠다며 요지부동입니다. 이런!

자유화 파탄 구조와 자사고, 특목고는 어떻게 연결되는가

앞에서 기업은 이익을 내부화, 피해를 외부화하는 경향이 있다고 했습니다. 주주중심주의는 이익의 내부화를 절대화해 주주들이 자기 주머니만 살찌우는 대신에 국민경제 전체가 가난해진다고 했습니다. 그리고 소비자들의 선호에 맞는 시장지향적 경영으로 수익을 극대화한다고 했습니다.

어느 날 갑자기 우리 기업들을 주주들에게 탈취당했지요? 개혁주의자들은 우리 기업을 팔아치우고 싶어서 안달이 났습니다. 그래서 심지어는 투기자본에게 국민경제의 근간이 은행을 팔아넘기는 일까지 서슴지 않았습니다. 그들은 학교도 못마땅합니다. 학교는 주인이 없거든요. 이익을 내부화할 주체(주주, 소유권자)가 없습니다. 학교는 특정인의 재산이 아니라 공공의 것입니다. 왜냐하면 우리가 민주공화국에 살고 있기 때문입니다. 민주공화국의 탄생은 공교육의 탄생을 가져왔습니다. 개혁주의자들의 눈으로 볼 때 이건 사회주의입니다. 공공의 것은 죄다 사회주의입니다. 그들의 생각으론 이런 체제는 국가경쟁력에 백해무익합니다.

그래서 학교도 팔아치우고 싶어 안달이 났습니다. 공교육 제도가 싫은 것입니다. 공교육이 자유를 제약하기 때문입니다. 자유시장 광신도의 입장에선 신성모독인 셈이지요. 사실은 공교육이란 것 자체가 개인이 자유롭게 교육 받을 권리를 국가가 몰수하면서 탄생한 것입니다. 봉건시대에 교육은 절대 자유의 영역이었습니다.

1. 극소수 부자는 자유롭게 당대의 학자를 불러다 가정교습을 시키고,
2. 소수 그 다음 부자는 자유롭게 고액 기숙학교에 보내고,
3. 일정 수의 그 다음 사람은 자유롭게 글이나 깨치고,
4. 다수의 그 다음 사람들은 자유롭게 무식자로 돼지처럼 굴러먹다 쓰러져 죽었습니다.

이 얼마나 자유로운 풍경입니까? 공화국은 이런 자유를 용납하지 않습니다. 가정교습부터 돼지처럼 굴러먹을 자유까지 몽땅 몰수한 다음, 공교육이란 이름으로 평준화합니다. 그것이 어떤 자유를 몰수한 것이냐면, 수요자가 신분을 선택할 자유를 국가가 몰수한 것입니다. 신분의 자유를 용납하면 봉건국가, 몰수하면 공화국이 됩니다.

'네가 누구의 자식이건 상관이 없다. 너희 집 재산이 얼마이건 상관이 없다. 넌 무조건 공교육을 받아야 한다.' 이런 국가의 폭력이 공교육입니다. 그래야 아이들에게 신분 대물림이 사라지기 때문입니다. 즉 공화국은 신분제도에 대한 무자비한 폭력으로 생겨난 겁니다. 그렇게 자행된 폭력의 꽃이 바로 '평준화 무상교육'인 것이구요(학교선택권 몰수, 돈 쓸 자유 몰수). 공화국은 신분이란 이름의 국가 내부분단을 용납하지 않습니

다. 강제적인 보편 공교육을 통해 신분을 혁파하고 나라 안 모든 사람들이 평등하게 경쟁할 구조를 만듭니다. 이때야 비로소 '국민'이 탄생합니다.

공화국 – 공교육 – 국민

공교육은 이 구조를 잇는 핵심 고리입니다. 그런데 자유화론자들은 자유를 제약하는 공교육을 사회주의나 관치 독재라고 착각하고, 봉건시대의 자유로운 교육을 민주적인 교육이라고 생각합니다. 여기서부터 뭔가 제정신이 아니게 됩니다. 그들은 공교육을 '규제'라고 표현합니다. 봉건시대의 교육을 '탈규제'라고 표현합니다.

그러면서 국가가 학교를 소유, 운영하는 것을 마치 죄를 짓는 것처럼 생각합니다. 그들 입장에선 신성모독이니까요. 가능하다면 소유권을, 그게 안 되면 운영권이라도 넘기고 싶어합니다. 그것 넘기지 말라고 전교조가 요구하면 경찰을 동원해 밟아버리지요. 바로 탈규제를 위한 폭력입니다.

공교육 건설을 위해 쓰여야 할 공화국의 폭력이 공교육 해체를 위해 사용되게 됩니다. 즉 신분타파를 위해 움직여야 할 공화국이 신분사회 건설을 위해 작동하는 것입니다.

개혁주의자들은 심지어 교육이란 것 자체를 규제로 파악합니다. 그래서 교육자라든가 교육 받는 자 같은 것을 없애려 합니다. 학교를 떠넘기면서 기업가 정신을 요구하고, 학생과 부모에겐 소비자 정신을 요구합니다. 기업가 정신이란 것은 월급쟁이와 달리 시장선택에 따라 극단적인 보상을 받겠다는 정신입니다. 즉 소비자들의 선택을 받기 위해 최선을 다해 자율적으로 경영하되, 선택을 못 받으면 '쫄딱' 망하고, 선택을 받으면

'떼부자'가 되는 것이지요. 이런 기업가 정신으로 학교를 재편하려다 보니까 성과급 차등지급, 시장선택을 위한 교원평가 등이 나오고 또 전교조랑 부딪힙니다.

우리가 기업을 주주들에게 탈취당한 것처럼 어느 날 학교를 기업가 정신에 탈취당합니다. 탈취당한 기업이 국민을 '비용'과 '소비자'로만 생각하는 것처럼 학교는 노동자(교사)를 '비용'으로, 학생을 '소비자'로 생각하기 시작합니다. 그런데 여기서 학교라는 기업가가 추구할 이익이란 무엇일까요? 물론 돈을 벌 수도 있겠지요. 학교 입장에선 재벌학교가 되고 싶을 겁니다. 하지만 그건 학교가 추구하는 이익의 본질이 아닙니다. 학교가 추구하는 이익이란 바로, 명성, 지위, 권력 같은 것입니다. 그런 이익이 많이 쌓이면 재벌학교는 사후적으로 됩니다.

자, 국가가 학교와 소비자에게 자유거래를 통해 각자의 이익을 극대화하라고 했습니다. 시장에 맡긴 것입니다. 대학서열체제에서 형성된 교육시장은 단 하나, 입시시장입니다. 그리하여 학교는 입시시장에서 보다 친입시적 경영을 하기 위해 몸부림치게 됩니다. 그러면 입시시장에서의 단기적·이기적 욕망에 충만한 수요자들이 그 요구를 충족시켜줄 학교를 평가·선택합니다. 그러면 학교의 명성과 권력과 지위가 올라갑니다. 성공한 기업가가 되는 것이지요.

학교의 명성이란 결국 무엇입니까? 학교의 서열을 말합니다. 서열이란 것은 평준화에는 없는 것입니다. 결국 기업가 정신 운운하며 내세웠던 평준화 보완론이란 평준화 해체 사기극이었습니다. 자유화 교육개혁은 평준화 보완이 입시경쟁의 폐해를 줄일 거라 했습니다. 하지만 입시경쟁은 학교서열에서부터 발생합니다. 학교에게 기업가 정신을 가지란 것은, 마음껏 입시경쟁을 하여 서열을 따먹으란 소립니다. 당연히 입시경쟁이 가중됩니다. 그러므로 애초에 내걸었던 입시경쟁 완화란 명분도 새빨간 거짓말 쇼쇼쇼였습니다.

학교가 이렇게 서열이란 이익을 따먹으면, 자기야 일류학교, 귀족학교가 돼서 좋겠지만, 우리 국민은 입시경쟁의 심화를 감수해야 합니다. 게다가 돈 없는 집 자식은 입시경쟁에서 구조적으로 배제당합니다. 결국 신분 대물림 시대로 돌아가는 것입니다. 또 일류학교가 생김으로써 다수 일반학교들은 삼류학교로 전락합니다. 중소기업처럼 되는 것이지요.

자율운영고 서열 쟁취 – 이익내부화
(경제에서, 대기업 수익증대 – 자산가 이익 독점)
교육 파탄, 공화국 해체 – 피해외부화
(경제에서, 중소기업 고사, 노동착취 – 다수 국민 빈곤화)

피를 빨리고 있습니다. '쭉쭉쭉 쭉쭉쭉' 시장에서의 소비자 선택을 볼까요. 소비자는 죽이 되든 밥이 되든 자기 자식이 일류대만 가면 됩니다. 국가교육의 백년대계를 위해, 입시경쟁 완화를 위해 내 자식이 희생해야 할 하등의 이유가 없습니다. 나라도 내 자식을 희생시키지 않을 겁니다.

일류고 선택을 통한 소비자 욕망 충족 – 이익내부화
(경제에서, 좋고 싼 상품 선택을 통한 소비자 욕망 충족)
입시경쟁 심화, 저소득층 기회 배제, 파탄 – 피해외부화
(경제에서, 약자, 유치기업 성장가능성 거세, 국민경제 위축)

주주나 기업가 정신의 학교가 이익을 추구하는 구조와, 소비자가 이익을 추구하는 구조가 같습니다. 결과적으로 볼 때 교육개혁은 돈 많은 사람들이 귀족트랙을 선택할 자유를 누리게 하기 위한 치밀한 공작이었던

셈입니다. 그러면서 국민과 국가를 위한 개혁이라고 했습니다. 피해를 볼 절대다수 국민은 사람 취급도 안 한 것이지요.

개방형 자율학교 쇼쇼쇼

개방형 자율학교는 원래 공영형 혁신학교라는 이름으로 추진되었던 정책입니다. 교육개혁 추진자들이 호환마마보다 더 싫어하는 전교조 등이 워낙 거세게 저항하자 개방형 자율학교라고 이름을 바꿨습니다.

개방이란 무엇인가

'개방'의 뜻을 분명히 할 필요가 있습니다. 개방이란 무엇인가. 지금까지 시장으로부터 보호돼왔던 영역을 시장에 개방한다는 뜻입니다. 시장경쟁으로부터 보호받았던 중소기업을 시장에 개방해서 다 죽게 한다든지, 금융을 갑자기 시장에 개방해서 국민경제를 파탄낸다든지 하는 것이지요.

교사를 시장에 개방하는 것이 교원평가, 성과급 차등지급, 연봉제, 비정규직화, 담임선택제, 이런 것들이구요. 학교를 개방한다는 것은, 경쟁과 사적 이익 추구의 장으로부터 보호됐던 학교를 연다는 것입니다.

경쟁으로부터의 보호

소비자 선택권 행사로부터의 보호를 뜻합니다. 국가가 소비자 선택권을 완전히 몰수해 고교 평준화체제를 건설했었지요. 학교마다 소비자로부터 선택받기 위해 경쟁하기 시작하면 고교 평준화는 깨집니다. 이미 대학은 그렇게 하고 있습니다.

공화국의 평준 교육 붕괴 → 차등교육 → 귀족사회 초래, 국헌 붕괴

이렇게 되지요. 그런데 여기서 몰수된 소비자 선택권을 좀 더 정확히 표현하면 그건, '**부자들의 선택권**'이 됩니다. 자유화 개혁 이후 일류학교를 부자들이 점령하는 것에서도 알 수 있듯이, 일류학교는 어차피 가난한 국민이 선택하고 싶어도 선택할 재간이 없습니다. 그러므로 국가가 모든 국민의 학교선택권을 몰수한다고 했을 때, 진정으로 몰수된 것은 사실은 '부자들이 일류학교를 선택할 권리', 혹은 '부잣집 자녀를 뽑을 일류학교가 존재할 권리'입니다. 그래서 고교 평준화 후 일반학교는 그대로 있는데, 일류학교만 사라진 것입니다.

박정희 콤플렉스와 레드 콤플렉스에 빠진 자유화론자들은 이것이 참을 수 없나 봅니다. 그들은 부자들의 선택권을 복원하고, 일류학교를 되살리고 싶어서 안달이 났습니다. 그들이 박정희의 관치를 욕하는 것은 기실 박정희가 부자들을 억압한 면에 대한 공격입니다. 가난한 다수 국민을 희생시킨 면은 여전히 계승 대상입니다.

학교 간 경쟁이 살아나야 교육의 질이 좋아지고, 국가경쟁력이 좋아진다고 그들은 사탕발림을 합니다. 하지만 학교를 자유경쟁하게 하면, 전에도 말했듯이 아무도 교육의 질을 위해 경쟁하지 않고 입시성적만을 위해 경쟁할 것이기 때문에 교육의 질은 더 떨어집니다. 그러니까 교육의 질과 국가경쟁력을 희생한 대가로 우리가 얻는 것은 결국 부자들이 가는 귀족학교들뿐입니다. 개방과 경쟁강화의 목표는 바로 그것입니다. 귀족학교 쟁취!

사적 이익 추구의 장으로부터 보호

교육은 공공의 것으로서 보편적 주권 원리에 의해 움직여야 한다는 강력한 공화주의적 규제가 있습니다. 이것을 시장에 개방하자는 말이지요.

경제에선 파탄당한 국민 앞에서 "잘 나가는 대기업을 보시오. 우리 경제 좋은 줄 아시오." 할 수 있습니다. 하지만 교육에선 '잘 나가는 특목고, 자사고를 보시오. 우리 교육 잘 나가는 줄 아시오."라고 하지 못합니다. 왜냐하면, 경제는 사적 이익 추구의 장이라서 누구든지 이익을 많이 먹으면 그것이 전체에 좋은 것이라고 우길 수 있는 데 반해, 교육은 공공적, 보편적 권리의 장이라서 특정집단이 이익을 많이 먹으면 그것이 비난의 대상이 될지언정 자랑은 못 되기 때문입니다.

교육을 사적 이익 추구의 장에 개방하려면,
- 1차적으로 소비자 선택권을 확대하고,
- 2차적으로 학교를 사적 이익 추구의 원리로 운영해야 함.
- 이것이 자유화 광신도들의 공공재산 팔아치우기 집착증으로 발현.
- 학교 소유권 이전이나 경영권 위탁으로 현실화.
- 개방형 자율학교는 경영권 위탁에 해당.
- 위탁의 목표는
  이익을 내부화(학교 명성, 입시성적, 학생선발)
  피해를 외부화(입시 지옥, 교육격차, 교육 파탄)
- 이렇게 할 이기심의 주체를 세우려는 것.

학교에 이익을 내부화할 경영주체를 세워 그들이 학교 이익 극대화를 위해 소비자 이익 극대화를 추구하면 우리 교육 전체가 이득을 본다고 시장주의자들은 생각합니다. 이건 '미친 논리'입니다. 왜냐하면 일류학교라는 이익을 얻을 학교는 언제나 소수뿐이기 때문에 모든 학교, 즉 교육 전체는 피해자가 될 뿐이고, 이익을 얻는 건 일류학교를 독점할 수 있는 부자들뿐이기 때문입니다. 게다가 입시경쟁 강화로 교육이 사라집니다. 언제나 그렇듯이 사적 이익에 공익이 붕괴당하는 것이 자유화식 개방의 귀결입니다.

음모의 대두

교육인적자원부는 2005년 9월에 '단위학교 자율운영체제 구축 및 교육 행정체제 혁신방안'이란 것을 마련했습니다. 여기서 나온 것이 혁신학교이며 자율경영과 공모교장제가 그 축이 됩니다(교육희망, 2005-09-27). 2005년 말까지만 해도 교육부는 공모교장제가 마치 전교조가 주장해왔던 교장선출보직제와 비슷한 제도인 것처럼 연막을 쳤습니다. 전교조는 그 말을 신뢰했었습니다(교육희망, 2005-11-28). 언제나 이런 식입니다. 좋은 말만 늘어놓으며 속이다가 구체화되는 단계에 가서 본색을 드러냅니다. 그러면서 '너희들이 원하는 대로 해줬는데 또 웬 데모질이야. 언제까지 반대만 할 거야'라며 적반하장으로 나옵니다. 당한 쪽은 배신감에 투쟁의지가 타오릅니다. 자유화 개혁은 대화와 타협 문화를 몽땅 부수고 있습니다.

• 지방에 명문고 세워 대도시 집중 방지 … 혁신형 공립고등 육성 [한국경제 2006-02-09]

2006년 2월 8일에 '혁신형 공립학교' 안이 발표됩니다. 지방에 명문고를 세워 대도시와 지방간 차별을 해소하겠다는 것입니다. 항상 자유화 개혁은 이렇게 마치 소외된 약자를 위하는 것 같은 양의 탈을 쓰고 나타납니다. 그러면서 국민의 소비자 의식, 즉 사적 욕망을 자극합니다. 이때 제시된 혁신학교는 자율운영에 학생을 선발하는 내용을 담고 있습니다. 즉 (1) 소비자 선택권 강화, (2) 경영권 위탁이라는 개방의 두 원칙이 노골적으로 관철된 것입니다.

이것은 고교 평준화를 깨고 고교서열체제로 가자는 말로서, 대학서열체제의 심화가 결국엔 지방공동화를 불러왔듯이 지방공동화로 가거나, 아무리 잘 봐줘도 지역 내 고교 입시경쟁을 심화시켜 일부 부자들이 혜택을 보는 대신 다수 지역민은 더 비참해집니다. 이게 참여정부 교육부가 기득권세력과 싸워가며 자사고, 특목고 대신 교육양극화 해소책이라고 국민 앞에 내놓은 개혁안입니다.

음모의 적반하장

- **수준별 맞춤교육이 명문고 만들어**
  청주 세광고, 일반계 고교 중 서울대 합격생 전국 1위 [내일신문 2006-04-03]

누구나 좋아하는 뉴스입니다. 이런 학교 나오면 모두 기뻐하고, 부러워합니다.

> 쳇, 우리 지역 학교는 왜 저렇게 못하는 거야, 우리 학교 선생님들은 왜 저렇게 못 가르치는 거야.

이런 소비자 불만이 누적됩니다. 모두가 자기 지역 학교가 저렇게 변신하길 원합니다. 그것이 바로 모두가 원하는 '공교육 혁신'입니다.

세광고는 '공부 많이 시키는 학교'로 정평이 나 있다. '수준별'을 기본으로

- 늦게는 12시까지 자율학습을 시킨다.

좋은 일인가요? 학교가 입시교육으로 애들을 잡았다는 말일 뿐입니다. 학교가 아니라 그냥 학원입니다. 그러니까 우리나라 교육관계자들과 교육소비자들은 학교를 학원으로 만드는 걸 '공교육 혁신', '공교육 정상화'라고 인식하고 있습니다. 또 교사들이 입시학원 강사처럼 변하는 걸 '교육경쟁력 강화'라고 생각합니다. 자율경영, 수요자중심 교육으로 이 나라는 결국 입시지옥으로 '초' 혁신됩니다. 하지만 이런 반론도 가능합니다.

> 그래서 뭐 어쨌단 말이냐. 입시교육이 나쁜 거 누가 모르나. 하지만 현실적으로 학교가 입시교육을 안 해주면 결국 부자들만 사교육으로 좋은 대학 가고 나머진 손가락만 빨 것 아니냐. 배부른 도덕군자 소리는 집어치우라. 당장 못 사는 사람 자식도 학교 교육만으로 좋은 대학 가면 좋은 거 아니냐.

이런 논리에서 김진경 청와대 교육비서관이 전교조는 서울 중상층만 위하고 서민을 외면한다고 한 것이지요. 자기들은 비록 명분을 버려 똥물을 뒤집어쓰는 한이 있더라도 지금 당장 서민을 위한 정책, 즉 학교의 입시학원화를 추진한다는 겁니다. 국민 다수는 여기에 동조하고 있습니다. 그런데 이거 정말 서민 위하는 거 맞습니까?

대학서열체제에서 모두에게 이익이 되는 건 일류대학 가는 것이겠지요? 그런데 모두가 다 일류대학에 갈 수는, 당연히 없습니다. 여기서부터 경쟁이 시작됩니다. 그런데 교육은 보편주권의 장이기 때문에 학생을 차별해서도 안 되고, 교육 그 자체의 가치(인간성, 덕성, 창조성, 시민성 등등)를 포기할 수 없습니다. 그러므로 교육은 대학서열체제의 경쟁에 적응하지 못합니다.

수요자가 '날 입시기계로 만들어 주세요!' 하는데 학교가 '인간이 되어라~' 하고 있으면 웃기는 것이지요.

그래서 좀 더 유연하게, 교육의 가치를 집어던질 줄 아는 교육기관이 필요합니다. 그것이 학원입니다. 그러자 부자들만 학원을 잘 이용해먹습니다. 열 받은 사람들이 학교를 바꾸라고 합니다. 자, 학교를 바꿨습니다. 모두 행복해졌습니까? 모두 이익(일류대)을 얻었습니까?

모든 학원에서 다 일류대를 보냅니까? 그렇다면 강남 학원가는 왜 유명해졌습니까? 모든 학교를 다 학원으로 바꿔도 달라지는 건 아무것도 없습니다. 몇몇 지역에서 학교를 학원으로 만듭니다. 그러자 서울대 입학률이 확 올라갑니다. 화들짝 놀란 수요자들이 '바꿔, 학교들 몽땅 바꿔!' 합니다. 그래서 몽땅 학원이 됐습니다. 이렇게 되면 과거에 몽땅 정상적인 학교일 때와 뭐가 달라졌습니까? 경쟁도 여전하고 양극화도 여전합니다. 정상적인 학교가 사라졌다는 점 빼고 뭐가 달라졌습니까? 소외 받은 서민이 일류대 갑니까?

서열체제는 1, 2, 3등을 가리는 체제이기 때문에 1등은 영원히 하나지 둘이 아닙니다. 학교를 학원으로 바꿔도 1등 학교나 학원에 아무나 못 들어가는 건 지금과 똑 같습니다. 학교가 학원으로 혁신되면 사교육이 사라진다는데, 아니, 우리나라 사람들이 학원에 한이 맺혀서 사교육비를 쓰나요? 학원 가는 게 소원입니까? 아닙니다. 일류대 가는 게 소원입니다. 사교육비를 쓰는 이유는 남들보다 조금이라도 더 투자해 일류대 갈 가능성을 높이기 위함입니다. 즉 경쟁에서 승리하기 위함입니다. 옆집이 10만 원 쓰면, 난 20만 원, 옆집이 30만 원 쓰면, 난 40만 원, 끝없이 올라갑니다. 무한경쟁이지요.

자, 모든 학교가 학원으로 변했습니다. 이 경쟁 없어지나요? 사교육비가 필요한 경쟁구조는 같습니다. 그러므로 학교를 아무리 혁신해도 사교육비는 계속 들어갑니다. 간단히 정리하면 이렇습니다.

학원 가기 위해 학원 가는 게 아니라 일류대 가기 위해 학원에 가는 것임. 그런데 교육개혁론자들은 일류대는 그대로 둔 채, 학교를 학원으로 바꾸면 사람들이 더 이상 학원에 안 갈 거라고 얼빠진 소리를 늘어놓고 있음.

혁신된 학교들이 하나둘씩 늘어가면 일단은 그 학교들의 서열이 올라갑니다. 그러면 사람들이 그 학교에 가고 싶어합니다. 이제 이 부분에서부터 경쟁이 더 빨리 시작됩니다. 대학입시경쟁의 폐해는 그대로 둔 채, 고교입시경쟁이 새로 시작됩니다. 사교육비는 더 일찍, 더 많이 들어갑니다. 서민들은 이익(일류대)을 얻기는커녕, 기존에 가졌던 것(일반고)마저 박탈당하고, 삼류고에 가게 됩니다. 그러자 새로운 이익(일류고)을 얻기 위해 중학교를 혁신하자고 하고, 결국 기존에 가졌던 것(일반중)도 박탈당합니다. 사교육비는 한번 더 늘어납니다.

서민은 종국에는 교육이라는 보편주권을 박탈당합니다. 교육은 특권과 예속으로 '다양화' 됩니다. 주권을 박탈당한 다수 시민은 3등 국민, 즉 상민이나 노예가 됩니다. 그들은 학원만 다녔기 때문에 교육적 가치(인간성, 덕성, 창조성, 시민성 등등)를 체화하지 못하고 저열한 인종이 됩니다. 서민 두 번만 더 위했다간 서민 잡겠습니다. 그 정책에 반대하면 '뭐야, 너흰 서민을 위하지 않느냐!' 하면서 오히려 성을 냅니다. '어이상실' 공화국입니다.

교장공모제도 음모의 한 조각일 뿐

개방형 자율학교 안에는 교장공모제도 들어 있다고 했습니다. 이것은 폐쇄적인 교장승진구조를 열어 개방한다는 뜻입니다. 마치 기득권 구조를 부수는 것 같은 착시를 불러일으킵니다. 자유화 개혁은 항상 이런 식입니다. 교장공모제 싸움에서도 시민사회가 이것을 두둔하고 노조(전교조)가 욕먹으면서 반대하는 전형적인 양상이 나타났습니다. 앞에서 개방이란 경쟁과 사적 이익 추구의 장으로부터 보호됐던 영역을 여는 것이라고 했습니다. 그리고 소비자 선택권 확대와 소유권, 경영권 위탁으로 나타난다고 했습니다. 교장을 공모한다는 것은 경영권 위탁에 해당됩니다. 그리고 수요자들과 지역사회가 그 공모에 참여함으로써 소비자 선택권이 확대됩니다. 이렇게 되면 어떤 일들이 벌어지는가.

주주들은 강한 CEO를 원합니다. 강한 CEO가 강력한 수익 극대화(이익 내부화, 피해 외부화)를 감행할 수 있기 때문이지요. 주주들이 좋아하는 CEO는 피를 뒤집어쓰고 칼춤 추는 악귀 같은 사람입니다. AT&T의 로버트 알렌 사장은 종업원 4만 명을 해고하겠다고 발표하고 연봉과 스톡옵션을 합쳐 1,700만 달러 정도를 챙겼습니다. 벨 사우드 사는 4년 동안 21,200명의 노동자를 잘랐습니다. CEO는 임금 인상과 스톡옵션으로 보답받았습니다(홍은주, 『초국적시대의 미국기업』, 1996).

CEO가 사람 잡아서 기업 가치(수익성)를 높여줬기 때문입니다. 기업 가치만 올라간다면야 사람 죽는 건 신경 안 쓰는 것이지요. 강력한 CEO는 기업을 확 바꿉니다. 내부의 조직질서, 사업구조, 인원 등 몽땅 다 뒤집습니다. 자유화론자들은 그런 과정을 '혁신'이라고 합니다. 혁신이 잘 감행되도록 자유화론자들은, 국가 차원에서는 자유화를 부르짖으면서, 각 경제주체 차원에서는 강력한 독재체제를 수립하려 합니다. 그 칼질하는 독재자가 CEO입니다.

기존 교원체제를 부수고 교장공모제를 하려는 것은 관료형 교장이 아닌 기업가형 교장, 즉 CEO 교장을 원하기 때문입니다. 교장선출보직제를 할 수 없는 이유는 그것이 민주주의이기 때문입니다. 자유화론자들이 원하는 것은 독재이니까요. 독재자 CEO 교장은 교육 구조조정을 단행해 학교가치를 저해하는 것들을 모두 분할매각하거나 폐쇄할 겁니다. 그리고 학교가치 증진에 도움이 되는 방향으로 역량을 모으며, 교원들을 그 기준에 맞춰 평가해 성과급을 차등지급, 경쟁체제를 도입할 겁니다. 그리고 당연히 사람 자르는 것까지 하겠지요.

학교가치 저해 요인 → 인성 교육, 덕성 교육, 시민 교육, 창조성 교육 등
학교가치 증진 요인 → 입시교육 강화, 명문대 진학률 상승

학교가치 저해 요인 → 정상적인 교육을 하려는 교사
학교가치 증진 요인 → 교사 자르고 강사 초빙
공교육 정상화 혁신 → 교육부문 폐쇄, 입시부문에 역량 집중

5.31 교육개혁의 정신 중 하나가 자율과 책무성이었습니다. 공모교장에겐 경영권이 위탁되어 자율이 주어집니다. 대신에 수요자들과 주주(이사회, 교육청)는 책무성을 묻습니다. 그것은 입시성적, 명문대 진학률로 수치화됩니다. 수익을 극대화한 교장은 스타 CEO가 되고 그렇지 않은 교장은 용도폐기됩니다. 기존의 관료형 교장체제에선 할 수 없었던 일들입니다.

공모교장은 구조조정의 칼춤을 추는 강력한 CEO로서 교육부가 차마 자기 손으로 직접 할 수 없는 그것, 바로 교육살해를 할 수 있습니다. 자유화를 통해 정부는 자기 손에 피를 안 묻히고도 중소기업을 죽이고, 영세 자영업자들을 죽이고, 노동자들을 죽이고, 교육까지 죽이는 것이지요. 직접 사람을 죽였던 전두환 방식보다 훨씬 세련됐습니다. 가히 차도살인지계借刀殺人之計입니다.

차도살인지계借刀殺人之計 : 남의 칼을 빌려 상대를 죽임
(공모교장의 손을 빌려 교육을 죽임. 주주의 손을 빌려 국민을 죽임. 재벌 유통업체의 손을 빌려 자영업자들을 죽임. 소비자의 손을 빌려 국민경제를 죽임. 외국자본의 손을 빌려 국가공동체를 죽임)

드디어 음모의 폭탄이 터지다

교육부는 2006년 6월 19일 공영형 혁신학교 추진을 발표했습니다. 공청회장에서 교육부가 발표한 공영형 혁신학교 안에는 아래와 같은 내용들이 있습니다.

추진배경 : 단순 주입식 입시교육, 사교육 의존 심화, 고교교육 신뢰 저하

모든 자유화 교육개혁이 항상 명분으로 내걸고 있는 것입니다. 교육개혁의 구조는 항상 이런 식이지요.

입시교육 하면 안 된다 → 그러므로 입시교육 강화하자
사교육 나쁘다 → 그러므로 사교육 더 키우자
고교교육 신뢰 저하 → 그러므로 더 신뢰도를 떨어뜨리자

교육부는 자신의 정체성을 숨기지 않았습니다.

'우리 부는 문민정부 5.31 교육개혁 이후 수차례의 교육개혁을 통해 고교교육의 다양성과 수월성을 일관되게 추구'

교육부가 세계화 광풍을 맹종해왔다는 것에 대한 아무런 부끄러움이

없습니다. 이어지는 설명은 그런 사고방식으로 외고와 자사고를 만들었더니 결과적으로 사교육을 더 팽창시키고 중학생들을 입시경쟁으로 몰아넣었다는 자기반성입니다. 그러니까 이제는 그런 거 말고 일반 고등학교의 혁신을 통해 5.31 정신을 구현하자는 것이지요.

'2008년 대입제도 성공, 고교교육 신뢰 확보가 관건'

이게 무슨 말일까요? 이 말을 번역하면 이렇게 됩니다.
'2008년 입시안은 내신강화다. 그런데 특목고, 자사고의 내신과 일반고의 내신이 같을 수 없다. 그러므로 내신강화입시안을 성공시키려면 일반고의 교육력을 특목고, 자사고 수준으로 올려야 한다. 특목고, 자사고는 입시목적고로서 중상층 자녀들을 뽑아 입시교육 강화에 주력해왔다. 그러므로 일반고등학교도 보다 입시교육을 강화해야 하며, 중상층 자녀를 선발하는 데 주력해야 한다.' 즉 일반고까지 몽땅 다 입시목적고로 혁신시키자는 말입니다. 그런 식으로 사교육 수요를 공교육이 끌어들이겠다는 겁니다. 학교가 입시교육을 강화해 사교육을 없애겠다는 것은 애초에 특목고, 자사고를 만들 때 내세웠던 논리였습니다. 그것이 거짓말이라는 것이 뻔히 드러난 상황에서 또다시 거짓말을 시작하고 있습니다.

입시경쟁 심화 → 사교육비 전면전 → 빈부격차 증대 → 귀족과 노예로 공화국 와해

이런 걸 노리기 때문이지요. 자유화 교육개혁의 목표는 '사회양극화의 혁명적 증진' 입니다. 이 공청회에서 제시된 고교교육의 혁신 방향은 이렇습니다.

- 교육체제 전반에 대한 혁신 필요.
- 전체 학교를 대상으로 동시에 추진할 경우 분열과 갈등 초래.
- 따라서 학교 전 부문에 대한 개혁은 중장기적 비전하에 지속적으로 추진하되
- 일부 학교에 우선적으로 정책역량 집중.
- 궁극적으로 전체 중등교육을 혁신.

이 말들을 번역하면 이렇게 됩니다.

- 학교를 입시학원으로 전환 필요.
- 당장 그렇게 할 경우 전교조가 시끄럽게 떠들어 문제가 커짐.
- 따라서 완전 학원화는 중장기목표로 해서 방심시키되
- 전술적으로 일단 몇몇 학교만 먼저 찍어 조용히 알게 모르게 학원전환을 이루고
- 그 명문대 진학률을 대대적으로 선전, 수요자 욕망 자극, 전교조 고립화 이후
- 궁극적으로 전체 중등교육을 이 나라에서 없앰.

공청회장에서 발표된 공영형 혁신학교(개방형 자율학교)의 내용은 아래와 같습니다.

개념 : (민간주체에) 학교 운영권 위탁, 대폭적인 자율권과 책무성 부여
목적 : 교육력 향상, 수요자 만족도 제고, 공교육 신뢰 회복

모두 거짓말이고 공교육 파괴 음모입니다. 이미 많은 설명을 했으므로

반복하지 않겠습니다. 딱 한 가지 민간주체에 운영권을 위탁(개방)하면 뭔가 상황이 좋아질 거라는 자유화 광신도들의 맹신이 있는데요. 위탁하면 이렇게 됩니다.

• 아이들 생명까지 '위탁'할 것인가
  꼬리에 꼬리를 무는 학교급식 파동 …… 직영 급식으로 전환해야 [오마이뉴스 2006-06-23]

위탁받은 쪽은 이익을 극대화하기 위해 노력하게 됩니다. 다수 국민이 피해자가 됩니다. 공청회 발표 내용을 계속 보겠습니다.

- 자율의 내용 : 평준화 원칙 유지하되, 협약에 의해 학교별 모집, 교원 자격제 탄력적 적용, 단위학교 인사권 확대, 교육과정 국민공통기본과정 이외 학교 자율, 책무성 강화, 지역사회와 협조체제 강화
- 학교장 : 공모 교장
- 교원임용 : 순환전보제 적용 없음. 교원 초빙, 공모 가능. 총액인건비제 도입
- 학생모집 : 평준화 지역 선지원 후배정, 비평준화 지역 다양한 방법으로 모집
- 책무성 : 학업성취도, 수요자 만족도 엄격히 평가
- 교육환경 : 토론식 수업이 가능한 소규모 학급
- 재정 : 학부모 부담 일반 공립고 수준 유지
- 교원 전문성 : 교수, 학습능력 향상에 최우선 목표

1. 평준화 유지?
자사고, 특목고에 비해 개방형 자율학교(공영형 혁신학교)가 좋다는 근

거 중에 하나가 평준화를 깨지 않는다는 겁니다. 그런데 이미 (협약에 의한) 학교별 모집이니, 선지원 후배정이니 하는 식으로 평준화 해체 의도를 드러내고 있습니다.

생각해보세요. 나라가 어느 지역에 일류 입시명문고를 만들었습니다. 그 다음에 '뺑뺑이'로 아이들을 배정합니다. 지금 장난하나요? 누구 집 자식은 재수가 좋아 혁신학교 가고, 누구 집 자식은 재수가 없어 삼류학교 갑니까?(일류가 생기면, 삼류도 생김) 일단 일류학교를 만들면, 반드시 선발압력, 즉 선택권 확대 압력이 생깁니다. 일류와 선발(선택권)은 한 몸입니다. 일류학교 만든다면서, '하지만 평준화는 깨지 않겠습니다'라는 건 '새빨간' 거짓말입니다. 그리고 일류학교를 만들면 여타 학교와 학력격차가 생겨 평준화 유지는 고사하고, 전에 교육부가 주장했던 2008년 내신강화 입시안조차 더욱 실행이 힘들어집니다. 거짓말의 대향연입니다.

2. 공모 교장

화끈하게 칼질하라는 것이지요. 단위학교 인사권 확대라는 게 무슨 의미겠습니까? 칼 줄 테니 피 보라는 소립니다.

3. 교원체제

교원 자격제의 탄력적 적용이라는 것은 얼마나 무서운 말입니까? 우리 노동자들을 죽이고 국민경제를 죽인 노동유연화를 의미하는 겁니다. 이 속에선 교육 혁신이 아니라 입시교육 역량만 혁신됩니다. 순환전보제 없애고, 초빙 교원까지 가면 그냥 학원 만든단 소립니다. 게다가 총액인건비라니. 이거 프로구단이 하는 것 아닙니까. 선수단 연봉 총액 정한 다음에 스타에게 천문학적인 연봉을 안겨주는 제도입니다. 학교를 경제원리대로 운영하란 소리지요.

4. 비평준화 지역 다양한 모집?

어차피 비평준화 지역인데 모집 좀 하면 어떠냐 생각할 수 있겠지만 그렇게 간단하지가 않습니다. 나라가 일류학교 만들어서 국민을 죽이는 방식. 어디서 많이 보던 패턴 아닙니까? 바로 국립 서울대 만들어서 우리 아이들을 죽인 방식입니다. 그 짓을 중등과정에서 똑같이 하겠다는 겁니다. 입시경쟁 강화하고 싶어서 '환장' 한 것 아닌가요?

게다가 성적순이 아니라 다양한 방법으로 모집하겠다는 말은 또 얼마나 무서운 말입니까? 옛날에 이른바 '개천에서 용이 나던' 시절엔 단순 성적으로만 대학에 갔지요? 자유화 개혁으로 입시가 다양화되었습니다. 어떻게 됐나요? 가난한 집 아이들은 명문대에서 다 쫓겨났습니다. 전형요소의 다양화 정도가 심해질수록 사회양극화도 심해집니다. 다양성에 적응할 수 있는 건 부자들뿐이기 때문이지요. 그 짓을 중등과정에서 또 하겠다는 겁니다.

5. 책무성과 지역사회

정직하게 학업성취도가 책무성의 최우선 기준이라고 말하고 있습니다. 수요자 만족도도 당연히 책무성의 관건으로 평가 기준이 됩니다. 지역사회의 발언권을 더 강화하겠답니다. 지금 지자체마다 자사고, 특목고 열풍입니다. 이것이 수요자의 마음입니다. 혁신학교의 귀결이 결국은 자사고, 특목고 '짝퉁' 일 수밖에 없는 구조이지요. 성적 평가는 결국 학교의 '가격' 이 됩니다. 수요자들은 평가결과라는 가격을 통해 학교가치를 판단하고 선택권을 행사하게 됩니다. 공화국 공교육이 아닌 봉건사회의 자유교육으로 돌아가겠다는 것입니다.

6. 교육환경, 재정

교육환경을 개선하겠다고 합니다. 좋은 말입니다. 그러나 자사고도 교육환경을 개선합니다. 어떻게 개선하냐면 국가가 부자들에게 '니들이 알아서 잘 먹고 잘 살아봐' 하니까, 자기들끼리 일 년에 일, 이천씩 내서 귀족학교 운영비를 댑니다. 이러니까 양극화로 인한 부작용이 극심합니다. 혁신학교는 그 개선을 등록금 인상 없이, 공적 자금으로 한다는 겁니다. 그런데 국가 차원에서 교육 예산을 대대적으로 늘린다는 말은 없습니다. 그러니까 몇몇 학교를 찍어서 다른 학교로 갈 예산을 가로채 돈을 몰아준다는 말입니다.

비평준화 지역에선 대놓고 선발이니까, 선발하면 가난한 사람은 못 가니까, 결국 중상층을 위한 학교 운영비를 가난한 사람들이 세금으로 부담하게 됩니다. 평준화 지역에선 당장은 여타 학교의 국민들이 국가 조장 명문고를 부양하는 셈인데, 틀림없이 선발압력이 거세지므로 점점 더 가난한 사람들이 중상층 자식 교육비를 부담하게 됩니다. 꼭, 옛날에 명문거족이 다니는 서원경제를 상민, 노비들이 책임졌던 것 같은 상황이 연출되는군요. 자기 자식들은 쫄쫄 굶기면서 부자 자식들을 위해 세금을 내게 됩니다.

7. 교원전문성

교수, 학습능력 향상이라고 정직하게 말하고 있습니다. 입시학원 강사 되라는 것입니다. 우리나라 교육에서 부족한 것은 인성, 도덕성, 창의력, 공동체성, 이런 것들이지 입시교과 학업 교육이 아닙니다. 교과 공부는 지금도 과합니다. 그거 더 하라는 것이지요. 오로지 '그것만' 하라는 소립니다. 그 정도가 평가를 통해 지표화되면, 공모교장이 칼질을 시작합니다. 구조조정(혁신) 칼바람이 부는 것이지요.

물론 인성, 창의성, 민주시민 교육 이런 말들도 하고 있습니다. 거짓말이지요. 대학서열체제 아래의 수요자 중심체제에서, 명문대 진학률과 학업성취도가 책무성의 기준이 될 수밖에 없는데, 이 와중에 언제 인성이니 창의성이니 하고 앉아 있습니까? 또다시 거짓말의 향연입니다. 더 무서운 사실은, 이 위탁이라는 것이 결국엔 영리체제로 가는 징검다리가 될 수 있다는 겁니다. 학교가 완전히 일반 사기업처럼 되는 것이지요. 설사 영리법인까지는 안 가더라도 우리 교육을 말살하는 덴 별 무리가 없어 보입니다만.

특목고의 폐해 때문에 이런 정책을 추진한다고 합니다. 특목고는 특수목적고로 다양성, 창의성, 특기적성, 이런 명분을 내걸었었는데, 막상 자율성을 주니까 특수목적이란 것이 입시목적으로 특화됐습니다. 그러므로 특목고는 입시목적고입니다. 그 폐해를 시정하기 위해 나온 정책이 공영형 '입시목적고' 입니다. 그러니까 개방형 자율학교도 특목(입시목적)고가 됩니다. 결국 '쇼쇼쇼' 였습니다. 기득권세력은 격렬히 교육부와 대치하고 있습니다. 그들은 지금 이런 대화를 나누고 있는 셈입니다.

교육부 : 특목고는 입시경쟁 폐해 때문에 안 됩니다.

기득권세력 : 우~ 우~ 빨갱이 교육부는 물러가라~ 특목고 확충하라~

교육부 : 특목고는 절대로 안 되고, 대신에 특목고를 만들겠습니다.

기득권세력 : 우~ 우~ 몰라, 몰라, 몰라, 특목고~ 특목고~ 특목고~

사오정 공화국이 됐습니다.

국립대 법인화, 교육 파탄, 민생 파탄, 국가성장동력 파탄, 3중 파탄의 결정판

2007년 3월, 국립대 법인화 내용을 담은 '국립대학법인의 설립 운영에 관한 특별법안'이 3월 중으로 입법예고될 예정이라고 교육부가 밝혔습니다. 3월에 있었던 한 토론회에서 이런 발표가 있었습니다.

• 재경부 경제정책국장 "대학총장 직선 문제 많다"
"국립대 특수법인화에서 가장 중요한 내용도 총장 직선제를 이사회 간선제로 전환하는 것"
[연합뉴스 2007-03-15]

이상합니다. 재경부에서 직선제를 문제 삼고 있습니다. 직선제라는 것은 1/N의 투표제도를 뜻하는 것으로서, 수요자 중심주의, 소비자 주권 원리와 상통하는 것입니다. 이것은 분권화 원리와도 상통합니다. 각자가 알아서 결정하란 뜻이지요. 민주화의 탈을 쓰고 이 원리가 강화된 것이 90년대 이후 개혁의 역사입니다. 재경부는 그 선봉에 선 곳입니다.

- 기업을 소액주주 직선으로 경영
- 교육감 직선
- 수요자 학교 직선(선택권)
- 교사 직선(교원평가)
- 학교의 우수학생 직선(선발권)
- 소비자의 제품 직선(산업정책 폐기, 스크린쿼터 철폐)
- 대기업의 중소기업 직선
- 은행이 대출해줄 곳도 시장 직선(금융 자유화)

- 대출받은 돈을 쓸 용도도 시장 직선(과잉중복투자, 부동산거품 등 야기)

자유화 개혁은 직선제를 가장 큰 원칙으로 합니다. 자유로운 선택에 규제는 있을 수 없습니다. 자유로운 선택의 결과가 결국 공공선일 것이라는 믿음이 있습니다. 그렇게 직선을 좋아하는 재경부가 국립대를 법인화하면서는 총장 직선제를 해체하려 하는 것입니다. 앞서 자유화 개혁은 국가 단위에서는 자유화를 주장하지만 각 경제주체 단위에서는 독재체제를 강화한다고 했습니다. '칼질'을 자유롭게 할 수 있는 강력한 지배력을 형성시키기 위해서이지요. 기존의 총장 직선제를 이사회 간선제로 한다고 했습니다. 이것이 어떤 의미일까요?

이사회 → 소유권자, 혹은 소유권 위탁받은 자, 즉 주주
직선 지배구조를 이사회 지배로 변경 → 공공자산인 국립대를 주주가 탈취하는 것(이해관계자 발언권 배제, 노동자는 구조조정 대상, 즉 비용으로 전락)
이사회 간선 총장 → 주주의 지배를 받으며 주주가치경영을 하는 CEO

공공자산 팔아치우기 강박증, 공공영역의 시장개방 강박증이 고등교육 부문에선 국립대 법인화로 나타납니다. 총장 직선제를 해선 안 되는 이유는 교육 부문에 '기업가'와 '소비자'만 남겨두고 싶은데 총장 직선에 참가할 학교구성원은 그 둘 중 어느 쪽도 아니기 때문입니다. 그 구성원들은 소비자의 요구에 따라 기업가의 경영에 의해 평가와 구조조정의 대상이 될 뿐이지, 주권의 공유자가 될 순 없습니다. 기업을 탈취당하고, 중등부문 학교를 탈취당하고, 국립대학마저 탈취당하게 생겼습니다. 이런 구조로 가면 국립대는 지금까지 설명했던 구조대로 이익을 내부화, 피해를 외부화하며 공동체의 피를 빨기 시작할 겁니다. 그 이익이란 이미 말한

것처럼 명성, 서열, 권력 등입니다.

　한국의 대학은 지금도 선진국 중에 그 예를 찾아볼 수 없을 정도로 극단적인 서열체제입니다. 그에 따라 입시경쟁이 극에 달했습니다. 국립대가 자율경영하게 되면, 더욱더 서열이익을 탐하게 되고, 서울대는 하늘로 날아갑니다. 자생적 경쟁력이 없는 지방 국립대는 고사합니다. 대학서열체제는 더 심해집니다. 지방공동화도 심해집니다. 입시의 폐해만 더 가중됩니다. 자유경쟁하라고 자유화했더니 재벌들만 저 하늘 위로 날아가버리고 국민과 중소기업은 파탄 상태에 처한 구조가 다시 반복됩니다.

　서울대는 아직 국립대인데도 드러내놓고 '3불정책' 같은 규제를 철폐, 완전한 자율성을 달라고 합니다. 서울대가 그런 자율성을 요구하는 이유는 본고사를 통해 상위 인재 독식, 중상층 자녀 독식으로 절대 귀족학교가 되기 위해서입니다. 지금도 이런데 자율성을 준다고요?

　자유시장에서 일류학교는 선출당하기 위해 더욱 더 인기상품(일류학교)이 되려고 노력하는데, 대학서열체제에서 일류학교의 기준은 입학생 입시성적이므로, 성적상위 인재 독식을 위한 일류대의 노력은 지금보다 더 심해집니다(입시 문제가 지금보다 더 어려워짐). 그에 따라 일류학교의 시장가치(커트라인)는 점점 더 높아지고 대학서열은 심화됩니다. 또 일류대학이 선출할 학생은 결국 입시성적이 높은 학생이므로 일류학생의 기준이 오직 성적뿐인 구조는 더 심화되고, 게다가 최근 일류대들은 중상층 자녀에게 특혜를 주기 위해 점점 더 광분하므로 그들의 직선에 의해 교육비를 많이 쓴 부잣집 자식들만 일류학생이 됩니다. 일류학교와 부잣집 자녀가 영속적으로 상호선출, 상호독점하게 되고 국가가 내부 분단되는 지금의 흐름이 고착됩니다.

그들의 사고방식

2007년 3월 22일에 있었던 〈100분토론〉에서 한미FTA를 추진하는 자유화론자들의 사고방식이 여실히 드러났습니다. 흔히들 협상의 손익을 따질 때 상대방으로부터 얼마나 많은 것을 얻고, 우리는 얼마나 많은 부분을 보호했는가를 기준으로 합니다. 이날 한미FTA 찬성 측으로 출연한 통상 관료 출신의 인사는 우리 것을 보호하는 것이 아니라, 여는 것이 협상의 목표가 되어야 한다고 주장했습니다. 우리 시장을 열어줄 경우,

1. 소비자 선택권 확대(소비자 이익 증진)
2. 효율적인 구조조정 촉진
3. 국내 산업 경쟁력 향상
4. 싼 수입품으로 인한 소비자 이익, 소비지출 절감, 투자로 전환

이렇게 된다는 생각이지요. 딱 자동차산업 포기하자고 했던 80년 국보위의 논리입니다. 소비자 선택권 확대라는 것은 소비자들이 시장에서 직선제로 좋은 상품, 좋은 기업을 가리자는 말입니다. 이렇게 되면 경쟁력 없는 기업은 다 죽습니다(낙선). 80년 기준으로 한국 소비자들의 희생으로 보호받았던 중화학공업의 씨를 말리게 됩니다. 그렇게 미래성장동력이 고갈되는 과정이 바로 '효율적 구조조정'입니다. 시장에서 선출되지 않을 부문, 선출되지 못할 상품들에게서 자원이 썰물처럼 빠져나가 선출될 영역으로 옮아가게 됩니다. 자동차 개발에 투여될 자본이 자동차 수입 유통쪽으로 옮겨진다는 말입니다.

소비자가 가장 좋은 보호를 받을 수 있는 곳은 바로 시장이다. 소비자가 식료품점에서 상한 고기를 샀다는 것을 알게 된다면 소비자는 그 상점에 가지

말고 다른 상점으로 옮겨 가면 된다. － 밀턴 프리드먼, 「자유시장과 작은 정부」

한미FTA 찬성 측 통상관료 출신 인사는 소비자 이익 증진이라는 말을 여러 차례 강조했습니다. 종교적 광신처럼 하나의 교의에 빠진 것 같습니다. 바로 위와 같은 논리가 한국사회를 뒤덮고 있습니다.

이렇게 시장선택이 냉혹하게 이루어질 경우 국내유치산업, 중소기업, 중견기업은 자연도태되고 우리가 키워줘야 할 산업도 싹이 잘려나갑니다. 현재 기준으로 얘기하면 당장 수출경쟁력이 있는 재벌에게만 모든 자원이 쏠리게 됩니다. 자유화세력은 우리 산업이 괴멸되고 수입품이 넘쳐나는 광경을 일컬어 '소비자 이익 증진'이라고 표현하는 것입니다. 아프리카에 가면 많이 볼 수 있는 풍경이지요. 자유화세력, 소비자 주권론자들 논리대로라면 아프리카 소비자는 세계에서 가장 큰 이익을 누리고 있었군요.

그들 나름으론 수입품이 넘쳐날 때 국내기업이 안 죽기 위해서 기를 쓰면 경쟁력이 향상된다고 생각합니다. 국가가 시장직선제로부터 보호하면 부패가 발생하고, 시장비효율이 발생하고, 나태해져서 경쟁력이 안 올라가는 반면, 벌판에 내팽개치면(자유경쟁시키면) 알아서 강인하게 클 거라는 생각이지요. 이 논리대로라면 지금 우리나라에 재벌이라든가 중화학공업이 없어야 합니다. 왜냐하면 그들은 보호받았으니까요. 대신에 수입품이 넘쳐났던 고가사치품 분야에선 고도의 경쟁력을 가진 세계적 기업이 탄생했어야 합니다. 가장 보호받지 못하고 수입품만 쓰는 아프리카 어딘가에서 세계적 기업이 나왔어야 합니다. 생각할수록 황당합니다. 이 논리대로라면 지금쯤 서울대는 우리나라에서 꼴찌 대학이었어야 합니다. 가장 보호받았으니까요.

자유경쟁촉진론 → 취약분야 보호 철폐 → 구조조정 촉발 → 취약분야 자연 도태, 하위대학 자연고사 → 양극화 심화, 대학서열체제 심화

소비자 이익 증진 → 선택권 확대 → 시장개방, 학교 다양화, 평준화 해체, 입시 자율화 → 국내 유치산업 괴멸, 중소기업 괴멸, 일반학교 삼류학교 전락, 귀족학교 등장 → 민생 파탄, 교육 붕괴

또 우리가 지식역량이 부족하므로 한미FTA를 통해 지적재산권을 강화하면 우리 영세한 제약업체들이 복제약 안 만들고 신약 개발에 나서 경쟁력이 향상될 거라고 합니다. 지적재산권이란 이미 지식을 가진 지식자산가의 권리를 강화하는 것입니다. 우리나라는 지식무산자입니다. 자산가, 즉 부자들의 권익을 강화하고, 약자의 생존권을 박탈하면, 가난하고 약한 사람들이 더욱 분발해 모두 부자가 될 것이라는 생각입니다. 이제 이 세상엔 복지재분배 정책도, 공공서비스도, 산업정책도 필요가 없어지는군요. 보호 없이 그냥 놔두는 게 최선이니까요. 바로 이런 사고방식으로 공공부문을 민영화하고, 국립대를 법인화하려는 것입니다.

싼 수입품으로 인해 국내 산업 위축, 결국 임금하락으로 이어져 모두 가난해지는 건 생각 안 하고 투자가 늘어난다고 합니다. 내수가 위축되면 투자가 늘어나는 것이 아니라 줄어듭니다. 이미 우리는 자유화에 따른 투자부진 사태를 겪고 있습니다. 그런데도 그들은 여전히 자유화로 투자가 늘어날 거라고 주장합니다. 온다던 시점에 종말이 안 왔는데도 오히려 더욱 신심이 깊어지는 종말교 신도들을 보는 듯합니다. 이런 걸 심리학에서 인지부조화라고 하지요.

90년대 이후 이런 사고방식의 관료들이 주도권을 잡았다고 설명했습니다. 1995년도에 정보통신부가 중소기업 보호 업종인 연하장 사업에 뛰어들었다고 합니다. 중소기업들은 곧 부도위기에 처했습니다. 이에 항의하

는 목소리에 대해 정보통신부는 이렇게 답변했다고 합니다.

> 대한민국은 자유시장경제 국가이며, 이는 시장에서의 **자유경쟁**을 기본으로 한다. 더구나 WTO의 출범으로 세계는 하나의 경제권으로 묶이고, 국경 없는 무한경쟁시대가 되었다. 중소기업이라고 **무조건 보호해주던 시대는 지났다**. 우편연하장 발행을 중단하라고 할 것이 아니라, **경쟁을 통해서 시장을 확보하라**.
> – 최원룡, 「중소기업 죽이기」

국보위의 논리이고, 한미FTA의 논리입니다.

> 정부가 어느 분야를 막아주고 규제하고 보조금을 퍼붓고 하는 시대는 지나갔다. 이제는 **자유경쟁**을 통해서만 우리가 발전할 수 있다.
> – 한덕수(한미FTA 체결지원위원장)

아래는 국립대 법인화의 논리입니다.

> •[국립대 개혁 칼 뽑다] **법인화되면 대학도 스스로 살 길 찾아야**
> 법인화는 그동안 국가의 **보호·관리**를 받던 **국립대**를 민간기업과 같은 효율적인 경쟁체제로 바꾸겠다는 것이다. 예산 사용 내역에 대해 일일이 정부의 간섭을 받아야 했으나 앞으로는 이사회 의결 등을 거쳐 총액 내에서 **자유롭게 운영**할 수 있다. 급여 체계도 **법인 실적이나 운영 성과에 따라 달라지게 된다**. 법인화가 되는 순간, **홀로서기를 통해 스스로 살 길을 찾아나서야 한다**. 법인화가 됐다고 정부의 지원이 뚝 끊기는 것은 아니지만, 경영능력 발휘를 통해 **독자적으로 생존**해야 하는 압박은 커질 수밖에 없다. [조선일보 2005-05-06]

한국사회 양극화 추세를 교육부문에서 결정적으로 확정짓겠다는 겁니다. 자유화세력은 자유화로 한국사회가 더 좋아졌으며 앞으로도 좋아질 거라고 여깁니다. 90년대부터 지금까지 과연 더 좋아지는 흐름이었습니까? 그들은 별나라를 노닐고 있습니다. 1995년에도 그랬습니다. 1993년 자유화 개혁 이후 중소기업 부도사태가 이어졌습니다. 전문기업 '인켈'도 이때 쓰러졌습니다. 이 상황을 그들은 이렇게 설명했습니다.

> 부도를 내는 중소기업보다는 창업하는 신설 중소기업이 더 많아 전체 중소기업 숫자는 늘어나고 있기 때문에 문제될 것이 없다. 경쟁력 없는 중소기업이 쓰러지는 것은 구조조정 과정의 일환일 뿐이다. …… 한계기업들은 가차 없이 부도를 내고 있지만 경쟁력 있는 중소기업은 높은 성장률을 기록하고 있어요.(박재윤 당시 통상산업부 장관) － 최원룡, 「중소기업 죽이기」

시장질서에 의한 구조조정 논리입니다. '경쟁력 없는 기업을 생존시키려 억지로 재원을 쏟아 붓는 것은 낭비다. 국가는 국립대라는 우산을 치우고 시장직선(입시경쟁)을 통해 대학들이 자유경쟁 독자생존하게 하면 결국 전체의 경쟁력이 향상될 것이다' 라는 논리인데요. 그런 사고방식이 발전해 강박증이 됐고, 그것이 눈앞에 벌어지는 현실마저 인식하지 못하게 하고 있습니다.

중소기업 부도사태는 구조조정이 아닌 글자 그대로 몰락이었을 뿐입니다. 자유화세력이 주장하는 자원의 효율적인 이동은 일어나지 않았습니다. 대기업 집중 심화, IMF 파탄으로 가는 쪽으로만 효율적인 구조조정이 일어났을 뿐이지요. 망하는 기업보다 신설기업이 더 많다는 것은 기존 중견기업이 망하면서 종사자들이 저마다 영세창업을 했기 때문에 벌어진 일이었습니다. 경제지표로만 보면 활발히 구조조정이 일어나는 것 같았지만, 결국 망했습니다.

자유화 개혁 추진자들이 항상 모범으로 생각하는 미국은 약자에게 냉혹한 사회입니다. 1998년 기준, 미국에서 의료보험 혜택을 못 받는 사람이 4,400만 명입니다(『미국 자본주의 해부』). 그들은 약자에게 냉혹해야 그들이 더욱 분발해서 경쟁력이 향상된다고 생각합니다. 이건 결국 나라를 말아먹을 사고방식입니다. 우리의 경제발전사를 보면 분명히 알 수 있는 일입니다.

한국 교육이 너무나 형편없으므로 시장화해서 자유경쟁, 자유선택을 하게 하면 교육이 좋아지지 않겠느냐가 교육개혁의 가장 근본적인 사고방식입니다. 그들은 기존의 국가주도형 경제개발이 재벌이라는 부작용을 낳은 것처럼 교육에선 국립서울대라는 괴물을 낳았다고 생각합니다. 그래서 자유로운 시장경쟁을 위해 국가는 이제 경제로부터 손을 떼고, 교육으로부터도 손을 떼야 한다는 것입니다. 국립대를 법인화해 자율경쟁을 시켜야 한다는 것이지요.

이 논리가 극한까지 나가면 1990년대에 기득권세력이 한때 주장했다는 정부폐지론까지 나옵니다. 국방, 치안 등 최소한의 관리부문만 남고 국가규제를 완전 해체하라는 겁니다. 자유화 개혁론자들의 주장이 맞는다면 재벌의 작은 정부 탈규제 주장은 재벌의 자살골이 됩니다. 자유화로 갈수록 재벌독점이 줄어들 테니까요. 같은 논리로 그들은 자유화, 법인화로 일류대 학벌기득권을 줄일 수 있다고 주장합니다. 하지만 현실은 분명히 그 반대를 가리키고 있습니다. 현실을 무시하고 교조적인 주장만 반복하기 때문에, 난 자유화세력을 '자유화 광신도'라고 합니다. 이런 주장은 요즘도 맹위를 떨치고 있습니다.

• 이래서 교육부를 없애라는 것이다 [조선일보 사설 2007-03-13]
• 대통령 되려는 사람들, 교육부 존폐 의견 내놔야 [조선일보 사설 2007-03-20]

시장이 운영될 최소한의 구조만 남겨두고 국가는 사라지라는 것입니다. 국립대를 법인화해 시장에 넘기고 국가는 최소한의 규제만 하자는 생각. 공공 부문을 시장에 넘기고 국가는 최소한의 규제만 하면 된다는 생각. 자유로운 상호거래에 개입이나 보호는 필요 없다는 생각. 금융규제도 하면 안 된다는 생각. 이런 생각이 자유화 개혁입니다. 그 결과 중소기업 파탄, 민생 파탄, 공교육 파탄이 이미 왔습니다. 국립대 법인화로 고등교육부문에까지 파탄의 불길이 치솟게 됩니다. 어떻게 지방 국립대가 자율경쟁으로 서울대를 이길 수 있습니까? 국립대 법인화의 논리는 1990년대에 중소기업을 파탄시켰던 논리와 판박이입니다.

> 중소기업 지원책은 마약과 같은 부작용을 낳았다. 중소 부품업체들의 기술수준이 낮아 자동차 등 완성품의 수출에 악영향을 미치고 있다(박운서 전 문민정부 통상산업부 차관).
> — 최원룡, 「중소기업 죽이기」

기술수준이 낮을 경우
1. 상식 : 보호해서 키우자.
2. 몰상식(자유화) : 내버려두면 알아서 크겠지.

지방 국립대의 경쟁력이 없을 경우
1. 상식 : 보호와 지원(=대학 평준화. 대학서열체제에선 무조건 일류대가 자원을 독식하므로).
2. 몰상식 : 내버려두면 알아서 크겠지(자유화, 법인화).

이런 사고방식이 한미FTA를 추진하는 과정에서 이런 식으로 재현된 겁니다.

그 말씀은 …… 미국 소비자들이 한국 영화를 안 본다는 말씀이시죠. ……
그럼 한국 영화계가 미국 소비자들이 볼 만한 영화를 만들면 될 것 아닙니
까?
— 김종훈(한미FTA 협상 우리 측 수석대표)

이런 사고방식이 만연하면 점점 약자에게 냉혹한 사회로 변해갑니다. 현대자동차를 만들 때 국가가 현대자동차에게 중소기업의 기술력 향상을 위해 기술지도를 '명령' 했다는 말은 이미 했습니다. 자유화 개혁은 그 명령을 취소하고 재벌에게 마음대로, 하고 싶은 대로 하라고 했습니다. 국립대 법인화는 서울대에게도 마음대로 하라고 하게 됩니다. 은행을 주주들에게 탈취당한 것처럼 국립대도 탈취당하게 생겼습니다.

파탄의 완성

• 2010년부터 신입생 못 채우면 국립대 정원 강제로 줄인다 [매일경제 2006-02-27]

자유화 개혁 추진자들의 목표는 공공영역을 팔아치우거나, 위탁하거나, 정 여의치 않으면 최대한 줄이는 것입니다. 신입생을 못 채운다는 것은 경쟁력이 없어 시장직선에서 낙선했다는 뜻입니다. 이때 국가가 보호 육성할 생각은 안 하고, 오히려 이것을 기회로 냉혹하게 쳐버린다는 말입니다. 시장선택만능주의지요. 대도시 국립대가 이렇게 될 리는 없고 지방 국립대부터 차츰차츰 씨가 마르게 되겠군요.

• 국공립대 법인화가 등록금 인상 부른다 [민중의소리 2007-01-23]

국립대 법인화에 대비해 대학들이 등록금을 올리고 있습니다. 그리고 그 돈을 내부유보금으로 쌓아놓고 있습니다. 국가퇴각, 자율독립, 시장경쟁에 대비하는 거지요. 이 피해는 우리 국민들에게 고스란히 되돌아옵니다.

• 충남대 교직원 등, 행정도시 국립대 배제에 강력 반발 [뉴시스 2006-11-23]

새로 만들 행정도시에 국립대는 만들 수 없다는 겁니다. 공공영역 최소화의 의지가 얼마나 확고한지 느낄 수 있습니다. 경쟁력이 없으면 냉혹하게 잘라버리는 사고방식이니까 재벌 경제집중은 점점 더 심화되고 국민은 파탄에 내동댕이쳐집니다. 국립대를 굳이 구조개혁해야 하는 이유는 국립대는 명색이 국립대라서 공공성을 방기할 수 없고, 때문에 사회적 약자들에게 덜 냉혹하기 때문입니다. 국립서울대는 일류 사립대처럼 노골적으로 강남 우대책을 쓰기가 힘듭니다. 자유화 개혁가들이 보기에 이건 참을 수 없는 비효율입니다.

• 사립대, 저소득층 학생에 인색 … 학비지원 국립대의 10분의 1 수준
  [쿠키뉴스 2006-03-22]

바로 이런 경영이 효율적인 경영인 것이지요.

• 대학, 상아탑 맞나? … '돈 안 되는' 기초연구 외면 [세계일보 2006-04-25]

이런 것도 효율적인 경영입니다. 마치 경제개혁으로 장기성장을 위한 기초투자가 사라진 것처럼 교육 자유화로 학문 기초투자도 사라집니다. 기초투자는 당장의 사적 이익에 아무런 도움도 안 되기 때문이지요.

- "돈 없으면 급식도 먹지마" [레이버투데이 2006-05-08]
- '급식비 미납학생' 골라내 망신 준다? [프레시안 2006-05-08]

사람이 악한 게 아니라 돈이 악한 겁니다. 사람이 나쁜 게 아니라, 위탁과 시장원리, 사적 이익 극대화라는 제도가 나쁜 겁니다. 급식비 미납학생 망신 준 학교는 급식을 위탁하진 않았습니다. 그러나 독립채산제로 운영했습니다. 이 얘긴 돈 있는 소비자만 대접하고 돈 없는 사람은 '거지' 취급하는 구조란 소립니다.

국립대 법인화도 학교별 독립채산제로 갑니다. 가난한 국민은 점점 더 거지 취급당하게 됩니다.

흔히 국립대 법인화의 이점을 선전하면서 일본 동경대가 법인화 후 이익을 많이 냈다는 말을 합니다. 90년대 이후 중소기업 몰락, 민생 파탄 무시하면서, 재벌 이익 확대-주가상승을 근거로 우리 경제 좋다는 사고방식의 재현이지요. 시장자율로 가면 일류대의 독점이 더 커질 것은 자명하지 않습니까. 법인화 이후 동경대가 더 좋아졌다면, 그 이유만으로도 국립대 법인화는 하면 안 되는 겁니다. 서울대가 지금보다 더 괴물이 된다는 뜻이니까요. 지방은 말라가구요. 그런데 그 좋아졌다는 것의 기준으로 재정적 이익을 내세웁니다. 이게 말이 되나요?

국립대 법인화 찬성 논리로 재정이 나온다는 것부터가 불순한 의도를 보여줍니다. 국립대는 돈을 벌라고 만든 것이 아닙니다. 교육으로 이익을 보려면 학원을 해야지요.

자율성을 가진 명문 교육주체들의 행동양태를 돌이켜보십시오(국제중, 특목고, 자사고, 일류대). 하나같이 자신들 이익을 위해 피해를 외부화하려 혈안입니다. 국립대 법인화는 그 흐름을 완성할 겁니다. 그런데도 교육부는 자율성 운운하며 국립대 법인화를 변호하고 있습니다.

- **교육부 "(법인화로) 대학 자율성 높이자는 것"** [문화일보 2006-09-30]

마치 공영형 혁신학교가 저항에 부닥치자 개방형 자율학교로 이름을 바꾼 것처럼 국립대 법인화가 저항에 부닥치자 자율이라는 주문을 외우기 시작했습니다. 가히 광신도답습니다. 자율 한마디면 모든 마귀가 물러갈 줄 아는 것 같습니다.

개방형 자율학교 등으로 중등부문을 위탁하고, 국립대 법인화로 고등교육위탁을 완료하면 중등부문부터 고등교육까지 수직 계열화가 완성됩니다. 귀족트랙과 상민, 노비트랙이라는 두 개의 트랙으로 나뉘는 겁니다. 이렇게 공화국이 내부적으로 분단되는 사태가 민주화 20년 파탄의 완성이 되겠네요.

고등교육도 공교육이다

공교육은 국가가 교육의 기회를 전 국민에게 평등하게 분배하기 위해 건설한 것입니다. 왜냐하면 그래야만 가난이 대물림되지 않고 아이들이 원점에서부터 경쟁할 수 있기 때문입니다. 국가경쟁력을 위해서도 공교육의 정신은 반드시 지켜져야 합니다. 이게 깨지면 다시 패망한 귀족사회로 돌아갑니다.

그런데 교육의 기회라는 것이 기껏해야 중학교, 고등학교입니까? 인생이 결판나는 것은 대학인데, 그런 대학을 재산순으로 들어간다면 공교육의 정신은 어떻게 되나요? 공교육으로 일반고등학교까지만 마치고 나머진 알아서 하라고 한다면, 도대체 국가가 존재하는 이유가 무엇인가요?

• 삼성, LG 직원도 공기업으로 튄다 [한국경제 2006-06-07]

　자유화 개혁 추진자들은 이런 뉴스를 보면서 분개하는 것 같습니다. 민간 경제 분야는 효율적으로 돌아가고 있는데 공공부문은 아직까지 비효율적이어서 사람들이 그쪽으로 도망가는 것이지요. 그래서 개혁 추진자들은 공공부문까지 민간부문처럼 '효율적'으로 만들고 싶어합니다. 이익 추구를 위해 구성원과 공동체를 쥐어짜는 효율성 말입니다. 공공부문에서 도저히 못 살겠다고 자살자가 나오고, 민간기업으로 도망가는 사람이 나와야 비로소 개혁 추진자들이 흡족해할 모양입니다. 이런 효율성은 국가경쟁력을 갉아먹고 국민을 파탄에 빠지게 할 겁니다.
　우리 경제에 활력이 있던 시절엔 아무도 공공부문에 가지 않으려고 했습니다. 왜냐하면 그곳은 너무 심심하다고 사람들이 여겼기 때문입니다. 지금은 일류 대기업 사원조차도 공공부문을 부러워합니다. 경제활동 자체에 환멸과 공포심을 갖게 된 것입니다. 그저 안전한 둥지 안으로만 가려 합니다. 개혁은 그 둥지 하나하나를 깨고 있습니다. 그렇게 환멸과 공포심의 사회가 되면 이 나라에 미래가 있을 리 없습니다. 국립대마저 사적 이익에 입각한 경쟁원리에 내맡길 경우 당장 국립대에 근무하는 사람들이 공포와 환멸의 인생으로 전락하겠지만 그건 오히려 작은 문젭니다. 진짜 큰일은 이겁니다.

• 강남사람은 아프지도 못한다?
　성형 등 '돈 되는' 병원만 우후죽순 … 내과 부족 심각 [헤럴드경제 2006-12-18]

　시장에서 어쩔 수 없이 벌어지는 현상입니다. 국립대 법인화는 학교도 이런 식으로 재편하겠다는 발상입니다. 학과배치나 투자가 시장 직선으로 결정됩니다. 기초학문은 어떻게 됩니까? 인문학은 어떻게 됩니까? 국가가 산업정책을 펴고, 중소기업 보호정책을 펴야 한다면, 교육부문에선 더더욱이나 강력한 학문 보호정책을 펴야 합니다. 시장은 전혀 학문을 보호할 의사가 없기 때문에 당연히 공교육으로서의 고등교육(대학)이 책임져야 합니다.

특히 국립대는 국가공동체의 '돈 먹는 하마'가 되어야 합니다. 교육학술투자 말입니다. 국립대 법인화 추진론자들이 좋아하는 것처럼 학교가 재정적 이윤, 시장경쟁 승리를 목표로 하게 되면 학교에 공공예산이 점점 안 들어가게 될 겁니다. 돈도 안 들이고, 알아서 재정도 관리하고, 하는 효율적인 대학들만 있으면 나라의 장기성장 비전이 붕괴됩니다.

첫째 몸통에서 설명한 것처럼 70년대에 중화학 공업이라는 '돈 먹는 하마'들이 있었기 때문에 이만큼 경제성장도 한 겁니다. 만약 그 당시 구조조정을 해서 당장 시장에서 재정적 이익을 볼 수 있는 효율적 기업들로 재편했었다면, 즉 경공업, 수입유통, 합작 생산 등으로 재편했다면 우리나라는 여전히 옷, 신발이나 만들고 있었을 겁니다.

국가는 반드시 '돈 먹는 하마'들을 육성해야 합니다. 교육과 학문은 그 대표적인 분야입니다.

지금 우리나라에 부족한 건 '지식'입니다. 경제규모는 그럭저럭 어른이 되어가고 있으나 '지식' 분야는 여전히 유치 부문입니다. 경제가 통째로 유치 부문이었을 때 국가는 강력한 보호지원으로 육성했습니다. 이제 지식, 학술 분야를 그렇게 할 차례입니다. 지식이 바로 차세대 성장동력입니다. 배를 채웠으니 이제 머리를 채울 단계입니다. 사람으로 치면 우리나라는 지금 '정신 나간' 상태라고 할 수 있습니다. 학문 종속은 바로 정신 종속이고, 정신 종속이라는 것은, 우리나라가 지금 '제정신'이 아니라는 소리지요.

대학이 국가를 '제정신'으로 만들고, 경쟁력도 창출할 겁니다. 그런데 시장은 이기적, 단기적인 경향이 있어 장기비전을 품지 못합니다. 우리가 할 일은 국립대를 없애는 것이 아니라 국립대체제를 대폭적으로 강화해 돈을 쏟아 붓는 일입니다. 마치 개발시기에 나라를 기울여 사회간접자본과 대공장을 지었던 것처럼, 이젠 지식의 간접자본, 지식의 공장에 국력을 기울여야 합니다. 국립대 법인화는 그 시대적 소명에 정면으로 역행하는 짓입니다. 고등교육을 공교육에서 제외하려는 최근 일련의 움직임도 반역적 발상입니다.

정리하면, 아래와 같습니다.

1. 중등교육까지만 공교육으로 하면 교육의 기회 균등이라는 공교육 본래의 취지가 살아나지 않는다. 그러므로 고등교육도 공교육으로 규정해야 한다.
2. 원칙적으로 교육기관을 경제적 효율성 원리로 운영해선 안 된다. 지나친 경제적 효율성은 경제부문에서조차 폐해를 불러온다. 교육은 경제적 효율성 원리가 아닌 공공성 원리로 운영돼야 한다. 경제부문과 공공부문·교육부문을 분리해 전혀 다른 원리를 적용함으로써 적나라한 자본주의, 스스로를 파괴하는 약육강식 시스템의 폐해를 시정할 수 있다. 그래야만 부강한 나라가 된다.
3. 대한민국의 발전전략이란 측면에서 봤을 때, 지금은 지식, 학문, 교육에 투자를 집중해야 할 단계다. 어차피 땅에서 석유가 나오지 않는다면 사람을 석유로 만들어야 한다. 즉 고부가가치형 국민을 만들어야 한다. 그래야 산업 전반이 고부가가치형으로 혁신된다.

이 책의 전반부에서 살펴봤듯이 우리의 산업 발전사는 시장원리에 대한 지난한 투쟁사라고도 할 수 있다. 박정희는 시장원리를 통제하는 데 성공했다. 당시 시장은 호시탐탐 대한민국의 산업성장을 막으려고 했었다. 시장이 저절로 우리의 산업경쟁력을 만들어주지 않았듯이, 지식경쟁력도 만들어 주지 않을 것이다. 국가가 나서서 국립대를 발전의 용광로로 만들어야 한다. 그런데 우리 국가는 교육을 자유화, 시장화할 기회만을 호시탐탐 노리고 있다. 그 결과 첫째 몸통에서 살펴본 경제사회 파탄의 구조가 교육부문에 그대로 재현된다. 교육시장화의 핵심 고리인 입시시장을 폐쇄하고 시장거래(선택, 선발)권을 몰수해야 한다. 고등교육기관을 시장으로부터 철저히 보호해(개방 철폐) 공교육화하는 것이 국가 재도약의 첫걸음이 될 것이다.

둘째 몸통 정리

- 과거 우리는 강자통제, 시장규제, 이기심 통제로 기적을 일궜다.
  → 이것이 고교 평준화.
  - 강자(일류고, 중상층, 일류고 학벌)의 이익 몰수.
  - 학교와 수요자가 자유롭게 상호 선택하는 고교 입시시장 폐쇄.
  - 입시를 둘러싼 각 주체들의 이기심 추구 원천봉쇄.

- 맹목적인 경쟁만능론은 틀렸다.
  → 고교 평준화를 보완한다는 명목으로 경쟁 원리를 도입하려는 교육 개혁은 파탄을 낳았음.

- 자유경쟁은 기존의 강자만을 위한 것이다.
  → 입시 자유경쟁으로 서울 강남북 간, 대도시와 지방 간 교육격차가 심화되어 나라가 내부분단지경.
  → 대학서열체제 아래에서의 학업성취도 자유경쟁은 부모 재산순으로 결판나게 됨.

- 약자는 국가가 방파제가 되어 보호해야 한다(중소기업, 유치산업, 민중).
  → 평준화 포기는 국가가 방파제를 거둔 것. 약자의 자식들을 거대한 삼류(피지배) 집단으로 만들었음.

- 이기심의 자유로운 추구는 국민경제를 황폐하게 한다.
  → 학교에 이기심을 추구할 주체를 세우려는 개혁은 교육을 황폐화하였음.

→ 대학에도 입시를 통해 재량껏 이기심을 채울 수 있도록 자율권(대학별 고사, 대학별 선발)을 주자 대학서열체제는 심화되고 정상적인 교육이 사라졌음.

• 독재든 민주적인 방식이든 공동체적 원리가 작동해야 한다.
→ 개인의 사적인 이익 원리만 난무하는 입시경쟁체제는, 아무리 민주화를 해도 독재시절보다 더 교육을 붕괴시킴.

• 소유권자가 발언권, 결정권을 독점해선 안 된다.
→ 하물며 기업도 이럴진대 학교는 더더욱이나 특정 소유권자의 배타적인 소유물이 되어선 안 됨. 소유권자는 이익을 내부화하고 피해를 외부전가하려는 속성이 있기 때문임.

• 소비자(수요자)의 선택권에도 적절한 규제가 필요하다.
→ 수요자를 위하는 것이 곧 민주주의는 아님. 경제부문에서 소비자의 선택권이 유치부문 거세로 나타나는 것처럼, 교육부문에서의 소비자 선택권 역시 유치부문(삼류고, 삼류대, 지방대)의 거세로 나타남. 대학서열체제에서 모든 소비자가 원하는 가치는 단 하나이므로(일류대 입시) 소비자의 선택권이 강화될수록 소비자가 원하는 그 단 하나의 가치를 중심으로 교육이 획일화됨.

• 소유권-선택권이라는 자유의 원리와 이것을 뛰어넘는 평등 원리, 즉 주권 원리가 공존해야 경제적으로도 성공한다.
→ 경제부문에선 어쩔 수 없이 차등이 존재하지만, 그것은 부모의 재산 차이가 아니라 당사자의 능력으로 기준을 삼아야 함. 그런데 자유의

원리에 의해 지배당하는 교육은 학교서열체제를 심화시켜, 그에 따라 입시경쟁을 유발하고, 결과적으로 모든 사람의 학업성취가 입시성적에 맞춰지게 되는데, 그 입시성적은 부모의 재산과 연동되므로 사실상 부모 재산에 의해 당사자의 사회적 지위가 결정되는 사회를 만듦.

그러므로 성인이 된 후 경제부문에서 감수해야 하는 차등을 정당화하기 위해서라도(안정된 시장운영) 교육은 절대적 평등 원리에 의해 운영되어야 함. 그래야 교육을 통해 얻는 각자의 학력, 능력의 원인이 온전히 각자 자신들이 됨. 마치 태어날 때 모두가 평등하게 주권을 배분받았던 것처럼 교육기회도 평등히 배분받아야 함. 그런데 대학서열체제는 고등교육기회를 대다수 국민으로부터 몰수함(일류대만 실질적인 고등교육이니까). 입시평준화만이 이 폐해를 시정할 수 있음.

셋째 몸통

자유화를 하든 독재를 하든 대학서열체제로 인한 파탄

대학서열체제는 뒤집어본 적이 없습니다. 90년대 이후 대학서열체제가 심화되고, 입시 자율화가 진행되는 동안 나라가 급격히 황폐화하면서 이 사안의 파괴력은 이미 입증되었습니다. 이곳이 급소입니다. 한국사회 파탄상의 요인으로, 이 책의 서두에서 언급한 주주·소비자 중심체제와 셋째 몸통에서 말하고 있는 대학서열체제, 이 두 가지가 핵심입니다. 이 두 가지 다 자유화 개혁과 함께 생겨났거나 심화됐습니다. 이 두 가지는 모두 개인의 이기심, 강자의 특권화와 연결되어 있습니다. 바로 이곳을 '콕' 찍는 것으로부터 이 나라의 뒤집기, 이 역사의 뒤집기가 시작될 겁니다.

셋째 몸통에선 자유화 이전부터 있었던 근본 모순을 살펴봅니다. 바로 학벌사회, 대학서열체제입니다. 우리나라는 자유화 개혁을 하기 이전에도 살기 좋은 나라가 아니었습니다. 자유화 개혁은 그것을 더 심화시켰을 뿐입니다. 그러니까 우리는 지금 두 개의 전선을 돌파해야 합니다. 자유화를 뒤집어야 하고, 한국사회에 원래부터 있었던 모순을 시정해야 합니다. 그렇다면 이 두 개의 전선을 가로지르는 핵심 모순은 무엇일까요?

그것을 대학서열체제로 지목합니다. 물론 다른 방식으로 다른 지점을 지목할 수 있습니다. 대학서열체제를 굳이 지목하는 것은, 첫째, 대학서열체제가 정말로 만악의 근원이기도 하거니와, 둘째, 우리나라를 뒤집을 가장 약한 고리가 대학서열체제이기 때문입니다. 경제부문에서 이기심의 자유를 통제하는 건 현재로선 불가능합니다. 이기심의 자유보다 공적인 통제가 모두를 위해서 더 좋은 일이라는 원리가 교육부문에서 작동함으로써 한국사회가 뒤집히기 시작할 겁니다.

이기심과 탐욕으로 점철된 대학서열체제를 뒤집는 건 전적으로 국민의 선택에 달렸습니다. 이건 누가 정교한 안을 내나 하는 학술적 이슈가 아니라 정치적 이슈입니다. 그리고 지금은 국민의 정치적 선택을 이끌어낼 때입니다. 대학서열체제가 우리나라를 얼마나 황폐화하고 있는지 셋째 몸통에서 자세히 살펴볼 겁니다. 그리고 대학서열체제와 경제사회 자유화, 교육 자유화가 뗄레야 뗄 수 없는 삼위일체 파탄의 고리라는 것을 설명할 겁니다. 그것에 대한 확고한 인식을 통해 대학서열체제를 뒤집을 국민적 공감대 형성을 이끌어내는 것이 셋째 몸통의 목표입니다.

핵심 중의 핵심 학벌사회, 대학서열체제

학벌사회와 대학서열체제에선 무슨 짓을 해도 안 됩니다. 이 체제를 유지한 상태에선 우리나라는 내리막길뿐입니다. 우리나라 사람들은 이제 교육을 입시의 도구, 안전한 삶을 선택할 도구 정도로만 생각하기 때문에 교육이 한 국가가 흥하는 근본이란 걸 너무 쉽게 잊습니다. 도구로 전락한 교육을 가지고선 나라의 미래가 있을 수 없습니다. 경쟁력도, 삶의 질도, 경제발전도, 사회의 성숙도 지금 같은 교육제도로는 얻을 수 없습니다.

1. 교육은 국가의 성격을 규정. 우리나라가 지금 파쇼독재로부터 벗어나 진정한 공화국을 건설하는 중이라면 교육개혁은 가장 핵심적인 부문.
2. 교육은 미래성장동력을 창출. 지금 우리나라가 성장의 지체 국면이라면, 교육에서부터 성장동력을 확충해야.
3. 교육은 전 국민의 최대 관심사. 국민의 행복이 국가의 가장 큰 관심사라면, 당연히 교육이 최대 현안.
4. 국가 발전 1기가 노동 억압, 대자본 키우기였다면, 2기는 노동 통합, 총합적 성장이어야 함. 지금은 자유화 개혁으로 노동 배제, 활력 정체 상태임. 2007년 금속노조 조사에 의하면 노동자들이 살면서 느끼는 가장 큰 애로사항이 자식 사교육비 문제. 교육제도를 바꾸면 한국 노동의 박탈감부터 줄어들기 시작함.
5. 부동산, 지방공동화, 수도권집중 해소는 우리 시대의 중대한 과제. 교육문제를 도외시하고는 이 문제를 풀 수 없음.
6. 한국사회의 전근대성을 재생산하는 핵심 기제가 교육제도. 교육개혁을 통해 진정한 선진사회로 도약할 수 있음.
7. 양극화가 지금처럼 진행된다면 국민국가로서의 통합이 위태로워짐. 높

은 범죄율과 상시적인 투쟁의 사회로 진입하는 중임. 교육을 통해 내부 분단을 막고 다시 통합을 이끌어낼 수 있음.

8. 한국인이 점점 더 천박해지고, 무능력해지고, 작아지고, (물질적으로도 정신적으로도) 가난해지고 있음. 교육개혁으로 추세 전환 가능.

9. 한국사회의 성격이, 신뢰와 상호부조의 공동체형 사회가 아닌 불신과 이기심의 황폐한 사회로 점차 변하고 있음. 교육제도가 그 한 고리.

10. 능력 되면 국외로 탈출하고, 아니면 아예 태어나기 싫고, 태어났는데 탈출할 능력 없으면 자살해버리는, 매력도 활력도 없는 사회로 나라가 죽어가고 있음. 교육개혁으로 재활이 가능함.

교육 파탄은 반드시 국가파탄으로 이어집니다. 교육을 통해 국민이 재생산되고, 국가의 미래가 만들어집니다. 교육은 단지 정치의 여러 이슈 중 하나가 아닙니다. 교육이 핵심입니다. 그리고 그 핵심의 한복판에 만악의 근원 대학서열체제가 있습니다.

사교육에 먹힌 공화국

고교 졸업까지 1인당 양육비 1억 6,934만 원 소요

'살면서 경제적 부담을 느끼는 요인'

1. 자녀양육, 교육비 부담: 56.1%

2. 주거비: 9.2%

3. 공과금: 8.0%

4. 식료품: 4.6%

— 한국보건사회연구원, 2003년 조사

1인당 양육비는 2003년 기준으로 고등학교까지 계산한 겁니다. 한 사람이 성인이 되기 위해선 대학까지 나와야 하는 추세이고, 요즘 대학등록금이 천만 원대를 향해 질주하고 있으므로 기본 양육비를 대학까지 추가해 다시 계산하면 2억 원이 넘을 겁니다. 게다가 고액의 전문대학원과 나날이 최고기록을 깨는 사교육비까지 합산하면 앞의 표보다 1인당 양육비는 훨씬 큰 액수가 될 겁니다.

• 한국서 '특A급 재원' 키우는 데 5억 원 든다 [헤럴드생생뉴스 2007-02-02]

특A급 재원 키우는 데 5억 원 든다는 것에 어학연수비용은 포함되어 있지만 유학비용은 빠져 있습니다. 억대의 유학비용, 조기유학비용, 족집게 특별 사교육, 초고액 소규모 그룹과외, 여기에 교육개방으로 등장할 외국인학교 등의 비용까지 추가하면 특A급 트랙 교육비는 한마디로 '계산불가'입니다. 전 국민이 이 '계산불가' 상황을 동경하기 때문에 사교육비는 가면 갈수록 천정부지로 뜁니다.

군대가 쓰는 돈 얘기를 들으면 입이 벌어집니다. 눈에 보이지 않는 속도로 소모되는 총탄, 포탄, 온갖 일회용 폭발물들이 다 돈, 돈, 돈입니다. 군대와 전쟁은 오로지 이기는 것이 목적이기 때문에 한 국가의 모든 역량이 투입되게 됩니다. 한국의 입시경쟁은 무한경쟁으로서 이기느냐 지느냐밖에 없는 전쟁입니다. 이기든 지든 그것으로 끝입니다. 이기면 상위 학벌이고 지면 하위 학벌로 평생 갈 낙인이 찍힙니다. 당연히 실탄이 아낌없이 투여됩니다. 일단 전쟁이 발발한 이상 점차 총력전 양상으로 진화해 각 가정의 모든 역량이 투여되는 가정 대 가정의 전쟁으로 비화합니다. 사교육비라는 실탄에 아낌이 있을 수 없습니다.

전쟁 시기 보급을 게을리한 내국인이 배신자로 간주되듯이, 자식 사교육비 보급을 못한 부모는 입시전쟁의 배신자가 되어 자식에 대한 죄책감을 평생 안고 살아가게 됩니다. 눈에 보이지 않는 속도로 소모되는 탄약들처럼 사교육비도 눈이 돌아가는 규모로 살포됩니다.

• 사교육 경감대책 1년, 과외 스트레스 초등생 정신이상도. 사교육비 오히려 증가
  [시민의신문 2005-02-11]

EBS 수능과외 등 정부의 사교육비 경감대책 1년 만에 사교육비는 오히려 증가했다는 것입니다. 위에 설명한 사교육비 폭증의 구조는 그대로 둔 채 엉뚱한 데다 정책초점을 맞췄기 때문입니다. 이런 것이죠.

입시전쟁 → 총력전 → 무한 보급 필요 → 부자 유리, 약자 불리

정부의 대책
입시전쟁은 그대로, 약자에게 부실 보급품(EBS 과외, 방과후학교 등) 제공
"우리가 보급품을 대니 이젠 너희도 불리하지 않다. 입시전쟁에 전사로 나서라!"
- 대학서열체제에서 일류대는 언제나 소수의 몫.
- 무한경쟁에서 그 소수가 되기 위해선 남들이 갖지 못한 일류 전략물자가 필요함.
- 예를 들어 거북선이 우리 측 최강의 무기일 때 왜적도 거북선을 갖게 된다면 더 이상 거북선은 최강의 무기가 아님. 이것이 전쟁의 구조.
- 소수에게 필요한 건 최강의 무기이지 남들도 다 가지고 있는 무기가 아님.
- 정부의 사교육비 경감책은 언제나 전쟁에 임하는 모든 사람에게 다 주어지는 것들(방송과외, 인터넷과외, 방과후학교).

- 말하자면 조선 정부가 조선군과 왜적이 싸우고 있는 전장에 부실한 화살촉을 마구 살포하면서, "이제 모든 군인들이 다 화살을 쓸 수 있게 돼서 우리 조선군도 왜적을 이길 수 있습니다." 하는 격.
- 그래도 왜적은 조총(고가 사교육)을 쏠 것임.
- 정부 말 믿으면서 화살촉 들고 좋아한 사람만 바보 됨. 조총에 맞아 죽음.
- 근본적으로 총력전 양상으로 비화할 수밖에 없는 무한입시경쟁구조는 약자에게 극단적으로 불리함.
- 국민 다수 입장에선 입시전쟁에 참전하는 것보다 아예 거부하는 것이 유리함.
- 정부는 그 사실을 호도하며 국민들에게 부실 보급품을 살포함으로써 마치 그 보급을 통해 자신도 입시전쟁에 승리할 수 있는 것처럼 믿도록 국민 의식을 마비시킴.
- 모든 사람들이 의심 없이 참전함에 따라 입시전쟁은 점점 더 과열, 정부가 유사 사교육을 제공하는 식으로 사교육경감 대책을 내놓을수록 전비(사교육비)는 커져만 감.
- 원천적으로 불공정경쟁인 입시경쟁을 정부는 그것이 마치 공정한 경쟁인 것처럼 환상을 유포하며 기존의 불공정구조를 지키는 데만 혈안이 되어 있음.
- 입시전쟁은 누가 쳐들어와서 터진 전쟁이 아님.
- 사람들이 입시전쟁에 참전하지 않으면(=평준화), 전쟁은 그 즉시 종결됨.
- 정부가 진정으로 염려하는 것은 약자들이 전쟁에 참전하지 않는 사태인 것 같음.
- 왜냐하면 사람들이 결국 부자가 이길 수밖에 없는 입시전쟁에 뛰어들어야 부자들이 그 전쟁에서 승리해 자식에게 지배권을 편하게 세습할 수 있는데, 입시전쟁이 사라지면 지배권 세습이 힘들어지기 때문임.

- 전쟁이 총력전의 양상을 띨수록 거기서 걸러진 서열은 신성불가침의 권위를 갖게 됨.
- 부자의 자식이 신성불가침의 권위를 부여받고 국민 위에 군림.
- 말하자면 입시전쟁은 소수 부자가 다수 국민의 백만대군을 몰살시키기 위해 마련한 음모의 계곡.
- 국민이 이 계곡에 발을 딛는 순간 살아나올 수 없음.
- 바보가 아닐진대 이런 유인에 모두가 마냥 말려들 것을 기대하기는 힘듦.
- 그래서 자꾸 현실을 호도하는 마약성 기만책들을 내놓는 것임.
- 오징어들을 유혹하는 오징어잡이 배의 휘황찬란한 죽음의 등처럼 EBS 과외니, 방과후학교니 하는 사교육비 경감대책이라는 미끼를 살포함.
- 또 개방형 자율학교 등으로 학교에 자율성을 주면서 더욱 적극적으로 입시전쟁에 참여할 것을 종용하고 있음.
- 홀린 듯이 모든 국민이 죽음의 계곡에 들어서 아비규환으로 도탄에 빠짐.

여기서 끝이 아닙니다. 도탄에 빠진 백성들에게 정부는 죽음의 계곡을 보다 확장할 선동을 시작합니다.

- 국민들에게 "당신들 고통의 원인은 나태하고 무능한 교사들이야."라고 선동함.
- 국민은 또다시 홀려서 "그래, 교사가 족집게 학원강사처럼 가르치면 내 자식이 안 죽을 것 아냐?"라고 교사를 원망함.
- 설령 모든 교사가 거북선이 된다 해도 죽음의 계곡에 들어선 국민의 자식이 죽음을 피할 길은 없음.
- 왜냐하면 모든 교사가 거북선이 되는 순간 부자들은 초합금 광자력 거북선 교사를 조달할 것이기 때문에(모두가 이길 수 없는 소수 승자독식구

조의 필연).
- 그럼 국민의 자식들이 죽음의 계곡에서 다 죽고 정부는 또 시간을 벌 수 있음.
- "국민 여러분, 당신들 고통의 원인은 무능한 거북선 교사들이 초합금 광자력 강사들보다 못한 데 있습니다."라고 또 세뇌를 함.
- 국민들은 "그래. 교사가 바뀌면 돼." 하면서 죽음의 계곡으로 또 이끌림.
- 이런 식으로 영원히 끝나지 않는 몰살구조가 성립됨.
- 교사가 문제라는 선동 다음으로 나오는 선동이 학교가 문제라는 선동.
- 무능한 학교를 모두 거북선 학교로 만들어도 같은 구조에서 결국 사기일 뿐.
- 교사, 학교 등 공교육의 무능 탓으로 국민 고통의 원인을 돌리는 건 국민의 자식을 죽음의 계곡으로 이끌기 위한 책략.
- 학교 무능 해소론은 결국 학교 자율화, 학교별 격차 인정, 선택권 확대로 이어져 대학서열체제 하위로까지 서열체제를 확대, 국민 다수가 몰살당하는 입시경쟁이란 죽음의 계곡을 더 키울 뿐.
- 국민을 죽음의 계곡으로 유인하는 술수에다 죽음의 계곡을 더 키우는 술수까지 복합적으로 섞고 있는 셈임.
- 악랄하고 또 악랄함.

어느 순간엔가 동네 골목에서 뛰어노는 아이들이 사라졌습니다. 내가 어렸을 때만 하더라도 방과 후에 아이들끼리 놀러 다니는 건 상식이었고, 피아노학원이나 태권도학원에 다니는 아이들은 소수였습니다. 중학교 때까지는 종합학원에 간다는 건 상상도 못할 일이었고, 고등학교에 가서도 간간이 단과학원 다니는 아이들이 있었지만 대세는 아니었습니다.

- 초등생, 열 명 중 여덟 명 이상 과외 [YTN 2005-06-13]
- 교육비 상승률 '소비자물가의 2배' [문화일보 2006-07-24]

양적으로 사교육이 아래로, 아래로 내려가는 것과 동시에 가격도 뜁니다. 우리나라의 공식적인 총사교육비 규모는 2005년 기준으로 21조 원 정도로 알려져 있습니다. 현재의 사교육 통계로만 봐도 충분히 파탄적입니다만, 실제론 그것보다 더 암 덩어리가 큽니다.

- 월 수천만 원 펑펑 '일그러진 과외공화국'
  한 달 수업료 4000만 원 …… 대치동 '이 선생'을 찾아라 [스포츠조선 2007-02-01]
- 월소득 1000만 원에 세금은 '0원' … 미신고 과외 성행 [쿠키뉴스 2006-08-11]

정식으로 등록이 되어 있지 않은 그룹별, 개인별 과외가 성행한다는 겁니다. 사교육 통계에 잡히지 않는 사교육비입니다. 지표보다 실제의 파탄상은 더 깊습니다.

- '수강료 기준' 한 곳도 안 지킨다 [한국일보 2006-11-19]

정부가 정한 수강료 상한선이 있는데 실제로는 전혀 지켜지지 않고 학원들이 불법영업을 한다는 겁니다. 신고한 액수보다 2배 이상 더 받는 곳이 부지기수랍니다. 당연히 공식적인 통계엔 불법, 음성 영업은 안 잡히겠지요. 그러므로 실제 사교육비 규모는 아무도 알 수 없습니다.

- [한국의 高3] 교과서 위주·학교충실 '옛말'
  "이제 개천에서는 절대 용이 나올 수 없다. …… 초등학교 때부터 사교육에 완전히 길들여진다. …… 예전에는 학원에 안 다니고 과외 안 해도 서울대 법대, 의대 잘 갔지만 이제는 그런 애들이 사실상 없다." …… 부모의 경제적 배경은 명문대 진학의 필수조건이다. 공부 잘하는 아이들은 집도 잘 산다. [경향신문 2006-10-18]

대학서열체제의 구조상 이런 결과는 필연입니다. 저소득층 자녀는 일류대로부터 점점 더 배제당하고 있습니다. 그러나 우리 국민은 여전히 희망을 품고 사교육비를 벌어댑니다. 죽음의 계곡에 걸려들었다는 걸 아직 눈치채지 못하고 있습니다. 죽음의 계곡에서 당하는 고통이 클수록 사교육비는 커져만 갑니다. 공교육을 해야 공화국인데 사교육이 공교육을 먹고 있으니 벌레 먹은 공화국이 됐습니다.

영원토록 벗어날 수 없는 가난

한국경제발전, 근대화의 원동력은 '우리도 한번 잘 살아보세'라는 국민의 한이었습니다. 이제 곧 1인당 소득 2만 달러 시대가 된다는데 얼만큼 잘 살게 됐습니까? 3만 달러, 4만 달러로 가면 지금보다 더 잘 살게 될까요? 현재의 교육제도로는 어림도 없습니다. 지금까지 설명한 것처럼 대학서열체제가 만들어내는 전쟁과도 같은 무한경쟁은 그야말로 총력전으로 비화해 각 집안의 모든 자원이 투여됩니다. 그리하여 아무리 소득이 올라가도 영원히 가난하게 됩니다.

1. 대학서열체제하의 입시경쟁은 남을 이기기 위한 경쟁이기 때문에 이길 때까지 투여될 자원의 양에 제한이 없음.
2. 무한경쟁 → 무한투여
3. 자산의 액수를 따지는 것이 무의미한 극소수 부자들을 빼놓고 중산층 이하 전 국민이 가난해짐. 소득이 1만 달러일 때나, 10만 달러일 때나 변하는 것이 없음(내가 사교육비를 10만 원에서 100만 원으로 늘리면 옆집은 120만 원으로 늘릴 테니까).
4. 학벌사회, 대학서열체제는 중산층은 중산층대로, 가난뱅이는 가난뱅이대로 각자가 가진 여윳돈의 수준을 정확히 파악해 착취하는 유사 이래 가장 교묘한 수탈 제도.
5. 국민은 영원히 삶의 '여유'를 느낄 수 없음. 어떤 정치도, 어떤 개혁도 이런 구조에서는 영원히 실패할 것임.

- [자식을 위하여 올인하는 부모들] '교육도 투자' 무작정 지출은 금물
  우리나라는 유례없이 자녀 교육자금 때문에 노후설계가 이뤄지지 않는 국가
  [경향신문 2006-01-03]

- 과도한 사교육비가 빈곤 불러
  생활비의 36% 차지 … 학부모 77% "저축 못해" [조선일보 2003-09-04]

당장 가난해질 뿐만 아니라, 위의 기사대로 노후까지 가난해집니다. 게다가 가난한 집 자식은 하위서열대학에 들어가 하위학벌이 되므로 그 가난이 대물림됩니다. 희망이 없는 인생입니다. 희망 없는 걸 뻔히 알면서도 자식 교육비에 돈을 쓰고, 또 쓰게 만듭니다. 소득이 많은 사람들마저 자신의 많은 소득을 다시 수탈당합니다. "연봉 6,000 대기업 40대 부장 사교육비에 허덕"(한겨레 2006-05-02) 이렇게 영원히 가난한 구조인 것이지요.

• 서울 윤모 과장의 월평균 자녀 사교육비

큰아이(초등학교 6학년 남자)		둘째아이(초등학교 1학년 남자)	
⇨ 영어학원	26만 원	⇨ 영어학원	13만 원
⇨ 수학과외	30만 원	⇨ 체육학습	5만 원
⇨ 과학학원	20만 원	⇨ 한자학습지	6만 8000원
⇨ 영재학습	16만 원	⇨ 창의력 방문지도	10만 원
⇨ 논술(독서지도)	10만 원	소계	34만 8000원
⇨ 미술학원	5만 원		
⇨ 체육학습	6만 원		
⇨ 한자학습지	2만 5000원		
⇨ 클라리넷(문화센터 수업) 교습	3만 원		
소계	118만 5000원	총계 153만 3000원	

※윤과장의 월급은 평균 400만 원 정도, 현재 서울 목동에 전세로 거주중이며 외벌이임
[한국경제 2006-10-15]

• 과외비에 가위눌린 부모들 '잃어버린 노후'
 月 300만 원 지출 … 연봉 8000도 빠듯 [헤럴드경제 2007-02-02]

• 도시가구 교육비 비중 사상 최고 기록 … 교육비 부담 가중된다 [쿠키뉴스 2006-02-08]

이 사상 최고 기록은 해마다 깨집니다. 그에 따라 민생 파탄도 해마다 깊어집니다. "자녀 사교육비로 매달 급여의 절반 이상 지출"(노컷뉴스 2006-02-15)하는 가정이 속출하는 구조에서 어떤 풍요가 있을 수 있습니까? 이러니까 정규직들도 투쟁할 수밖에 없습니다. 비정규직들이 보기엔 너무나 얄밉게 느껴지지만 한국의 학벌사회는 거의 대부분 국민을 공평히 불행하게 만들기 때문에 정규직 노조도 어쩔 수가 없습니다(대학서열체제 = 삶의 질 하향평준화).

• "월급 80만 원, 자식교육비 100만 원, 다시 투잡족 되어야 할 것 같아요"
 비정규직 여성이 본 '여성의날' [오마이뉴스 2006-03-09]

소득수준을 넘어 인간적 존엄과 생존권까지 수탈당합니다. 앞의 기사에서 저소득층에겐 소득보다 교육비가 더 크다는군요. 저소득층은 자식의 존엄성을 위해 자신의 존엄성을 버리는 것입니다. 그러나 그 자식이 일류학벌 일류인생이 될 가능성은 거의 없습니다. 우린 지금 정말 악랄한 체제에서 살고 있습니다. 대학 가면 등록금이 없어서 쩔쩔매게 되지요. 그런데 그 등록금 이전에 국내 유학비가 또 문제가 됩니다.

• 치솟는 물가 · 등록금 … 지방유학생들의 주거대책은 [세계일보 2006-03-13]

지방 사람만 서울로 오는 게 아니라 서울 사람도 지방으로 갑니다. 교육이 돈 먹는 하마입니다. 지방민이 서울대를 다닐 경우 연간 1,500만 원 정도의 돈이 필요하다는 보도도 있었습니다. 대학서열체제에서 국민은 어디에 살든 전국 서열에 맞춰 자식을 진학시켜야 합니다. 서울대 갈 학생이 자동적으로 서울에 살 수 없는 한, 지방에서 서울로, 서울에서 지방으로 옮겨 다니는 내부 유학행렬은 영원히 멈추지 않습니다. 이래저래 허리가 휩니다.

• **유자녀가정 51.7%, 생활비 중 자녀교육비가 1순위**
  유자녀가구의 지출 생활비 1순위
  자녀교육비 51.7% / 본인, 남편교육비 3.7% / 식료품비 19.3% / 의료비 1.1% /
  의복/가사용품 5.4% / 주거비 15.3% / 비동거가족지원 1.1% / 보험료 5.4% / 기타 0.7%
  [데이터뉴스 2006-03-23]

• 영유아 교육시장 '불황 끄떡없어요' [문화일보 2006-08-30]

교육비 투여 경쟁은 무한경쟁이라고 했습니다. 비용의 차원에서도 무한대이지만 아이 연령을 기준으로 해도 무한대가 됩니다. 입시생들뿐만

이 아니라 영유아에 태아까지 경쟁에 포획됩니다. 기사 제목이 '영유아 교육시장 '불황 끄떡없어요'인데 이건 이렇게 바꿔도 됩니다.

교육시장 확대가 불황 불러요.

가난한 소비자들만 있는 경제가 당연히 불황이지 호황일 리가 없지 않습니까?

- 치솟는 사교육비 '학원 공화국'
"2003년 만 9천여 개였던 전국의 입시 보습 학원은 5년 사이 2만 8천여 개로 늘었습니다." [KBS 2006-11-22]

여성들도 자식 교육비 때문에 비정규직 일자리를 잡아야 합니다. 여성의 사회활동 증대가 아니라, 노예화입니다. 자신의 인생을 자식 때문에 포기하는 것이니까요. 그래봤자 일류대는 전업주부의 자식들이 갑니다. 그 전업주부들도 입시정보 알아보느라 노는 것이 아니지요. 자식 교육에 인생을 저당 잡히기는 매한가지입니다. 그렇게 부모가 노후를 버려가며 희생해봐야 지금과 같은 구조에서 그 자식들은 제 자식 앞가림하느라 또 허리가 휠 지경이기 때문에 부모를 챙길 여유가 없습니다. 정말 구조적으로 악랄합니다. 마지막으로 하나 더.

- 학부모 99% "나도 영어공부해야" [서울경제 2007-02-07]

국민 어학 경쟁력 향상이라고 좋아할 일이 아닙니다. 가난해지고 황폐해지고 바빠진 사람들이 그나마 남는 시간을 더 쥐어짜 자식 교육에 필요한 지식 습득에 나선다는 겁니다. 자기가 직접 영어를 가르치기 위해서요. 인생을 최후까지 쥐어짜고 쥐어짜고 또 쥐어짭니다. 돈과 생명력 그 모두를 말입니다. 무한경쟁이니까요. 피도 눈물도 없습니다. 잔인합니다. 그리하여 대학서열체제에서는 모두가 물리적, 심리적 가난을 벗어날 수 없습니다. 영원히.

아이들 인간성 파탄

학생인권은 없다

- 공부에 감금당한 '자물쇠 학원' 아이들 [경향신문 2007-01-18]
- 학원체벌은 괜찮다? 학생·학부모 당연시 [경향신문 2007-01-18]

공부만 시킬 수 있다면 아이들을 가둬도, 때려도 좋다는 것입니다. 대학서열체제하에서 수요자의 요구에 맞춰 학교를 자율경영시킬 경우 학교가 어떻게 변해갈지 뻔합니다. 아이들살리기운동본부에서 2006년에 발표한 우리 아이들 실태는 이렇습니다.

성적이나 입시 스트레스로 건강을 해친 적이 있다는 학생 38.5%
우울증이나 정신적인 어려움을 겪은 적이 있다는 학생 32%
학교를 그만두고 싶은 적이 있었던 학생 45.6%
자살 충동을 느꼈던 학생 20.2%

자살을 실제로 시도해 본 적이 있는 학생 5%

세계에서 유일무이한 입시경쟁 지옥 속에 있는 우리 대한민국의 아이들은 당연히 세계에서 가장 고통스러운 나라에 살고 있습니다. 경제지표가 어떻게 되든 누가 집권하든 이 구조에서 달라지는 건 없습니다. 아이들의 약 40%가 건강을 해쳐가며, 약 20%가 자살충동을 느끼며 지옥을 헤쳐 나가고 있습니다. 실제로 자살을 기도했던 아이들이 5%랍니다. 아직도 피가 부족한가요?

• "초·중·고교생 4명 중 1명꼴로 정신장애" [연합뉴스 2007-04-15]

애들은 사람이 아니다

전쟁에 나선 전사는 사람이 아닙니다. 총탄이 빗발치는 전쟁터에서 군인이 자아실현이니, 인권이니, 인간성이니 하는 걸 찾을 수 있나요? 따뜻한 가정과, 공동체와 학교가 아닌 전쟁터에서 자란 아이들의 정신상태가 어떨까요? 어느 나라가 그런 아이들로만 국민을 채워나간다면 장차 그 나라는 어떻게 될까요?

입시전쟁에서 아이들은 어렸을 때부터 승리할 것만을 요구받습니다. 모든 인간적인 요구는 종전 이후로 미뤄집니다. 다 큰 어른도 이런 상황에선 인간성에 변화가 올 텐데, 이제 막 인간성이 형성되는 시기의 아이들이 이런 전쟁판에 내몰린다면? 5%에 달하는 아이들이 자살기도를 했을 만큼 황폐한 환경에서 아이들이 타자에게 잔혹해지는 것도 당연하지요.

입시경쟁구조는 패자, 즉 약자에 대한 연대감을 가르치지 않습니다. 약자를 밟고 올라가라고만 합니다. 한눈 팔지 말고, 잠시라도 한눈 팔았다가는 내가 밟힐 수 있으니까, 내가 약해서 밟힌다면 그건 너무나 당연한 거니까, 약한 놈을 내가 밟는 것도 너무나 당연하다는 생각. 그런 생각을 아이들에게 내면화시킵니다.

어렸을 때부터 등수에 집착하도록 세뇌당합니다. 등수가 올라가면 최고로 인정해주고, 등수가 내려가면 냉혹한 멸시를 받는 걸 보면서 자랍니다. 인성이 비뚤어지지 않으면 그게 오히려 이상합니다. 타자의 고통에 무감각해집니다. 사이코패스처럼 변해갑니다. 사이코패스란 정상적인 사람은 상상도 할 수 없는 범죄나 잔혹행위를 태연하게 저지르는 사람들을 말합니다. 이 사람들은 타자의 고통을 인지하거나, 공감하는 능력이 없습니다. 우리는 아이들을 이런 집단으로 키우고 있습니다.

교육은 아이들을 목표로 생각해야 하는데 우리나라의 입시경쟁 구조에서 아이들은 도구일 뿐입니다. 학교의 욕망, 교사의 욕망, 부모의 욕망, 혹은 대학서열체제로부터 세뇌된 학생 자신의 욕망에 학생의 실존이 도구로 동원되는 것이지요. 당연히 인간성은 껍데기만 남습니다. 아이들의 목적은 인간성이나 연대가 아니라 타자를 이기는 것이 되구요. 입시경쟁은 무한 선착순 뺑뺑이와 같습니다. 선착순은 보통 군대에서 얼차려로 주는 것인데요. 누군가가 그 뺑뺑이를 1년 365일 내내 당한다고 생각해보세요. 악만 남지 않을까요?

사회심리학적으로 인간의 공격행동을 초래하는 가장 큰 원인은 '좌절'이라고 합니다. 이미 설명했듯이 우리의 입시경쟁구조는 절대다수 아이들에게 좌절을 안겨주는 구조이구요. 아무리 열심히 공부해도 필연적으로 모두가 좌절을 겪습니다(소수만 일류대에 가니까). 미국의 심리학자 엘리어트 애런슨은 『현대 사회심리학』에서 좌절을 당한 아이들은 파괴적으로 행동하는 경향이 있다고 했습니다. 그는 폭력을 줄이는 방법은 좌절을 일으키는 사회적 불의를 감소시키는 길밖에 없다고 주장했습니다.

우린 학벌사회, 대학서열체제를 더욱 심화시키고 있습니다. 좌절은 더 커집니다. 아주 어렸을 때부터 좌절이 예정된 전쟁에 뛰어들어야 합니다. 투쟁을 위해 태어난 전사들에게 따뜻함은 사치일 뿐입니다. 냉혹하고 황폐해질 것을 끊임없이 요구받습니다. 황폐해지지 않고선 도저히 입시경쟁을 견뎌낼 수 없지요. 마치 황폐해지지 않고선 전쟁을 치를 수 없듯이. 마음이 섬세한 아이들부터 자살하거나 탈락하기 시작하구요. 적대감과 고통으로 가득 찬 아이들은 공격할 대상을 찾아 배회하기 시작합니다.

잔혹한 사회, 잔혹한 학교, 잔혹한 아이들

- 학교폭력 갈수록 저연령화 지능화 [YTN 2006-02-09]
- '학교폭력' 어려지고 흉포화 … 가해자 78%가 '중학생'
  집단 구타, 성폭행 등으로 폭력 수위가 갈수록 높아지고 있다. [문화일보 2007-03-30]
- "친구들이 괴롭혀 못 살겠다" 초등생 목매 자살 [조선일보 2005-04-28]
- 초등생 10명 중 2명 학교폭력에 멍든다 [한겨레 2006-12-16]

중학생을 넘어 초등학생까지 이런 일을 당하게 됩니다. 부모들은 점점 더 학교를 불신하게 되구요. 이 나라를 빨리 떠나고만 싶어집니다. 그것 때문에 유학수지 적자가 커지자 정부는 개방 자유화하겠다고 합니다. 그런데 개방 자유화는 결국 시장화이고, 시장경쟁은 본질적으로 패자, 약자에게 냉혹한 구조이기 때문에, 그렇지 않아도 약자에게 너무나 냉혹해서 국민이 환멸을 느끼는 지금의 구조를 더욱 강화할 겁니다.

게다가 공교육 불신을 풀겠다며 오히려 경쟁을 더 강화하자고 주장합니다. 공교육 불신이 사교육보다 공교육의 입시성적이 떨어진 것에서 비롯된 것이기 때문에, 학업성취도 경쟁을 더 붙이고, 학교에 사교육 원리를 도입해 입시성적을 높이면 학교에 대한 신뢰가 살아날 거란 논리지요.

1. 아이들이 냉혹해진 건 전쟁과 같은 대학서열체제하의 경쟁구조, 입시의 도구로 전락해 인간성이 황폐해졌기 때문인데, 정부정책은 경쟁력 향상이란 명분으로 경쟁구조를 더 심화시키고 있음.
2. 저소득층이 다니는 어느 일반 학교도 일류 사교육보다 나은 학교로 만들 수 없으며 단지 학교를 삼류 사교육 수준의, 더욱 정나미 떨어지는 장소로 만들 뿐임.
3. 그에 따라 유학(탈출)행렬은 더욱 늘어 정부 정책은 나라를 망하게 함.
4. 국내의 학교는 폭력과 환멸, 비인간성만을 양산하는 기관으로 변해감.

어처구니없는 대학서열체제의 파탄상은 정부의 어처구니없는 정책으로 더 깊어집니다.

• 버릇없는 아이들, 가정도 학교도 '통제불능' [경향신문 2005-05-02]

이런 일이 생기는 것은 당연합니다. 대학서열체제는 아이들에게 자신의 이기적 이익을 위해 입시기계가 될 것을 요구하지, 사회적 책임감이나 연대의식을 요구하지 않거든요.

• "왕따 못 견뎌 한국 떠날래요" [중앙일보 2005-06-09]

이 기사의 아이의 경우엔 몸이 작고 말을 더듬는다는 이유로 초등학교 때부터 왕따를 당했다고 합니다. 중학교를 들어갔는데 왕따를 당했었다는 소문이 퍼지는 바람에 다시 왕따를 당했다고 합니다.

- 학생들은 쉬는 시간마다 '날아 차기'로 Y군의 가슴팍을 발로 찼고, 지난 3월엔 체육복을 갈 아입는 Y군의 속옷을 벗기고 우는 얼굴을 휴대전화 카메라로 찍기도 했다. "학교에 가지 않 겠다"고 우는 아들을 달래고 가해 학생과 부모들로부터 사과를 받기도 했다고 한다. 그러나 Y군은 이후에도 하루 두 차례씩 6~7명의 아이들에게 끌려가 집단 구타를 당했다는 것이 다. 최근에는 학생 2명이 Y군을 학교 건물 4층 창틀에 세워놓고 팔을 잡은 상태에서 건물 밖으로 밀어냈다고 한다." [중앙일보 2005-06-09]

난 이런 류의 기사를 볼 때면 어떨 땐 피가 거꾸로 솟구치는 듯한 느낌이 들기도 하고, 순간적으로 눈앞이 '깜빡' 하면서 아득해지는 경험을 하기도 하고 그렇습니다. 이전 학교에서 왕따 당했던 것이 알려지자 다시 왕따로 찍혔다는 것이 무얼 말합니까? 애들이 이미 인간이 아닌 겁니다. 무한경쟁을 조장하는 대학서열체제가 괴물들을 키우고 있습니다. 이건 몇몇의 특수한 이야기가 아닙니다.

- 청소년 10명 중 4명, '왕따 경험'(가해자 포함) [데이터뉴스 2006-07-24]

보통 인터넷에 왕따 폭력 기사가 뜨면 가해자와 가해자 부모에 대한 저주로 도배가 됩니다. 그런데 왕따는 일대일 폭력이 아닙니다. 학교나 학급 전체가 사실상 공범이라고 봐야 합니다. 과거 군사독재 시절엔 이런 왕따는 없었습니다. 민주화되고 나서 생겼습니다. 이게 뭐가 문젠지 우린 정말 근본적으로 다시 생각해봐야 합니다. 민주화되고 나서 교육 자유화 개혁을 했지요.

그러자 왕.따.가.생.겼.습.니.다.

자유화 개혁은 약자, 즉 국민다수를 왕따 시켰습니다. 재벌과 자산가들을 위해 노동자의 반을 비정규직으로 만들며 잔인한 왕따를 감행했습니다. 게다가 언론, 사회적 발언자들, 정치, 출판 등을 모두 중산층 이상이 장악하고 있습니다. 그들의 세계에서 체감하기론 우리나라 먹고사는 데 큰 지장이 없습니다. 그러자 한국사회의 공식적인 언로에선 우리나라 살기 좋아졌다는 말들이 흘러나오고 있습니다. 그리고 자유화 개혁을 더 하자고 합니다.

사회가 거대한 왕따 체제로 구축됐습니다. 아이들이 보고 배우는 것이지요. 이미 여러 차례 설명했듯이 한국의 입시경쟁구조는 약자들을 배제하기 위해 고안된 교묘한 덫입니다. 아이들은 거대한 덫 안에 있습니다. 원 안에 또 작은 원이 형성되며 닮은꼴 관계를 맺듯이 아이들의 잔혹함이 한국사회 구조의 잔혹함을 닮았습니다.

아이들의 잔혹함 ← 교육제도의 잔혹함 → 한국사회의 잔혹함

다시 말하지만, 난 이 죽음의 트라이앵글 구조를 깰 약한 고리로 교육제도의 잔혹함을 지목합니다. 이 문제를 해결하지 않고 아이들이 제정신으로 돌아오길 기대할 수 없고, 사회의 잔혹함을 당장 깨는 것은 현실적으로 불가능하기 때문입니다. 이 세 가지가 다 연결돼 있기 때문에 한가운데를 치면 양쪽도 변하기 시작할 겁니다.

• 청소년 폭력 갈수록 심각
한 여중생은 친구들에게 미용기구로 상습적으로 폭행을 당해 온몸이 피투성이가 됐습니다. 또 여고생 등 4명이 중학교 동창을 나체로 만든 뒤 성희롱 장면을 찍고 1년간 상습적으로 때리기도 했습니다.
초등학생 : 그날따라 마음에 안 드는 애들 있으면 그냥 끌고 가서 사람들 많이 안 보이는 데서 때리고 …… [MBC TV 2006-12-19]

2006년 12월엔 이 뉴스의 사건 말고도 끔찍한 일이 또 있었습니다. 한

10대 소녀가 또래 아이들에게 집단폭행을 당하다가, 아이들이 1분간 쉬라고(!) 시간을 준 틈에 3층 아파트에서 투신을 했습니다. 척추와 골반, 다리가 부러지고 정신을 잃었습니다. 그런데 그렇게 땅바닥에 떨어진 아이를 때렸던 아이들이 다시 아파트로 끌고 올라와 정신을 차리게 한 다음, 3시간 30분 동안 신고하지 말라고 협박했다고 합니다. 아이가 죽을 것 같다고 호소하는 데도 말입니다. 그리고 아파트 앞에다 그 아이를 내동댕이치고 달아난 사건입니다. 끔찍합니다.

얼마 전엔 동급생을 때리는 장면을 가해자들이 동영상으로 찍은 사건이 알려졌는데요. 아이들이 뭐랄까, 도덕감이랄까, 윤리감이랄까, 하는 의식이 마비된 것입니다. 자신들이 지금 남에게 숨겨야 할 나쁜 짓을 하고 있다는 지각이 없기 때문에 자기가 하는 나쁜 짓을 자기가 동영상으로 찍은 것이지요.

촬영한 아이들은 그 촬영이 자기들의 부끄러운 짓을 찍는 것이 아니라, 피해자의 부끄러운 모습을 찍는 것이라고 생각했답니다. 강자에게 괴롭힘 당하는 약자는 능멸의 대상일 뿐이고, 약자를 괴롭히는 강자는 당당하다는 사고방식이지요. 아이들 생각이 한국사회 구조를 너무나 빼다 박았습니다. 나쁜 짓을 하는 사람은 자기가 찍히는 걸 원하지 않는 법입니다. 그런데 우리 아이들은 스스로 찍었습니다. 나쁜 짓을 하고 있다는 인식 자체가 없었던 겁니다. 윤리가 무너졌습니다. 인간성두요.

- '조폭 뺨치는' 여중생들, 집단 가혹행위 '충격'
  경찰 관계자는 박양 등이 붙잡혀 와 조사를 받는 과정에서도 반성의 기미가 전혀 없이 폭행과 가혹행위를 담담하게 진술하는 모습에 혀를 내둘렀다. [노컷뉴스 2004-8-16]

31시간 동안 한 아이를 끌고 다니며 집단폭행했던 사건인데요. 나중에 자신들의 악행을 진술하는 아이들의 태도가 그야말로 '담담' 했다는 겁니다.

• 폭력학생 21% "죄의식 없이 때려요" [한국일보 2007-04-18]

경찰청 조사에 의하면 폭력을 휘두른 학생 중 5분의 1 가량이 죄의식을 느끼지 않은 채 때린다고 합니다.

• 엄마 때린 패륜, 그 뿌리는 학교 폭력 [오마이뉴스 2007-01-18]

중학교 2학년 아이가 어머니에게 일상적으로 폭력을 휘둘렀다고 합니다. 그 아이는 초등학교 때는 효도상을 받은 적도 있는 아이였습니다. 알고 보니 중학교에 들어가서 학교폭력의 희생자가 됐고 그것이 아이를 가정폭력의 가해자로 만든 것이었습니다. 이렇게 왕따와 폭력을 당한 아이들은 나중에 자신이 다시 가해자가 되는 경향이 있으며 타인의 고통에 무감각해진다고 합니다.

아이들뿐만이 아니지요. 불특정 다수를 대상으로 연쇄살인을 저지른다든지, 아무 이유도 없이 길 가던 사람에게 범죄를 저지르는 '증오범죄'의 경우 이 아이처럼 강자에게 당한 폭력을 만만한 대상에게 돌리는 경우가 많습니다. 보통 여성이나 노약자가 그 대상이 됩니다.

우리 사회는 자산가의 금융소득을 위해 만만한 노동자를 자르고 그 가족을 내팽개치는 일을 경영합리화라며 칭송합니다. 정부가 공기업에게 비정규직 비율을 높이지 않으면 방만한 경영을 한다고 질책하는 일도 있었다고 합니다. 어차피 민영화하고 주주가치경영을 하면 노동자들을 알아서 죽이게 되지요. 그러면 수익성도 높아지고 주가도 높아지고 경제지표도 좋아져 윗분들이 나라가 잘 돌아간다고 좋아합니다. 강자의 이익을 강자가 모두의 이름으로 기뻐하는 것입니다. 잔인하지요.

약자의 자식들이 입시전쟁에서 낙오하고 일류학교로부터 배제당하는 경쟁을 국가경쟁력의 이름으로 더 강화해야 한다며 언론과 교육당국은 입을 모읍니다. 강자의 자식들을 위해 모두의 이름으로 덫을 놓는 것이지요. 역시 잔인합니다. 뭐 심은 데 뭐 난다고, 잔인한 나라에서 잔인한 아이들이 나옵니다.

보통 학교폭력 해소책으로 스쿨 폴리스니 CCTV니 처벌 강화니 이런 방안들이 등장합니다. 그런데, 코끼리 탈출 사건 아십니까?

• 서울 도심 '코끼리 대소동' [세계일보 2005-04-21]

공연을 준비하던 코끼리가 어린이대공원을 탈출해 난리가 벌어진 사건입니다. 교통혼잡은 물론이고 기물 파손, 인명 부상까지. 이 코끼리, 어떻게 할까요? 어떻게 해야 이런 일이 안 생길까요? 코끼리를 24시간 철창 안에 가둘까요? 물론 이 코끼리가 구제불능의 공격성을 가지고 있다면 사람 옆에 풀어놓으면 안 되겠지요. 그 코끼리 한 마리가 문제가 아니라 비슷한 사건이 다시 안 나도록 방안을 강구하는 게 근본적인 해결책 아니겠습니까?

• "코끼리가 불쌍해요" 하루 7차례 쇼, 트레킹 동원 … [중앙일보 2005-04-22]

단 하루 만에 이런 보도가 나왔습니다. 그런데 아이들 폭력엔 왜 스쿨 폴리스만 대책으로 나옵니까? 그러면서 동시에 아이들을 코끼리보다 더 지독한 스트레스 속에 빠뜨리는 경쟁강화책은 계속 추진하지요. 아이들이 지금보다 시험을 더 많이 보도록 해야 한다는 주장은 끊임없이 제기됩니다(자유화 교육개혁엔 학업성취도 평가 강화가 들어 있음). 왜 우리 아이들이 받는 대접이 코끼리보다 못한 겁니까?

내 생각에 이유는 딱 하나입니다. 코끼리 문제가 어떻게 풀리든 부자가 기득권을 독점하고 세습하는 데 아무런 문제가 없습니다. 그래서 코끼리 문제엔 이성이 작동합니다. 그러나 아이들 교육 문제는 잘못 건드리면 기득권 질서에 문제가 생깁니다. 입시경쟁구조가 깨지면 국민 다수를 죽일 죽음의 계곡 계략이 와해되니까요. 그래서 아이들이 난동 부릴 때마다 전혀 엉뚱한 스쿨 폴리스 얘기만 하면서 실제론 그 난동의 구조를 계속 강화하는 것이지요. 대학서열체제와 입시경쟁이라는 기득권 세습 구조를 지키기 위해 아이들의 폭력성을 사실상 조장하는 겁니다. 정말 잔인합니다.

> 옛날 탄광에서는 광부가 카나리아를 데리고 갱에 들어갔다. 유독가스가 발생하면 카나리아가 지저귐을 멈추고 나무에서 떨어진다. 요컨대 카나리아는 유독가스에 민감한 존재인 것이다. 그것을 본 광부는 서둘러 대피하게 된다. 한 심리학자는, 소년들은 마치 카나리아와 같다고 말한다. 소년비행이 많이 발생하고 있는 것은 사회에 유독가스가 많다는 증거라는 것이다.
>
> – 오오무라 아사오, 「3일만에 읽는 심리학」

뻔뻔한 지배자, 양순한 노예

박기형 감독의 〈폭력서클〉이란 영화가 있습니다. 영화의 주인공은 이제 막 고등학생이 되어 등교합니다. 신입생들을 대상으로 선생님의 일장 연설이 이어집니다.

니들은 이제 애가 아니고 남자야. 무슨 말인지 알지? 빌빌대면서 무시당할 건지, 아니면 당당하게 뽀대 나게 살 건지, 그건 앞으로 3년을 어떻게 사느냐에 달려 있는 거야. 그러니까 알아서들 해.

일류대 못 간 절대다수는 평생을 빌빌대면서 무시당해도 싸다는 것이지요. 커서 사회 생활할 때 일류대 앞에선 눈 깔아라? 주머니에서 손 빼고? 특히 '싸나이'가 나중에 딴소리하면 승부 불복이 됩니다. 입시경쟁이 불공정하다는 건 쏙 빼놓고 그 결과에만 승복하라고 세뇌하는 겁니다. 그 결과 절대다수 국민이 무시당하는 삶을 당연하게 생각하고, 극소수는 남을 무시하면서 사는 걸 당연하게 여기며 살게 됩니다.

- **충격! 상상을 초월하는 고위층들의 도덕불감증**
  MBC 'PD수첩'이 5일 밤 공개한 고위층의 병역의무 기피 실태는 충격을 넘어 경악 그 자체였다.
  국적이탈자의 역사에서 특기할 만한 사실은 **서울대 출신들이 월등히 많다**는 것이다. 국적이탈자의 아버지 출신학교를 분석한 결과, **서울대가 560명으로 45.8%**로 반수를 점했고 **연세대 145명으로 11.8%, 고려대 84명으로 6.8%** 순으로 나타났다.
  이 같은 현상에 대해 소위 지식인들은 별로 문제의식도 느끼지 못한다. PD수첩 취재진이 모 중앙일간지 이사에게 "공부도 많이 하고 서울대까지 나오는 분들에게는 사회가 좀 더 많은 사회적 책임을 요구하지 않느냐"고 질문하자 그는 "누가요?"라고 되물으며 "사회에서 요구한 적은 없는데…"라고 답했다. 여론을 주도한다는 언론사의 간부 직원의 답변이다.
  [데일리서프라이즈 2005-07-06]

한국사회 지배층의 도덕불감증이 거의 상상초월의 상태에 다다랐습니다. 사회적 책무감을 방기하는 차원이 아니라, '남이 나를 어떻게 생각할까' 하는 생각 자체가 사라진 것 같습니다. 마치 약자를 대상으로 폭력을 저지른 아이들이 아무런 죄책감도 느끼지 않고 당당히 자신의 행동을 진술하는 것처럼 한국사회 지배층도 방약무인합니다.

우리나라 강남구는 재산세나 부동산세를 낼 수 없다고 반항하기 일쑤입니다. 강남구는 고액 사교육, 고액 등록금 학교 진학생, 조기유학, 대학 후 유학 등의 천국이지요. 자기들 이익을 위한 돈은 쓸 수 있어도 공동체를 위한 돈은 절대 낼 수 없다는 겁니다. 문제는 우리나라의 세금률이 OECD 중에서 가장 낮은 축에 든다는 것이지요. 이 정도의 세금마저도 낼 수 없다는 겁니다. 방약무인합니다.

일류대들은 드러내놓고 특목고, 자사고 우대책을 실행하려 합니다. 절대다수 일반 국민은 사람 취급도 안 하는 겁니다. 서울대 세력은 아예 고교 평준화도 없애고, 3불정책도 없애고 입시를 완전 자율화하자고 합니다. 극소수 부자를 귀족으로 만들어주는 대신 전체 국민이 고통당할 정책을 당당히 주장하는 것이지요. 역시 방약무인합니다. 입시 자율화는 공화국 파괴 음모일 뿐입니다. 지배자들을 배출하는 국립 1등대가 백주에 당당히 이런 걸 주장하는 '개판 5분 전' 공화국입니다. '어이상실, 개념상실, 인간성상실.' 한국사회 지배층이 지금 보여주고 있는 모습입니다.

이미 설명했듯이 우리 입시경쟁은 약자에게 냉혹할 것을 요구합니다. 아주 어렸을 때부터 '상위 학벌 = 지배자, 하위 학벌 = 지지리 궁상 인생'이 도식을 내면화하며 자랍니다. 학벌이 나쁘면 평생 동안 비참한 인생을 살아야 한다는 걸 얼마나 많이 듣습니까.

일류대는 극소수 → 필연적으로 나쁜 학벌은 국민 절대다수 → 국민 다수에게 비참하게 살 것을 교육과정 내내 주입시킴 → 다수의 비참한 삶과 불평등의 정당화 → 복종의 내면화

일류학벌 → 자신의 특권에 의심을 품지 않음 → 어렸을 때부터 학교와 부모가 그렇게 가르침, 시험을 잘 보면 특권을 누릴 자격이 있다 → 다수 위에 군림하는 뻔뻔한 지배자가 됨. 특권의식의 내면화

전 국민에게 콤플렉스를 안겨주는 대학서열체제

지방대 → 학벌콤플렉스

서울 중위권대 → 학벌콤플렉스

서울 상위권대 → 학벌콤플렉스

일류 사립대 → 학벌콤플렉스(일류 사립대 들어가고도 자살한 학생이 있음)

서울대 → 학과별로 갈림.

어렸을 때부터 시험 성적에 따른 서열의식 내면화. 가장 성적이 높은 일류대 일류학과가 최고. 일류대가 극소수이듯이 일류학과도 구조적으로 극소수임. 일류대에 갔다 해도 결국 다수는 일류대 삼류학과로 가게 됨. 학과들조차도 입시성적에 의해 서열이 매겨지면 결국 서울 법대, 경영대, 의대생들을 제외한 나머지 서울대생들도 성적콤플렉스에서 자유로울 수 없음.

대학서열체제는 이렇게 꼭짓점 최상단의 한 점을 제외한 거의 전 국민에게 콤플렉스와 상처를 주는 체제입니다. 자기보다 상위서열엔 굴종하고 하위서열엔 군림하는 것이 당연시되는 이 황폐한 세상에서, 서울 일류대 학생들이 자기 학교 지방 캠퍼스 학생들을 동문으로 여길까요? 지방대에서도 통폐합할 때 하위 대학 학생이 멸시받는 것 때문에 자살소동까지 벌어졌었습니다.

거대한 폭력의 구조 속에서 그 자신이 피해자이면서 동시에 잔인한 가해자가 되는 우리 아이들처럼, 대학생들도 대학서열체제 속에서 멸시당하면서 또 동시에 남을 멸시합니다. 입시성적, 대학서열이 낮은 자는 멸시당하고, 지배당하는 것이 당연하다는 생각이 바로, 자기 자신이 상위 학벌에게 멸시당하고 지배당해 마땅하다는 생각으로 진화합니다. 자기 자신을 멸시하면서 '복종의식을 내면화한 양순한 노예'가 되는 것이지요.

지배자는 일류대, 그리고 서울대, 더 좁히면 서울대 인기학과 출신자들입니다. 그 나머진 모두 고개 숙인 하위인생입니다. 단지 고등학교 때 입시성적이 좀 낮다는 이유만으로!

대학서열체제는 가장 강력한 지배질서

공화국은 신분세습을 금지한다고 했습니다. 그런데 지금 부귀빈천이 세습되고 있다는 것에 의문을 품는 사람 있습니까? 지방민·강북민 배제, 공화국 와해. 이 정도면 반란이 일어났어도 벌써 일어났어야 합니다. 그런데 왜 세상은 조용할까요? 시끄러운 곳이 있지요. 입시정책 한번 발표 날 때마다 얼마나 시끄럽습니까. 난이도, 변별력이라는 말은 하도 많이 들어서 귀에 못이 박힐 지경입니다. 입시의 공정성, 투명성, 난이도 조절은 한국사회에서 가장 중요한 이슈 중 하나입니다.

왜냐. 입시를 통해 신분이 갈리는데 첫째, 입시의 공정성 신화가 무너지면 정당성이 깨지고, 둘째, 입시의 난이도에 문제가 생기면 아이들을 대학서열에 맞게 골라낼 수가 없기 때문입니다. 그러니까 교육을 위한 난이도가 아니라 변별력을 위한 난이도인 셈이지요. 여기서 변별이라는 게 결국 일류대 들어갈 아이들을 골라내고 나머지를 쳐버린다는 건데, 교육의 목적은 모두의 소질과 덕성을 끌어올리는 것이지 아이들을 쳐낼 궁리를 하는 게 아닙니다. 그러므로 이 지점에서부터 한국엔 교육이 없다는 것이 명백해집니다.

수능을 볼 때마다 아이들이 자살합니다. 그런 건 단신으로 작게 보도됩니다. 대신 난이도, 변별력 논란은 신문에 도배가 됩니다. 누가 일류대에 들어갔는가, 대학서열체제가 어떻게 잘 재생산되고 있는가는 언론의 관심사지만, 떨려난 아이가 죽든 말든 상관 없는 겁니다. 역시 냉혹합니다.

수능시험의 공신력이 추락하면 수능에 의해 '변별' 된 아이들의 등급이 흔들립니다. 그럴 경우 어떤 문제가 발생할까요? 국가경쟁력 하락? 교육 붕괴? 천만에! 수능이 아이들을 성적순으로 변별해주지 않아도 이런 쪽엔 아무 일도 안 생깁니다. 그럼 무슨 일이 생기는가? 신분체제가 붕괴합니다. 수능이 무너지면(=평준화) 아이들의 등급이 무너지고, 아이들의 등급이 무너지면 대학서열체제가 무너지고, 대학서열체제가 무너지면 신분체제가 무너지고, 귀족사회가 무너지고, 공화국이 건설됩니다. 그들은 이런 사태를 막으려 합니다.

- 아이들 시험 석차로 국민 신분 가리는 체제 만들어놓음(대학서열, 학벌사회).
- 그 성적에 능력, 경쟁력 등의 가치 부여.
- 성적이 높은 아이는 우수한 아이이므로 지배 엘리트로 만든다는 정당성 획득.
- 그 다음에 능력과 경쟁력의 자리를 부모의 돈으로 치환(사교육비가 폭등하도록 점수 경쟁을 격화시키고, 시험 난이도를 높이고 입시제도를 복잡하게 다양화, 자유화하는 방식).
- 성적과 부모 재산이 정비례하게 됨.
- 세습귀족사회 성립.

이런 구조입니다. 원래 시험은 귀족사회를 전복하는 힘이 있습니다. 동양의 과거시험은 귀족들과의 투쟁을 거쳐 정착된 것입니다. 귀족은 자기 자식에게 힘든 시험을 치르게 하지 않고 그냥 지배신분을 세습하고 싶어 합니다. 형식적이나마 민주공화국은 이런 것을 못하게 합니다. 기득권층이 그 다음 취하는 전략은 아예 어려운 시험을 치르게 하는 겁니다. 마치 그 경쟁이 공정한 것처럼 신화를 유포해놓고, 사실은 집안끼리의 총력 자원 싸움인 구조로 만들어놓으면 시험을 통해 신분세습이 가능해집니다. 이것을 위해 할 일은 세 가지입니다.

1. 시험이 어려울 것(그래서 난이도, 본고사 중요)
2. 모든 국민이 경쟁에 참여할 것(그래서 EBS 과외, 방과후학교, 자율학교 등이 필요)
3. 극단적인 대학서열체제를 만들어 상층에게만 권력을 줄 것

이 세 가지 구조만 만들어놓으면 자원 싸움은 저절로 발생합니다. 이 구조에선 결국 지배도 '내 탓이오', 피지배도 '내 탓이오'가 되어 모든 게 자업자득이므로 지배-피지배 구조가 안정됩니다. 게다가 전 국민이 참여하는 경쟁이 격렬하면 격렬할수록 그 승리자에겐 신성불가침의 권위가 생겨 나중에 그들이 특권을 독점하는 것이 너무나 당연해집니다. 패자는 불평할 권리마저도 박탈당하는 것이지요. 이것과 유사했던 체제가 조선의 과거시험이었습니다. 과거는 고려 귀족사회에 대한 반발로 능력사회를 만들기 위한 기획이었지만 결국 조선사회도 귀족화되어 경쟁력을 잃고 망했습니다. 박제가는 『북학의』에서 이렇게 한탄했습니다.

> 모든 길을 다 막아놓고 오직 문 하나만을 열어놓으면 비록 공자라 해도 그 문으로 나와야만 할 것이다.

학벌사회가 사회의 지배권으로 통하는 문을 일류대 입시 하나로만 정해놓은 것처럼 조선은 과거시험이라는 문 하나만을 마련해놓았습니다. 당연히 시험은 어려웠구요. 모든 양반이 다 참여했지요. 그러자 지금 한국사회에서 발생하는 문제가 고스란히 조선에서도 발생했습니다.

> 알지 못하겠다. 맑은 조정의 벼슬자리는 벌열의 자제만을 위해 만들어두었던 것인가?
> — 이익, 『성호사설』

요즘 식으로 바꾸면, 이렇습니다.

알지 못하겠다. 일류대 학생 자리는 강남부자 자제만을 위해 만들어 두었던 것인가?

벌열의 자제만을 위해서 만들어놓은 건 아니었지요. 조선의 과거와 관직은 열려 있었습니다. 다만 저 위에 열거한 시험의 구조를 만들어놓으니 자연스럽게 벌열의 나라로 귀결된 것입니다. 우린 지금 패망한 나라의 전철을 밟고 있습니다. 요사이도 서울대 등 기득권층은 학교서열체제를 더욱 강화해야 나라가 산다며 대중을 선동하고 있습니다. 고등학교마저 같은 구조를 만들자고 합니다. 우리는 역사로부터 교훈을 얻지 못하는 사람들인가요? 그렇게 세도정치, 세도정치 했어도 정조부터 철종 연간에 안동 김씨, 반남 박씨, 풍양 조씨 3대 세도가의 당상관 점유율이 각각 2.98%, 2.14%, 2.32%에 불과합니다(이이화, 『한국사 이야기』). 물론 상층부로 올라갈수록 이 비율은 더 커질 것입니다. 그것이 피라미드형 신분제 사회의 특징이니까요. 소수 특권층의 상층 권력 독점. 그래서 우리 사회 권력의 상층부로 갈수록 서울대 출신이 많은 겁니다.

그런데 서울대 학벌은 조선시대 벌열처럼 2%, 3% 이런 정도로 장난하지 않습니다. 한국사회 상층 권력의 거의 모두(!)를 서울대 벌열이 장악하고 있습니다. 독점 비율이 훨씬 높습니다. 입시는 그 벌열에 속하기 위한 좁은 문입니다. '비록 공자라 해도' 그 문을 통과해야 하는 것이지요. 조선시대 과거가 지배층이 되기 위한 무한경쟁이었다면 현대 입시는 서울대 벌열이 되기 위한 무한경쟁입니다. 서울대 벌열은 조선시대 세도가를 다 합친 것보다 비대하고 그것을 위한 입시의 양상은 과거의 폐단보다 기괴합니다.

조선시대 과거가 핵심 지배질서였건 것처럼 대한민국에서는 입시가 핵심 지배질서가 되는 것입니다. 그러므로 입시는 엄정해야 하고, 어려워야 하고, 변별력이 분명해야 하고, 그것을 위해 사람이 죽는 것쯤은 감수해야 할 이 나라의 최대 이벤트가 되는 것이지요.

뻔뻔한 그들이 우릴 먹여 살려?

입시경쟁구조, 학벌서열체제를 옹호하는 가장 핵심적인 논리는 바로 '소수 훌륭한 인재가 나라를 먹여 살린다' 는 것입니다. 하향평준화로는 다 굶는다는 소리지요. 이것을 통해 소수에게만 특권을 주는 체제를 정당화합니다. 그런데 그 소수는 결국 중상층 자녀들인데다가, 그들은 우리 공동체를 먹여 살리는 것엔 전혀 관심도 없다는 것이 곳곳에서 감지됩니다. 게다가 소수 일류학교도 우리 공동체의 공익엔 관심이 없고, 국내 권력 독점을 제외한 학문 능력은 '빵점' 에 가깝다는 게 객관적인 사실입니다.

왜냐하면 입시경쟁체제는 각자 능력껏 경쟁해서 일류대 간 다음 알아서 자기 이익 챙기면서 살라고 하지, 국가공동체를 생각하라고 요구하진 않기 때문이지요. 경제가 주주중심주의와 위탁, 민영화, 소비자 중심주의로 각 경제주체에게 모두 자기 이익만 차릴 것을 요구하자 나라가 파탄지경에 처했지요? 이기심만을 조장하는 대학서열체제에서 교육이 파탄이 안 난다면 그게 오히려 이상합니다. 각 학교도 결국 '일류인재 독식 → 서열기득권 유지 → 국내권력 독점' 이라는 이기심 채우기에 혈안이 돼 있는 것이구요. 공공적 책무감이라고는 없고, 특권을 당연시하고, 심지어 종종 자신들만의 이익을 국가 전체의 이익과 동일시하는 뻔뻔한 지배엘리트들을 길러내는 교육제도. 그것에 저항할 생각도 못하고 복종을 내면화한 양순한 노예를 길러내는 교육제도. 나라가 발전할 리가 없습니다. 노예들이 사는 나라가 어떻게 발전합니까?

한국의 교육은 뇌수술장

중상층 아파트촌에 맞붙은 가난한 동네 아이들의 인터뷰를 본 적이 있습니다. 초등학교 5학년 여자아이도, 중학교 여학생도 학교에서 자기가 사는 동네가 어디인지 말을 못한다고 합니다. 가난한 동네에 산다는 게 알려지면 전교생으로부터 왕따 당한답니다. 중상층 아파트촌 아이들이 나중에 한국사회를 지배합니다. 그 아이들이 어렸을 때부터 못 사는 아이들을 멸시하고 왕따 시킨다는 겁니다. 앞으로 우리나라는 어떤 나라가 될까요?

인터뷰한 아이는 멸시를 덜 당하기 위해 학원에 더 많이 다녀 공부를 잘하고 싶다고 했습니다. 하지만 전 국민이 전 재산을 털어 사교육을 한다고 해도 가난한 사람은 더욱 멸시당할 뿐이지요. 어차피 재산순이니까요. 어디 사는지 말도 못하고 크는 아이가 나중에 일류대에 갈 가능성은 극히 희박합니다. 삼류대, 비정규직 트랙 인생으로 고정될 가능성이 큰데 그 아이는 그것에 한이 맺혀서라도 나중에 더욱 자기 자식 사교육비를 벌기 위해 매진하겠지요. 그리고 입시교육에 비협조적인 전교조를 증오하게 되겠지요. 정부는 그런 아이들을 위해 EBS 과외다, 방과후학교다 하면서 아무짝에도 쓸모없는 모르핀을 주입하구요(아무짝에도 쓸모없다는 것은 이런 정책이 가난한 집 아이들을 일류대 보내주지 않는다는 뜻).

국민은 이 구조에 저항하기는커녕 자기가 일류대 못 간 것을 한탄하며 자기 자식만이라도 일류대에 가주길 바랄 뿐입니다. 인터뷰 속의 중학생도 학원 더 많이 가서 공부나 잘 했으면 좋겠다고 할 뿐입니다. 마치 옛날 영화 〈혹성탈출〉에서 뇌수술로 자유와 저항의지를 거세당한 인간들을 보는 것 같습니다.

영화 〈뻐꾸기 둥지 위로 날아간 새〉에선 정신병원을 탈출하려는 주인공이 결국 뇌수술을 당하고 양순해지지요. 우리 교육제도는 거대한 뇌수술장입니다. 양순한 노예들을 만들어내는 뇌수술장.

단순히 외국 기술을 따라잡기만 해도 됐던 시절에서 스스로 창조해야 하는 단계로 접어드는데 뇌수술장은 더욱 강화되고 있습니다. 이 나라는 과연 제정신입니까?

필리핀 여성을 학대하는 한국 남성

2007년 4월 17일에 방영된 〈PD수첩〉에선 필리핀에 가서 성구매를 하는 한국 청년들의 행태가 방영되었습니다. 우리나라 젊은 사람들이 필리핀 여성을 사람 취급도 안 한답니다.

> (한국인들은) 끝나면 이제 나가, 나가 하면서 막 밀어내요.
> 한국 사람들은 진짜로 나쁜 사람들이에요. 우리를 마치 돼지 취급하죠. 우리는 사람이에요. 돼지가 아니에요. － 필리핀 성매매 여성

> (사창가에) 한국 사람이 가면 여자들이 나오긴 나오는데 웃고 있는 여자들은 한 명도 없어요. － 필리핀 현지 가이드

내일여성센터가 필리핀을 방문해 100여 명의 성매매 여성을 면담했는데, 68%가 한국인에게 성적 학대를 경험했다고 합니다. 왜냐. 필리핀 여성을 나와 같은 사람이라고 생각하지 않으니까. 약자는 멸시하고 능멸해도 된다고 생각하니까.

> 한국 남성들의 필리핀 여성 학대는 심각합니다. 성매매업소에서 일하는 여성들의 이야기를 들어보면 특히 한국의 젊은 남학생들의 행태가 심각합니다. 이 젊은 남학생들이 (필리핀) 여성들에게 매우 공격적이고 성적 학대를

일삼습니다. 필리핀에 오기 전에 한국 남학생들을 교육시켜 최소한 필리핀 여성을 존중할 수 있게 해야 합니다.　　　　　　　　− 필리핀 여성활동가

필리핀 여성활동가에겐 미안한 말이지만 한국은 그런 교육을 하는 나라가 아닙니다. 약자는 짓밟고 멸시해도 좋다는 세뇌만 시킬 뿐이지요. 필리핀에 공부하러 가는 청년들은 아마도 부잣집 자식들은 아닐 겁니다. 미국에 못 갈 형편이어서 필리핀에 갔겠지요. 자기보다 위는 굴종하고 자기보다 아래는 멸시하는 사고방식이, 미국유학자들에게 평생 멸시당하면서 살 처지에 저항하지 않고 필리핀 여성을 멸시하는 것으로 표출됩니다.

필리핀 여성활동가가 한국에 요구했던 것은 'Respect' 입니다. 미국 흑인들이 백인들에게 요구했던 것이지요. 우리나라엔 없는 것입니다. 타인을 존중하기는커녕 나 자신조차도 존중하지 못하는 노예들이니까요. 존중의 대상은 오직 서열 상위의 사람들뿐이라고 어렸을 때부터 끊임없이 세뇌당했으니까요. 오직 등수만이 경배받을 가치가 있습니다.

- **GM대우 비정규직 노동자들 "우리가 노예인가?"**
  "찬바람을 그대로 맞으며 일하다보니 장갑을 두 겹씩 끼고, 양말도 두세 겹씩 신어도 손발이 얼고 손끝이 갈라져 피가 난 적도 있습니다. …… 그나마도 (난방용) 석유는 수시로 떨어지기 일쑤고 그 때마다 관리자들에게 애걸복걸해야 합니다. 한밤중에 석유가 떨어지기라도 하면 그날 밤은 그냥 얼어 죽었다 생각하고 일해야 합니다." [프레시안, 2007-04-18]

서열 낮은 따라지 인생들이 이렇게 사는 거? 자업자득이지요. 노예 맞습니다. 이런 상황에서 젊은이들더러 3D 업종 꺼리지 말라고 점잖게 훈계합니다.

'노예는 노예답게 살아라' 인가요? 사회 전체가 약자의 고통에 공감하는 능력을 상실했습니다. 이른바 '공감능력' 이 사라진 것이지요. '사이코

패스'적 사회가 됐습니다. 냉혹한 정글 속에서 살아남기 위해 모두가 기를 쓰고 생존투쟁에 임하지만 저항은 꿈도 못 꿉니다. 사이코패스적 제도인 대학서열체제가 복종의식을 내면화시켰기 때문이지요.

신분제와 교육 파탄

신분제의 특징은 이것입니다.

1. 변동불가능
2. 세습
3. 각 개인의 특질과 상관없이 개인의 지위가 규정됨

20살 직전에 찍힌 낙인이 평생 가는 것이 학벌이지요. 변동 절대불가입니다. 1번의 조건이 충족됩니다. 봉건시대엔 나라가 강제로 세습을 시켰지만 학벌사회는 저절로 세습되는 구조를 만듭니다. 입시와 대학서열체제라는 구조를 통해서인데요. 그러므로 2번의 조건도 충족됩니다. 일류대 출신이 사회 상층부 거의 전부를 독점하고 있고 나머지 국민은 들러리를 서고 있습니다. 그렇다면 일반 국민은 사회지도층이 될 능력이 없다는 뜻인가요? 그럴 리가요. 신분제라서 그렇습니다. 결국 1번, 2번, 3번의 조건이 거의 모두 충족되는 유사신분제 사회입니다.

자녀의 입시 석차는 부모의 재산과 문화적 자본의 크기로 결정됩니다. 학교나 지역 등의 변수는 모두 부차적인 것에 불과합니다. 그러므로 대학서열체제하에서 학교별 교육역량의 차이는 허상입니다. 본질은 부모의 돈입니다. 정부가 국력을 기울여 아무리 교원평가에 공교육 정상화를 해도 이 구조는 변하지 않습니다. 그렇게 부모의 힘에 의해 결정되는 석차를 가지고 학벌을 결정하니까 신분제입니다.

민주공화국에서 신분제가 실행되고 있다면 사람들은 분노하는 것이 마땅합니다. 그러나 사람들의 분노는 특정 학교, 특정 지역에 대한 탐욕, 열망으로 치환됩니다. 이것은 마치 복권에 의해 사회적 박탈에 대한 분노가 헛된 희망으로 치환되는 것과 같습니다. 대학서열체제는 승자독식의 복권체제이지요. 판돈이 커질수록 참여자들의 열망은 커집니다. 서울대 독점이 강할수록 사람들은 더욱더 미친듯이 이 경쟁에 뛰어듭니다. 다시 분노는 탐욕으로 치환됩니다. 이 구조가 빙빙 돌면서 점점 더 판돈(독점)과 탐욕을 키우고, 신분제는 강화됩니다.

입시경쟁

시민의 분노를 노예의 탐욕(이기심)으로 → 사회 서열화 → 경쟁력 저하

교육 파탄

원래 교육의 목표는 이것입니다.

1. 사람을 길러낸다.
2. 시민을 길러낸다.
3. 인재를 길러낸다.

1. 파탄 난 우리의 교육은 아이들을 사람이 아닌 괴물로 키우고 있다고 이미 설명했습니다. 2. 시민이 아닌 뻔뻔한 지배자와 양순한 노예로 키우고 있다고도 설명했습니다. 3. 인재 부분은 여기서 말하지 않고 장을 바

꾸겠습니다. 그러나 분명한 건 인재로 길러내지도 않습니다. 학교는 교육 외에 또 별도의 목표가 있습니다. 학교는 교육의 장이면서 동시에 학문의 장이고, 동시에 공공기관입니다.

1. 창조적인 학문, 경쟁력 있는 지식을 창조한다.
2. 지역사회 공동체의 핵이 된다.
3. 국가경제 고도화, 지역경제 고도화의 심장이 된다.
4. 국가통합의 보루가 된다.

과거 대공장을 짓고 노동을 억압하며 획일적인 노동으로 저렴한 공산품을 만들던 시절에는 노예교육(대학서열체제)도 통했습니다. 노동억압과 인간 획일화란 국가의 목표(?)에 교육이 봉사한 것입니다. 지금은 노동억압도 인간 획일화도 우리의 목표가 아닙니다. 그런데 우린 그것을 목표로 한 교육제도를 여전히 유지하고 있습니다. 그것 때문에 점점 더 교육이 공동체의 애물단지가 돼가고 있습니다. 오로지 신분변별 기능만 기형적으로 폭주하고 있지요. 그러자 학교의 목표도 당연히 말살됩니다.

한국의 학교에 무슨 학문, 지식이 있습니까? 대학에 있는 건 맹목적인 권력의지뿐입니다. 학교가 지역사회 공동체나 경제 고도화의 핵이 되기보단 부동산 폭등 기제나 지역 공동화 기제로 전락할 뿐입니다.

피라미드형 서열체제로 신분제를 지탱하고 있기 때문에 학교들 사이에 강력한 위계가 발생해 특정 지역은 과밀하고 다수 지역은 공동화하며, 상위 꼭짓점 학교는 권력만 신경 쓸 뿐 지식을 신경 쓸 이유가 없고, 하위 다수 학교는 어차피 피지배 상태라서 지식 창조하고는 아무런 상관이 없는 들러리일 뿐이지요. 교육은 영원히 파탄입니다.

시민은 없다, 공화국도 없다

> 시민들이 교육과 습관에 의해 그 헌정 질서에 맞는 성향을 갖도록 조정되지 않았다면, 시민들의 만장일치에 의해 정해진 최선의 법률들도 아무런 의미가 없다. 즉 민주적인 법률들이 있다면 민주적인 성향을, 과두 정치적인 법률이 있다면 과두정의 성향을 가져야 한다. …… 민주정을 주장하는 사람들을 민주정 신봉자가 되게 하는 것이 아니라 **민주적으로 통치할 수 있도록 가르치는 것**이다.
> — 아리스토텔레스, 『정치학』

아무리 민주적인 제도를 갖추어놓아도 사람들이 교육을 통해 시민 정신을 배양하지 않는다면 아무런 의미가 없다는 말입니다. 그리고 그 교육은 단지 민주주의를 애호하는 수준이 아니라 통치, 즉 공동체의 일에 참여할 자질을 길러주는 수준이어야 한다는 말이지요. 통치한다는 건 공공의 일을 내 일로 생각하고 참여한다는 뜻입니다.

그러나 우리나라의 교육은 '점수'로 시작해서 '점수'로 끝납니다. 그 점수란 것은 자기 자신만의 이익을 위한 것입니다. 자기 혼자 좋은 점수 받아서 등수가 올라가, 혼자 잘 먹고 잘 살 것만 상상하고, 그것만 원하고, 그것에만 몰두하라고 어렸을 때부터 명령합니다. 그리하여 공동체의 일을 내 일로 생각하는 시민은 대학서열체제하의 한국 교육에선 영원히 길러지지 않습니다. 그저 공부해서 출세해, 공부해서 출세해, 공부해서 출세해…….

학생들은 유연화에 저항하기는커녕, 자기만은 그 유연화의 피해자가 되지 않기 위해 입시경쟁, 자격증경쟁 등에 몰두합니다. 자기 혼자 잘 사는 건 괜찮고, 남들이 희생되는 건 상관없다는 사고방식이 학생들로 하여금 저항보단 일류대, 의사, 변호사, 한의사, 공무원 경쟁에 몰두하게 하는 것이지요. 있던 통치능력(정치참여, 사회운동)도 사라집니다.

정신의 크기가 인간의 크기이고, 존엄성의 원천이라고 할 때 고시공부, 재테크, 공무원 시험 등에 몰두하는 한국인은 존엄하지 않습니다. 정신이 자기 자신을 벗어나지 못하고 있으니까요. 이기적인 사람이 될 것을 요구하는 대학서열체제가 한국인의 정신을 퇴화시킨 것이지요. 퇴화된 정신은 시민이 될 수 없습니다. 경쟁력 있는 선진 공동체도 만들 수 없습니다. 모두가 이기심에 함몰되어 있는 공동체는 '콩가루' 일 수밖에 없기 때문입니다. 공공에 대한 관심보다 개인의 안위가 더 중요한 관심사가 됩니다. 그 결과 민주화 20년 만에 이젠 '데모' 가 금기시되는 사회로 변해버렸습니다. 이기심 때문에 점점 사회의 역동성이 사라지는 것이지요. 데모와 노조가 천시되자 성장잠재력도, 내수도, 경제도, 삶의 질도, 사회적 건강성도 모두 흩어져가고 있습니다.

욕구단계 퇴행

심리학자 매슬로우는 욕구단계설로 유명합니다. 그 차례가 이렇습니다.

1단계 : 생리적 욕구(Physiological Needs)
보릿고개 당시 쌀 한 말이면 충족될 수 있었던 욕구. 혹은 '기브 미 초콜릿'

2단계 : 안전 욕구(Safety Needs)
위험에 빠지지 않으려는 욕구. 보호, 유지, 예측가능성 등. 평생고용이나 안정된 노년 등은 이 욕구를 충족시켜줌.

3단계 : 소속감과 애정 욕구(Belongingness and Love Needs)

죽을 위험이 없고 예측 가능한 삶이 되면, 공동체에 소속되고 동료들로부터 사랑과 인정을 받고 싶은 욕구가 생김. 타자와의 유대관계. 우애. 연대감. 이 욕구에서부터 동물과 인간이 갈리기 시작함. 충만한 단체생활을 통해 이 정도 욕구 충족만으로도 인간적 행복을 느끼며 살아갈 수도 있고, 붉은악마 현상에서도 보듯이 몰아적 열정까지도 가능케 됨.

4단계 : 존경 욕구(Esteem Needs)
보다 고차원적인 욕구. 단순한 구성원 그 이상이 되고 싶은 것. 인정 욕구와 비슷하나 더 높은 수준의 인정을 받고 싶은 것. 인간의 인정 욕구는 무한함. 사람은 자기 자신으로부터도 존경받고 싶어하고, 타인으로부터도 존경받고 싶어함. 자존감, 자부심, 성취감. 이 욕구가 충족되면 매우 행복하게 살 수 있음.

5단계 : 자아실현 욕구(Self-Actualization Needs)
자아를 완성하려는 욕구. 간단하게는 자신이 가진 잠재력의 실현부터, '내가 나로서 나' 라는 것을 확인하는 단계까지 갈 수 있음. 여기까지 충족되면 사람으로서 가장 충만한 행복을 느끼게 됨(대학서열체제는 '나로서의 나' 인 것이 아니라 '서열 내 위계로서의 나' 만을 남겨놓기 때문에 근원적으로 인간정신의 발전과 행복을 원천봉쇄함).

아마도 한국인이 가장 행복했던 시절은 80년대였던 것 같습니다. 당시 대학생들은 3, 4단계를 넘나들었습니다. 나 개인의 사적 이익이 아니라 공공의 일 때문에 단체를 구성하고, 헌신하는 것은 사람에게 정신적 해방감과 삶의 충만함을 선사합니다. 또 그런 사람들로 구성된 공동체는 경쟁력도 강력하구요. 90년대 이후 자유화 개혁은 일단 안전부터 해체했습니다. 안전더러 철밥통이라고 했지요. 삶의 예측 가능성은 사라졌습니다. 정리해고, 비정규직화, 대기업과 중소기업 간 연계망 붕괴는 한국사회의 욕구 수준을 2단계로 퇴행시켰습니다. 살아남는 것이 목표가 된 것입니다. 동물과 좀 더 가까워졌습니다.

3단계 소속감 욕구는 이제 과거처럼 공공적 가치를 매개로 한 공동체적 유대감이 아닌, 신화적인 집단 무의식에 기대는 형태로 충족됩니다. 국가대항전 승리, 역사, 영토, 조상 등. 이건 폭발적이기는 하나 일시적이고 공허한 열광만을 가져다줍니다. 붉은악마의 열광이 막상 삶으로 돌아오면 아무것도 아니듯이 말입니다. 공공적 가치를 매개로 한 공동체적 유대감은 사람의 삶 자체를 근본적으로 바꾸는 힘이 있습니다. 그런 건 사라졌습니다.

위에 설명한 것처럼 학벌사회, 대학서열체제, 입시경쟁은 구조적으로 자아실현 욕구를 거세합니다. 입시에만 매달릴 것을 강요하니까요. 또 비정규직이 범람하고 양극화가 심화된 자유화 사회도 역시 자아실현 욕구를 거세합니다. 자아가 실현되는 직업이 아니라 안전한 직업만을 찾게 되니까요. 의사, 법조인, 공무원 등.

현재 한국사회의 경쟁구도는 시민의 자아와 자존감을 파괴하는 강력한 힘을 발휘합니다. 어렸을 땐 입시경쟁, 커서는 공무원 경쟁, 각 개인의 자아가 설 자리는 없습니다.

- **직장인 공무원시험 준비 중 … 하루 2시간 30분**
  직장인 3명 중 1명은 공무원 시험을 준비하고 있다는 조사결과가 나왔다. 온라인 취업사이트 사람인(www.saramin.co.kr)은 최근 직장인 1035명을 대상으로 '현재 공무원 시험을 준비하고 계십니까' 라는 설문조사를 한 결과 응답자 32.9%가 '그렇다' 고 답했다고 16일 밝혔다. [쿠키뉴스 2007-05-16]

존경 욕구도 무참히 짓밟힙니다. 대학서열체제는 소수 뻔뻔한 지배자와 다수 양순한 노예를 만드는 구조라고 했습니다. 다수에게 존경 욕구는 바라보지 못할 꿈입니다. 어렸을 때부터 1등만 존경과 인정을 받고 나머지는 들러리 인생입니다. 사람으로서의 욕구는 점점 사라져갑니다. 그나마 상층 진입에 성공한 사람의 존경 욕구는 충족될까요?

현재의 경쟁구조가 중상층에 특혜를 주고 다수 국민을 배제하는 불공정 구조이기 때문에 소수는 존경의 대상이기보단 질시의 대상이 됩니다. 소수 자신도 자기 자신에 대해 진정한 자부심은 느낄 수 없습니다. 왜냐하면 진정한 자부심은 '내가 나 자신으로 그냥 나'일 때 생기는 것인데, 어렸을 때부터 끊임없이 석차 비교, 남을 밟고 올라가야만 받는 인정 구조에 인간성이 조련되어 공허한 만족만을 얻기 때문이지요. 유대관계, 우애, 연대감, 이런 것이 있을 턱이 없지요. 이런 것이 없으면 정신의 크기가 작아지고, 정신의 크기가 작아지면 행복의 크기도 작아집니다. 사회가 저열해지고 비참해졌습니다.

비참한 학생들

• 흔들리는 학생자치 … '무관심' 총학선거 [연합뉴스 2006-12-03]

이기심에 사로잡힌 학생들이 '공공의 일'에 대한 관심을 잊었습니다. 어차피 자유화 교육개혁은 '공공의 일' 같은 것엔 관심 갖지 말라고 하지요. 학교별 독재체제를 강화하려면 교육 주체들의 정치의식은 거추장스러운 걸림돌일 뿐이니까요. 학교의 일에 대한 무관심은 결국 공화국의 일에 대한 무관심으로 이어집니다.

• '운동권 총학' 시대 퇴조 뚜렷 [중앙일보 2006-12-02]

'운동'이라는 건, 국가의 일에 대한 정치적 열정이 행동으로 표출되는 것입니다. 자아가 이기심의 감옥을 벗어나, 공공이란 지평으로 확장되지 않고선 할 수 없는 숭고한 일이지요. 어려서부터 이기적으로 살 것만을 세뇌당한 사람은 운동권이 되기 힘듭니다.

• SKY(서울대 · 고려대 · 연세대) 총학 '脫이념' 가속
"공부하기만도 벅찬데, 나하고는 상관없는 총학생회 일까지 신경 쓸 겨를이 없다"
"대학사회도 정치적 지향, 명분보다 복지 등 실리를 챙기는 것으로 재편되고 있다"
[문화일보 2006-12-01]

이건 정말 심각한 사태입니다. 거의 전 국민을 노예로 만든 대신에 국가의 지배자로 키우려는 아이들을 모아놓은 곳이 일류대입니다. 그런데 그 일류대 학생들마저 국가의 일엔 관심이 없다는 것입니다. 공화국은 의식이 공공의 차원으로 확장되지 못한 사람을 '노예'라고 인식합니다. 이기심에 사로잡힌 노예가 굴종의식에 포획된 노예를 통치하는 나라는 공화국이 아니지요.

• 대학 동아리 '양극화' 시대 [연합뉴스 2006-03-12]

과거 우리나라가 경제적으로 활발히 성장할 땐 국가의 일에 관심을 갖거나, 순수한 가치를 추구하는 동아리들이 활발했다면, 지금은 자기배려에 탐닉하는 동아리들이 창궐합니다. 재테크 동아리, 영어공부 동아리 등 실용 동아리나 탈정치적인 감각적 쾌락만을 좇는 동아리들 말입니다. 이

런 것들이 나쁜 것만은 아니지만 창궐하는 게 문제입니다. 총학 선거 구호로 '고시준비 서비스 확대' 이런 것들이 있더군요. 나라에 망조가 들고 있습니다.

• 'V'대 '호화 졸업파티' 끊이지 않는 논란 [헤럴드 생생뉴스 2007-02-13]

일류대가 졸업파티를 강남의 어느 클럽에서 했다는 기사인데요. 옛날엔 일류대 학생들이 감히 이런 짓을 못했습니다. 할 생각도 안 했지요. 빈민과 노동자의 처지를 항상 자기 아픔으로 여겼으니까. 그런 척이라도 해야 했으니까.

지금은 '마음껏 즐겨라!' 이렇게 된 것 같습니다. 노동자 농민 대다수가 삶의 나락에서 신음하고, 같은 대학생들도 지방대나 삼류대 학생들의 미래는 암울하기 짝이 없는데 말입니다. 승자는 즐겨도 된다는 것이지요. 시민의식의 실종입니다. 공동체의 아픔을 내 아픔으로 여기는 큰 정신이 사라진 것이지요. 어렸을 때부터 시민교육을 안 하고 입시교육만 한 결과, 저항도 없고, 책무감도 없는 황량한 나라가 됐습니다. 그나마 소수라도 데모하면 이러지요.

"길 막혀. 시끄러."

모두 저만 아는 콩가루 집안이 잘될 리가 없듯이 입시교육이 만든 콩가루 나라도 잘 될 리가 없습니다. 공화국? 어림도 없지요.

인재도 없고 학문 지식도 없다

우린 아이들에게 죽을 지경까지 입시공부를 시킵니다. 그런데 입시공부는 국가 발전 차원에서 보면 아무짝에도 쓸모없는 짓입니다. 단지 그 개인의 영달과만 관계가 있지요. 지금처럼 대학서열체제를 만들어놓고 일류대 졸업생에게만 사람답게 살 권리를 주면, 당연히 전 국민이 입시공부에 매달립니다. 다시 말하면, 전 국민이 쓸모없는 짓을 하며 에너지를 낭비하게 됩니다.

날마다 중국이 쫓아온다며 발전 강박증에 빠진 나라인데 정작 발전과 아무 상관이 없는 짓을 아이들에게 강요하고 있는 것이지요. 대학서열체제를 깨지 않으면 이 망국적 자해행위는 영원히 계속될 겁니다. 대학서열체제가 있는 한 입시 석차가 아이들 능력의 기준이 되고, 다른 능력은 퇴화해갑니다. 우린 어처구니없게도 아이들의 능력을 거세하는 교육제도를 운영하고 있는 것입니다.

대학서열체제는 소수를 골라 귀족을 만들어주는 대신 다수를 버리는 제도인데, 엿장수 마음대로 누구는 뽑고 누구는 탈락시키고 하면 이 체제가 유지될 수가 없습니다. 따라서 시험의 객관성이 점점 더 중요해집니다. 시험의 객관성이라는 것은 정확히 점수로 환산하여 아이들의 석차를 누구도 이의를 제기할 수 없게 객관화한다는 뜻입니다. 이것은 결국 점수따기 시험에 몰두하도록 만듭니다. 어떤 공부를 해도 점수따기만을 위한 도구로 전락하기 때문에 아무짝에도 쓸모없는 공부가 됩니다. 이런 상황에서는 인재가 나올 수 없습니다.

참을 수 없는 획일성

고교 평준화 때문에 아이들이 획일화된다고 합니다. 고교 평준화 전과 후에 교육내용이 변했습니까? 고교 평준화 지역과 비평준화 지역 사이 교육내용에 차이가 있습니까? 비평준화 지역엔 다양성이 있습니까? 획일화의 원인을 고교 평준화에 갖다 붙이는 건 귀족학교를 만들기 위한 '비열한 술수'입니다. 정부가 전국의 아이들에게 EBS 과외를 들으라고 합니다. 이 얼마나 획일적인 발상인가요? 왜 모두가 똑같은 문제풀이를 달달 외워야 하나요? 고교 평준화 때문에 EBS 과외가 생겼나요? 아니지요. 바로 대학입시 때문에 생긴 겁니다. 아이들이 획일화되는 건 고교 평준화 때문이 아니라 대학서열체제 때문입니다.

서열은 '한 줄'입니다. 한 줄로 1등, 2등, 3등 이렇게 순서가 매겨지는 것이 서열입니다. 달리기 경주로 칩시다. 어떤 상황에서 1, 2, 3등을 가릴 수 있나요? 단 하나의 획일적인 가치기준이 있을 때입니다. 가치기준이 다양하면 등수를 가릴 수 없지요. 기록도 기준이고, 달리는 모양새도 기준이고, 표정도 기준이면 누가 1등이고 누가 2등인지 어떻게 압니까? 각 기준마다의 1등이 따로 있겠지요.

대학서열이 존재한다는 건 가치기준이 단 하나라는 말입니다. 바로 성적입니다. 대한민국의 모든 아이들은 가치기준 하나에 맞춰 획일적인 공부를 합니다. 그 한 줄 서열에 맞는 한 줄 석차를 가리기 위해서지요. 저마다 공부하는 내용이 다르면 한 줄 석차를 가릴 수 없지 않습니까. 정부가 추구하는 대학 특성화도 대학서열체제에선 거짓말일 수밖에 없습니다. 단 하나의 가치와 특성화(다양한 가치)는 공존할 수 없으니까요.

대학서열체제 아래에서 감행된 그 모든 다양성, 창의성 교육개혁들은 교육을 공황상태로 밀어넣었을 뿐입니다. 한 줄 서열과 다양성, 창의성이 충돌하기 때문에 결국 다양성도 창의성도 죽고, 다양성이니 창의성이니

하는 것이 가진 복잡성과 유연함을 파고든 건 부자들의 돈이었습니다. 그래서 교육개혁이 진행될수록 교육격차가 심해진 것이지요.

100명의 아이들이 있으면 100개의 재능이 있고, 1,000명의 아이들이 있으면 1,000개의 재능이 있겠지만 대학서열체제는 그것들을 모두 거세합니다. 대학서열체제 입시경쟁구조는 모든 가정의 가처분소득을 정확히 계량해 사교육비로 탈취하는 놀라운 위력을 발휘하는데, 동시에 모든 아이들의 다양한 재능을 박탈해 획일화하는 데도 놀라운 위력을 발휘하고 있습니다.

문화와 창조성은 어디로

• 세계적 금융그룹 씨티가 예술학석사 뽑는 까닭은 [매일경제 2007-05-04]

씨티그룹이 대졸신입사원 절반을 비경영학도들 중에서 뽑기로 했는데 그중에서도 예술학석사(Master of Fine Arts)를 우대하기로 했다는 기사입니다. 차가운 숫자가 난무하는 금융부문에서조차 초일류 기업은 문화적 유연성을 중시한다는 것이지요. 침몰해가던 거함 모토로라가 살아난 것은 '레이저폰'의 디자인의 힘이었습니다. 애플이 살아난 것도 디자인의 힘이었습니다. 명품과 명품 아닌 것을 가르는 것도 문화성입니다. 기능성만으로 명품이 탄생하지는 않습니다. 명품이란 초고부가가치를 의미합니다.

우리나라의 과거 교육제도는 문화적 창조성을 포기한 체제였습니다. 어차피 창조가 목표가 아니라 모방이 목표였으니까요. 말 잘 듣고 단순작업 잘 하는 노동자가 필요했었지요. 이제 그런 식으로 나라가 발전할 수 없습니다. 더 이상 '싸고 튼튼한 대량생산품'이 'Made in Korea'의 특징이어선 안 됩니다. 모든 국민 하나하나가 창조적인 인재가 되어야 합니다. 그런데 누가요? 어렸을 때부터 창의성, 다양성, 상상력을 거세당하고 입시공부로 세뇌당한 입시기계들로요?

세계에서 가장 수학 공부를 열심히 하는 이 나라에서 왜 세계적인 수학자가 나타나지 않을까요? 세계에서 가장 영어공부를 열심히 하는 이 나라의 영어실력이 왜 다른 나라보다 못할까요? 모두 입시를 위한 도구로서의 공부를 했기 때문입니다. 입시경쟁이 사라지지 않으면 한국은 절대로 선진국이 될 수 없습니다.

• **한국 학생 포트폴리오 판박이처럼 똑같아**
美 아이딜와일드 예술학교 윌리엄 로만 교장
"한국인 지원자들의 포트폴리오를 보면 심사위원들은 두 번 놀랍니다. 기술적으로 너무 뛰어나 놀라고, 모두 판박이처럼 똑같아 놀라죠." [조선일보 2006-11-13]

1972년경, 캘리포니아 주립대학 바크레교 교수 연구팀은 '풍요로운 환경'에서 자란 실험쥐와 '빈약한 환경'에서 자란 실험쥐의 대뇌를 해부학적으로 연구했다고 합니다. 풍요로운 환경이란 실험쥐가 지적 능력을 발휘해야만 하는 환경이고, 빈약한 환경이란 실험쥐 한 마리가 겨우 들어가는 작은 새장이었습니다. 먹이와 물은 있지만 아무런 자극도 없는 단조로운 세계였지요. 풍요로운 환경에서 자란 실험쥐는 그렇지 못한 환경에서 자란 실험쥐보다 대뇌의 무게가 무겁고 피질이 두꺼웠습니다. 우린 아이들을 입시경쟁이란 새장에 가둬 기릅니다. 단 하나의 가치기준에 의해 정해지는 단 한 줄 서열의 상위에 들기 위해, 단 하나의 정답만 있는 문제풀이에 몰두합니다. 그리하여 모두의 두뇌는 같아지고 공허하게 중등과정 학력만 치솟게 됩니다. 공허한 경제지표, 공허한 주가처럼 우리 아이들의 고학력도 공허할 뿐이지요.

고등교육 황폐화

지금까지 중등교육이 황폐해진다는 걸 설명했습니다. 그럼 고등교육, 즉 대학은 어떻게 될까요? 학벌사회에서 대학교육은 사실 없습니다. 대학서열체제가 어떻게 정해지나요? 고등학생들 입시 석차와 졸업생들의 권력 크기로 정해집니다. 대학 자체의 학문역량, 교육역량하고는 아무런 상관이 없습니다. 그래서 대학은 입시 석차 상위의 학생을 독식하는 데만 골몰할 뿐 연구하거나, 열심히 교육할 필요가 없습니다. 교육은 미국 대학이 합니다. 국내 학위는 아무도 인정하지 않습니다. 국내 대학이 교육기관이 아니라는 것을 다 알기 때문에.

국내에선 대학에서 무슨 공부를 했는지가 중요한 것이 아니라 몇 등 대학을 나왔는지만이 중요하기 때문에, 삼류대나 지방대 학생은 어떻게든 학벌세탁을 해보려고 편입공부에 몰두하게 됩니다. 아니면 대학원이나 유학을 통한 학벌세탁을 노립니다. 일류대 학생들도 진짜 공부를 하려면 유학을 가야 하기 때문에 우리 고등교육은 껍데기만 남습니다.

이찬근의 『뉴금융라운드』라는 책을 보는데 재미있는 구절이 있더군요.

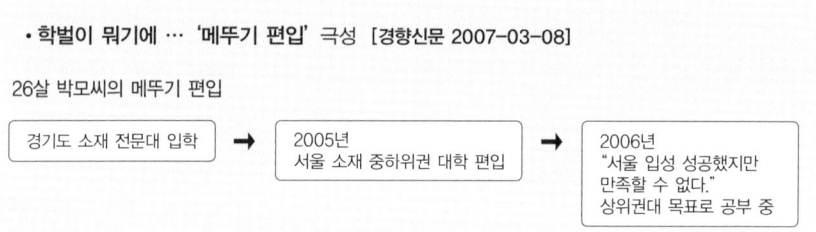

• 학벌이 뭐기에 … '메뚜기 편입' 극성 [경향신문 2007-03-08]

IMF 사태라는 6.25 이후 최대의 국난을 맞고도 이렇다 할 논쟁 하나 벌어지지 않고 있는 이 땅의 모순은 **동종 교배로 얼룩진 서울대의 학계 독점** 구조에서 비롯된 것이다. 우리 학계는 학문적 사대주의를 극복해야 한다. 그저 선진 이론의 답습과 소개에 안주해왔고, 미국 일변도의 사고에 빠져, 어느 한구석 주체적 역사관을 찾아볼 수 없었던 기존의 지식인상을 혁파해야 한다.
 …… IMF 위기는 단지 업계의 구조 조정만으로 마감해서는 안 된다. 서울대 프리미엄으로 엮어진 학계의 독점 구조를 깨는 계기가 되어야 한다. …… 선후배로 얽힌 엘리트주의 …… 서울대 전임 자리를 얻고 나면 무사안일에 빠져 학문적인 성취를 게을리 …… 기껏 연구라고 해봐야 외국책 몇 가지를 짜깁기해서 교과서를 펴낸 것이 대부분 …… 이러한 부조리가 만연한 것은 원천적으로 경쟁이 없기 때문이다.

 서울대가 일류인재를 독식하는 한 대학서열체제는 깨지지 않고 대학 간 경쟁도 살아날 수 없습니다. 지금의 입시경쟁구조는 서울대 혼자만 절대귀족을 만들어주는 구조입니다. 일류대 출신들이 정계, 관계, 사법계, 학술계, 문화계, 언론계 등 이 나라 상층부를 모두 독식하고 선후배 관계로 얽혀 돌아가는 사회가 발전한다면 그게 오히려 이상한 것이지요. 패거리 사회에서 학문적 독창성은 점점 고사되어가고 학벌 문중 선후배를 잘 챙기는 '사람됨'만 점점 더 중요한 가치로 부각됩니다. 학벌사회는 독창적인 정신을 고등교육에 요구하지 않습니다.

 대부분의 한국 학생이나 학자가 원문의 출처를 밝히지 않고 그냥 자기 글로 재탕하기를 밥먹듯이 한다.

− 폴 세레트, 「마틴씨 한국이 그렇게도 좋아요?」에서 재인용

그나마 공부한다는 것이 고시공부

원래는 대학 가면 마음껏 노는 게 사회 분위기였습니다. 그러나 자유화 개혁은 국민의 삶의 질을 극도로 하락시켰고, 그에 따라 대학에 가서도 자기 삶의 안전을 챙기기 위해 또 공부해야 하는 각박한 세상이 됐습니다. 그런데 그 공부도 어차피 인재가 되는 것하고는 아무런 상관이 없습니다. 안전한 직업을 쟁취하려는 투쟁일 뿐이니까요. 학생의 최대 목표가 안전이고, 제일 똑똑한 아이들이 안전한 직업으로 대거 몰리는 사회가 발전할까요?

- "과학고 후배들, 다들 의대 가려고 난리에요"
  젊은 과학도가 전하는 우리나라 이공계의 자화상 [오마이뉴스, 2004-09-09]

우리나라를 선진국처럼 만든다며 노동유연성을 높이고 사회적 약자들을 구렁텅이로 내몬 결과입니다. 모두 움츠러들었습니다. 의사, 변호사라는 직업이 중요한 직업이긴 하지만 한 사회에서 가장 뛰어난 인재들이 몰려들 직업은 아닙니다. 사회가 발전하려면 뛰어난 인재들을 창조적인 분야로 유도해야 합니다.

흔히 의대, 법대의 위상이 커진 것을 두고 우리 대학서열체제가 약화됐다, 학벌사회가 약화됐다 하는데, 전혀 그런 것이 아니지요. 일류대를 향한 입시경쟁은 여전하지 않습니까? 학벌사회는 그대로인데 자유화 개혁으로 인해 사회가 한 걸음 퇴행한 징후라고 봐야 합니다. 입시경쟁에 직업경쟁이 추가됐을 뿐이지요. 소수에게만 안전을 허락하는 이 극단적인 양극화 사회, 자유화 사회의 귀결인 것입니다.

그리고 그 자유화의 원리가 대학서열체제, 학벌사회와 서로 상승효과를 일으켜 대학서열체제가 극단화되었습니다. 과거엔 그나마 지방 국립대는 서울 준일류대 정도의 대접을 받았는데 지금은 아니지요. 더욱 극단적인 수직적 사회로 재편되었습니다.

- 대학 기초학문 기피 심각 … 인문학 폐강 줄이어 [쿠키뉴스 2006-09-21]
- 인문학만 위기? 자연과학 등 기초학문 전체 위기
  지방 모 대학 "인문학 15%, 자연과학 66% 폐강" [노컷뉴스 2006-09-27]
- 대학 고시실 입실경쟁 '점입가경' [연합뉴스 2006-03-10]
- 서울대 인문대 59명 23% 법대·경영대 등으로 [중앙일보 2006-02-16]

몽땅 위기라는군요. 학문 자체가 사라질 지경입니다. 대학생들은 고시에 목숨 걸었구요. 국립 서울대에서마저 인문대 탈출 러시가 일어난다는 겁니다.

주체적인 인문자연과학 없이 이 나라가 앞으로 얼마나 발전할 수 있을 것 같습니까? 공장에서 반도체만 잘 만들면 되나요? 정부는 단위학교책임경영, 위탁경영 등 자유화 개혁으로 이런 현상을 더 부추깁니다.

- 학사 논문 관리 "엉망"
  우리나라 대학생들은 대학을 졸업해도 논문 하나를 제대로 적지 못한다. 학교와 학생 모두의 책임이지만 이는 곧 국가의 교육 경쟁력 하락으로 이어진다는 지적이다.
  [YTN 2006-02-08]

학사 논문이라는 말조차 좀 '뻘쭘' 하지요. 우리나라에서 누가 학사 논문을 논문이라고 합니까? 석사 논문도 대체로 '라면 받침'이라고 부르더군요. 우리 고등교육을 우리 스스로 인정하지 않는 것입니다. 그런데 웃기지 않습니까? 아무도 인정하지 않는 우리 고등교육을 위해 왜 목숨 바쳐 입시경쟁을 벌일까요?

대학서열체제에선 대학을 학문기관, 교육기관이라고는 아무도 생각하지 않고 사람의 신분을 가르고, 패거리를 가르는 권력기관으로만 여기기 때문이지요. 대학이 학문기관, 교육기관이면 누가 미쳤다고 목숨 바쳐 경쟁해서 들어가겠습니까? 사람이 원래 공부하길 얼마나 싫어하는데요. 공부하는 거 좋아하는 사람은 극소수입니다.

아무도 대학을 학문, 교육기관으로 여기지 않기 때문에 대학에서 생산되는 지식(논문)에도 아무도 관심을 가지지 않습니다. 그러나 대학입시가 어떻게 치러지는가, 어떻게 관리되는가엔 전 국민이 비상한 관심을 보입니다. 그때 신분이 갈리니까요. 웃기죠? 그 입시를 기준으로 아래(초중등), 위(고등교육=대학)가 모두 황폐화되는 시스템입니다.

지금 과도한 대학진학률이 문제라는 소리가 높습니다. 난 우리나라 대학진학률이 세계 최고가 되어 이 나라에서 세계 최고의 인재들이 쏟아져 나온다면 반가운 일이라고 생각합니다. 하지만 대학이 평준화되어 교육기관, 학문기관으로 위상이 바로 잡히면 불행히도(?) 그 높던 대학진학률은 떨어질 겁니다. 지금 과도한 대학진학률 낮추자고 실업교육 정상화 같은 안이 나오는데 대학서열체제를 그대로 둔 중등과정 개혁이 아무런 의미가 없었던 것처럼, 마찬가지의 결과를 빚을 뿐입니다. 왜냐하면 대학을 통한 권력의 수혜를 통해서만 사람 대접을 받는 학벌사회가 지속되는 한 실업계학교에서 무슨 교육을 하든 중요한 건 간판이니까요. 이대로 가다가는 지식이고 뭐고, 미구에 나라가 망하고 말 것입니다.

• **합격이 우선, 적성은 뒷전**
"대학생들이 전공을 살려 취업을 하는 경우는 드물고 전공을 살린다 해도 전공 지식이 너무 없어 기업이 다시 교육을 시켜야 하는 문제점이 있습니다." [YTN 2006-02-06]

대학서열체제가 아니면 적성과 상관없는 과에 가는 일이 왜 벌어지겠습니까? 대학에 간판 따러 가지 전공 공부하러 갑니까? 대학서열체제를 혁파하지 않고선 이 나라 고등교육이 살아날 수 없고 국가경제를 위한 인재도 기를 수 없습니다. 대학서열체제에서 대학은 단지 국내용 간판일 뿐인데, 어떻게 국내용 간판이 국제경쟁력을 가진단 말입니까?

국가발전을 위한 대혁신

소수 엘리트, 소수 재벌이 나라를 먹여 살릴 거라 여기는 풍조가 만연해 있는데 지금은 그런 시대가 아닙니다. 모든 국민이, 모든 노동자가 창조와 혁신의 주체가 되어야 합니다. 재벌만 국제경쟁력을 가져봐야 그것이 실제 국민 삶의 질과는 큰 연관이 없다는 걸 우린 요즘 분명히 깨닫고 있습니다. 중소기업, 중견기업, 전문기업들이 각 지역에 뿌리내리면서 성장해야 합니다. 그런데 어떻게 성장할 수 있습니까? 중국 등이 저임금을 무기로 쫓아오고 있는데요. 저임금 경쟁으로 중국을 이겨봐야 결국 누가 누가 더 가난해지나 경쟁하는 것밖에 안 됩니다.

당연히 기술력으로 경쟁해야 합니다. 기술력과 혁신능력, 생산성, 창조성, 독자적인 브랜드 창출, 뭐 이런 것들인데요. 그런데 우리 지방에 있는 중소기업들한테 이런 역량이 있습니까? 기술 혁신은 대기업보다 오히려 중소기업에서 더 잘 이루어진다고 주장하는 경제학자도 있습니다만, 우리의 경우엔 대기업 이외엔 모두 포기하는 분위기지요. 이러면 선진국도 될 수 없고 국민경제가 풍성해질 수도 없습니다.

- **'빛의 축제' 루미나리에, 그들만의 축제인가**
  국내 조명업계는 그동안 루미나리에로부터 소외당해 왔다. 기술격차 때문이다.
  [머니투데이 2006-12-10]

축제 때나 특별한 기간일 때 여기저기 지방자치단체들이 세우는 전구탑 시설을 우린 못 만든다는 겁니다. 우리나라가 전구를 못 만드는 나라는 아니지요. 하지만 부가가치가 높은 특별한 건 못 만든다는 건데요. 단순하게 전구를 만드는 것은 곧 중국이 저임금을 앞세워 세계를 제패할 겁니다. 우리가 이걸 막을 순 없습니다.

그럼 우리 노동자들은 다 손 털고 일어나 '서비스업종'으로 전환해야 하나요? 모두가 서비스업종으로 갈 수는 없습니다. 우린 후발주자가 못 만드는 전구를 만들면 됩니다. 다시 말해 제조업의 선진화, 첨단화입니다. 그게 기술 혁신이지요. 그런데 기술 혁신은 누가 합니까? 어려서부터 노예로 자라나서, 커서 비용 취급이나 받고, 저임금 탈숙련 비정규직이 되는 국민이 어떻게 혁신의 주체가 되고 창조의 주체가 됩니까?

게다가 지배자로 선택받은 사람들도 혁신이나 창조엔 관심이 없지요. 최상층 서열은 의대, 법대에 매달릴 뿐입니다. 의사, 변호사 되는 건 기술 혁신, 가치창조하고 상관이 없는 일입니다. 삼류대, 지방대를 나와 중소기업 '공돌이'로 살아간다는 것. 이것이 한국사회에서 어떤 의미를 갖습니까? 문제는 이런 사람들이 다 혁신과 창조의 주체가 되지 않고선 이 나라에 미래가 없다는 겁니다. 특목고 나와서 일류대 간 사람들만 잘 먹고 잘 사는 지금과 같은 체제로는 절대 선진국이 될 수 없다는 것이지요.

일류대 이외에는 모두 피지배자로 만드는 대학서열체제가 모든 대학에게 창조의 능력을 앗아갑니다. 소수의 뻔뻔한 지배자와 다수 노예 구도에서 소수 지배자조차도 기실 진정한 자부심이나 행복, 자유를 누릴 수 없었듯이, 소수 일류대도 역시 창조의 능력이 없습니다. 일류대에게 있는 건 오직 탐욕뿐입니다. 3불정책 마저 폐기하라는 그들에겐 서열기득권을 지키겠다는 탐욕 외엔 그 어떤 동기도 없어 보입니다.

이것이 사회 양극화 구도와 맞물려 모두의 삶을 피폐하게 합니다. 그러자 안전하게 사는 소수 트랙에 합류하고 싶은 욕망은 극에 달하고 그것이 모두에게 학문을 내팽개치고 의사, 법조인, 공무원이 되는 경쟁에 매달리게 합니다. 그 결과 이 나라의 지식 창조력은 고사합니다. 그에 따라 국가경쟁력도, 국가경제의 미래도 고사합니다.

지식 생산의 주체인 대학 교수들도 학벌 패거리의 세력관계로부터 자유로울 수 없구요. 표절의 만연, 잘해야 외국 학문 정식 수입상 역할이나 하며 국내 권력 유지에만 급급합니다. 지식을 내팽개치고 권력투쟁만 하는 나라에서 지식이 종속되는 것은 당연하구요. 종속된 지식 밑에서 자란 아이들이 종속된 삼류 국민이 되는 것도 당연합니다.

평가목표와 학습목표

사람에겐 평가목표와 학습목표란 것이 있는데, 주위에서 어떤 목표상황을 설정해주느냐에 따라 그 사람의 성장이 판이하게 달라진다고 합니다. 평가목표란 결과 중시의 사고방식이고 학습목표란 노력과 도전을 중시하는 사고방식입니다. 학습목표 상황에서 자란 아이들은 실패를 두려워하지 않는 지적 진취성을 갖게 된다고 합니다. 그러나 우리는 아주 어렸을 때부터 성적 평가와 능력을 동일시하도록 아이들을 세뇌시킵니다. 극단적인 평가목표 상황인 것이지요. 우리 부모들은 시험성적으로 끊임없이 아이들을 평가합니다.

"니 친구 옥희는 몇 점 받았니?"

"넌 몇 등이니?"

(100점 받았을 경우) "100점 받은 애는 모두 몇 명이니?"

아이들에게 학교에서 무엇을 학습했는지보다 몇 점을 받았는지, 몇 등을 했는지를 묻습니다. 성적, 석차, 남과의 비교, 경쟁을 중시함으로써 아이들에게 끊임없이 평가목표형 인간이 되라고 강요합니다. 그리고 입시 석차가 낮은 인간은 평생 천하게 살아도 싼 존재라고 각인시키지요.

> **우리나라 부모의 목표설정 경향**
>
> 평가목표 48.9%
>
> 학습목표 23.4%　　　　　　　　－ EBS와 서울대 발달심리연구실 공동조사

　학습목표보다 평가목표를 두 배 이상 더 설정해주고 있습니다. 그나마 23%라도 학습목표하면 뭘 하나요. 사회가 평가목표 일변도로 조직되어 있는데. 우리 부모들 인간성, 국민성이 나빠서 이런 일이 벌어질까요? 아니지요. 한 줄 사회, 피라미드 사회와 대학서열체제 때문입니다. 그것이 거대한 평가목표형 사회를 만듭니다. 영어 한 마디 할 때마다 상대에게 평가받는다고 생각하는 국민이 영어를 어떻게 잘 하겠습니까?
　우리나라처럼 점수, 경쟁, 시험이 지나치게 강조되는 평가목표적 상황에서는 재미와 도전, 배움의 즐거움은 없습니다. 평가목표를 조장하는 환경에서는 누구나 쉽고 안전한 길을 가려고 하지요. 문제풀이만 하는 겁니다. 사회가 평가목표 상황을 만들어 아이로부터 학습의 즐거움을 빼앗고 아이 스스로 능력을 발전시킬 수 있는 기회를 포기하게 만드는 황당한 나라입니다. 아! 대한민국.
　대부분의 아이들은 석차가 필연적으로 낮습니다. 1등은 언제나 1명뿐이니까요. 그런데 대학서열체제가 초래하는 강박적인 석차경쟁은 부모들에게 '성적, 석차가 높은 사람만 똑똑하다' 라고 어렸을 때부터 못을 박아두게 합니다. 즉 대부분의 국민들이 약 20여 년에 걸쳐서 자기 자식에게 "넌 바보야, 넌 바보야, 넌 바보야." 이렇게 세뇌하는 셈이 되지요.
　드러난 평가 결과보다 노력 자체를 중시하는 교육을 받은 아이들은 점점 쉽고 낯익은 문제를 기피하고, 어렵고 지적인 도전이 될 수 있는 문제

를 즐기게 된다고 합니다. 세계에서 가장 열심히 수학을 공부하면서도 막상 대학에 가면 우리나라 아이들의 수학실력이 서양보다 떨어지는 것과, 어렸을 때부터 세뇌당한 평가목표적 성향이 상관이 없을까요?

한국의 학부모는 아이들에게 학습목표를 심어줄 세심한 대화를 나눌 만큼 한가하지 않습니다. 양극화 사회와 대학서열체제 속에서 전쟁을 치러야 하기 때문이지요. 저소득층이나 부모의 문화자본이 빈약한 경우는 특히나 절대로 그렇게 못합니다. 결국 선생님이 아이들에게 해줄 수밖에 없습니다. 그러나 한국의 선생님도 이렇게 한가하지 않습니다. 선생님 자신도 평가목표에 시달립니다. 학교도 평가목표에 시달립니다. 진학률, 학업성취도 평가 등. 게다가 이미 설명했듯 자유화 교육개혁은 교육을 평가목표적 상황으로 만들기 위해 혈안이 되어 있습니다.

죽이 되든 밥이 되든 입시 석차를 올려놓고 봐야 합니다. 지방대생, 삼류대생의 노력은 아무도 알아주지 않으니까요. 이 나라는 인재나, 지식이나, 학문 같은 것엔 관심이 없습니다. 그저 아이들을 입시 석차 기준으로 신분을 가르고, 대학의 서열을 정해 지배-피지배관계를 확실히 하는 것에만 관심이 있을 뿐이지요. 그것을 위해 대학서열체제가 존재하는 것입니다. 이런 나라에서 창의적인 인재와 창조적인 학문이 자라난다면 그게 오히려 이상한 일입니다.

지역사회 파탄, 부동산 망국

놀란 건 "지방대 출신 며느리보다는 서울에서 고등학교를 나온 며느리가 더 낫다. 지방에서 무얼 배웠겠는가?"라는 어느 서울 아줌마의 말을 전하는 한 여학생의 증언이었다.

- 강준만, 「정운찬, 한국 교육엘리트의 나르시시즘」, 『인물과사상』, 2004년 1월호

우리나라의 지역차별은 악명이 높습니다. 호남은 워낙 정치적으로 차별을 당해서 정치권력에 한이 맺혔습니다. 하지만 대선을 두 번 이겼어도 호남의 가난은 변하지 않았습니다. 엘리트들이 정치권력을 잡건 말건 약자를 배제하는 경향이 있는 자유화 정책 기조하에선 결코 지역차별이 완화될 수 없다는 것이 드러났습니다. 이 문제와 대학서열체제가 관련이 없을까요? 약자를 배제하는 비열한 한국사회의 한가운데 대학서열체제가 있고, 그 대학서열과 지방의 흥망이 정확히 일치합니다. 또 대학서열체제로 촉발되는 입시경쟁도 지방공동화를 부채질합니다.

• 서울대 가려면 전남을 떠나라?
  입학생 가운데 전남 학생은 1%뿐 [교육희망 2005-07-09]

돈이 조금이라도 있다면 자기 자식을 미래가 없는 지역에서 키우고 싶은 사람이 어디 있겠습니까? '강남에 살아야 자식 앞날이 피는 교육제도'가 바로 강남 이외의 지역을 황폐화하는 주범입니다.

• 서울 양천구에 초 · 중생이 몰리는 까닭은? [조선일보 2006-12-12]
• 2030년 전남의 초등학교 텅 빈다 [한겨레 2006-12-27]

저출산 고령화가 국가적인 문제가 되고 있지만 서울 양천구 목동엔 오히려 아이들이 늘어나고 있다는군요. 왜냐하면 그곳의 특목고 진학률이

높기 때문입니다. 반면에 2030년쯤 되면 전라남도에서 초등학생이 사라질 위기에 처했다고 합니다. 지방은 씨가 마르고 있는 것입니다.

그런데 이 문제를 내신강화나 지역균형선발로 바꿀 수 있을까요? 내신강화나 지역균형선발은 일류대의 존재를 인정하되 다만 특정 지역이 그 학교를 독점할 수 없게 하자는 주장입니다. 이것은 중상층이 일류대를 독점하는 것에 대해서는 속수무책입니다. 극단적으로 말해서 전국 1등부터 3,000등까지 뽑아 서울대에 보내나, 3,000개의 고등학교 전교 1등만을 골라 서울대에 보내나 입시경쟁구조가 본질적으로 달라질 건 없습니다.

수능중심체제로 가든, 내신중심체제로 가든 서울에 일류대가 있다는 사실엔 변함이 없다는 게 문제의 본질이지요. 서울에 있는 일류대를 중심으로 전국의 모든 대학서열이 갈리는 한 지방대 하위서열화, 지방공동화는 피할 수 없는 귀결입니다. 그러나 지방은 다급한 나머지 일단 서울대 보내고 보자는 상황입니다. 앞뒤 가릴 여유가 없지요.

- 순창군 200명 집중교육 … 서울대 합격생 배출 '잔칫집'
  합격자 발표가 나자 순창군은 축제 분위기. 군이 주도적으로 인재 양성에 나서 15년 만에 서울대 합격생 2명을 배출했기 때문이다. [동아일보 2007-02-02]

- 국내 첫 공립학원 '大入 반란'
  순창 옥천인재숙 명문대 43명 합격 … 郡서 학원비·기숙사비 전액지원
  [한국일보 2007-02-05]

이렇게 공공기관까지 나서서 입시경쟁에 몰두하고 있습니다. 입시경쟁은 망국경쟁입니다. 뇌수술 경쟁이니까요. 지방이 당장 다 죽게 생긴 나머지 지방자치단체가 아이들에게 뇌수술을 시키고 있습니다. 정상적인 교육은 사라지고 지방자치단체의 교육예산이 몇몇 입시기계들에게 집중적으로 배분됨으로써 다른 아이들은 피해를 보게 됩니다. 창조적인 인재

를 키우는 데 쓸 교육예산도 부족한 나라에서 입시기계를 키우는 데 돈을 쏟아 붓고 있는 것이지요. 순창군은 인구가 늘어났다고 합니다. 하지만 이런 식으로 인구가 늘어나봐야 과연 그것이 지방공동화 해소에 도움이 될까요?

- 강남·수성·분당 인구유입 보니 … 초·중생 밀물 대학생 되면 '썰물'
  '교육특구'로 불리는 지역은 중학교 연령대까지는 인구가 늘다가 대학 진학 시기가 지나면 전입보다 전출이 더 많아지는 공통점을 갖고 있는 것으로 나타났다. [한겨레 2006-12-27]

대학서열체제는 구조적으로 한국의 모든 지역으로부터 대학을 앗아갑니다. 지역엔 삼류대만 남겨놓는 것이지요. 삼류대가 있는 곳엔 삼류기업과 삼류문화가 있습니다. 똑똑하고, 진취적이고, 도전의식이 강한 젊은 사람일수록 일류대가 있는 서울로 갈 겁니다. 각 지방자치단체들의 입시노력은 인재유출만을 부채질할 뿐입니다. 그 아이들은 결국 일류대 있는 곳으로 탈출할 테니까요. 삼류대만 있는 고장엔 발전의 비전이 없습니다. 대학서열체제는 일류대를 제외한 모든 대학을 삼류화해서 모든 지방을 삼류로 만듭니다.

지방대를 살려야 나라가 산다

'불쌍한 지방 도와주기' 운동하자고 하는 것이 아닙니다. 삼류 지방대들 가지고는 나라가 발전할 수 없습니다. 수도권에 집중된 몇몇 수출 대기업들이 아무리 잘 나가도 국가경제가 풍성해지지 않는다는 걸 우리는 분명히 깨달았습니다. 국토 곳곳에서 중소기업, 전문기업들이 살아나야 합니다. 지방에서 창업을 한다고 가정해보시죠. 누굴 뽑아서 어떻게 영업할 겁니까? 단순노동력만 가지고 세계적 수준의 기술경쟁력을 가질 수 있나요? 저가 공산품밖에는 만들 수 있는 것이 없습니다. 중국과 가격경쟁만 하겠지요.

만약 지방대가 살아 있다면? 지금처럼 지방대가 단지 삼류대학이 아니라 멀쩡한 대학으로 기능한다면 상황은 완전히 달라집니다. 지역 인재들이 가산을 탕진해가며 서울로 유학 갈 필요가 없어집니다. 지방대에서 그 지역에 맞는 지식을 개발해 지역 기업들에게 전수하면 지역 기업들의 경쟁력이 올라갑니다. 지역 기업들이 살아나면 지역에 높은 수준의 일자리가 생깁니다. 젊은 인재들이 지역에서 활동하게 됩니다. 아이디어와 열정을 가진 젊은 사람들에게 지방 대학이 창업할 공간을 열어주고 기술을 지원하면 지역 경제에 활력이 생깁니다.

그러나 대학서열체제는 이미 설명했듯 하위 대학으로부터 지식 창조의 활력과 자부심을 박탈하는 구조입니다. 그곳에 다니는 학생들도 2등 국민으로서 패배감에 사로잡히게 됩니다. 거의 전 국토, 거의 전 국민을 식민지화하는 구조이지요. 이젠 서울과 지방 간에 인종문제까지 생기려 하고 있습니다.

• **신혼부부 8쌍 중 1쌍은 '국제결혼'**
  농촌지역의 국제결혼 비율이 대도시보다 높은 상황이 계속되고 있으며 2006년 **전남의 국제결혼 비율은 22.6%로 4쌍 중 1쌍**이 국제결혼을 하는 것으로 조사됐다.
  [머니투데이 2007-04-15]

인종문제로 고착되면 지방공동화의 악순환은 치유될 수 없습니다. 지금 선순환으로 뒤집지 않으면 나라의 미래가 어두운 상황입니다.

• **'혼혈 학생' 기초학력 부진 심각'** [연합뉴스 2006-04-23]

국가가 적극적으로 개입하지 않으면 심각한 결과가 초래될 겁니다.

> 앵글로색슨 모델이 강한 시장경쟁력과 효율성을 자랑하고 있지만 이 모델이 가능한 것은 미국이 내부 식민지(흑인)를 갖고 있기 때문 …… 독일의 경우 내부 식민지를 둘 수 없으며 두어서도 안 된다. 굳이 내부 식민지를 찾는다면 옛 동독이 내부 식민지가 될 텐데 그럴 순 없다.
>
> - 헬무트 콜(전 서독 수상); 최병권, 『진보에는 나이가 없다』에서 재인용

인종이 갈리면 내부 식민지로 착취하기가 더욱 쉬워집니다. 하루빨리 보편적 시민권 원칙을 확립해야 합니다. 그것은 시민에게 개방된 교육제도로만 가능합니다. 지금처럼 폐쇄적인 대학체제로는 우리나라는 영원히 인간성에 개방될 수 없습니다. 시장에 개방할 것이 아니라 보편적 인간성에 개방된 교육체제를 만들어야 합니다. 그것이 바로 평준화된 개방 고등교육체제입니다.

만약 평준화된 국립대가 각 지역에서 지역발전의 심장 역할을 한다면? 양극화, 국민 노예화를 강제하는 입시경쟁이 상당부분 완화될 겁니다. 그렇게 되면 다민족 상황이 신분격차가 아닌 문화적 다양성으로까지 발전할 수 있습니다. 수직적 위계화가 사라지면 수평적 다양성과 창조성이 만개하는 것이지요.

또 기회균등으로 우리나라 사람들이 지역마다 널리 퍼져 살게 되면 한 지역이 극단적으로 이민족화하거나, 슬럼화하는 경향도 멈출 것이구요. 대신에 지역 고유의 문화가 생길 겁니다. 우리나라는 어딜 가나 다 똑같습니다. 대학서열체제가 강제하는 극단적인 가치의 획일성 때문에 이렇게 됐습니다. 만약 각 지역마다 삼류대학이 아닌 정상적인 대학을 가지고 자체적으로 인재를 키워, 그 인재들이 그 지역에서 활동한다면 저마다의

지역색이 살아날 겁니다. 지역마다의 풍격이 다양하게 만개하면 관광산업은 물론이려니와 문화도 풍요로워지겠지요.

국립대평준화로 각 지역 발전의 중심, 지식혁신의 거점, 혁신형 창업의 모태 건설→ 지역 공동체 재생 → 풍요로운 문화, 풍요로운 경제 → 풍요로운 국토

대학서열체제는 국민을 비열하게 만듭니다. 강자에 굴종하고 약자를 능멸하는 구조에서 약자는 자기보다 더 약한 자를 능멸하는 것으로 자기 자신을 능멸합니다. 그러므로 지금과 같은 상황에선 지방은 영원히 능멸당할 뿐만 아니라, 자기가 자기 자신을 능멸함으로서 스스로의 발전가능성을 거세합니다.

"지방대 출신 며느리보다는 서울에서 고등학교를 나온 며느리가 더 낫다. 지방에서 무얼 배웠겠는가?"

이런 말이 횡행하는 나라가 되는 것이지요.

부동산 폭등의 기폭제

- 명문대 진학률 오르면 서울 아파트값 '껑충'
  서울대 진학률 1% 오르면 평당가 878만, 전세가 152만 원 상승 [연합뉴스 2006-07-02]
- 학원 밀집 서울 4개洞 집값 (2005년 초에 비해) 50~60% 올랐다 [국민일보 2006-10-13]
- 강남 전·월세가정 44% "교육 때문에…" [연합뉴스 2004-08-29]

전 국민이 자식을 강남에서 교육시키려 줄을 서 있으므로 당연히 강남 집값이 뜁니다.

• 강남-비강남 대입합격률, 최대 10배 이상 차이
  교육부 국감, 여야 "이대-연대 등 '고교등급제' 실시 확실" [프레시안 2004-10-04]

• 서울 양천구(목동)는 '外高입학 특구' [조선일보 2006-03-13]

　이런 일들이 벌어지는 한 지방공동화를 막을 수도, 특정 지역을 향한 수요를 진정시킬 수도 없습니다. '강남에 들어가기 위해 아빠, 엄마 평생을 저당 잡혀 모은 돈을 다 쏟아 부어도 좋다. 돈 10억? 자식의 일생이 걸렸는데 10억이 대순가? 가격 오른 내 아파트 10억에 팔고 이사 가라고? 미쳤어? 돈 10억과 내 새끼의 미래를 바꾸게? 내가 짐승이냐!' 이렇게 됩니다. 자식의 상위 학벌 진입을 위해 모든 경제력을 투입하겠다는 가정들이 줄지어 있는 이 땅에서 교육특구 강남은 무한가치를 지닌 희소자원입니다. 가치는 무한한데 공급량은 극히 적은 강남과 몇 개의 교육특구들. 당연히 거래가가 폭발할 수밖에 없습니다.

　관건은 아파트 공급확대가 아니라 교육의 공급확대에 있습니다. 교육 공급이 확대되면 강남에 들어가려 줄을 설 이유가 없습니다. 한나라당이나 자유화교육 개혁세력은 그래서 수요자들이 원하는 교육공급을 확대하려 합니다. 그 공급이 수요를 충족시킬 수 있을까요?

　이미 설명한 것처럼 구조적으로 불가능합니다. 4,000만 명이 칫솔을 필요로 한다면 칫솔 4,000만 개를 공급하면 됩니다. 그러면 수요는 충족되지요. 그런데 4,000만 명이 1등 학벌을 원한다면? 공급할 수 있나요? 공급하는 순간 1등은 더 이상 1등이 아니지요. 그러므로 자사고, 특목고, 1군1우수고 등 일류 교육 서비스 공급확대로 교육문제를 풀자는 주장은 거짓말입니다. 전문용어로 '야바위'라고 하지요.

　모든 공화국 시민의 공부하고자 하는 자식들이 대학교육 받는 데 어려움이 없어야 하는 것이 진정한 교육의 공급확대입니다. 그런데 대학서열체제는 거의 모든 대학을 삼류화해서 없애버립니다. 일류대만 진짜 대학이 됩니다. 그 결과 교육과 '돈지랄'이 연동되어 가난한 사람의 수요는 영원히 몰수당합니다. 그러므로 대학서열을 혁파하고 평준화하는 것이 진정한 공급확대책입니다.

- 서울대 진학률은 집값 순? … 강남·서초·송파구 1·2·3위 [한국경제 2006-03-17]
- 8억 아파트의 구는 서울대 2백 명, 7억 아파트의 구는 1백 명, 6억 아파트의 구는 70명 합격
  부동산과 교육격차 … 황당이 현실로
  부동산 격차 → 사교육비 격차 → 학력격차 : 서울엔 남북격차, 대전엔 동서격차
  [레디앙 2006-06-09]

대학서열을 쫙 밀어야 이 기묘한 현상이 사라집니다. 대학서열이 혁파되는 날 1가구 1주택의 성실한 강남시민들은 투기꾼의 오명을 벗을 수 있습니다.

『강남 아파트 명문 학군만 따라가면 반드시 돈 번다(임달호, 조재길)』는 책이 있습니다. 교육문제와는 아무 상관없이 재테크 차원에서 쓰인 책인데요. 이 책은 그 의도와는 달리 대한민국이라는 나라의 교육과 신분질서의 한 고리를 냉정히 보여주고 있습니다.

> 대치동 빅3가 최고 인기 아파트로 성장할 수 있었던 배경으로 대청중학교가 첫손에 꼽힌다. 과학고와 외국어고에 1년에 30~40명씩 입학시키는 학교가 바로 대청중학교다 …… (빅3 중에서 미도아파트는 다른 두 개에 비해) 점차 가격이 뒤처지고 있다. 미도아파트 주민 자녀 중 일부는 대청중학교에 진학할 수 없다는 점이 가장 큰 이유로 꼽힌다. …… 같은 미도아파트 단지이지만, 미도1차 가격이 2차보다 비싼 이유는 바로 대청중학교 진학

여부 때문이다. 학군이 아파트 값에 미치는 영향은 이처럼 대단하다.

삼성동 아이파크의 최대 장점 중 하나는 학군이다. 특히 단지 바로 맞은편에 최고 명문으로 꼽히는 경기고등학교가 자리 잡고 있다.

정씨가 사당동에 터를 잡은 지 얼마 안 돼 또다시 이삿짐을 꾸렸던 것은 아내의 성화 때문이었다. 자녀 교육열이 특히 높았던 아내는 학원이 많은 곳으로 이사를 가야 한다고 강력하게 주장했다.

현재 대치동 은마아파트 쪽에 집중돼 있는 학원가도 새 아파트 밀집지역인 한티역 주변으로 점차 이동할 것으로 예상하는 사람들이 많다. 이런 점이 부각되면서 대치사거리와 한티역 사거리 상가와 땅값이 천정부지로 치솟고 있다.

학교와 학원과 아파트를 고리로 중상층들이 물고 물리면서 자산가치를 올려놓고 일류대를 독점해 그들만의 성을 쌓고 있습니다. 전 국민이 이것에 열광하면서 자기 자식도 그 안에서 한자리 차지할 수 있을까 꿈을 꾸지만 어림도 없지요. 나라만 기울어갑니다. 가히 경국지교傾國之敎라고나 할까요?(여기서 '교'는 교육제도)

내신강화로 이 문제를 해결할 수 있을 거라고 생각하기 쉬운데, 다시 말하지만 그건 그렇지 않습니다. 내신강화는 입시 석차경쟁에 따른 교육붕괴, 가치획일화를 없앨 수 없고, 이미 설명했듯이 지방의 명운은 대학에 걸려 있기 때문에 내신강화 그 이상, 즉 대학 평준화만이 유일한 해결책입니다. 또 학군제를 없애는 방식으로 이 문제를 풀자는 사람들이 있는데 우린 이미 학군의 적용을 받지 않는 일류학교들을 가지고 있습니다. 특목고, 자사고, 일류대. 학군제가 약화될수록 문제가 커질 뿐입니다.

저출산, 죽어가는 나라

• 고령화로 2020년대 잠재성장률 2%대 추락 [연합뉴스 2007-02-11]

아이가 적게 태어나면 노동력이 사라지고, 노동력이 사라지면 국가경제가 발전할 수 없습니다. 뿐만 아니라 고령 세대를 저연령 세대가 부양하지 못해 심각한 복지위기, 정치적 대립, 불안정이 발생합니다. 당연히 경제성장이 더 힘들어집니다. 경제성장은 고사하고 지금과 같은 수준의 삶의 질조차 누리기 힘들어질 겁니다. 김정은과 이범수가 주연한 〈잘 살아보세〉라는 영화가 있습니다. 옛날에 있었던 산아제한을 소재로 한 영화인데요. 그 영화에서 김정은은 농촌에 산아제한 홍보를 하러 가서 이런 논리를 제시합니다.

부자가 되고 싶지 않은가? → 아이를 많이 낳으면 그 아이에게 드는 비용 때문에 평생 돈을 모을 수 없다 → 그러므로 아이를 적게 낳아야 한다

인생이라는 대차대조표에서 아이를 비용항목에 넣음으로써 이익 극대화를 위해 출산을 극소화해야 할 대상으로 규정한 것이지요.

• 자녀 양육·교육비 부담이 저출산 '주범'
2가구 중 1가구 생활비 중 교육비 '최고'
전체 생활비 가운데 자녀 교육비가 가장 많은 비중을 차지한다고 대답한 가구는 51.7%에 이르렀다. 자녀가 1명인 가구 가운데 자녀 교육비 비중이 가장 큰 경우는 23.8%에 머물렀으나 2명이 되면 59%, 3명 이상은 63.8%에 이르렀다. [한겨레신문 2006-03-22]

아이 하나 더 키우는 게 비용추가인 것이 맞습니다. 국가는 각자가 부담해야 하는 비용을 최소화하기 위해 노력해야 합니다. 왜냐하면 지금은 아이를 적게 낳으면 각 가정이 부자 되는 것과 상관없이 나라가 망하게 생겼기 때문이지요.

각 가정의 비용 극소화, 이익 극대화 → 저출산(합리적인 시장 선택, 이익 내부화) → 국가의 미래를 책임질 인적자원 고갈 → 위축되어 가는 나라경제에서 각 가정은 더욱 비용 극소화 추구 → 심화된 저출산 → 국가 고사(피해 외부화)

망국의 악순환입니다. 우리나라 사람은 부자가 되기 위해서, 비용을 줄이기 위해서가 아니라 자식이 사람대접 받게 하기 위해 달립니다.

- **"자녀 사교육비 때문에 일해"**
  대전지역의 결혼한 취업여성 3명 중 1명은 자녀들의 사교육비 충당을 위해 일을 시작한 것으로 나타났다. [대전일보 2006-02-23]

그런데 대학서열체제는 구조적으로 국민 다수를 사람 취급하지 않는 비열한 체제라고 했습니다. 그러므로 국민들이 아무리 악에 받쳐 자기 인생을 내던져도 자식의 미래를 살 수는 없습니다. 하지만 그럴수록 더욱더 자기 삶을 쥐어짜 자식 교육에 투자합니다. 그것이 너무나 고통스러워 아이를 낳지 않습니다.

- **고교 졸업까지 1인당 양육비 1억 6,934만 원**
  세계 최저수준으로 하락한 저출산(2003년 출산율 1.17명)의 가장 큰 원인은 경제적 부담
  [한국일보 2004-12-31]

- **사교육비, 국가존폐의 위기**
  출산장려책을 조사한 결과 1위는 '여성의 일과 가정의 양립'(16%)이 아닌 '사교육비 등 교육비 경감'(40%)이었다. 출산율 감소의 가장 큰 원인이 감당하기 힘든 사교육비 탓이라는 것이다. 인구학회에 따르면 합계출산율이 1.2명으로 지속될 때 현재 4846만 명인 한국 인구는 2015년 4904만 명을 정점으로 줄기 시작해 35년 뒤인 2040년엔 4287만 명, 50년 뒤인 2055년엔 3448만 명으로 줄어든다. 2954년이 되면 지구상에서 한국인은 찾아볼 수 없다. 이제 국가경쟁력이 아닌 '국가 존립'을 위해 사교육비를 잡아야 한다. 그 해결책은 무엇일까. 우리는 해답을 모르고 있는가, 아니면 실행할 용기가 없는가. [한겨레21 2005-07]

해결책은 단 하나밖에 없습니다. 입시를 없애는 겁니다. 대학을 평준화하는 것이지요. 대학 평준화가 당장 힘들면 국립대부터 평준화하는 것으로 변화의 물꼬를 트면 됩니다. 역사가 바뀌기 시작할 겁니다. 대한민국이 다시 뛰기 시작할 겁니다.

- **"한국인은 교육비 줄이느니 출산을 조절한다"**
  부모의 경제적 능력에 따라 자녀의 계층적 지위가 결정되다보니 교육열이 남다른 한국 사람들은 일단 낳은 후에 교육투자를 조절하느니 출산아 수를 줄이는 방법을 택한다.
  [프레시안 2005-08-31]

대학서열체제는 모든 국민의 가처분 소득을 정확히 계산해 몰수하는 악랄한 체제라고 했습니다. 그러므로 교육비에 여유를 느끼는 사태는 영원히 일어나지 않습니다. 그러므로 출산 지원을 아무리 해도 근본적으로 저출산 문제가 해결되는 일은 영원히 없습니다. 입시경쟁이 사라지지 않는 한.

- **[속터지는 여자들 2005 한국의 중년] "자식 성적표가 엄마노릇 성적표"**
  [동아일보 2005-09-14]

돈만 문제가 아닙니다. 돈에 여유가 있는 집안이라도 아이를 낳은 엄마의 인생은 각박합니다. 자식 성적표를 책임져야 하기 때문입니다. 없는 집 엄마는 파출부를 나가든 노래방 도우미를 나가든 해서 사교육비를 버느라 애를 여럿 낳을 수 없구요, 있는 집 엄마는 자식 입시 코치하느라 바빠 애를 여럿 낳기가 힘듭니다. 민주화세력 집권 이후엔 다양성이니 창의성이니 하면서 교육제도를 복잡하게 만들어 엄마들이 더 바빠졌습니다. 게다가 요즘엔 자식과 함께 조기유학 가는 경우도 많아졌구요. 여러 명의 자녀는 사치일 뿐이지요.

• "중산층 출산중단 이유 1위 교육비 부담" [중앙일보 2006-06-08]

사람이 태어나서 한참 활동할 때는 세포가 맹렬히 교체됩니다. 노화가 시작되면 소멸되는 세포에 비해 생성되는 세포가 적습니다. 세포 생성이 멈추면 죽습니다. 대한민국은 태어난 지 100년도 안 된 젊은 나란데 벌써부터 세포 생성이 멈춰가고 있습니다. 옛날 왕조시대 때도 이렇게 빨리 나라가 무너지진 않았습니다.

대학서열체제를 무너뜨리지 않으면 입시경쟁이 사라지지 않고, 입시경쟁이 사라지지 않으면 사교육비 경쟁이 사라지지 않고, 사교육비 경쟁이 사라지지 않으면 재앙이 닥칩니다. 대학 평준화나 국립대평준화라도 못 할 이유가 무엇입니까? 왜 우리가 앉아서 죽어야 합니까?

엄마들이 무의미하게 소모되는 나라

• "엄마 정보력이 자녀 경쟁력" [경향신문 2006-10-18]

자유화, 다양화 개혁을 한 결과 입시제도가 너무나 복잡해졌습니다. 2008년 입시안이 발표된 이후에도 단기간에 수많은 이슈 때문에 입시안 파동들이 벌어지고 그때마다 벌집을 쑤신 듯 난리가 났었는데요. 그 이슈의 내용을 다 숙지하는 국민이 몇 %나 될까요? 5.31 정신이 구현된 7차 교육과정 이후론 나 같은 사람도 모를 일투성이입니다. 그럼 도대체 이걸 다 꿰뚫고 있는 사람이 누굴까요?

바로 강남 학원가와 중상층 고학력 전업주부들입니다. 자유화 개혁은 그들을 위한 개혁이었던 겁니다. 과거 입시제도가 단순했을 땐 그나마 파탄상이 덜 했는데 요즘엔 나라가 사교육으로 미쳐 돌아갑니다. 그런데 아직까지도 자유화세력은 입시를 보다 더 자유화, 다양화해야 한다고 선동하고 있습니다. 점점 더 "엄마 정보력이 자녀 경쟁력"이 되는 나라가 됩니다.

돈 없는 엄마는 첫째, 사교육비 제대로 못 대줘서 죄인이고, 둘째, 맞벌이 하느라 입시정보 제대로 못 챙겨서 죄인이 됩니다. 그럴수록 사교육비라도 최대한 만들어서 아이에 대한 죄책감을 씻으려고 더욱 악착같이 돈을 벌어 사교육비에 쏟아 붓습니다. 죽음의 계곡으로 아이와 함께 끌려가는 것이지요. 도살장에 끌려가는 소처럼.

『사교육 1번지 대치동 엄마들의 입시전략』이라는 책이 있습니다. 강남에서 명문대에 많이 가는 이유는 그 아이들이 머리가 좋거나, 학교 교사가 잘 가르쳐서가 아니라 강남에 압도적인 사교육 프로그램 때문이라고 이 책은 말합니다(학생 1만 명당 입시학원 수: 중구 0.5개, 대치동 20개 이상). 그 사교육 프로그램은 결국 돈과 결부된 것이지요(연봉 1억 원 이상 고소득자 절반이 강남 거주). 돈으로 명문대, 즉 신분을 사는 체제가 바로 대학서열체제입니다. 정부가 어떻게 공교육 정상화 대책을 펴든지 간에 이 본질은 변하지 않습니다.

> 대치동 아줌마들은 아이들이 하루에 몇 군데씩 학원을 다니기 때문에 일일이 차에 태워 보내랴, 데리러 가랴, 정보 얻으러 다니랴, 너무 바쁘다.

> 저만 해도 아이들 학교에 보내고 오전에 헬스클럽 잠깐 다녀오는 것 빼고는 거의 모든 시간을 아이들을 위해 써요.

돈 있는 집안에서 이렇게 엄마까지 자식과 일심동체로 움직이는데 못 사는 집안 아이들이 당해낼 재간이 없습니다. 결국 맞벌이 부부 계급은 자식에게 신분을 대물림하게 되는 구조이지요. 더 황당한 건요.

> 돈이 많은 것은 둘째 치고, 엄마들이 너무 똑똑해요. 명문대 출신들도 많고, 외국 유학 경험이 있는 엄마들도 다수에요. 자녀 뒷바라지하느라 집에 있을 뿐이지, 뒤돌아서면 교수감이고 뒤돌아서면 의사감인 엄마들이 많아요.

이 나라가 지금 제정신이 아닌 겁니다. 저출산으로 노동인구가 줄어드는 것이 문제라고 했지요? 여성노동력도 귀중한 자원입니다. 그런데 우리나라는 지금 엘리트 여성노동력을 자식 입시 뒷바라지에 낭비하고 있습니다. 명문대에 유학까지 간 엘리트라면 지식을 창조해 공동체의 이익에 봉사해야 합니다. 소수 인재가 전체를 먹여 살릴 거라는 게 대학서열체제를 정당화하는 명분이기도 합니다. 그런데 그 소수 인재에 해당하는 여성들이 자식을 일류대 보내기 위해 소모적인 경쟁에 매달린다는 것이지요. 사람으로 치면 원기를 북돋우기 위해 보약을 먹었더니 그 양분이 종양을 키우는 데 쓰이는 꼴입니다.

> 대치동 학원가의 가장 큰 장점은 '개개인 수준별 맞춤학습'이 철저하게 이뤄진다는 것이다.

이른바 수월성 교육개혁 추진자들의 이상입니다. '수준별 맞춤학습'. 집권 민주화세력이 추진하는 교육개혁에 중요하게 포함되는 항목이지요. 학원이 이것을 잘 하기 때문에 경쟁력이 있고, 평준화된 공교육은 이것을 못해 사교육에 뒤쳐졌다는 것입니다. 전교조는 공청회장에서 경찰에 쫓겨나면서까지 이것을 반대하구요. 수준별로 맞춤학습해준다는데 누가 싫다고 하겠습니까? 문제는 학교에서 수준별 맞춤학습을 하게 되면 아이들 등급을 갈라서 뒤쳐진 아이들을 방치하고 잘 하는 아이들에게만 교육력을 집중하게 된다는 것이지요. 그래야 일류대 진학률이 올라가니까요. 학원을 모델로 한 수월성 교육개혁 '수준별 맞춤학습'은 근본적으로 비교육적 발상입니다. 교육은 아이들을 기르기 위한 것이지 내버리기 위한 것이 아니니까요.

강남 학원에선 왜 이 시스템이 잘 작동되는 것인가? '돈'을 생각해야죠. 돈만 많이 주면 수준별이 아니라 무슨 짓인들 못하겠습니까? 가난한 집 아이가 학원에 가서 '나한테 수준별 교육시켜 주세요'라고 해봐야 '거지' 취급만 받을 뿐입니다. 소비자 중심주의는 가난한 국민을 '거지' 취급하는 사고방식이라고 이미 설명했습니다. 사교육시장은 그것이 적나라하게 관철되는 곳인데요, 그곳에서 돈 있는 사람이 받는 수준별 교육을 학교로 가져다가, 뒤처지는 아이 배제하는 시스템을 정당화하는 논리로 쓰는 것은 황당합니다.

> 대치동 엄마들 사이에서는 '아이가 고3이 되면 장롱에 현금 5천만 원은 최소한 챙겨놓고 있어야 한다'는 우스개 말이 돈다. 아이에게 부족한 부분을 집중보완해야 할 때 능력 있는 강사를 그때그때 영입해 과외를 시키려면……

이런 게 바로 수준별 맞춤교육입니다. 돈이 있어야 맞춤이 가능한 거지요. 학습지로 아이를 서울대에 보냈다는 부모의 이야기가 이 책에 실려 있는데요, 그 비밀은 이렇습니다.

> 엄마가 매번 채점을 하고 꼼꼼히 체크하고 넘어갔는데 …… (다른 엄마들이) 물을 때는 '엄마가 옆에서 늘 함께 있어주세요. 공부도 함께 하구요.'라고 답해준다.

엄마가 가정교사 역할을 해서 맞춰줬습니다.

> 대치동에 살면서 어학연수 한 번도 보내지 않았다면, 그것도 최상위권을 유지하고 서울대 공대에 입학한 아이가 그랬다면 아무도 믿지 않는다.

교육부는 믿을 것 같습니다. 2008년 입시안을 내놓으면서 학교공부만 충실히 하면 되는 입시안이라고 했으니까요. 총력 무한경쟁체제의 심각함을 모르는 건 대한민국에서 교육부뿐인 것 같습니다. 조기유학, 초고액 사교육, 엄마보조가 필수가 됐다면 이 입시제도는 하루빨리 없애야 합니다. 왜냐하면 그것을 못할 절대다수 국민을 배제하는 제도이니까요. 입시를 없애려면 대학서열을 없애야 하는데 교육부는 이 문제에 대해 아무 말도 하지 않습니다. 그저 학교 공부만 열심히 하라고 하지요. 이 책의 소제목들을 볼까요?

'명문대는 아이 능력 50%, 엄마 노력 50%가 빚어낸 결과물'
'최상위권 엄마 그룹의 정보력 + 시간 + 돈 = 서울대 의대'
'맞벌이 엄마와는 함께 움직이지 말라'

"엄마가 맞벌이를 하면 아무리 똑똑한 아이라도 연고대는 갈 수 있지만, 서울대는 힘들다."는 말은 과장이 섞였겠지만 진실을 드러내는 면이 있다고 봅니다.

국내 교육제도가 수시로 바뀌기 때문에 엄마는 아이가 고등학생이 되는 그 날부터 수시로 각 대학 홈페이지에 들어가보고, 학원 설명회에 쫓아다녀서 정확한 정보 입수에 최선을 다해야 한다.

최근 몇 년 사이 대입요강이 매우 복잡해졌다. …… 이렇듯 학교마다 학과마다 모집요강이 다를뿐더러 매년 바뀌기 때문에 고3 엄마들은 1년 내내 인터넷을 끼고 산다고 해도 과언이 아니다. 6월부터 시작되는 수시 1, 2학기 전략 짜랴, 정시 전략 짜랴, 논술과 면접 전략 짜랴, 서울대의 경우 심층 면접 전략 짜랴, 정말 정보와의 전쟁을 치른다. …… 그래서 대치동 엄마들의 대입 성공은 '아이 능력 반, 엄마 능력 반으로 이루어지는 작품'이라고 말한다. 엄마는 중학교 때부터 고등학교 때까지 6년 동안 아이에 대한 모든 정보를 꿰뚫고 있어야 한다.

> 그 많은 대학, 그 많은 학과마다 다른 입시 요강을 담임선생님이 무슨 재주
> 로 꿰뚫고 있겠어요?

자율성, 다양성, 창의성 등이 90년대 이래 교육개혁의 목표였고, 7차 교육과정의 목표였지요. 그래서 대학에 자율성을 주자 입시제도가 복잡해졌고 교육부는 그것이 개혁이라며 좋아했습니다. 자율성을 받은 서울대가 통합논술을 발표해서 전국이 벌집을 쑤신 듯하게 됐을 때 교육운동단체들이 서울대에 항의방문을 했습니다. 그때 서울대 측은 이렇게 말했습니다.

> 우리 7차 교육과정에 나온 대로 하고 있다. 다양성, 창의성을 위해 논술을
> 하겠다는 것이 뭐가 나쁘냐?

대학서열체제하에서 다양성, 창의성을 기른다는 얼치기 교육개혁으로 중상층 고학력 전업주부 엄마의 자식들만 세습귀족이 되어갑니다. 엄마의 인생은 그것을 위해 저당 잡히구요.

> 7차 교육과정은 '자율과 창의에 바탕을 둔 학생(수요자) 중심 교육과정'이
> 가장 큰 특징이다. …… 평소에 공부를 잘해서 내신도 1등급, 수능도 거의
> 만점을 받았다고 해도, 서울대의 경우 심층면접이 남았기 때문에 합격을
> 예측하기 힘들다.

이 심층면접이란 것이 경시대회 수준의 문제풀이를 하거나 학교 공교육으론 해결되지 않는 수준의 지식 정도를 시험하는 겁니다. 특기적성이란 명분으로 특목고 학생들이나 조기유학자들에게 특혜를 주기도 하구

요. 통합논술도 부잣집 자식들에게 특혜를 주기 위해 고안된 것이지요. 민주화세력은 독재시절 주입식 암기교육에 한이 맺혀 자유화 개혁하면 세상이 좋아질 걸로 생각했습니다만 비극을 초래했을 뿐입니다. 자유화 개혁이 나라와 교육을 도탄에 빠뜨린 걸 생각하면 우리 선현들이 왜 '선무당이 사람 잡는다' 는 말을 남기셨는지 이해가 갑니다.

매력적이지 않은 불임의 나라

흔히 라인강의 기적과 한강의 기적, 그리고 전후 일본의 경제 부흥이 비교됩니다. 이중에서 진정한 기적은 어느 것일까요? 한강의 것입니다. 왜냐하면 독일과 일본엔 첫째, 산업설비가 상당 부분 남아 있었고, 둘째, 그것보다 더 중요한 것, 바로 사람이 남아 있었기 때문이지요. 세계 최고 수준의 기술력과 지식, 창조성을 보유한 사람 말입니다. 사람이 있으면 나라는 어떻게든 살아납니다.

만약 2차 세계 대전 당시에 유럽에 있던 세계 최고의 두뇌들이 미국으로 가지 않고 한국으로 왔다면 역사가 어떻게 변했을까요? 아인슈타인이 우리나라에 왔다면? 미군이 독일에 진주했을 때, 그들이 독일에서 본 로켓 공장은 그들에겐 마치 SF소설에 나오는 것 같은 풍경이었다고 합니다. 몇몇 항공기라든가 잠수함 등에서도 독일의 기술력은 압도적이었지요. 미군은 독일의 로켓 개발자였던 폰 브라운을 잡아갑니다. 그가 오늘날 미국을 먹여 살리는 항공우주산업의 초석을 쌓았습니다. 만약 그와 연구진이 한국에 왔다면?(항공우주산업의 산업파급효과는 자동차산업의 그것과 비교가 안 됨)

미국은 오늘날에도 전 세계의 두뇌를 빨아들이고 있습니다. 지금 미국에 있는 건 건국 초기의 약동하는 자유가 아니라 강자의 자유뿐이어서 사회 자체의 매력은 많이 사라졌습니다. 그럼에도 불구하고 세계 최강대국이라는 이점 때문에 여전히 전 세계의 두뇌에게 매력적인 나라입니다. 만약 세계 최강대국이 아니면서 지금의 미국처럼 범죄율이 높고, 가난한 국민들이 비참하게 사는 불안한 사회라면 그 매력이 상당부분 반감됐을 겁니다.

우리나라는 어떤 나라인가요? 창조적인 두뇌들에게 얼마나 매력적인 나라인가요? 어차피 우리나라는 미국 같은 초강대국은 아닙니다. 우리나라의 매력은 다른 곳에서 찾아야 합니다. 그런데 우리는 지금 90년대 이래 미국식 자유화 개혁으로 일관하면서 미국사회의 모습만을 좇고 있습니다. 그 결과 점점 더 정 떨어지는 비열한 사회로 변모하고 있지요. 그 결과가 저출산, 치솟는 자살률 등이구요. 내 주위에도 결혼해서 돈만 있다면 이 땅을 뜨고 싶다는 사람들이 있습니다. 대체로 그 사람들은 똑똑하고, 자의식이 강하고, 문화적 감수성이 풍부한 사람들인데요. 이런 사람들에게 매력이 없는 나라에 미래가 있을 수 없습니다.

석유 한 방울도 안 나는 이 조그만 나라에서 사람 말고 무엇에 기댈 수 있습니까? 그런데 지금까지 설명했다시피 우리나라는 다수 사람들에게 냉혹한 체제입니다. 그리고 다수 사람들의 능력을 획일화시키고, 퇴화시키는 대학서열체제라는 교육제도를 가지고 있지요. 그것이 국민을 노예로 길들이는 학벌사회로 연결되구요. 창조적 열정이나 자유로움 같은 것도 없습니다. 그저 악에 받친 생존의지와 공격성, 경쟁의 피로, 공포, 불신, 이런 것들만 팽배하고 있습니다.

고구려의 거부할 수 없는 매력

드라마 〈주몽〉은 부여에서 고구려가 떨어져 나와 강국으로 성장하는 이야기였습니다. 이 드라마에서 대립축은 '한나라-부여-고구려' 이렇게 설정되어 있습니다.

한나라 – 초강국
부여 – 강국
고구려 – 후발주자

이런 구도인데요. 한나라와 부여의 국력을 가르는 건 바로 기술격차, 지식격차입니다. 철기를 만들 수 있는 지식이 있느냐, 없느냐에서 국력이 갈리는 겁니다. 한나라는 끊임없이 부여의 기술개발을 견제합니다. 반면에 부여는 기술개발에 사활을 걸지요.

드라마 〈주몽〉에서 부여의 왕 금와는 소비자 후생이니 수요자의 선택권이니 비교우위니 하는 한미FTA식 사고방식과는 거리가 먼 사람입니다. 한나라의 우수한 분야와 부여의 우수한 분야를 서로 특화하여 자유롭게 교역하면 양국이 모두 부강해질 것이라는 식의 이상한 논리는 그의 머릿속에 없습니다. 그가 바라는 건 오직 기술 국산화, 자체 개발뿐입니다. 한나라는 지적 재산권의 극대화를 원하지만 금와는 지적 재산권을 무시하고 지식 도둑질도 서슴지 않습니다. 지식 약소국인데도 지적 재산권을 미국식으로 강화하려는 지금의 한국 정부와는 다릅니다. 주몽도 한나라의 지적 재산권을 우습게 여기지요.

드라마 속 한나라는 고급두뇌와 엘리트들을 마구 유출시키는 우리나라와 달리 지식관리, 인재관리에 만전을 기합니다. 지금 우리나라는 핵심 산업 지식도 외국에 넘기는 놀라운 과단성을 보이고 있지요. 중국에 넘긴

쌍용자동차 연구진이 중국 자동차회사 자체 모델 개발을 위해 일하고 있다더군요.

한나라의 강력한 지식관리에 막힌 금와는 부여의 인재밖에는 믿을 것이 없었습니다. 그 부여의 인재가 바로 제철 전문가인 야철대장 모팔모입니다. 모팔모의 지식의 한계가 곧 부여의 지식의 한계가 되는 상황이었습니다. 모팔모는 금와에게 절대적으로 헌신했습니다. 그런데 금와 후계구도에서 문제가 생깁니다. 뭔가 한나라에게 의지하려는 태도를 가진 대소에게 헤게모니가 넘어가자 모팔모는 열정을 잃었습니다. 대소는 자신의 왕권을 공고히 할 수 있다면 조선 유민들을 한나라에게 넘기는 짓을 서슴지 않습니다. 약자를 분리하고 배제하는 방식으로 국가부강화를 추진하려 하자 창조적인 두뇌의 헌신이 사라집니다.

이때 주몽의 리더십이 모팔모에게 열정을 불러일으킵니다. 주몽이 세울 나라와 그 나라가 품고 있는 비전이 모팔모에겐 인생을 걸 만한 매력으로 느껴졌습니다. 그것은 핍박받는 조선 유민들을 포함해 모든 백성이 함께 잘 사는 부강한 나라를 만들겠다는 비전이었지요. 모팔모는 이 비전을 위해 자신의 창조성을 발휘하는 것에 신바람이 났습니다. 결국 그는 부여를 떠나 고구려를 선택합니다. 그리하여 후발주자인 고구려는 경쟁국 부여보다 지식경쟁력에서 우위를 점하게 됩니다. 모팔모뿐만이 아니라 고구려의 비전은 인근 인재들을 매료시켜 고구려 깃발 아래 모이게 합니다. 모두가 비전을 공유하고, 공동체적 충만감에 만족했습니다. 아무도 소외되거나, 배제되거나, 착취당하지 않았구요.

이런 식의 공동체는 언제나 경쟁력이 급등하고 강력한 매력이 흘러넘칩니다. 외부 인재를 끌어들이거나, 여러 가지 여건상 그것이 힘들다면 하다못해 내부의 인재들이라도 그 능력을 극대화하게 합니다. 공동체적인 비전을 공유하고 신명이 넘치는 사회의 매력은 너무나 강력해서 심지

어느 외국의 높은 보수를 마다하고 귀국해 조국을 위해 헌신하겠다는 사람까지 나타나게 됩니다.

드라마에서 주몽은 모팔모에게 떠나는 소서노와 함께 하라고 합니다. 소서노에게 지식, 인재를 준 것입니다. 그것은 경쟁력을 준 것과 같습니다. 지금이라고 옛날과 다를 것이 없습니다. 지금도 인재는 중요합니다. 특히 과거처럼 맹목적으로 모방조립품을 만들던 때와 달리 우리만의 지식, 우리만의 브랜드를 창조해야 하는 지금은 더더욱 인재의 중요성이 커지고 있습니다. 그리하여 그런 인재들에게 매력적인 나라를 만들어야 할 필요성도 점점 더 커지고 있습니다.

매력은 없다

자유화 개혁으로 국민 다수가 자산가들의 비용으로 전락당한 지금, 자산가들에게 기업을 송두리째 탈취당하고 소외되어 착취가 일상화된 지금, 인간을 대상화하고 노예로 만드는 지금, 살아남는 것만이 삶의 목표가 된 지금, '매력'이라니 한가한 소리일 뿐이지요.

- 국민 47% "사회·경제적 '지위' 상승, 노력으론 안 돼"
  그러나 자녀 세대의 사회·경제적 지위 상승 가능성에 대해서는 '높다'는 의견이 39.9%로 '낮다'(29.0%)보다 많아 교육을 통한 자녀 세대의 '지위 상승'에 대해서는 긍정적으로 여기고 있다는 것을 보여줬다. [경향신문 2006-12-04]

현실은 처참합니다. 황당한 건 국민들이 자기 자식만은 '어떻게 잘 될 수 있지 않을까' 하는 희망을 아직까지 품고 있다는 겁니다. 학벌사회 대학서열체제로 내면화한 노예의식과 함께 '그래도 내 자식만은' 하는 이 헛된 희망이 우리 사회의 정치적 안정성을 담보하는 최후의 보루일지도 모르겠습니다. 이 희망은 이미 깨졌습니다만 정부와 언론이 그 사실을 국민에게 정확히 알려주지 않고, 학교공부에만 충실하면 된다는 둥, EBS 과외와 방과후학교를 잘 활용하면 된다는 둥 '사기'를 치고 있지요. 요즘엔 교원평가와 공교육 정상화를 통해 이 희망을 이룰 수 있다고 또 '사기'를 치고 있습니다. 이렇게 멀쩡한 지도자들이 국민에게 '사기'나 치는 나라기 때문에도 역시 매력이 없는 나라입니다, 이 나라는.

창조적인 인재는 신분고하를 막론하고 능력이 우대되는 곳, 자신의 창조적인 기질이 유연하게 받아들여지는 곳, 편하고 즐거운 곳에서 일하려 합니다. 그러나 우리나라의 대학서열체제는 신분고하를 만들어내는 지배체제이지요. 부모로서는 자기 자식이 입시경쟁에 강박적으로 매달리는 꼴을 봐야 합니다. 가치기준이 단 하나뿐인 획일적인 사회이구요. 부잣집 자식의 입시서열이 높고, 그가 나중에 주식 자산가가 돼서 여타 국민의 자식들을 비용으로 취급하며 주머니를 불릴 겁니다. 창조성이 기댈 언덕은 없습니다. 모두가 생존하려 악다구니를 쳐대는 곳에 즐거움이란 게 있을 수 없습니다. 입시경쟁과 삶의 고통은 모두로부터 문화적 감수성, 여유를 앗아가지요. 매력이라니, 정말 한가한 소립니다.

창조하지 못하는 불임의 사회

> 한국, 독창적 발명·혁신 제품 아직 없다. …… 한국에서 애플의 아이팟과 같은 혁신적 제품이 나오는 것을 본 적이 없다. …… 이제 단순히 새로운 제품을 빨리 내놓거나 효율성을 높이는 것이 중요한 시대는 지났고 한국도 혁신을 통해 전체 경쟁력을 키워야 한다. …… 한국은 혁신적 제품을 가져와 새로운 기능을 더하고 비용 효율성을 높일 뿐 새로운 것을 발명하는 것은 많지 않다.
> — 잭 웰치(전 GE CEO)

> 한국 조경 설계의 반복적인 몰개성과 무개성을 비판하는 일은 이미 진부한 과제에 다름 아니다. 얼굴 없는, 문제의식 없는, 시대정신 없는 틀에 박힌 디자인 …… 개념 과잉의 말잔치 조경, 컨텍스트를 무시한 채 외국 작품의 이미지를 복사해 붙이는 베끼기 조경 …… 작가로서의 조경가 한 명을 만들어내지 못한 한국 조경 30년.
> — 배정한, 『현대 조경설계의 이론과 쟁점』

조경이라 함은 일종의 경관디자인으로서 단위 건물 건축보다 더 큰 개념입니다. 세계적인 건축가들이 이 조경이란 것을 합니다. 우리나라는 못한다는 겁니다. 우리나라 건축사들은 외국인이 창조한 개념도를 붙들고 단순작업만 합니다. 어디 조경뿐인가요? 한미FTA 하면서도 의약부분에서 우리나라 제약산업은 복제약밖에 못 만든다는 얘기가 나왔지요. 한마디로 70년대에 성장시킨 중화학, 전자 부문 외에선 모두 복제나 하는 삼류 공화국입니다.

시장화는 지금보다 더 정 떨어지는 사회를 만들어 우리나라를 인재들이 오기 싫은 나라로 전락시킬 겁니다. 미국은 초강대국이라는 그 자체가 하나의 매력 포인트입니다. 금융자본과 군대를 앞세워 전 세계로부터 부를 착취해 풍요로우며, 미국의 소프트파워라는 문화산업이 강력히 미국에 대한 호감도를 유지시킵니다. 그래서 시장화 사회임에도 자국민과 여타 나라 인재들에게 매력을 유지할 수 있습니다.

반면 우리나라는 미국 흉내를 낼 수 없는 상황입니다. 그런데 미국식 자유화로 인재도 기르고 창조성도 기르겠다는 전략이 어떻게 나온 건지 도무지 이해할 수 없습니다. 우린 지금 자유화를 할 때가 아니라 대학서열을 밀어버려야 할 때입니다. 그리하여 매력적인 공동체를 만들어야 합니다. 이것은 시장논리가 아닌 정치적 결단, 강력한 국가 공공성을 통해서만 이룰 수 있는 것입니다.

돌아오고 싶지 않은 나라

• 돌아가면 이공계 우대해줍니까? 고급두뇌 귀국 '절레절레' [한겨레 2006-12-18]

미국에서 박사학위를 받은 이공계 고급두뇌들이 점점 더 귀국하길 꺼려한다는 기사입니다. 귀국하지 않고 미국에 남겠다는 박사들이 1984년엔 50%였으나, 1998년엔 62.3%, 2002년엔 82.2%, 2004년엔 73.9%라고 합니다. 게다가 귀국한 박사 중에 37.7%는 '기회만 닿는다면 다시 출국하고 싶다'고 합니다. 이 얼마나 황당한 일입니까. 10~20%를 빼놓고는 이 한국이라는 나라에 살고 싶지 않다는 겁니다. 모팔모를 끌어들이는 주몽의 고구려이기는커녕 들어오고 싶지도 않고, 재수 없어서 들어왔어도 곧 도망치고 싶은 대소의 부여가 됐습니다.

그들이 한국을 꺼리는 이유 두 가지가 '첫째, 미국보다 좋지 않은 국내 연구환경 등 근무 여건, 둘째, 사교육비 부담과 경쟁이 심한 자녀교육'이라고 합니다. 이 중에서 첫째는 말이 안 됩니다. 1980년대에는 귀국하겠다는 비율이 더 높았는데, 그럼 그때는 지금보다 연구환경이 더 좋았단 말인가요? 달라진 건 연구환경이 아니라 마음입니다. 조국을 위해 나의 지식을 쓰겠다는 마음가짐 대신에 내 이익을 극대화하겠다는 이기적인 마음이 더 커진 겁니다. 일신의 안락을 찾아 저 혼자 좋은 곳만 찾아다니라고 어렸을 때부터 세뇌당했으니까요. 자유화 개혁은 한국사회를 이기적으로 바꾸고 있다고 설명했습니다. 그러자 그 두뇌들이 한국사회를 위해 헌신하길 거부하고 있습니다.

• 인문대 졸업생, 이공계와 평균연봉 900여만 원 차이 [한겨레 2006-08-03]

이공계가 인문계보다 평균 연봉을 900만 원 정도 더 받는다는 겁니다. 우리 사회엔 이공계를 우대하지 않아 인재들이 떠나고 기술이 발전하지 못한다는 주장이 범람하고 있습니다. 하지만 이미 이공계는 우대받고 있습니다. 한국교육개발원의 2005년 통계에 의하면 대기업 취업률이 가장 높은 전공 상위 4개가 모두 이공계였습니다(전자공학, 금속공학, 화학공업, 기계공학). 이런데도 더 우대받아야 한다는 겁니다. 이기심이 남한 사회를 뒤덮었습니다. 그러자 경쟁력도 없고 매력도 없는 정 떨어지는 사회가 됐습니다.

- "국내인재는 떠나고 해외인재는 한국 외면" … 고급인력 공동화 심각
  턱없이 높은 사교육비와 물가, 집값 …… 고급인력 해외유출을 돈으로 환산하면 24조 원을 넘을 것 [쿠키뉴스 2007-09-06]

- 한국 '두뇌유출' 심각 … 아일랜드 이어 2위
  우리나라의 순 두뇌 유입은 -1.4%인 것으로 나타났다. 이는 OECD 국가 중 아일랜드(-4.0%)에 이어 두 번째로 심각한 수준이다. 특히 **아일랜드를 비롯, 대부분의 주요국가가 1990년과 비교해 순 두뇌 유입률은** 오히려 증가한 것으로 나타났지만 **우리나라는 두뇌 유입률이 -1.3%이던 당시보다 오히려 더 심각해진 것으로 나타났다.**
  [경향신문 2006-07-11]

두뇌유출 1위인 아일랜드는 더 좋아지고 있는 중이지만, 2위인 우리나라는 더 나빠지고 있다는 기사입니다. 자국민조차 창조적인 고급 두뇌일수록 절대로 들어오고 싶지 않고, 탈출하고만 싶은 나라에 선진국 두뇌들이 뭐가 아쉬워 오겠습니까? 툭하면 '석유 한 방울 안 나는……' 타령을 일삼는 나라가 지식과 인재를 이렇게 대접하는 걸 보면 놀라울 뿐입니다. 이런 말하면 또 기득권세력은 일류에게 일류의 대접을 해주면 된다고 하겠지요. 역차별론이니 하향평준화니 들먹거리면서요.

기득권세력이 일류에게 일류의 대접을 해주라는 것의 본질
→ 일류대 나오고 유학 갔다 온 내 자식에게 특권을 주라

이렇게 비열한 생각이 지금처럼 비열한 사회를 만들었습니다. 그렇게 양극화를 심화시키면 이기적 심성만 더 커지고, 지금보다 더 황량한 사회, 더 매력 없는 나라가 될 것입니다. 엘리트들을 골라 특권을 주고 다수 국민을 배제하는 방식으로 엘리트들을 유치하자고 하는 사람들, 또 그런 것에 혹하는 엘리트들은 우리나라에 차라리 없는 게 낫습니다. 이 나라가 미국이 주는 것보다 더 화려한 매력을 인재들에게 주는 게 가능합니까? 그것은 영원히 불가능합니다. 우린 이기심을 유혹하는 것이 아닌 이타심과, 연대감, 사려 깊음의 열린 공동체를 건설해야 합니다. 주몽이 모팔모에게 특권을 약속했나요? 매력 있는 공동체는 강자의 이기심을 충족시켜주는 것이 아니라 도리어 강력히 통제하면서, 공동체의 비전을 공유하는 것으로 만들 수 있습니다. 그 전제는 특권 폐지, 대물림 폐지, 평준화이지요. 이래야 공동체가 생깁니다.

문화적 창조성, 정신의 자유로움과 국가 공공성이 서로 대립될까요? 자유화는 절대 창조성도 자유로움도 보장해주지 않는다는 게 90년대 이후 증명되었지요. 오직 국가의 보편규제만이 강자의 이익을 통제할 수 있고, 모두를 위한 공공성을 지켜낼 수 있습니다. 그렇게 해서 사람이 사람답게 사는 나라가 될 때 인재들이 모여들기 시작할 겁니다.

자유화 개혁세력은 가진 자의 욕심을 채워줘야 그들이 외국으로 안 나간다며 각종 유연화 개혁을 합니다. 그들을 위한 고가의 고급서비스를 만들어가는 것이지요. 하지만 인간의 이기심은 끝이 없는 법. 아무리 그들을 위해도 그들이 나라를 배반하는 것을 막을 수 없습니다. 지배자들에게 배반당하는 나라가 살기 좋은 나라일 수도 없구요. 강자가 다수를 노예로

만들지 않는 자유롭고 개방적인 공동체, 창조적인 지식의 집적, 교류가 이루어지는 나라가 창조적인 두뇌들에게 매력적인 나라가 됩니다.

지금처럼 일류대학, 엘리트들의 수월성을 강조하면 서열체제가 심화돼 대학은 더 천박해지고 학벌 패거리만 강화됩니다. 서열문화, 패거리문화엔 창조적이고 자유로운 두뇌가 적응할 수 없습니다. 깡패사회. 정글사회. 다수 노예와 소수 비뚤어진 수월성의 개인들. 자신이 특별대우 받는 걸 너무나 당연하게 여기는 문중 패거리. 다양한 가치를 용납하지 않는 획일적인 서열문화. 획일성의 이유를 고교 평준화로 돌려 서열문화를 더 심화시키려는 비열함. 숨막히는 권력투쟁. 이렇게 질식할 것 같은 체제를 창조적인 개인은 당연히 싫어합니다.

서열과 폐쇄성을 확 밀어버리면 상황은 변합니다. 다양성과 자유로움, 창조성, 개방성이 만개하는 나라가 되는 것이지요. 위에서 이공계 고급두뇌들이 귀국을 꺼리는 두 번째 이유가 바로 교육문제라고 했습니다. 우리나라는 교육이 고통이어서 국민을 외국으로 쫓아내는 희한한 나랍니다. 대학 평준화로 입시경쟁이 사라지면 교육의 고통도 씻은 듯이 사라질 겁니다.

창조적인 인재들에게 매력적인 곳

미국에서 하이테크 산업이 발달한 10대 도시와 게이 지수가 높은 10대 도시 중 5개가 일치한다고 합니다. 또 하이테크 산업이 발달한 10대 도시와 보헤미안 지수가 높은 10대 도시 중 5개가 일치한다고 합니다. 보헤미안 지수라는 건 문화인들이 많이 활동하는 정도를 가리키는 말입니다. 이것이 의미하는 바가 무엇일까요? 게이나 연극인, 음악인이 하이테크 산업을 담당한다는 말인가요?

그런 게 아니라 이건 사회의 성격을 말하는 겁니다. 어떤 종류의 성격이 있는 사회에선 하이테크 산업이 발달한다는 뜻이지요. 그런데 게이나 문화인들이 상징하는 성격이 무엇일까요? 그것을 미국의 도시연구가 리차드 플로리다는 'T(Tolerance, 관용)'라고 불렀습니다. 게이는 사회적 약자입니다. 문화인들은 약자이기도 하고 대체로 가난한 사람들입니다. 또 사회에서 힘을 가진 기득권 주류들로부터 일탈한 일종의 '타자'들입니다. 그런 사람들이 활개칠 수 있는 사회는 열린 사회, 자유로운 사회, 바로 관용이 넘치는 사회이고, 그런 사회에서 하이테크 산업도 발달한다는 겁니다. 혁신을 일으키는 창조적인 두뇌들은 그렇게 열린 사회에 매력을 느끼는데, 그들이 그 사회에 하나둘씩 모여들기 시작하면 자연스럽게 지식의 에너지가 형성되고, 그것이 기업을 부르고, 기업은 다시 인재를 부르고, 점점 더 창조적인 집적의 선순환이 이루어져 결국엔 그 사회의 지식 창조성이 만개하는 겁니다.

우리처럼 약자와 타자를 배제하고 능멸하길 일삼는 비열한 사회에선 있을 수 없는 사태입니다. 두뇌들이 우리나라를 탈출하고 싶어 안달이 나는 것도 당연합니다. 특히 대학서열체제로부터 비롯되는 중등과정 획일화는 거의 살인적인 수준이어서 일체의 창조성을 정나미 떨어지게 압살하지요.

우리나라는 이제 고부가가치의 첨단 국가로 도약해야 합니다. 한국에서 세계 일급 서비스가 나오고, 세계 일급 기술이 나오고, 세계 일급 디자인이 나와야 합니다. 그리고 당연히 세계 일급 기업들이 연이어 나와야 합니다. 기술모방의 시대는 어차피 끝났습니다. 한국은 세계를 리드하는 창조적 에너지의 중심지가 되어야 합니다. 그런데 창조의 주체는 사람의 머리입니다. 이젠 '머리의 시대'인 것이지요.

"창조적인 일급 두뇌들을 어떻게 육성하고, 유지하고, 끌어들일 것인가?"

이것이 우리의 화두입니다. 한국은 창조적인 두뇌들의 인큐베이터가 되어야 하고, 동시에 창조적인 두뇌들에게 매력적인 나라가 되어야 합니다. 매력적인 나라에선 인재와 기업이 집적되는 선순환이 이루어진다고 했습니다. 그들이 한 지역에 모이면, 시시각각으로 이루어지는 대면접촉에 의해 정보가 교환되고, 경쟁이 촉발됩니다. 생산성이 혁신되고 지식이 창조됩니다. 나라에 경쟁우위가 발생합니다. 활력이 생깁니다. 경제가 성장합니다. 세계 최고 인재들이 모여 사는 고급 가치 생산의 용광로. 이것이 우리가 갈 길이이지요.

최고의 인재들을 기르는 것은 교육입니다. 신기술이 개발되는 것은 R&D 역량입니다. 그리고 인재들에게 매력적인 도시가 되는 것은 문화환경 수준에 달렸습니다. 일단 교육엔 국가의 정치적 결단이 필요합니다. 고등교육 예산의 대폭 증액과 대학 무상평준화를 통한 고급 인재의 대대적 육성으로 이 나라를 지식발전소로 만드는 것이지요. R&D를 통한 지식혁신은 그 인재들이 담당할 것이구요.

창조적인 두뇌들일수록 삶의 질을 중시합니다. 우린 과거에 삶의 질을 희생해서 개발 1기를 성공시켰습니다. 이젠 거꾸로 갑니다. 차기 도약 인프라는 삶의 질입니다. 돈을 벌었으니까 이제 삶의 질을 향상시키는 것이 아니라 돈을 더 벌기 위해서 삶의 질을 향상시켜야 합니다. 삶의 질이 인재를 부르고 창조적인 지식의 모태가 되니까요. 그래서 청계천에 다시 물을 흘려야 했던 것이지요. 쾌적한 환경은 창조적인 머리들에게 매우 중요한 요소입니다. 그런데 대학서열체제는 배제당하는 지역은 황폐하게, 선택된 지역은 과밀하게 만듭니다. 그 어느 곳도 여유 있는 넉넉한 삶의 질을 누릴 수 없게 됩니다. 수도권과 대기업 집중은 대한민국 개발 1기의 성장엔진이었습니다. 이젠 그 엔진의 효율성에 문제가 생겨버렸습니다. 대한민국은 이제 신엔진을 늘려야 합니다. 그리고 구엔진은 업그레이드해 효율을 높여야 합니다. 대학을 무상평준화해 인재를 대대적으로 육성하고, 국토 전체가 신엔진이 되도록 하고, 기득권 집중에 의한 동맥경화와 창조성 말살을 막고, 다양성과 유연함이 꽃피는 사회를 만들어야 하는 것이지요.

어떤 외국영화에서 실의에 빠진 주인공에게 아버지가 말합니다. "나를 봐라! 그깟 정학 맞은 게 무슨 대수람. 난 나야!" 정말 난 나인가요? 대한민국의 대학서열체제, 학벌사회는 이렇게 말합니다.

> 웃기고 있네. 년 반 등수 20등, 학교 등수 500등, 전국 등수 10,000등 짜리야.

그 영화의 주인공 한 명은 이렇게 말합니다.

> 이 세상 어디에도 없는 우리들만의 독특한 음악을 만들고 싶어.

이럴 수 있는 사회가 바로 매력적인 사회입니다. 이런 여유가 주어져야 그 사회에서 문화가 꽃핍니다. TV에 나오는 기획된 상업문화 말고 자생적으로 삶의 공간에서 솟아나오는 문화 말입니다. 우리는 입시교육으로 아이들의 정신을 죽이고, 그 죽은 정신을 가진 어른들은 당연히 문화적 감수성도 없거니와, 배제당하지 않으려 생존경쟁하느라 역시 문화 따위를 즐길 여가가 없습니다.

창조적인 두뇌들은 문화환경을 중시한다고 했습니다. 우리나라 곳곳에 문화를 창조하는 사람들이 넘쳐나면 그것을 즐기는 두뇌들이 정주하기 시작합니다. 여유 있고, 문화적으로 풍성하고, 행복한 나라에서 사람들은 살고 싶어 하는 법이니까요. 창조적인 사람들은 대체로 자의식이 강하고, 문화적 욕구가 큽니다. 역으로 문화적으로 풍부한 나라가 자의식이 강하고 창조적인 인재를 만듭니다. 지금처럼 대학서열에 맞춘 단발마적인 획일성이 지배하는 나라에선 각자의 독특함이 묻혀버리고, 문화적으로 삭막해집니다. 그렇게 되면 점점 더 매력이 없는 나라가 됩니다. 창조적인 두뇌일수록 탈출하고 싶어 하는 나라가 됩니다.

기술패권 각축

야쿠시지 타이조의 『강대국의 기술패권』이라는 책이 있습니다. 이번 장은 이 책의 내용을 바탕으로 합니다. 그는 '왜 어떤 나라만이 다른 나라를 추월하여 돌연히 그리고 급격하게 국제무대에 대두하게 되는 것일까?'라고 질문합니다. 그가 찾은 답은 기술입니다.

근대적인 산업을 발전시켰던 첫 패권국이 네덜란드입니다. 그 이유를 야쿠시지 타이조는 당시 네덜란드 지역이 민족들의 회랑과도 같은 개방적인 지역이었다는 것에서 찾습니다. 이것은 관용이 하이테크 발전의 조건이라는 분석과 통하는 얘깁니다. 관용의 다른 말은 개방성이니까요. 타자와 대립하지 않고 융화할 수 있는 개방성이 바로 기술 혁신의 조건이라는 겁니다. 또 당시 네덜란드는 구교의 인습에서 해방된 자유로운 곳이었지요. 또 신민이 아닌 시민들의 문화가 꽃핀 곳이었습니다. 그것을 상징하는 것이 네덜란드의 조그만 그림들입니다. 귀족들의 그림은 웅장하지만 네덜란드에서 당시 성행했던 그림은 작고 고만고만했습니다. 일종의 평준화라고 할까요? 왜냐하면 일반 시민들을 위한 예술이었으니까요.

백년전쟁 당시 네덜란드 지역의 두뇌들이 영국으로 이주했습니다. 영국은 네덜란드 두뇌의 유입으로 비로소 원료 공급국에서 모직물 생산국으로 도약하기 시작했다고 야쿠시지 타이조는 설명합니다. 스페인은 콜럼버스라는 외국의 창조적 두뇌를 영입해 강력한 국가주도 모험투자를 해서 아메리카 대륙이라는 황금의 땅을 차지했지만, 종교적 다양성을 억압해 네덜란드 지역의 두뇌들을 놓쳤습니다. 스페인의 탄압으로 네덜란드 두뇌들의 2차 이주가 이루어지고 영국의 하이테크 혁신이 가능해졌습니다. 영국의 개방성이 산업혁명을 가능케 한 겁니다.

이렇게 얘기하면 한미FTA 추진자들은 또 쇄국이냐, 개방이냐 타령을 하겠군요. 여기서 말하는 '좋은 개방'이란 내부의 다양성과 시민의 자유를 시키면서, 두뇌의 유입을 환영하고, 기술의 유입을 환영하되, 국가의 주권을 침해하는 사태에는 단호히 대처하는 개방을 말합니다. 한미FTA는 거꾸로 국가 주권은 열어 주되, 시장화의 당연한 귀결로서 내부의 다양성을 압살하게 되고, 시장의 자유 신장에 따른 시민의 자유 위축을 가져옵니다. 그런 나라에서 두뇌유입은커녕 유출될 것이고, 지적재산권 강화로 기술이 들어오는 게 아니라 로열티만 더 나갈 것이므로 정반대의 '나쁜 개방'입니다. 실제로 당시 영국은 인재들을 끌어들인 개방성과는 달리 강력한 보호무역을 실행했습니다. 한미FTA 추진자들의 논리대로라면 '쇄국'이었지요.

17세기에 프랑스 왕조가 신교도들을 탄압하여 자국의 다양성 지수를 떨어뜨리자 신교도들이 유럽 각국으로 이주하여 기술이 전파되었는데, 17세기 말에 견직물 제조 기술이 없던 영국에 이들이 이주하였고, 이들이 기술을 가지고 오자마자 영국은 견직물 수입금지 조치를 취해 자국 견직물 산업을 육성합니다. 이 신교도 중의 한 명이 증기기관의 효시가 되는 기관을 발명합니다. 그 후 영국은 자국의 기술경쟁력이 세계 최고에 달했다는 것을 확인한 19세기에 이르러 자유무역기조를 채택합니다. 한미FTA 추진자들은 선 자유무역, 후 국가발전이라는 기이한 개방론을 주장하고 있습니다만.

독일의 국가전략은 영국 모방이었습니다. 다른 곳은 개방적인 시민사회가 발달하면서 기술도 발달했다고 치고, 왜 독일은 파쇼 체제에서 기술이 발전했느냐는 반론이 있을 수 있겠네요. 독일은 보호무역과 국가주도 개발이라는 공공적 목표를 방기하지 않는 정부가 있었고, 또 독일이 비록 유태인을 탄압하긴 했지만 독일인들끼리는 중산층을 형성하려 했습니다. 복지제도를 처음 만든 것이 비스마르크고, 히틀러는 노동자들도 휴양여행을 갈 수 있는 사회를 만들었지요. 일본이 '1억 총 중류' 사회를 만들어 기록적인 발전에 성공한 것처럼, 독일도 어쨌든 자신들끼리는 개방적인 공동체를 만들었던 겁니다. 물론 모두가 잘 알듯이 그것은 여러 가지 한계가 있었고 결국 2차 대전으로 파국을 맞았습니다.

 2차 대전 이후 기득권세력이 약화된 독일(히틀러 격하)과, 그대로 유지된 일본(천황제 유지)의 차이가, 한쪽은 중도 좌파형 복지국가, 또 다른 쪽은 우익형 1억 총류 중산층 국가로 나타났습니다. 독일엔 대학 무상평준화가, 일본엔 일류대 그룹이 나타난 것이지요. 우리나라는 극단적인 대학서열체제이지만 일본은 일종의 일류대 그룹으로서 우리나라처럼 대학서열이 획일적이지 않습니다. 당연히 우리나라 같은 입시경쟁도 없지요. 우리나라는 독일과 일본을 따라 하는 후발주자형 모델인데 그들보다 훨씬 저열한 시스템을 건설했습니다.

 독일은 인재를 강력히 육성했습니다. 1880년에 프로이센의 취학률은 이미 97.5%에 달했습니다. 이렇게 육성된 노동력이 기술발전의 밑거름이 됐습니다. 또 영국에 이주한 신교도들은 독일로도 이주했습니다. 독일이야말로 종교개혁의 발상지이니까요. 독일은 정책적으로 그들의 이주를 도왔습니다. 특히 훗날 독일을 통일하는 프로이센이 가장 적극적이어서 프로이센 인구 50명 중 한 명꼴로 신교도 이민자였다고 합니다. 유태인 탄압 때와는 전혀 다른 개방성입니다. 이런 과정을 거쳐 프랑스를 꺾고 유럽의 신흥 강자로 등장한 것이지요.

 신교도들에 의해 독일은 네덜란드, 영국의 뒤를 이어 모직물 생산 기술을 획득했습니다. 독일은 나중에 우리나라가 그랬던 것처럼 국산품을 조달합니다. 박정희가 우리 군부에 강제로 국산 방산제품을 사라고 한 것처럼 독일은 자국산 군대 제복을 조달한 것입니다. 그러자 산업이 발달하고 그에 따라 염료, 세정 등 유기화학 산업도 연쇄적으로 생겨났습니다(독일은 제1차 세계대전에 이르러 세계 인공염료 생산의 90%를 담당하게 됨. 염료회사들이 바이엘 등 화학회사로 성장). 또 신교도 이민자들의 기술과 당국의 정책이 결합해 가죽 관련 산업도 발달했습니다(그 정책이란 건 별게 아닙니다. 소비자들이 시장에서 나막신을 선택할 권리를 국가가 몰수해 가죽신을 살 수밖에 없도록 했습니다). 또 신교도들의 지식은 농업기술 혁신에도 영향을 미쳤습니다. 그 결과 독일은 만성적인 기근에서 벗어나 1913년에 이르러선 세계 감자의 3분의 1을 생산하는 감자대국이 됐습니다.

독일은 영국의 특허를 무시하며 성장해 20세기엔 마침내 세계적 화학강국이 됐습니다. 제1차 세계대전이 터지자 미국은 그런 독일의 특허를 몰수해 자국 기업들에게 기술을 배분했습니다. 이런 식으로 미국과 독일 간의 기술격차가 축소되기 시작했는데 그것을 결정적인 것으로 만든 것은 독일인들의 미국 이주입니다. 또 나폴레옹이 유럽을 상대로 싸울 당시 프랑스의 군사기술은 매우 선진적인 것이었는데 프랑스인 군사 고문단에 의해 프랑스의 부품 표준화 기술이 미 육군에 이전되었다고 합니다. 미 육군의 기술은 민간에 파급돼 20세기 전반에 맹렬히 발전한 미국 공업의 기틀이 되었습니다.

독립전쟁 당시 영국의 섬유업 종사자들이 미국으로 이전한 다음, 미국이 섬유류 고관세로 국내 산업을 보호하자 미국섬유산업이 발전했습니다. 프랑스의 군사기술 이전과 영국의 섬유관계 기술 이전이 모두 뉴잉글랜드 지역을 중심으로 이루어졌기 때문에 같은 지역에서 지식이 서로 상승작용을 하여 미국 제조업 경쟁력의 바탕이 이루어졌다고 합니다.

무선통신 분야에서 획기적인 발명을 한 사람은 GE사의 스웨덴 출신 기술자였습니다. 당시 무선통신 분야는 영국 기업이 독점하고 있는 상태여서, GE사는 그 기술을 영국 기업에 팔 수밖에 없었는데 미국 정부가 기술 판매를 막았다고 합니다. 그리고 그 기술의 수요처를 만들어줬는데, 그것이 바로 RCA의 설립입니다. 외국계가 혁신한 지식을 정부가 지키고 그 지식을 소비할 자국 국책기업을 설립해 시장을 형성한 것입니다. 미국도 자신들이 발전할 때는 지금 그들이 말하는 자유시장론, 자유무역론의 반대로 행동했던 것이지요. 그들이 자유무역기조로 전환한 것은 자신들이 세계 최고 국가가 된 이후였습니다.

인재를 기르고, 부르기는커녕

후발주자가 선두주자를 따라잡기 위해선 결국 기술격차, 지식격차를 뛰어넘어야 한다는 겁니다. 그리고 그것을 이룰 것은 당연히 사람입니다. 사람이 지식을 생산하면 그 다음엔 국가가 산업으로 육성하는 겁니다. 그리고 사람도, 지식도 저절로 생겨나면야 좋겠지만, 그것이 어렵다면 국가가 육성해야 합니다.

우리나라는 일단 사람이 태어나지 않으려 하고, 태어난 다음엔 외국으로 탈출할 궁리를 하고, 외국으로 나간 두뇌는 잘 돌아오지 않으려 하며, 정부가 목을 매다는 외국인 투자는 기술과 인재를 우리나라에 주는 것이 아니라 우리의 자산만 탈취하는 형식이고, 내국에 남아 공부하는 아이들을 인재로 키우기는커녕 입시기계에 이기적인 노예와 지배자들로 키우며, 그나마 최고의 인재라고 공인받은 아이들은 모두 법조인, 의료인 등으로 빼앗기고, 진취적인 아이들은 공무원에 빼앗겨, 지식 창조성을 기를 쓰고 말살하는 황당한 체제입니다.

모팔모에게 열정을 불러일으켰던 그런 비전이 있나요? 과거 개발시기 국가경제개발이라는 비전, 그후 민주화라는 비전, 지금은 무엇이 있습니까? 국민이 아무리 열심히 일해도 양극화가 더 심해져만 간다는 건, 자기 자신을 위해 일하는 게 아니라 부자를 위해 일하는 나라가 됐다는 겁니다. 그 부자들은 대학서열체제에서 자기 자식들을 일류대에 보내 강력한 패거리를 형성하고 있습니다. 한마디로 공동체의 비전이 사라진 상황입니다. 고조선 유민이 지금 이 나라에 있어봤자 자기 자신도 비정규직이고 그 자식도 삼류대에 비정규직 인생 예약입니다. 정 떨어진 모팔모는 떠나버리고 말 겁니다.

기득권 패거리들이 활보하는 나라에선 자유롭고 창조적인 지식이 솟구칠 수 없습니다. 우리나라는 학벌 패거리가 문화, 지식계를 장악해 조폭처럼 군림하고 있습니다. 남들에게 매력은커녕 우리 자신에게도 아무런 매력을 주지 못하는 사회가 됐습니다.

인류역사상 유래가 없는 '한강의 기적'이 가능했던 건 여러 가지 조건이 복합적으로 작용한 것이지만, 인재의 차원에서 말하자면, 우린 어차피 모방, 저가격, 대량생산 전략이었기 때문에 창조적인 인재는 필요치 않았습니다. '조국과 민족의 발전을 위해 헌신'하는 인재들만으로도 충분했지요. 지금은 헌신에 더해 창조성까지 필요한데, 창조성은 고사하고 그전에 있던 헌신마저 사라지는 추세입니다. 자유화 개혁이 이기심만을 조장하기 때문이지요. 이젠 공동체를 위해 헌신하는 것이 아니라 자기 자신을 위해 재테크를 염려하고, 자기 자식을 위해 각종 교육 선택을 고민해야 합니다. '한강의 기적 2탄'을 연출하기 위해선 이 판을 뒤집어야만 합니다.

대학서열체제가 지속되는 한 살인적인 입시경쟁도 지속되고, 국민은 다수 노예와 소수 지배자로 나뉘며, 노예가 되지 않으려는 단발마적인 자식 교육 집착도 계속되고, 단 하나의 입시서열에 맞춘 붕임의 획일성, 문화적 가난함도 계속되고, 평가 만능주의의 정신적 저열함도 계속될 겁니다. 구조적으로 강자가 약자를 짓밟고 올라가는 것을 정당화하는 대학서열체제는 관용이 없는 폐쇄적인 사회를 유지시킬 것이구요. 이렇게 되면 인재도, 지식혁명도 없습니다. 선진국은 요원한 이야깁니다.

학교를 사회적 자본의 용광로로

모두가 공동의 목표를 위해 헌신한다고 서로가 서로를 신뢰할 때 생산성, 효율성, 경쟁력이 극대화됩니다. 또 노력과 능력이 정당하게 보상 받는다고 믿는 사회에선 사람들의 불만이 생겨나지 않습니다. 이런 상태를 일컬어 사회적 자본이 풍부하다고 말합니다.

> 우리 사회 구석구석엔 아직도 선진국에 비해 낮은 수준의 국민의식과 고질적 갈등문화가 성장의 발목을 잡고 있다. 서로 불신하는 풍토에서는 대립과 갈등이 증폭될 수밖에 없다. 대립과 불신이 판치는 불건전한 풍토에서는 우리가 열망하는 선진경제는 물론 선진국가로의 진입도 불가능하다.
> - 「코리아플러스」, '사회적 자본 특별 기획'

『코리아플러스』는 정부에서 발행하는 잡지입니다. 정부도 우리가 지금 사회적 자본을 확충해야 할 시점이란 걸 분명히 인식하고 있는 것 같긴 합니다.

경제 성장 자체가 선진적 사회제도, 구성원들의 합리적 태도와 사고가 뒷받침되지 않으면 일정 수준을 넘기 어렵다. …… 연고의 울타리를 튼튼히 하는 것은 개인이 동원할 수 있는 사회적 자본의 양을 늘리고 특수화된 신뢰를 두텁게 만들지만 공정한 절차를 무시하고 끼리끼리 문제를 해결하는 사회에는 신뢰의 미래가 없다.   - 「코리아플러스」, '사회적 자본 특별 기획'

  나도 이렇게 생각합니다. 신뢰와 공정함, 보편적 합리성 등이 결여된 사회는 결코 선진국으로 도약할 수 없습니다. 한국사회에 신뢰와 공정함, 보편적 합리성의 토대를 부수는 가장 큰 원흉이 무엇입니까? 바로 돈과 학벌입니다. 이 둘이 합쳐지면 신분 패거리가 됩니다. 끼리끼리 해먹는 신분사회에서 무슨 신뢰고 합리성이 가능할까요?
  후쿠야마는 사회적 자본을 '사람들이 어떤 공동의 목적을 위하여 조직이나 집단을 구성하고 상호 신뢰 아래 서로 협력하는 능력'이라고 했습니다. 사회적 자본이 없는 집단을 일컬어 '오합지졸'이라고 하는 것이지요. 사회적 자본은 곧 국가경쟁력입니다. 모든 개인이 서로 믿고 협력하면서 공동체를 위해 함께 노력하는 나라를 누가 이긴단 말입니까? 저마다 자기 살 궁리만 하는 부대와 일치단결해서 적과 맞서는 부대가 싸우면 어느 쪽이 이길까요?
  박정희에 의해 강요된 국민총화체제는 어쨌든 놀라울 정도로 잘 작동했습니다. 그것을 지탱한 두 축이 평생고용과 고교 평준화였습니다.

평생고용: 노력만 하면 삶의 안전성은 걱정할 필요가 없음(현재)
고교 평준화: 기회의 평등. 자식의 미래를 제한당하지 않음(미래의 희망)

  이것이 나라를 한덩어리로 묶었습니다. 사천만 국민이 사상초유의 정예집단으로 탈바꿈했던 것이지요. 모두가 국가공동체를 위해 몸을 사린다는 의식을 공유했습니다. 신뢰가 살아 있었습니다. 그러자 인류 역사상 유례가 없는 경제성장을 이뤘습니다.

90년대 이후 국민은 배반당했습니다. 노동자 다수는 비정규직으로 전락했고, 비정규직이든 비정규직이 아니든 모두 자산가들의 주머니를 불릴 수단으로 전락했습니다. 안전? 예측 가능한 삶? 모두 무너졌습니다. 고교 평준화로 상징되는 기회의 평등도 사라졌습니다. 대학서열체제가 심화되어 교육이 신분질서의 도구가 됐습니다. 이제 다수 국민은 자기 자식이 노예로 크는 걸 지켜보며 늙어가야 합니다. 그러자 모두가 저 하나 도망치기 위해 등 돌릴 궁리만 하게 됐습니다. 게다가 자유화 개혁은 모든 경제주체에게 이기심을 부추기고 있지요.

모두가 탈출을 열망하는 오합지졸군대 → 입시경쟁, 유학경쟁, 고시경쟁, 공무원경쟁, 이민선망, 두뇌유출, 재테크열풍, 몸짱·얼짱·건강 집착 → 나 하나 잘 살자, 내 자식 빼돌리자

사회적 신뢰가 무너지자 각 개인은 개인적 차원에서의 사회적 자본을 움켜쥐기 위해 몰두합니다. 각종 인맥 만들기, 친구 만들기 열풍이 바로 그것이지요. 이것은 동창, 동호회 등 연고관계 확인하기가 주종을 이룹니다. 즉 사회의 공정성, 보편적 규칙에 대한 신뢰가 없는 겁니다. 그런 신뢰가 있다면 '나는 내 일만 잘 하면 돼' 하고 전문 경쟁력을 향상시켜가겠지만, 신뢰가 없으니까 자꾸 곁눈질을 하게 됩니다. 학벌에 진입하기 위한 망국의 입시경쟁은 가장 거대한 '연고 만들기' 전장이라고 할 수 있습니다. 이것의 판돈은 너무나 커서 가히 인생을 건 복권입니다. 모두가 참여하는 'All or Nothing'의 도박판이지요. 도박판에서 사회적 자본이 꽃 피길 바라는 것은 헛된 일입니다.

사회적 자본 고갈은 경제발전만 막는 것이 아니라 민주주의 발전도 막습니다. 한국사회의 비효율적인 갈등문화를 한탄하는 게 유행입니다. 한국 사람이 태어날 때부터 싸움꾼으로 태어났나요? 상호신뢰, 사회에 대한 신뢰, 공적인 보편성에 대한 믿음이 없어서 각자가 최대한 이기적으로만 행동하려고 하다 보니 '싸움판'이 되는 것입니다. 이런 사회에선 민주주의도 성숙할 수 없습니다.

공기업도 민영화해서 이기적이 되라고 하고, 국립대를 법인화해서 이기적으로 행동하라고 하고, 기업은 주주에게 맡겨 이기적이 되라고 하고, 공모교장으로 중등학교도 이기적으로 행동하라고 하고, 수요자 중심주의로 소비자들더러 이기적이 되라고 하고, 교원평가 등 각종 노동자 평가, 성과급 차등지급, 연봉제로 노동자들도 이기적으로 행동하라고 하는 것이 우리 자유화 개혁의 본질이지요.

우리에게 필요한 건 이기심이 아니라 이타심입니다. 이타심이야말로 경쟁력 있는 국가를 만드는 초석입니다. 이타심은 연대의식을 바탕에 깐 제도로부터 자라납니다. 대학서열체제 같은 배제, 멸시, 지배의식을 바탕에 깐 제도는 이타심을 거세합니다.

승자독식의 극단적 경쟁 구조
→ 승자 소수, 패자 다수
→ 경쟁격화의 악순환, 모두의 삶의 질 하락
→ 각박한 인심
→ 사회적 자본 고갈
→ 이기적 경영, 이기적 노조, 이기적 투자자, 이기적 일류대 등 이기적 이익 추구 만연
→ 상층 트랙에 끼지 못한 사람들의 상대적 박탈감, 빈곤감 증대

→ 복지수요 증가, 사회적 소요 발생(데모, 파업, 범죄율 상승), 정부시책 비협조, 비효율에 의한 사회적 비용 증대, 경쟁격화로 사교육비 규모가 점점 커짐에 따라 그에 대응하는 교육복지 예산도 점점 커지게 됨(사교육을 공교육으로 흡수하는 흉내라도 내야 하니까)

→ 끝없는 정부 팽창 압박, 써도 써도 끝나지 않는 예산 압박

→ 정부의 증세 요구

→ 강자들의 거절

→ 국가 파탄

국정브리핑에 의하면 사회신뢰지수 국제 비교에서, 스웨덴은 6.63, 일본은 4.31, 미국은 3.36, 우리나라는 2.73로 나타났다고 합니다(2001년 World Value Survey). 말로는 유럽 강소국을 본받자고 하면서 왜 우리는 미국식 자유화를 추종하는지 모를 일입니다. 미국은 열등인종을 아예 격리시키는 나라이기 때문에 국가 전체 신뢰지수와는 달리 백인 지배층끼리의 신뢰지수는 높을 겁니다. 우리나라는 특정 지역, 특정 국민들을 내부식민지화할 수도 없고, 최강대국도 아닌데 왜 평준화를 통해 국가공동체 전체를 강화, 정예화하는 전략을 채택하지 않는 걸까요?

불신을 조장하는 연고사회

불평등, 빈부격차의 심화는 협력문화가 아닌 대립문화를 만듭니다. 빈부격차만 해도 그런데 더 나쁜 것은 연고문화입니다. 바로 패거리사회를 말합니다. 특정 패거리에 들지 못하면 지배집단에 접근하지 못하는 사회는 각 개인으로부터 신뢰를 박탈합니다. 학벌 패거리 문화는 국민 일반을 인간다운 삶에서 배제할 뿐만 아니라, 패거리들끼리의 대결을 조장하기도 합니다.

- [쇼트트랙] '파벌' 싸움에 전 종목 석권 무산
  2006 세계쇼트트랙선수권대회 남자 3000m 결승에서 한국선수끼리 다투다 금·은메달을 모두 놓치는 어이없는 일이 벌어졌다. …… 이는 뿌리 깊은 한국체육대학(한체대)과 비(非)한체대 간의 갈등에서 비롯됐다. '파벌훈련'의 비극이 싹튼 것이다.
  [세계일보 2006-04-03]

이런 패거리 문화가 만연한 나라에 국제경쟁력이 있을 수가 없겠지요. 협력이요? 신뢰요? 공동체요?

- 대학원생은 교수님 심부름꾼?
  한국의 대학원생, 연구 시간 부족하다 [오마이뉴스 2006-09-01]

대학원에 있는 것은 지식탐구의 열정이 아니라 패거리의 위계관계지요.

- 배치표가 학벌의 기준? 대학생들, 배치표에 대해 고등학생들보다 더 민감한 반응 보여
  [오마이뉴스 2006-12-15]

인터넷에서 대학생들이 자기 학교 배치표상의 점수 서열을 놓고 싸운다고 합니다. 패거리들끼리 힘겨루기 하는 것이지요. 진짜 웃기지 않습니까? 자기들이 열심히 공부하면 그만이지 고등학생 입시성적에 왜 관심을 가집니까? 왜냐하면 고등학생 입시성적서열이 곧 자기들 패거리의 위상이 되기 때문입니다. 입시생은 그 서열만 잘 책임져주면 일단 학벌 패거리를 위해 자기가 할 일은 다 한 셈입니다. 나머지는 학교 들어와서 선배, 교수 잘 모시다가 공부하고 싶으면 외국 나가서 배우고 오면 됩니다.

- 서울대 출신 아니면 '대법관 및 법원장' 꿈꾸지 말라
  서울대 출신, 대법관·법원장 모두 85.7% …… 사법개혁에 장애요인 될 수도
  [데일리서프라이즈 2005-02-11]

- 부장판사 51.2%, 4개 고등학교 출신 [노컷뉴스 2005-09-26]

이런 식의 특정 패거리 권력독점이 다른 패거리들을 자극하고 결국 상위 패거리들끼리의 상호혈투 및 권력분점을 낳습니다. 물론 나머지 대다수 국민들은 배제된 싸움이구요, 서울대는 하늘 위에 있기 때문에 연고대의 대결의식만 기형적으로 커지지요. 일반 국민은 그저 자기보다 약한 사람들을 희생양 삼아 멸시하면서 살 뿐입니다.

- 여권 고위인사 부부동반 모임은 이대 사회학과 '동창회' [중앙일보 2005-03-25]

- '이대 사위'가 세상을 움직인다 [뉴스메이커 2006-04-07]

상위 학벌은 이런 식으로도 연고 관계를 맺게 됩니다. 서울대, 연대, 고대에 이화여대까지 끈끈하게 이어지는 것이지요. 당연히 지방대가 설 자리는 없습니다. 이런 상황에서 참여정부가 아무리 국가균형발전을 말해도 국가균형발전이 될 거라는 신뢰는 없습니다. 즉 국가정책에 대한 신뢰가 형성이 안 됩니다. 정부 따로 국민 따로 '따로 국밥' 공화국입니다.

- 한국의 대학총장 표준모델은?
  61세 영남출신 남성 서울대, 미국박사 학위 [한국대학신문 2005-03-28]

이렇게 선명히 상이 그려진다는 건 그 밖에 있는 국민이 배제당한다는 겁니다. 당연히 '열심히 살면 나도 잘 되겠지' 하는 신뢰가 사라지고 반칙, 원망이 판을 치는 불신사회가 됩니다.

- **역시 법조계는 경기고, 서울대가 점령했다**
  로마켓, 법조인 인맥 조사결과 "출신지별로는 서울, 영남 집중"
  서울대 출신 법조인은 5756명으로 전체 법조인 1만 2063명의 47.7%를 차지했다. 두 번째로 많은 법조인을 배출한 고려대(1845명)와 비교할 때 3배 이상 많은 숫자다. 나머지 대학들은 모두 1000명 이하의 법조인을 배출했는데 연세대 848명, 한양대 614명, 성균관대 565명 등의 순서였다. [데일리서프라이즈 2005-06-29]

우리나라를 제외하고는 OECD 국가 중에서 가장 악명 높은 대학서열체제 국가가 일본입니다. 일본은 우리처럼 동경대라는 일류대가 있어서 흔히 서울대 패거리를 옹호하는 사례로 자주 동원되는데요.

2000년 일본 사법시험 합격자 비율

1위 동경대 19.92%

2위 와세다대 14.08%

3위 게이오대 11.67%

4위 교토대 10.87%

5위 중앙대 10.26%

우리나라 같은 극단적인 집중 현상은 없습니다. 우리나라의 경우엔 서울대도 서울대지만, 상위 서열대학들이 모두 서울 한 지역에 몰려 있고, 기득권을 조금 나눠 가진 지방이래야 영남 한 곳입니다(2004년 기준으로 법조인 80%가 서울 지역 5개대 출신). 기회가 닫힌 특권 사회, 패거리 사회가 전 국민에게 절망만을 안겨주고 있습니다.

- 10대그룹 대표이사 60%가 서울·연고대 출신 [연합뉴스 2004-10-04]

- 교육부 고위간부 85%가 '서울대' 출신
  '학벌대책 총괄' 자격 있나? "교육부=서울대 마피아 맞네" [오마이뉴스 2005-09-11]

- "한국사회 파워엘리트 서울대 압도적" [연합뉴스 2005-12-04]

- '서울대 공화국' 각계 요직 독차지 [경향신문 2006-09-28]

이런 기사들이 때마다 뜨는데 모두들 학벌의식이 문제라면서, 정작 학벌사회를 만드는 대학서열체제에 대해선 아무 말도 하지 않습니다. 정부는 공교육을 정상화한다면서 입시경쟁을 부추겨 대학서열체제를 오히려 강화합니다. 이런 이중적 태도가 사회적 자본을 거세하고 불신사회를 조장하는 것이지요.

경제발전의 시동을 걸었던 당시인 제6대 국회의원 총수 163명 중에 서울대 출신은 23명에 불과했습니다. 서울대 국회의원 수가 적었어도 경제 기적 창출엔 지장이 없었던 셈입니다. 중화학공업 드라이브가 걸리면서 오늘날 국가경쟁력의 토대가 마련됐던 제9대 국회의 경우, 의원 총수 236명 중에 서울대 출신은 55명이었습니다. 전두환이 폭압을 휘둘렀던 제11대 국회는 의원 총수 272명에 서울대 출신 73명입니다. 그러다가 6월 항쟁이 지나고 처음으로 반독재 민주화 투쟁을 했던 사람들이 정권을 잡았던(물론 민정당과의 합당으로 반쪽짜리 민주정부이긴 했지만) 한나라당의 전신 신한국당 시절, 제15대 국회에서 의원총수 289명에 서울대 출신 94명으로 불어납니다. 반쪽짜리 민주화가 아닌 국민의정부 시절, 제16대 국회는 의원 총수 218명에 서울대 출신 105명입니다. 이때 비로소 과반에 근접하게 됩니다. 그리고 6월 항쟁 이후 길고 길었던 민주화 시민혁명이 거의 완성 단계에 가까이 갔다는 참여정부의 성립이 있었습니다. 그 다음 치러진 제17대 국회에 당선자 299명 중 서울대 출신 143명이라는 숫자가 나옵니다.

서울대 출신 국회의원의 숫자가 늘어날수록, 즉 대학서열체제가 심화될수록 나라 경제의 활력이 사라지고 사회양극화가 커지는군요. 서울대 권력 독점의 폭발적 강화가 폭발적 저출산 추이와도 겹칩니다. 서울대 패거리 체제의 심화가 마치 암세포처럼 나라의 생명력을 갉아먹고 있다는 뜻입니다.

사회적 자본이 충만한 사회는 사람들이 공적 신뢰 관계를 맺습니다. 그것은 공적인 단체들의 융성으로 나타납니다. 우리나라는 연고라는 사적인 신뢰 관계가 우선합니다. 자유화 개혁으로 이기심만 강해져서 공적인 단체들은 날로 쇠약해져 갑니다. 동창회, 동문회만 번성합니다. 대학생들마저 정치라든가 변혁이라든가 하는 공적인 일들엔 신경을 끊었습니다. 모두들 각계 요직을 독차지한다는 패거리에 들 욕심에 그야말로 '혈안'이 되어 있습니다.

이렇게 기득권 패거리 문화가 융성한 나라는 망합니다. 고려도, 조선도 그렇게 망했습니다. 우린 태어난 지 100년도 안 된 나라가 벌써 저출산과 자살, 국외 탈출 등으로 고사해가고 있습니다(우울증 환자 증가율도 연 11%). 패거리들의 발호와 이것 사이에 상관이 없을까요?

일본 이름 아끼야마, 한국 이름 추성훈. 그는 대학시절 일본 대학생 유도대회를 3연패한 재일교포였습니다. 그는 한국 선수로 뛰고 싶어 한국에 왔습니다. 하지만 그는 한국 선수를 이기지 못했습니다. 판정 때문이었습니다. 한국 유도계는 특정 대학 출신이 모두 장악하고 있다고 합니다. 밖에서 온 인재가 비집고 들어설 자리가 없었던 겁니다. 추성훈뿐만이 아니라 기존 한국 선수들도 특정대 선수를 이기기가 힘들다고 합니다.

추성훈의 꿈은 태극마크를 다는 것이었는데, 한 명의 대표선수를 뽑을 때는 특정대 출신이 아니어서 태극마크를 달 수 없었다고 합니다. 세 명의 대표를 내보내는 국제대회에서 비로소 국가대표로 나가 외국 선수, 한국 선수를 모두 물리치고 1위를 했습니다. 결국 국가대표 2진으로 발탁되어 아시안게임에 출전, 전 경기 한판승으로 대회 최우수선수에 선정됐습니다. 추성훈이 금메달을 땄을 때 은메달은 일본이었습니다. 하지만 아시안게임 후에도 국내에서 추성훈이 겪어야 하는 장벽엔 변함이 없었습니다. 결국 추성훈은 아끼야마로 돌아갔습니다. 일본으로 귀화한 것입니다. 귀화 두 달 후 일본 국가대표로 선발되어 4차례 국제대회를 연이어 석권합니다. 부산 아시안게임에 일본대표로 출전한 추성훈은 한국 선수를 누르고 금메달을 일본에 안겼습니다. 학벌패거리사회가 그를 쫓아냈습니다. 학벌패거리 형성을 가능케 하는 것은 대학서열체제이지요. 결국 대학서열체제가 그를 쫓아냈습니다.

바꿔야지. 말을 해도 안 됩니다, 여기는. 귀화한 다음에 일본에서 유도해야죠.

— 추성훈, 귀화하기 직전 시합장에서의 인터뷰

차별, 차별, 차별

• **만남서 결혼까지 가장 따지는 건 학력 · 돈 · 용모 순**
국내 미혼 남녀들은 배우자의 여러 조건 가운데 학벌에 대해 가장 폐쇄적인 태도를 보이는 것으로 나타났다. 남녀의 학력 등급 상관계수가 0.66으로 인상(얼굴)과 수입의 상관계수 0.21과 0.22보다 3배가량 높았다. 조사 대상(결혼 정보업체) 여성 회원 중 무려 92.2%가 가입시 "배우자의 조건 중 학력이 중요하다"고 답했고, 같은 답을 한 남성 회원도 62.3%에 달했다. 반면 "학력이 중요하지 않다"고 답한 회원은 여성 0.7%, 남성 6%에 그쳤다.
[중앙일보 2005-07-22]

여기서의 학력은 단지 고졸, 대졸 따지는 수준이 아니라 출신대별로 다시 사람을 가르는 걸 포함하므로 학벌까지 섞여 있습니다. 학벌이 재산에 의해 결정되고, 그들끼리 만나 그 학벌을 대물림하므로, 일반 국민은 감히 그들의 성채에 다가갈 수 없습니다. 그들의 자녀와 일반 국민의 자녀 사이에 접촉 자체를 차단하려고 그들은 오늘도 고교 평준화를 깨자고 성화이지요. 지배자들이 국민을 차별하지 못해 안달하는 나라입니다.

- 고3 학생 77% "차별받기 싫어 대학간다" [세계일보 2006-01-18]

요즘 실업계 내실화로 지나친 학력 인플레를 잡는다고 하는데, 다 공염불입니다. 사람을 학벌로 차별하는 대학서열체제에서 엉뚱하게 중등교육 정상화로 모든 문제가 해결된다고 정부정책이 나올수록 정부에 대한 국민의 신뢰는 사라지고, 각자 알아서 자기 인생 자기가 개척하게 됩니다.

- 대졸-초졸 임금격차 3배 육박 … 사상 최대
  대졸자 지난 5년간 42% 임금 상승 [민중의소리 2006-05-16]

- 대졸-고졸 소득差 '역대 최고'
  '盧 대통령 3년半' 저학력층 생계 더 '팍팍'
  가장이 대학을 졸업한 가구와 고등학교를 졸업한 가구의 소득격차가 올 상반기(1~6월) 현재 월평균 120만 원에 달해 상반기 기준으로 통계청이 관련 통계를 공식 집계한 이후 가장 크게 벌어진 것으로 나타났다. [문화일보 2006-09-04]

- 일류대 '임금 프리미엄' 점점 커진다 … 출신학교 따라 임금 양극화 심화
  서울대, 고려대, 연세대, 포항공대 등 4개 상위권 대학교 졸업생과 서울의 사립대, 지방 국립대, 지방 사립대 출신 근로자간 임금 격차가 커졌다. [쿠키뉴스 2006-02-04]

맨 아래는 2000년에 비해 2004년에 학벌, 학력 간 임금격차가 더 커졌다는 기사입니다. 이것이 승자독식 대학서열체제가 갖는 고유의 운동성입니다. 정치권력이 이 구조를 제어하거나 부수지 않는 이상 이 운동을

멈출 수 없습니다. 다수를 차별하는 서열체제가 이런 식으로 계속 심화되면 상위 서열에 들려는 목숨 건 이기적 투쟁은 격화되고 모든 공공적 이타심이 사라져버릴 겁니다. 열등한 사회로 퇴화하는 것이지요.

- 고교, 전문대졸 임금격차 거의 없다. 실업계고 임금, 인문계보다 낮아
  [한국경제 2006-05-24]

전문대졸 임금이 점점 더 내려가 고졸과 큰 차이가 없게 됐다는 기사입니다. 이런 것도 대학서열체제가 갖는 운동성에 의해 나타나는 현상입니다. 최상층 대학을 제외한 나머지는 점점 열악한 처지로 하향평준화되는 것이지요. 이렇게 전문대의 위상이 추락하면 전문대를 통해 전문기능인력을 양성하려는 국가적 전략도 무위로 돌아갑니다. 우리나라 전문대를 나온 전문기능인력이 세계 최고여야 한국 산업경쟁력도 세계 최고가 되는 것인데, 사람을 사람으로 취급하지 않는 서열체제에선 바랄 수 없는 일입니다. 모두가 서울대, 연고대의 노예인데, 노예가 어떻게 세계 최고 인재가 됩니까? 이러니까 저임금 경쟁이나 하다가 중국에게 덜미를 잡힌다고 걱정하게 되는 것이지요.

- "어떻게 서울대 출신보다 학력점수가 높을 수가……"
  동덕여대 교수채용 논란…… 공투위, 총장 사퇴 촉구
  2005년 2학기 국문과 교수 신규 채용과 관련, 지원자들의 전공심사에서 동덕여대 출신이 일등을 차지하자 (학교측이) "어떻게 동덕여대 출신이 서울대 출신보다 높은 점수를 받을 수 있나. 채용할 수 없다."는 취지의 발언을 한 것으로 알려져 파문이 커지고 있다.
  [오마이뉴스 2006-04-05]

자기 대학 출신자가 서울대 출신자보다 높은 점수를 받자 학교측이 이것을 불신했다는 겁니다. 대학 위에 대학 있고 대학 밑에 대학 있는 서열

체제가, 결국엔 사람 위에 사람 있고 사람 밑에 사람 있는 차별 사회를 조장합니다. 같은 대학 안에서도 캠퍼스별로 사람을 차별하더군요.

- '연세대'와 '원세대' 사이 … 한 대학 안에도 뿌리 깊은 '학벌주의'
  최근 한 인터넷 사이트에 소개된 연세대생이 원주캠퍼스 학생임을 밝히지 않았다는 이유로 신촌캠퍼스 학생 등 네티즌들로부터 사이버 테러를 당했다. 이 학생을 공격한 네티즌들은 "왜 원세대(연세대 원주캠퍼스를 비하해 부르는 은어)생이 연세대생인 척 하냐"며 원색적 비난을 퍼부었다. [쿠키뉴스 2006-08-31]

학교차별도 모자라 이렇게 캠퍼스 차별까지 생기고 있습니다.

- 남성 성공요소 1순위는 '학벌' … 여성은? [한국일보 2006-11-22]

한국 성인을 대상으로 한 설문조사에서 남성은 성공요소 1순위로 학벌을 꼽았다는 기사입니다. 여성의 경우엔 일순위가 외모였습니다. 우리나라 최고 여대가 일류학벌 남성의 부인을 많이 배출하는 걸로 유명한 현실과 무관하지 않아 보입니다. 외모는 자신이 보는 게 아니라 남에게 보이는 것이고, 외모가 중요하다는 것은 그만큼 수동적인 존재라는 뜻이겠지요. 그건 한국사회가 남성지배 사회라는 걸 말해주는 것이고, 그 남성들 사이에선 학벌이 가장 중요하니까, 결국 일류학벌 남성이 지배하는 나라에 우린 살고 있는 셈입니다. 너무 많이 말해서 입이 아플 지경이지만 다시 반복하면, 일류학벌은 중상층이 독점하니까 결국 중상층 집안 아들이 지배하는 나라가 되는군요. 이 아들들에게 예쁘게 보이기 위해서 여성에겐 외모가 중요한 것이구요.

법마저 무너진 나라

• "내가 정말 서울대 출신이 아니라서 그런 것인가?"
선거법 재판에 시달리고 있는 열린우리당의 한 의원이 1월 20일 보좌관에게 건넨 말이다. 이날 선거법 위반혐의로 기소된 열린우리당 김동철 의원(광주 광산)은 1심법원에서 80만 원의 벌금형을 선고받아 의원직을 유지하게 됐다. 김의원은 서울대 법대 출신이다. 비록 같은 당 동료지만 비(非) 서울대 출신으로서 김의원의 의원직 유지 판결내용을 듣고 푸념한 것이다. [뉴스메이커 2005-02-04]

실제로 할 법한 생각입니다. 우리나라 법조계가 학연으로 얽혀 있고, 그 연줄이 기득권세력과 통해 거대한 권력집단을 형성한다는 비판이 어제 오늘 일이 아닙니다. 드라마 〈하얀 거탑〉을 보면 주인공의 병원이 변호인단을 구성할 때 재판부나 상대편 변호인과의 학연관계를 기준으로 하는 장면이 나옵니다. 사법적 판단이 학연 등 연고에 의해 좌우되고 그 연고관계를 돈으로 사는 사회이지요. 자고로 신상필벌의 원칙이 엄정하지 않으면 그 군대의 응집력, 경쟁력은 파탄이 나는 법입니다. 법이 패거리들끼리의 제멋대로 도구가 되면 당연히 사회적 자본이 사라지고 나라는 '콩가루'가 됩니다. 660회 〈PD수첩〉은 고소득 전문직 종사자들의 탈루실태를 고발하는 것이었는데요. 거기에 법조계의 실상이 나옵니다. 다음은 한 변호사 사무실 사무장과의 인터뷰입니다.

사무장 : (불구속을 위해) 학교, 동문 다 조사하는 거야, 조사하는 거지.
"야, 작업해!"
아예 이제 소위 말해 우리 라인 작업하는 거지.
"그 누구냐, 기소 좀 안 하게 해줘보십시오." 불기소를 조건으로 충분히.
지금 백억 더 벌어야 하는데 십억 안 쓰겠어요? 그 사이에 오늘 영장 실질

심사 판사가 누구냐? 이틀 안에 게임 끝나는 거예요. 이틀 안에. 초스피드로.

취재진 : (학교, 동문을) 알 수가 있나 그럼?

사무장 : 당연히 알 수 있지. 가르쳐줘요. 법원에서. 그러니까 아무튼 뭐 제대로 출석하세요. 그러면, "예. 알았습니다." 하면 변호사님이 한마디 거들죠. "제가 책임지고 평상시에도 잘 출석하도록 하겠습니다."

아무튼 이번에 성공료 많이 나오는 거지. 야호지 뭐. 그냥 뭐 나오는 순간에 그냥. 거기서 야호 못하고 나오는 순간에 야호하는 거지.

한국사회를 지배하는 패거리의 두 기준, 돈과 학벌의 관계가 법조계에서도 여지없이 관철되고 있습니다. 일반 국민은 비집고 들어설 자리가 없지요. 같은 프로그램에서 (탈세하려고) 월 소득을 100만 원 이하로 신고한 한 변호사의 경우에 동창회비로만 100만 원을 지출하고 있었습니다. 동창회 중요한 줄은 아는 것이지요.

2001년 이용호 사건의 경우, 당시 변호사가 연고가 있는 서울검사장에게 전화를 걸어 "잘 검토해보라."고 하자, 서울검사장은 지검 차장에게 전화를 걸어 "잘 검토하라."고 했고, 바로 다음 날 이용호는 석방되었다고 합니다. 변호사에겐 1억 원이 지급되었다고 합니다.

〈KBS스페셜〉 '법은 평등한가' 편에서 방영된 두산그룹 박용성 전 회장 비리 사건의 경우, 박 회장 측 변호인단은 전 대법관, 전 검사장, 전 부장판사, 전 부장검사, 전 판사, 전 검사 등 총 14명이었습니다. 한눈에 봐도 연고관계를 이용하겠다는 의중이 드러납니다. 이들 중 두 명이 재판장의 고등학교 선배였다고 합니다. 그 연고의 가격이 100억대라는 '소문'이 나돌고 있다고 이 프로그램은 전했습니다.

〈KBS스페셜〉에 의하면 우리나라 판사 중 65%가 서울대 출신입니다. 이들이 사법연수원, 고등학교 등의 연고로 얽히고, 그다음 근무인연으로 얽혀 돈을 갈퀴로 긁어모은다는 전관변호사가 탄생합니다. 〈KBS스페셜〉이 조사한 우리나라 고위층 재판 변호사의 대부분은 이런 전관변호사였습니다. 그 결과 일반인의 상식으론 이해할 수 없는 판결들이 나오는 겁니다. 꼭 고위층과 전관변호사가 아니더라도 상위 학벌 인연으로 엮인 화이트칼라, 전문직, 교수 등 지도층 범죄에 대해 한국의 법은 매우 관대하게 느껴집니다. 이것으로 쌓인 불신이 얼마 전 법관을 향해 발사된 '석궁' 사건으로 나타났습니다. 석궁 사건이 터진 후 국민들의 반응은 대체로 '속이 시원하다'였습니다. 공적 질서에 대한 신뢰가 땅바닥에 떨어진 겁니다.

학교를 사회적 자본의 용광로로

한국사회의 비열함을 상징하는 말 중에 '유전무죄 무전유죄'라는 말이 있습니다. 이런 말들이 횡행할수록 사회적 자본은 사라집니다. 그런데 이건 어떻습니까?

'유전 일류대 무전 삼류대'
'유전 특목고 무전 일반고'

말이 되나요? 그렇다면 이건 매우 심각한 사태입니다. 사회적 자본의 보루여야 할 교육이 사회적 자본을 갉아먹는 애물단지가 됐다는 뜻이니까요.

학교·교육의 사회적 자본 형성 기능
1. 공정함, 기회의 평등에 대한 신뢰 형성
2. 이타심, 연대감, 도덕심 형성
3. 시민의식 형성

'유전 일류대 무전 삼류대'는 공정함에 대한 신뢰를 부숩니다. 기회의 평등이 아니라 기회의 독점이 됩니다. 그리고 세습이지요. 대학서열체제는 구조적으로 이 비열한 체제를 만들게 되어 있습니다.

사회는 각박합니다. 경제세상은 시장원리로 움직입니다. 그곳은 경쟁과 약육강식, 먹고 먹히는 정글의 세상입니다. 오늘도 서점에 가면 남을 어떻게 밟고 올라설 것인가를 가르치는 책들로 넘쳐납니다. 그런데 모든 개인이 이런 식으로만 살면 사회 전체의 경쟁력은 떨어진다고 말했습니다. 이타심, 연대감, 도덕심, 따뜻함 등에서 비롯하는 희생, 헌신, 상호신뢰, 협력, 이런 것들이 없으면 최강의 경쟁력이 생성되지 않습니다.

시장, 즉 상품의 영역은 이런 것을 생성하기는커녕 오히려 갉아먹으므로 사회엔 비시장, 비상품 영역이 필요합니다. 대표적으로 그런 영역이 가정과 공적 영역입니다. 그런데 한국사회에서 둘 다 파탄지경입니다. 지금까지 설명한 것처럼 가정은 경제적 피폐함, 불안정성 때문에 1차 파탄지경이고, 사교육비 대느라, 그리고 자식 입시 정보 챙기느라, 유학 관리하느라 2차 파탄지경입니다. 재테크하느라 공공단체에 관심 가질 성인은 없지요. 공적 영역도 파탄입니다. 공기업도 민영화시키는 세상입니다.

가정에서 가족 구성원끼리 누가 좀 잘났다고 군림하는 것이 가능한가요? 잘났건 못났건 가족은 같은 가족입니다. 방이 하나면 똑같이 이불 하나씩 뒤집어쓰고 자는 것이지, 구조조정한다며 못난 가족을 집 밖으로 내쫓진 않습니다. 잘난 사람이 방의 3분의 2를 독차지하고 못난 가족들이 나머지 공간에 포개어 있는 일은 없습니다. 가정은 시장원리가 아닌 인간성의 원리가 관철되는 사회이기 때문입니다. 사람은 이런 곳에서 연대의식을 배워갑니다. 가정파탄은 인간성 원리의 파탄을 의미합니다. 또, 한국사회 신뢰상실의 가장 큰 이유 중의 하나인 예측 불가능한 삶, 복지공백도 가정파탄과 관계가 깊습니다. 우린 복지를 전통적으로 가족공동체가 담당해왔기 때문입니다. 이것이 파탄나고 있기 때문에 참여정부가 복지예산을 늘렸다고 아무리 자랑해도 티가 안 나는 것입니다.

　가정도, 공공단체에도 기댈 수 없다면 사회적 자본형성은 국가가 책임져야 합니다. 그런데 우리 국가는 지금 복지 관련 세금 약간 더 걷겠다고 엄포 놓는 것만 빼면 경쟁강화, 시장원리 강화에만 몰두하고 있습니다. 국가가 아이들을 비상품영역에서 비시장원리로 기르는 것은, 평준화 무상 공교육을 책임지는 것으로 가능해집니다. 학교가 거대한 가정이 되는 것입니다. 어차피 사회로 나가면 경쟁의 정글에 던져지게 될 것이니만큼 학교에서나마 아이들이 도덕심, 연대심, 이타심 등을 길러야 합니다. 이런 이유로 학교·교육이 사회적 자본의 보루가 되어야 한다는 것이지요.

　심리학자 엘리어트 애런슨에 의하면 인간이 도덕적일 수 있으려면 자부심이 있어야 한다고 합니다. 당연한 말입니다. 자부심이 큰 사람은 도덕적일 뿐만 아니라 비겁한 짓도 하지 않습니다. 공동체 구성원이 모두 자부심에 충만하다면, 각 개인들은 행복할 것이고 공동체는 경쟁력이 강할 겁니다. 대학서열체제는 모든 국민을 노예로 만들어 자부심을 박탈합니다. 소수 승자에겐 자부심을 안겨주기보단 이기심을 마음껏 충족시키라는 자만심을 안겨줍니다. 즉 대학서열체제는 도덕심의 터전인 자부심을 거세합니다.

> (한국에서는) 내가 속한 그룹이 잘 뭉치고 화합할 수 있도록 한시도 경계를 늦추지 않으면서, 우리의 이익이 남보다 항상 우선해야 한다고 생각한다. 이런 안팎 시나리오, 즉 '우리' 대 '남들'이라는 사고방식이 수준 고하를 막론하고 사회에 고루 퍼져 있다. 물론 경쟁을 통하여 사회, 경제, 정치가 보다 성숙할 수 있다. 그렇지만 한국에서는 이런 경쟁이 간혹 너무 지나치거나 인정사정없이 벌어진다. …… 아이들도 부모의 이런 경쟁을 고스란히

따라 한다. 앞서 설명했듯이 학교에서 왕따 현상이 나타난다. 단일민족이라는 점을 위시하여 하나로 잘 뭉친다는 점을 자랑스럽게 내세우면서도, 안을 들여다보면 계급의식이 놀라울 정도로 강하다.

— 마틴 메이어, 「마틴씨 한국이 그렇게도 좋아요?」

학교는 이래선 안 됩니다. 연예인이 과거 알던 사람을 찾는 프로그램에 가수 이수영 씨가 나왔었습니다. 이수영 씨는 초등학교 2학년 담임을 찾았습니다. 과거 선생님을 만나더니 하염없이 울더군요. 이수영 씨가 펑펑 울면서 했던 말이 인상 깊었습니다.

"선생님이 굉장히 따뜻했던 … 그러니까 너무 어려서 잘 기억은 안 나는데 그냥 따뜻했던……"

학교는 이래야 합니다. 학교가 사회처럼 각박해지면 안 됩니다. 과밀학급이어도 좋고, 에어컨이 없어도 좋고, 텔레비전, 인터넷이 없어도 좋은데, 이 따뜻함이 사라지면 학교는 죽습니다. 대학서열체제와 수요자 중심주의는 따뜻함을 말살합니다. 학교에서 눈가리개 단 경주마처럼 자기 앞만 보고 레이스를 펼쳐야 하는 아이들, 어차피 그 경주의 결과는 부모 재산으로 결정이 나는데, 정부는 EBS 강좌로 그 결과를 뒤집을 수 있다는 말만 하고, 일류대들은 고교등급제로 경주 자체를 무의미하게 만들려 하고, 입시전형 자유화는 경주의 양상을 한도 끝도 없이 복잡하게 만들고, 내신강화로 마치 춘추시대에서 전국시대로 진입하는 것 같은 살벌함을 당하며 나날이 냉혹해지는 학교. 교사가 잘 가르치면 되지 않을까 하면서 교사 원망이나 하는 '무지와 냉혹함'을 정부가 선동하고 학생은 내면화하는 기막힌 풍경. 따뜻함이 있을 자리가 없습니다.

교육을 따뜻하고 공정한 구조로 바꾸지 않으면 사회적 자본은 영원히 없습니다. 그러기 위해선 입시경쟁을 철폐해야 하고, 교육비를 국가가 책임져야 합니다. 이것을 한마디로 바꾸면 '무상 평준화'가 됩니다. 무상평준화야말로 가장 공정하고, 가장 따뜻한 학교를 만듭니다. 그런 학교는 사회적 자본을 맹렬히 생산해내 국가도약을 이끌 교육계의 포항제철, 교육계의 경부고속도로가 될 것입니다.

다민족사회로 점차 변해가고 있는데 학교가 국가통합의 용광로 역할을 못하면 장차 어떻게 이 나라의 안녕을 지킬 수 있을까요? 다민족사회로의 변화는 내부식민지 등장, 차별의 구조화 등으로 귀결될 수도 있지만, 반만년 단일민족 단군의 자손이라는 이 희한한 폐쇄성을 깨고 개방성, 다양성으로 가는 계기가 될 수도 있습니다. 교육이 관건입니다. 무상평준화를 실현해 교육을 사회적 자본의 용광로로 만들 수 있다면 외부에서 누가 이주해오더라도 모두 우리의 자산으로 만들 수 있습니다.

대학서열체제 – 획일성, 폐쇄성, 모방
대학무상평준화 – 다양성, 개방성, 창조성

나라 뒤집기

이 책의 전반부에서 설명했듯이 배신당하고 비용과 소모품으로 전락한 노동자는 이익 극대화를 위한 투쟁성을 갖게 됩니다. 모두가 이익(임금)을 극대화하려고만 하면 결국 강자만 많이 얻게 됩니다. 마치 자유화가 재벌의 이익만 극대화시켜줬듯이, 노동계의 자유로운 이익 추구는 결국 강한 노조, 즉 대기업 정규직 대노조의 이익만 극대화시켜줍니다. 그리하여 이익 추구의 자유화가 일반 국민을 양극화시키는 것처럼, 노동계의 자유로운 이익 추구는 노동자들을 양극화시킵니다. 이런 식으로 사회의 모든 단위에서 양극화와 상호증오가 난무하게 됩니다.

대학서열체제라는 도박판에선 극소수에게 인간다운 삶이라는 판돈을 몰아주고 나머지는 모두 노예가 됩니다. 전 국민이 이 도박판에 몰두하는데, 결국 밑천이 많은 사람의 자식이 승리하므로, 모두가 밑천 확보에 혈안이 되어 어느 노조든 임금 양보란 있을 수 없습니다. 임금을 양보한다는 건 자기 자식의 미래를 포기한다는 건데 어느 부모가 여기에 동의한단 말입니까?

대학서열체제 → 자식의 인생이 걸린, 전 재산을 건 도박판 → 모두가 악에 받침

그리하여 노동자, 노조들이 각자의 능력껏 임금 극대화 경쟁을 벌이면 한국사회 임금격차는 치유할 길이 없습니다. 이걸 두고 정부는 노동자 탓을 합니다. 황당합니다. 판돈 몰아주기 도박판을 만들어놓고 도박에 몰두하는 사람들을 책망하는 하우스 관리자라니.

대기업 대노조의 양보로 사회대타협을 하자고 합니다. 말은 좋은 말인데, 대기업 대노조가 성인군자가 아닌 이상, 지금과 같은 비열한 구조에서는 공염불일 뿐입니다. 그렇게 대노조더러 양보하라면서 오늘도 정부는 대학등록금이 치솟을 국립대 법인화라든가, 대학영리법인화, 교육개방 같은 정책을 추진하고 있구요. 지금까지 설명한 것처럼 사교육비를 폭등시키고, 유학비까지 드는 구조를 심화시키고 있습니다. 대학서열체제는 구조적으로 학력인플레를 야기하는데 그게 모두 자식에게 들어가는 돈입니다.

이런 체제에서 아이 많이 낳으라고 국민에게 요구하지요? 내가 대기업

노동자인데, 아이를 많이 낳았는데, 애들이 학교 갈 나이가 되었는데, 비정규직 노동자나 중소기업 노동자를 위해 내 임금을 포기한다? 난 절대 그렇게 못합니다. 이렇게 하여 이기적인 노조가 탄생합니다.

대학서열체제 → 사교육비 폭등 → 투쟁하는 이기적 노조를 양산하는 반기업적 체제

임금격차 상단에 있는 노동자들은 대체로 강력한 노조의 보호를 받습니다. 그런데 임금격차 상단이 국민 원망의 표적이 되므로, 노조까지 원망을 뒤집어쓰게 되어 노조의 정치적 정당성이 무너집니다. 결국 자본, 부자 집단의 전횡을 막을 대항세력이 약해지게 됩니다. 이렇게 되면 특권이 생기고, 권력의 집중이 심해집니다. 다수를 노예로 만드는 서열체제가 심해지고, 국민은 더욱더 경쟁의 아귀다툼을 벌이게 되어 지금까지 설명한 망국적 양상이 끝없이 반복됩니다.

수직선 구조의 전복
우리 사회의 망국적 양상은 이렇습니다.

1. 초중등부문 붕괴
2. 고등부문(대학) 붕괴
3. 국민 삶의 질 붕괴

1번은 입시경쟁 때문입니다. 평준화의 수평선과 대학서열체제의 수직선이 만나는 지점에서 파열이 생기는 것입니다. 이걸 가지고 수평구조가 문제이니 초중등부문 수평선을 수직선을 만들자고 주장하는 것이 기득권세력이고(평준화 폐지), 자유화 개혁세력은 '그러지 말고 수평선을 유지하되 자유화하자'고 주장합니다. 그리고 수평선과 수직선이 만나는 접점, 즉 입시제도를 유연화, 다양화하자고 주장합니다. 하지만 자유화는 결국 수직선화로 귀결된다고 지금까지 설명했습니다.

어차피 우리는 하나를 선택할 수밖에 없습니다. 중등과정의 수평선이냐 고등과정의 수직선이냐. 이 둘은 적대적 모순관계여서 상호공존이 불가능합니다. 현재는 수직선이 수평선을 잡아먹고 있습니다. 그리하여 망국적 상황입니다. 수직선은 시장경쟁의 원리입니다. 자유시장은 필연적으로 빈부격차를 야기하니까요. 이 책에서 학교만은 시장의 원리에서 벗어난 사회적 자본육성의 포항제철이 되어야 한다고 주장했습니다. 즉 교육이 수평선의 원리로 구축되어야 한다는 뜻입니다. 또 수직선 서열체제는 자기 자신조차도 열등화하고 있습니다. 2번인 고등교육 붕괴는 순전히 대학서열체제의 자기모순 때문에 나타나는 현상입니다. 고교 평준화는 그래도 우리 아이들을 세계 최고 수준으로 올려놓는데, 대학은 전혀 대학생들을 그렇게 만들질 못합니다. 경쟁력이 '0'에 가까운 체제이지요.

대학서열체제는 결국 3번, 즉 국민 삶의 질 붕괴와 만납니다. 왜 국민 삶의 질이 붕괴하냐면, 경제성장의 과실이 소수에게만 돌아가는 사회의 수직서열, 승자독식구조 때문입니다. 바로 사회서열체제입니다. 궁극적으로 우리는 사회서열체제와 만나는 것입니다. 그런데 사회서열체제를 어떻게 깰까요? OECD 최악의 양극화 국가로 치닫고 있는 우리나라의 질주를 멈출 방법이 있습니까? 정부는 대기업 대노조가 양보하면 된다고 하더군요. 지금과 같은 구조에선 양보할 수도 없거니와, 양보해도 상황이 그리 크게 변하진 않을 겁니다. 양보해서 비정규직 비율이 더 늘어나면 모두의 삶이 각박해져 경쟁은 더 격화될 것이고, 전문직 프리미엄이나 상위 학벌 프리미엄이 폭등, 사회서열체제가 더 심해지겠지요.

여러 차례 말했지만 제일 쉬운 게 교육제도 바꾸는 겁니다. 2번의 구조를 수직선에서 수평선으로 바꾸는 것이지요. 그렇게 되면 입시 사교육비 압박이 사라지므로 노조도 훨씬 유연해질 수 있습니다. 노동자 임금을 깎으려는 사측 자식이나, 노동자의 자식이 다 함께 같은 학교에 다니게 되면 기득권세력이 그렇게 원하는 노사협조도 살아날 겁니다. 지금 기득권세력은 자기들끼리만 특목고, 자사고, 일류대를 독점하는 야비한 행태를 보이고 있습니다.

대노조가 유연해지면 임금격차를 줄일 소노조, 비노조 노동자와의 연대도 보다 쉽게 이루어질 수 있습니다. 기본적으로 수평선 구조의 교육제도 자체가 연대의 정신에 입각해 형성됩니다. 내 자식 잘났다고 내 자식만 일류학교 보내겠다는 이기심을 모두가 포기하는 것이지요. 부자와 강자들이 이런 이기심을 포기할 때 평준화 교육이 가능해지고, 그런 교육제도는 거꾸로 사회의 재형성에 영향을 미치게 됩니다. 또 대학 평준화를 쟁취하는 과정에서 형성되는 정치적 힘관계가 부자와 강자들에게 이기심을 포기하도록 강제하는 역할도 합니다.

자유의 양도·몰수, 자유화 뒤집기

대학 평준화는 소비자가 대학을 선택할 자유를 양도하는 것이라고 했습니다. 박정희가 소비자들로부터 고등학교를 선택할 자유를 몰수한 것이 고교 평준화입니다. 이것의 본질은 강자가 일류고를 선택할 자유를 몰수한 것입니다. 마찬가지로 모든 소비자가 대학을 선택할 자유를 양도하면, 결국은 국가공동체가 부자들로부터 일류대를 선택할 자유를 몰수한 것과 같은 효과가 발생합니다. 그것은 신분제의 철폐, 특권폐지로 귀결됩니다. 특권이 존재하는 한 공화국의 시민은 결코 자유롭지 못합니다. 자유를 양도·몰수함으로서 진정으로 만인이 자유로운 공화국에 이르게 됩니다.

 자유화 개혁은 자율화란 이름으로 각 대학에게 선발 자율권을 줬습니다. 그러자 대학서열체제가 심화되고 나라가 망국의 상황에 처했습니다. 즉 각 대학의 선발 자율성이 커지면 커질수록 대학서열체제가 심화되고 나라가 망하는 흐름입니다. 선발 자율권을 없앤다는 것은 대학별 커트라인을 없앤다는 겁니다. 대학별 커트라인이 사라지면 이 책에서 열거한 그 수많은 폐해들도 함께 사라집니다.

 소비자는 소비자대로 (선택할) 자유를 양도하고, 공급자인 대학은 공급자대로 (선발할) 자유를 양도해 각자의 이기심을 포기하는 겁니다. 그 순간 사회적 자본이 발생합니다. 노조도 마찬가지입니다. 모든 노조가 모든 사업장에서 각자 알아서 자유롭게 자기의 이익을 추구하는 구조에서는 지금의 자기파괴적 상황을 뒤집을 길이 없습니다. 각 노조, 각 노동자가 임금 극대화를 추구할 자유를 중앙에 양도함으로써 노동 내부의 양극화가 해소될 대전환이 시작됩니다. 각 기업도 자기가 알아서 자기 기업 종업원과 협상할 자유를 양도해야 합니다.

 이 모든 것이 모두의 이익을 위해 나의 배타적인 이익 추구를 포기한다는 연대정신으로만 가능합니다. 거꾸로 연대의 제도를 먼저 만들면 없던 연대정신도 생겨납니다. 제도가 사회적 자본과 경쟁력을 배양하는 것입니다. 교육에서 연대의 제도가 평준화입니다. 그러므로 대학 평준화는 교육제도 차원이 아니라 나라의 구성원리를 바꾸는 일이 됩니다. 이 나라를 진정한 공화국으로 세우는 겁니다. 입시에 관한 자유를 모두가 포기함으로써 90년대 이후의 자유화 기조가 전복되기 시작합니다. 우리 앞에 전혀 다른 세상이 펼쳐지기 시작합니다.

미국식? 유럽식?

미국식 자유화체제를 옹호하는 두 논거가, 하나는 경제성장률, 또 하나는 실업률입니다. 서유럽 복지사회는 과도한 복지로 경쟁력이 떨어져 경제성장도 못하고, 실업률만 치솟고 있다는 것이지요. 이것이 양극화 사회를 만들어놓고, 부자들에게 자유를 주면 모두가 열심히 일해 경제도 성장하고 실업률도 낮아질 거란 주장으로 발전합니다. 이런 생각이 요즘엔 하나의 교리처럼 퍼져 있습니다.

2004년 7월 7일, 『중앙일보』에 보도된 영국 『이코노미스트』지의 통계에 의하면 1994년부터 2004년까지 연평균 1인당 GDP 성장률이 미국은 2.1%, 유로 12개국 평균은 1.8%입니다. 0.3% 성장률 차이로 우리가 연대형 복지사회로 가는 길을 포기하고 미국식 자유화 사회로 가야 하는지 도무지 모르겠습니다. 여기서 끝이 아닙니다. 유로 국가들 중에서 독일을 빼면 성장률이 2.1%로 미국과 같아집니다. 독일은 통일이라는 특수한 상황에 처해 있습니다. 그런 독일을 제외한 유로 11개국 성장률은 미국과 같은 수준이라는 겁니다.

비슷한 경제성장률에도 미국의 경제가 활기차게 느껴지는 것은, 워낙 양극화 구조가 심해 국민의 부가 한 곳으로 집중되므로 부가 집중된 집단만 보면 엄청나게 경제가 좋은 것 같은 착시를 일으키기 때문입니다. 미국 경제 좋다는 사람들은 툭하면 총기로 사람이 죽고, 마약이 만연하는 빈민가를 미국의 일부로 여기는지 궁금하군요. 아마도 그들은 중상층 백인사회만 미국으로 여기는 것 같습니다. 그 백인들이 언론, 학술, 출판, 권력, 기업 모두 장악하고 있으므로, 자기들끼리 모였을 때도 미국경제가 상당히 좋다고 느낄 겁니다. 양극화임에도 총량적 경제지표만 내세우면서 한국경제 좋다는 사람들의 정신구조와 다를 것이 하나도 없습니다.

미국식 체제를 옹호하는 또 다른 근거인 실업률을 볼까요? 2003년 프랑스와 독일의 실업률은 각각 9.4%, 9.3%입니다. 반면 미국의 2004년 실업률은 5.5%입니다. 그런데 서유럽 복지국가 그룹엔 프랑스, 독일만 있는 것이 아닙니다. 덴마크, 노르웨이 등 북부유럽 국가의 2004년 실업률은 4~5%대입니다. 미국과 그리 다르지 않습니다. 이건 국가공동체 구성원 전체의 평준화된 삶의 질을 추구하는 연대중심체제가, 반드시 미국보다 실업률이 높기만 한 것은 아니라는 뜻입니다. 게다가 미국의 일자리란 것이 저임금 일자리가 많고, 또 워낙 복지제도가 약해 사람들이 죽지 못해 아무 일이나 하는 경우가 많으므로, 유럽의 실업률과 미국의 실업률을 단순비교하는 것 자체에 무리가 있습니다. 중부유럽과 북부유럽 간 실업률 차이의 원인을 짐작케 하는 통계를 보겠습니다.

정부 부문 고용 비율(1995년)

중부유럽 국가 : 18.8%

북부유럽 국가 : 29.4%　　　　　　　　- 정이환, 『현대 노동시장의 정치사회학』

　정부 부문 고용 비율 차이 말고도, 네덜란드나 덴마크 등은 노동유연성 확대도 저실업률의 한 이유였습니다. 이렇게 말하면 한국사회 기득권 집단은 거 보라며 박수를 치겠군요. 하지만 이런 나라들은 유연성을 확대하면서, 정·비정규직 간 균등대우 원칙을 확립했습니다. 비정규직을 사람 취급도 하지 않으면서 비정규직 확대할 궁리만 하고, 노조가 여기에 저항하면 이기적인 노조라고 공격하는 한국사회의 비열함과는 차원이 다릅니다. 프랑스는 적어도 규정상으론, 임시직 노동자가 정규직 노동자보다 임금을 더 많이 받을 권리가 있습니다. 직장 불안정에 대한 위험수당 같은 것이지요. 사회가 이런 식이면 문화적으로 자의식이 강한 사람들은 오히려 비정규직이 되기를 희망할 수도 있습니다.

미국에서 최연소 총기 사건을 일으킨 아이의 엄마는 한 가지 일만 해서는 도저히 생계유지가 안 돼 두 가지 일을 하는 사람이었습니다. 그렇게 벌어도 아이를 제대로 된 보육시설에 맡길 수 없었습니다. 일을 해도 가난하게 사는 나라의 낮은 실업률이란 것이 과연 무슨 의미가 있습니까? 스웨덴 같았으면 그 엄마는 무료로 아이들 보육·교육시키며, 생활비를 따로 받으며, 엄마 자신은 고부가가치 노동자가 될 수 있게 국가로부터 고등교육이나 전문직업훈련을 무료로 제공받았을 겁니다. 이런 것이 연대사회와 자유사회의 차이입니다. 저는 요즘 '자유'라는 말에서 피 냄새를 맡습니다.

브루킹스연구소의 보고서에 따르면 미국 내 100대 도시에서 중산층 가정이 이웃에 위치한 가정의 비율이 1970년대 58%에서 2000년엔 41%로 줄어들었습니다. 100대 도시에 사는 중산층도 30년 전에 비해 7%가 줄었습니다. 그런데 미국 경제전문지 『포브스』에 의하면, 미국 500대 기업 CEO의 2006년 연봉은 모두 75억 달러로 전년에 비해 38%가 늘어났습니다(매일경제 2007-05-04). CEO의 수입은 스톡옵션을 통해 주주들의 수입과 연동된 것입니다. 즉 노동자의 몫이 주주와 CEO에게 맹렬히 이전되어 국민 빈곤화와 부유층 돈잔치가 함께 벌어지는 것이지요.

흔히 유럽은 모든 걸 중앙에서 조율하고 국가공동체 단위에서 규제하는 데 반해, 미국은 자유화체제여서 훨씬 역동적이라고 합니다. 국가가 시장의 자유로움을 최대한 놔둘 때 사람들은 자신의 능력을 극대화해 스스로 성공의 기회를 찾는다는 겁니다. 미국에선 워낙 화려하게 백만장자들이 탄생하고, 성공신화가 많아 사람들이 이런 말에 아무런 이의를 달지 않습니다. 하지만 진실은 이렇습니다.

- **'빈곤 탈출' 美보다 유럽이 더 쉽다**

  노르웨이 오슬로의 프리시센터 베른트 브랏베르크 박사 등의 최근 연구 결과에 따르면 …… 1950년대 말 북유럽 최하위 20% 계층에서 태어난 자녀의 75%가 40대 초반에 최하위층에서 벗어났다. 반면에 미국에서는 50% 정도만이 40대 후반에 부모세대가 속했던 빈곤계층에서 탈출했을 뿐 …… 미국은 0.54로 부모의 부(가난)를 자식이 대물림할 확률이 절반 이상이었지만, 북유럽은 0.2로 부모세대의 소득 정도와 자녀세대의 소득 정도 간의 연관성이 거의 없는 셈이다. 영국은 0.36으로 미국과 북유럽 중간쯤에 위치했다. 미국은 능력위주의 경쟁을 선호하는 역동적 사회이고, 유럽은 고용안정과 평등을 선호하는 정적 사회라는 통념과 달리 오히려 세대별 신분변동의 폭은 유럽에서 더 높은 것으로 드러난 것이다.

  [경향신문 2006-06-04]

만약 역동성의 기준을 빈곤으로부터의 탈출에 두지 않고, 빈곤으로의 전락에 둔다면 미국이 유럽보다 더 역동적인 사회로 나왔을 겁니다. 또 역동성의 기준을 국민 중 몇 %가 계층상승에 성공했는가에 두지 않고, 일 년에 몇 명의 억만장자가 탄생했는가, 그들이 모은 부는 얼마나 대단한가에 둔다 해도 아마 미국이 더 역동적인 사회로 나왔을 겁니다. 이런 기준으로 보면 한국사회도 점점 더 미국식 역동적 사회가 되어가고 있습니다. 불안과 박탈이 커지고 있는 것이지요.

영국의 『이코노미스트』지는, 다수를 빈곤하게 하면서 소수에게 막대한 부를 안기는 미국식 역동성과 다수의 계층상승을 이끌어내는 유럽식 역동성의 차이의 원인을 세제와 복지예산, 그리고 교육정책의 차이에서 찾았습니다. "유럽 사회에서 계층 간 이동이 활발할 수 있었던 비결은 최하위 계층까지 흘러들어간 복지 재정과 전 계층에 균등하게 제공되는 교육 시스템 덕분"이라는 겁니다.

미국은 자유로운 선택을 중시하기 때문에 국가가 세금, 복지, 교육에 별로 적극적이지 않습니다. 유럽은 개인의 자유보다 국가의 개입, 규제, 공동책임에 무게를 둡니다. 그래서 세금을 많이 걷고, 복지제도가 강하고, 대학은 국립 평준화, 즉 개방체제이지요. 미국은 일류 사립대라는 부자들만을 위한 폐쇄적인 대학제도를 가지고 있습니다. 지금 우리나라 일류대들은 이런 미국식 귀족대학을 목표로 하고 있습니다. 국가가 정치적으로 결단하지 않으면 일류대들의 탐욕을 막을 수 없습니다. 그런데 자유화세력이 장악한 국가마저 미국식 일류대를 고등교육 개혁의 목표로 하고 있는 상황입니다.

- '아메리칸 드림'은 더 이상 없다
  富·신분 대물림 80년대 20%서 60%로 급등… 인종차별도 극심
  월스트리트저널은 **미국의 사회적 이동이 생각보다 그리 활발하지 않은 가장 큰 이유로 대학교육이 예전보다 훨씬 중요해졌다는 점**을 꼽는다. 대학을 졸업한 사람은 역시 대학을 나온 배우자를 만나 자식을 좋은 초등학교와 중고교를 거쳐 대학에 보내게 되고 그 자식도 이와 같은 과정을 반복할 가능성이 커 사회적 신분 변동이 쉽지 않다. [헤럴드경제 2005-05-14]

우리나라도 이런 사회로 만들려 하는 것이지요. 그런데 미국엔 우리나라처럼 극단적인 대학서열이 없습니다. 아이비리그 대학은 하나의 대학이 아니라 여러 개의 대학입니다. 또 아이비리그에 준하는 일류 주립대들도 많습니다. 보통 미국의 일류대를 10개에서 20개 사이로 잡습니다. 게다가 우리나라처럼 학벌을 중심으로 사회 권력이 배분되지도 않습니다. 그런데도 수요자가 학교선택권을 누리고, 학교가 학생을 독자 선발하는 명문대 시스템은 이런 결과를 야기합니다. 우리처럼 극단적인 서열체제와 학벌사회에서 자유로운 대학 선택 체제가 얼마나 위험한지는 측량조차 불가한 일입니다.

중앙교섭인가 분권화인가

『현대 노동시장의 정치사회학』(정이환)이라는 책에 따르면, 자유로운 입시체제가 모든 사람의 자유 경쟁을 초래해, 결국엔 극단적인 서열 양극화와 학력인플레를 가져오는 것처럼, 자유로운 임금경쟁체제도 극단적인 양극화와 특정 부문의 임금인플레를 초래합니다. 이런 체제는 불안정, 유연성, 경직성, 고임금, 저임금이 마구 뒤섞여 있는 복잡한 체제여서, 요즘 사람들은 한국사회의 이런 복잡성에, 이제 시대가 달라졌다는 둥, 노조의 이기심이 문제라는 둥, 진보가 달라져야 한다는 둥, 우왕좌왕하고 있습니다. 그러나 본질은 하나입니다. 임금 중앙 조율이 이루어지고 있지 못하다는 것. 그리고 그 이유는 분권화된 자유로운 임금 결정 구조 때문이라는 것입니다.

교육에서 중앙 조율된 평준화 입시제도는 서열 양극화와 학력인플레를 동시에 막을 겁니다. 경제부문에서 서유럽의 중앙 조율되는 부자유스런 임금조정체제는 양극화와 임금인플레를 동시에 막았습니다. 네덜란드의 경우 1983년부터 1996년까지 연간 임금상승률이 0.8%였습니다.

프랑스, 네덜란드, 노르웨이, 핀란드, 스웨덴 모두 단체협약 임금이 임시직 노동자에게도 자동 적용됩니다. 말하자면 임시직 노동자가 자신의 임금을 따로 협상할 권한을 몰수당한 겁니다. 이런 식으로 중앙에서 협약된 임금이 전체 노동자에게 다 적용되는 체제를 '조율된 체제'라고 합니다. 자유화의 중구난방 경쟁체제가 아닌 것이지요. 영미식 자본주의라고 불리는 미국과 영국엔 당연히 이런 시스템이 없습니다.

2000년 기준으로 프랑스는 노조 조직률은 10%지만, 단체협약 적용률은 90%입니다. 핀란드는 노조 조직률 76%, 단체협약 적용률 90%입니다. 미국은 노조조직률 13%, 단체협약 적용률 14%입니다.

1960년부터 1981년 사이에 임금교섭의 중앙집중화 정도를 보면 스웨덴, 노르웨이, 덴마크 등 북부유럽 국가들은 최대 수치인 1에 가깝습니다. 반면에 독일과 프랑스는 0.3 정도에 불과합니다. 언뜻 보기엔 다 똑같아 보이는 서유럽 복지사회도 이렇게 중부유럽과 북부유럽 사이에 차이가 있습니다. 독일과 프랑스의 이런 어정쩡한 체제가 높은 실업률과 상대적 경기 침체를 불렀다는 주장도 있습니다.

스웨덴에서 임금교섭의 중앙집중화가 성공한 것은 저임금 부문 노동자의 이해가 반영된 것이었습니다. 이렇게 하지 않고서는 호황업종의 고임금, 양극화를 막을 수 없었기 때문입니다. 노조들의 연대가 커지면 이렇게 임금이 평준화되는 흐름이 발생합니다. 노조는 태생적으로 조직 내의 평등을 추구하기 때문입니다. 자유화 개혁을 추진하는 우리 정부는 노조를 공격하기 위해 성과급 차등지급, 연봉제 등 임금 양극화 공세를 폅니다. 개혁의 방향이 중앙교섭화가 아닌 각 개인의 개별교섭, 개별 능력급화, 개인 이기심 극대화쪽으로 잡혀 있는 것이지요. 이것은 노조의 존립 기반을 흔드는 것으로서 과거 파쇼시절 구세대의 폭력이 더 반노조적이었는지, 지금의 임금차등화 공세가 더 반노조적인지 판단하기 힘들 정도입니다. 이것은 중앙집중화와 반대로 강자, 부자, 고연봉 가능자들의 이해가 반영된 정책입니다.

스웨덴은 중앙교섭을 시행하면서, 단위 노조 조합원들이 그 교섭 결과를 인준할 것인지 결정하는 인준 투표권을 몰수했습니다. 노르웨이나 덴마크는 인준 투표는 있으나, 이 때문에 교섭타결이 어려워지면 국가가 개입해 강제 중재를 행합니다. 이런 식으로 노동자들이 자신의 (이기적) 자유를 양도한 결과 북부유럽 국가의 노동자들은 세계에서 가장 자유로운 시민이 됐습니다.

기업의 입장에선 호황업종, 성장기업의 경우 평준화 임금체제로 급격한 임금 상승이 억제되므로 경쟁력을 계속해서 유지할 수 있습니다. 반면에 한계업종, 부실기업의 경우엔 평준화 임금이 부담되므로 퇴출되거나 강력한 혁신을 요구받게 됩니다. 1990년대 이래 우리가 당했던, 사람 잡는 방식의 구조조정이 아니라, 국민이 다 함께 잘 사는 방식의 구조조정이 시장 안에서 저절로 이루어지는 겁니다. 이런 구조에서 생산라인이 줄어들거나 인력을 감축할 경우, 노동자들이 결사저항하는 것이 아니라 중앙(국가)에서 책임지는 교육훈련을 거쳐 자연스럽게 성장부문으로 옮겨갑니다.

스웨덴은 90년대 들어 중앙교섭체제가 와해됐습니다. 여러 가지 요인이 있었는데요, 일단 강자들, 많은 임금을 받을 자신이 있는 노동자들이 이 중앙교섭체제에 불만을 가졌습니다. 마치 한국의 중상층들이 고교 평준화라는 중앙관리체제에 불만을 가지는 것처럼. 자기들은 자신 있다 이거지요. 마치 한국의 일류대들이 대학별 자율 선발을 주장하는 것처럼 말입니다. 교육 부문에서 그런 이기심과 자유경쟁체제가 사교육비 폭등, 학력인플레 현상을 부르는 것처럼, 스웨덴 노동자들의 이기심은 임금 인상을 불렀습니다. 중앙교섭체제의 임금안정화 기능이 이기심에 침식된 겁니다. 임금 평준화는 하향평준화로도 작동할 수 있지만, 상향 평준화로도 작동할 수 있습니다. 강자들이 임금을 올리기 시작하면 다른 노동자들도 덩달아 높은 임금을 요구하게 됩니다. 지나치게 임금이 상향되면 기업은 압력을 느끼기 시작합니다. 그리하여 사용자 단체도 중앙교섭약화를 위해 영향력을 행사하게 됩니다. 분권화된 임금 상향 자유경쟁이 중앙교섭이라는 연대의 틀을 부수고, 그것이 모두에게 다시 자유를 허락하는 악순환의 구조로 돌입합니다.

또 스웨덴처럼 작은 나라는 내수시장이 워낙 작아, 기업은 해외시장만을 중시하게 되는데, 내수시장이 중요할 때는 내수시장을 형성하는 노동자들의 임금을 유지시켜야 하나, 해외 경쟁만 중요할 때는 국내에선 오직 임금 인하와 유연성 추구에만 몰두하게 됩니다. 마치 수출입국을 추진했던 우리의 개발연대 당시에, 국내 노동자와 농민들은 오로지 억압과 착취의 대상이었던 것과 같은 이야기지요. 그러나 우린 인구가 5,000만 가까이에, 통일 후엔 8,000만 수준이 될 텐데, 내수포기 사례는 우리와는 맞지 않습니다.

이 외에도 다른 요인들이 복합적으로 작용했습니다. 요즘 우리나라에서 유행하는 말인 세계화 숙명론, 즉 '이제 개별국가 단위에서는 정책을 펼 수 없다, 금융세계화의 원리가 모든 것을 지배한다'는 주장도 스웨덴의 변화를 설명하는 한 가지 방식입니다. 또 과거엔 노동자들이 거대한 하나의 집단으로 공장에서 비슷한 직무를 수행했는데, 지금은 기술 혁신으로 양상이 달라지기 시작했다는 것도 한 요인입니다. 중앙교섭을 깬 금속노조의 경우엔 산하 노동자들이 자동화 이후 생산직과 전문직 사이의 경계가 애매해져, 금속노조를 탈퇴하고 임금 유동성이 큰 사무기술직 노조에 가입하자 위기감을 느꼈다고 합니다. 또 전체적으로 생산직 노동자의 비율이 준 것도 한 요인이 되었다고 합니다. 사무직, 전문직 노동자들이 보다 큰 임금 인상을 원한 것이지요.

유동성의 증가와 이기심의 증가가 중앙교섭을 부순 겁니다. 그러나 북부유럽 국가들 중에서 덴마크는 여전히 중앙교섭원리가 작동합니다. 노르웨이에서도 분권화는 이루어지지 않았습니다. 2003년에 이루어진 협약을 보면, 전체적으로는 임금을 동결하기로 하고, 제조업 평균 임금의 85%에 미달하는 사람에게만 2.85크로네 인상을, 85~95% 수준인 노동자에겐 1.95크로네 인상을 허용하기로 했습니다. 임금 평준화의 원리가 여전히 작동하고 있는 것입니다. 핀란드의 경우엔 2004년도에도 임금인상률을 중앙에서 결정했습니다.

결국 위에 설명한 여러 가지 조건에도 불구하고, 거기에 대응하는 것은 각 국가 국민들의 정치적 선택이라는 얘기가 됩니다. 또 북부유럽 국가들은 개방 정도가 높은 나라들로서, 세계화에 의해 일국 단위의 연대정책은 사라진다는 '숙명론'도 맞지 않습니다. 우리나라처럼 극단적인 개방일변도로만 가는 것도 아닙니다. 즉 적당한 개방과 적당한 시장주의와 적당한 분배식 중앙관리의 조합이 북부유럽 복지사회를 가능케 했다는 얘깁니다. 우린 중앙관리, 중앙교섭 원리 없이 분권화, 시장화, 개방 숙명론만 맹위를 떨치고 있습니다.

북부유럽 국가들 중 중앙교섭이 사라졌다는 스웨덴도 기실 산별교섭체제로 전환한 것에 불과합니다. 산별교섭이란 것은 각 개별 기업 단위에서 임금교섭이 이루어지는 게 아니라 산업 단위 전체에서 임금교섭이 이루어진다는 것으로서, 독일은 원래부터 이런 체제였습니다. 스웨덴의 경우는 워낙 중앙결정원리가 강했었기 때문에 산별교섭화도 상당한 수준의 자유화로 인식되는 겁니다.

1995년을 기준으로 보면, 미국의 임금불평등도가 4.6 정도일 때, 독일은 2.8 정도, 핀란드는 2.4 정도, 스웨덴은 2.3 정도입니다. 스웨덴이 독일 정도로 분권화한다고 해도 미국식 체제로 가는 건 아니지요.

적극적 노동시장정책 예산의 GDP 비율(1997년 기준)

스웨덴 2.1% / 덴마크 1.8% / 노르웨이 1.0% / 핀란드 1.6% / 독일 1.2% / 프랑스 1.4% / 영국 0.4% / 미국 0.2%

적극적 노동시장정책
국가가 노동시장을 자유롭게 두지 않고 적극적으로 개입하는 것. 실업자가 가난할 자유를 누리지 못하도록 생활비를 대주고, 높은 수준의 직업훈련을 시켜 저숙련저임금 노동자가 될 자유를 몰수하는 정책. 또는 강자들이 자기들만 고임금의 안정된 직종을 독점할 자유를 몰수하는 정책이기도 함.

국가가 전체 공동체 차원에서 노동시장과 교육훈련을 연대의 정신으로 관리하기 위해선 당연히 국가예산이 필요합니다. 각자가 자유롭게 자기 살 길 알아서 찾는 체제는 돈이 필요 없겠지요. 강자는 알아서 부자로 살고 약자는 알아서 비참하게 살면 그뿐입니다. 공화국은 이런 자유를 용납하지 않습니다. 그리하여 공화국은 돈을 염출해 공공기금을 마련합니다. 마치 상조회가 회비를 걷듯이 국민으로부터 세금을 걷는 것입니다. 예를 들어, 어느 마을은 집단 전체가 돈을 모아 부모 능력과 상관없이 모든 자식들에게 고급교육을 시키고, 다른 마을은 내부의 소수에게만 고급교육을 시킬 경우, 장기적으로 어느 쪽이 더 경쟁력이 있을까요? 또 모두에게 안전이 보장된 집단과 소수에게만 안전이 보장된 집단 중에, 어느 쪽의 구성원들이 더 행복할까요?

• 세금률
스웨덴 53% / 핀란드 50% / 덴마크 54% / 노르웨이 45% [포브스, 한국경제 2007-05-04]

세금을 많이 낸다는 것은 자기가 번 돈으로 자기 인생 알아서 살 자유, 자기 돈 자기가 쓸 자유를 국민이 스스로 양도하는 것입니다. 즉 선택권을 공동체에 양도한 것이지요. 시장자율로 각 개체가 분권화된 결정을 내리지 않고, 중앙에서 정치적으로 돈을 쓸 곳을 선택하게 됩니다. 이런 사고방식이 임금교섭도 분권화된 자율교섭이 아닌 부자유스러운 중앙교섭을 가능케 합니다. 공화국의 시민은 이렇게 1차적인 자유의 일부를 양도함으로써 궁극적인 시민의 자유를 얻게 됩니다.

뒤집기

어떻게 해야 노사관계의 신뢰수준을 높여 이 나라를 기업하기 좋은 나라, 국민이 행복한 나라로 바꿀 수 있을까요? 자유와 분권화를 포기하면 됩니다. 또 자식을 가진 모든 노동자들을 영원히 돈에 굶주리게 만드는 대학서열체제를 포기하면 됩니다. 그런데 대학서열체제가 사라져, 자식이 노예가 될 위험이 사라지기 전까진 그 어느 노동자도 자신의 임금극대화를 위한 자유를 포기하지 않을 것이므로, 대학서열체제 혁파가 먼저입니다.

대학 평준화는 일종의 입시 중앙교섭, 중앙결정입니다. 평준화체제 안에 있는 대학들의 입학 커트라인을 중앙에서 동일하게 정하고, 개별 주체들의 분권화된 협상을 용납하지 않는 것입니다. 즉 강자가 더 높은 점수를 제시하는 행위를 말입니다. 교육제도를 이렇게 바꾸면 그 제도의 힘이 다시 사람들의 사고방식에 영향을 미쳐, 임금의 중앙결정화를 이끌어낼 동력이 생길 겁니다.

물론 100% 평준화된 나라는 이 세상에 있을 수 없습니다. 누차 말했던 것처럼, 한 사회가 건강하려면 시장원리와 공공성원리의 두 축이 나란히 서야 합니다. 북부유럽 복지국가들이 개인 수입을 모두 몰수하지 않고, 약 반 정도만 몰수(세금)하는 것이 그 두 축을 상징하는 것 아닐까요? 스웨덴엔 세계적인 대기업들이 즐비하고, 발렌베리 같은 재벌 가문도 있습니다. 핀란드에도 노키아 같은 대기업이 있습니다. 프랑스와 독일은 더 말할 것도 없습니다. 그러므로 지금까지의 이 책의 주장에 공산주의 아니냐고 두려워할 필요는 없습니다. 이 책이 주장하는 건 건강한 자본주의입니다. 그러기 위해선 교육을 시장영역에서 분리해야 하고, 임금결정도 시장 자율에만 맡겨선 안 된다는 겁니다.

지금까지의 개혁은 투자자권리 강화, 소비자권리 강화, 즉 자유화였습니다. 입시자유화 전복, 평준화로부터 이 자유화 흐름이 뒤집힐 겁니다. 또 독재시절 이래 한국인 다수는 노예 취급을 받았습니다. 선택권의 일부를 양도, 몰수함으로써 비로소 한국인들이 주인으로 이 땅에 살 수 있게 될 것입니다. 입시 선택권을 양도하면 학문 다양성의 새 세상이 펼쳐집니다. 그리하여 간판을 위한 학교선택권을 뺀 진정한 선택권, 즉 원하는 공부를 선택할 자유는 오히려 커집니다. 그래서 '선택권의 일부'라고 표현한 것입니다. 지금은 학교선택권 하나를 위해 모두의 진정한 선택권이 봉쇄당하는 체제이지요.

한국사회가 이대로 좋다면 할 말 없습니다. 그러나 한국사회가 지금 심각한 문제상황이라는 것에 동의한다면, 뒤집기를 마다할 이유가 없습니다. 독재만 타도되면, 관치 안 하면, 자율성 신장시키면, 부패정치 척결하면, 사법권 독립시키면, 보스 정치 구조 없애면, 수요자(소비자) 중심주의 하면 등등 온갖 뒤집기 안들이 나왔었습니다. 이 모든 것들이 전혀 뒤집기의 핵심이 아니었다는 것이 지금의 파탄상으로 증명됐습니다.

대학서열체제는 뒤집어본 적이 없습니다. 90년대 이후 대학서열체제가 심화되고, 입시 자율화가 진행되는 동안 나라가 급격히 황폐화하면서 이 사안의 파괴력은 이미 입증되었습니다. 이곳이 급소입니다.

한국사회 파탄상의 요인으로, 이 책의 서두에서 언급한 주주·소비자 중심체제와 셋째 몸통에서 말하고 있는 대학서열체제, 이 두 가지가 핵심입니다. 이 두 가지 다 자유화 개혁과 함께 생겨났거나 심화됐습니다. 이 두 가지는 모두 개인의 이기심, 강자의 특권화와 연결되어 있습니다. 주주중심체제란 것은 기업의 소유권을 자산가들이 탈취한 사태입니다. 즉 소유권 문제입니다. 한국처럼 극히 보수적인 사회에서 소유권 문제는 아주 예민한 사안입니다. 함부로 건드리기가 쉽지 않습니다. 그러므로 극소수 강자를 뺀 전 국민이 피해자인 대학서열체제야말로 가장 만만한 급소입니다. 바로 이곳을 '콕' 찍는 것으로부터 이 나라의 뒤집기, 역사의 뒤집기가 시작될 겁니다.

우롱 각시 교육부의 2008년 입시안 쇼쇼쇼

• **수능점수 폐지 내신위주 선발**
교육인적자원부는 26일 수능 점수제 폐지, 내신 9등급제 및 원점수 표기, 특목고 동일계 특별전형 확대 등을 골자로 하는 '2008학년도 이후 대입제도 개선안 시안'을 발표했다.
[매일신문 2004-08-27]

　　이로부터 2008년 입시안이라는 대파란이 시작됐습니다. 내신을 강화해 특정 고등학교, 특정 지역 집중의 폐해를 시정하고, 내신과 수능을 등급화해 점수 따기 경쟁을 완화하겠다는 겁니다. 여기서 두 개의 문제가 발생합니다. 첫째, 내신강화로 무엇이 달라지는가? 둘째, 대학서열체제에서 경쟁을 완화하겠다는 정책이 실효성이 있는가? 또 다른 문제도 있습니다. 2008년 입시안에서도 관철되는 교육부의 정책기조는 대학의 자율성 신장입니다. 여기서 세 번째 문제가 나옵니다. 경쟁완화 정책을 펴면서 대학에 자율성을 주는 게 말이 되는가?
　　첫째, 내신을 지금보다 강화하면 교육문제가 해결된다는 건 망상입니다. 근본적으로 내신은 대학서열체제와 조응하지 않습니다. 대학서열체제는 전국 서열이기 때문에 내신처럼 고교 평준화를 전제로 한 제도와는 서로 충돌을 일으키게 됩니다. 교육부는 애당초 실현될 수 없는 정책을 펴면서 국민을 우롱한 것입니다. 내신을 강화하면 반대급부로 고교 간 학력차 논란이 발생하면서 오히려 고교 평준화마저 깨자는 쪽으로 공세가 취해지게 됩니다. 대학서열체제를 깨지 않는다면 결국 고교 평준화를 깰 수밖에 없기 때문이지요. 실제로 지금까지 그렇게 논란이 흘러 왔습니다.

게다가 도대체, '강화'라는 게 뭡니까? 생각해보세요. 정부는 EBS 과외의 수능 반영 비율을 강화한다고 계속해서 선전하고 있습니다. 뭐가 달라졌습니까? 사교육비가 줄었나요? 강화한다든가, 비중을 높인다든가 하는 말들은 사실은 아무런 의미가 없는 것들입니다. 대학서열체제가 있는 한 그 서열에 맞게 어딘가에선 변별을 해야 하는데, 강화를 하든 비중을 높이거나 내리든, 그 구조는 변하지 않기 때문이지요. 또 지금과 같은 대학서열체제에서 내신을 강화한다는 뜻은 입시를 3년에 걸쳐서 보겠다는 소립니다. 이것이 춘추시대가 전국시대로 악화된 것과 같다는 말은 이미 했습니다.

강화라는 게 사람 잡습니다. 강화라는 건 평소엔 유명무실했던 트랙을 또 하나의 유의미한 변별 트랙으로 추가하겠다는 소립니다. 기존 트랙은 그대로 둔 채 말입니다. '강화'의 진정한 의미는 '추가'인 것이지요. 다시 말해 기왕에도 전 세계에 그 유래가 없을 정도로 목숨 건 '선착순 뺑뺑이'를 반복하고 있는 아이들에게, 한 트랙 더 돌라는 겁니다.

둘째, 대학서열체제하의 중등과정 경쟁완화책이 실효성이 있는가? 그 어떤 경쟁완화책도 모두 사기극입니다. 왜냐하면 중등과정에서 벌어지는 살인적인 경쟁의 요인은 중등과정 내부에 있는 것이 아니라 대학서열체제에 있는 것이니까요. 정부가 중등과정의 경쟁을 완화하겠다며 사기극을 벌일수록, 팽배하는 불신에 의해 사회적 자본만 고갈됩니다.

더 문제가 되는 것은 경쟁완화책이 대체로 다양화 정책으로 나타난다는 겁니다. 대학서열체제하에서 가장 자연스러운 중등 경쟁구조가 바로 '암기-주입식-사지선다형 학력고사체제'입니다. 이것이 가장 합리적으로 아이들의 서열을 가려주기 때문입니다. 자유화 개혁세력은 바로 이 '암기-주입식-사지선다형 학력고사체제'를 우리 중등교육 문제의 주범으로 오인했습니다. 그리하여 창의성, 다양성, 자율성 신장시킨다고 개혁을 했습니다. 그 결과는 파탄입니다.

또 등급제라는 게 뭡니까? 도대체 대학서열체제하에서 등급제를 한다는 게 무슨 의미가 있습니까? 교육부는 등급제를 통해 점수경쟁이 완화된다고 주장했습니다. 차라리 단순한 점수경쟁이 더 낫습니다. 등급제로 변별을 하려면 마술을 부려야 합니다. 즉 제도가 점점 더 교묘해지고, 복잡해집니다.

단순하게 생각해도 총점제가 아닌 등급제로 변별하기 위해선 아이들이 모든 과목을 다 잘해야 할 것이라고 짐작할 수 있습니다. 총점제에선 적성에 맞고 자신이 있는 과목에서 100점을 맞고 약한 과목은 좀 잘못해도 됩니다. 그러나 대학서열체제에서 등급제로 아이들을 변별하려면 미세한 점수변별력이 없는 상황에서 어떤 식으로든 서열을 가르기 위해 등급제를 세분화할 수밖에 없을 텐데, 그렇게 되면 최고 등급을 맞는 아이는 모든 과목에서 다 1등급을 맞는 아이가 될 것입니다. 또, 그렇게 해도 세분화된 변별이 불가능할 경우 등급제를 더 쪼개서 각 학년별 교과목 시험성적을 다 쪼개 각각의 등급을 매겨 그 등급의 총합으로 최종 변별에 임할 수 있습니다. 이렇게 되면 학생 입장에선 그야말로 다 잘 해야 됩니다. 죽으라는 소립니다.

셋째, 정부는 이런 입시안을 발표하면서 대학의 자율성은 존중하겠다고 했습니다. 이것은 본고사를 볼 수 있다면 알아서 보라는 얘깁니다. 왜냐하면 내신은 구조적으로 대학서열체제와 조응하지 않고, 등급제는 대학서열체제에 맞는 '칼 변별'에 어울리지 않기 때문에, 대학 입장에선 어떻게든 변별력을 강화할 필요를 느끼게 되니까요. 말하자면 2008년 입시안은 본고사를 보라고 정부가 각 대학들에게 보낸 신호가 되는 셈입니다. 그리하여 자연스럽게 대학들은 논술 본고사를 들고 나왔습니다. 그후 지금까지 논술파동, 본고사파동 등에 국가가 휘청거리고 있습니다. 모두 국민을 우롱하는 '우롱 각시 교육부'의 사기극 때문입니다.

국민 우롱 쇼쇼쇼의 경과

• 서울대 2008년도 정시모집 논술 대폭 강화 [중앙일보 2005-04-29]

이것이 교육부의 2008년 입시안에 대한 서울대의 대답이었습니다. 처음부터 예고된 진행이었지요. 이러자 즉각 논술 사교육 시장이 꿈틀거리기 시작합니다. 교육부는 뒤늦게 논술가이드라인을 마련한다며 쇼쇼쇼를 펼칩니다.

• 교육부, 대학별 고사 가이드라인 올해 안 마련키로 [동아일보 2005-05-08]

이렇게 시작된 논술파동은 2006년 내내 국민을 고통 속에 몰아넣었습니다. 교육부의 정신분열적인 우롱 쇼쇼쇼 행태는 같은 시기에 다음과 같은 일도 벌려 나라를 혼란의 도가니에 빠뜨립니다.

• 김진표, "논술로 뽑는 서울대안 긍정적"
  김진표 부총리, "새 대입제도는 긍정적, 홍보 부족이 오해 불러"
  김 부총리는 "새로운 대입제도의 근본 취지는 학교 성적에 대한 신뢰를 높이고 대입 전형에 반영되는 내신 비중을 강화해 교육의 중심을 학교 밖에서 안으로 끌어오는 데 있다."며 "그 결과 학교 수업에 대한 학생들 집중도가 이전보다 훨씬 높아지고 독서, 토론 수업이 활성화하는 등 긍정적 변화가 나타나고 있고 교사들도 더 열심히 노력하고 있다."고 주장했다.
  김 부총리는 이날 호소문에서 **지역균형 선발, 특기자 전형, 정시모집의 인원을 3분의 1씩**

> 나눠 뽑는 서울대의 2008학년도 입시안을 긍정적으로 언급해, 다급해진 교육부가 사실상의 '논술 본고사' 부활을 의미하는 서울대안을 인정한 것으로 해석되고 있다. 김 부총리는 "'여러 줄 세우기'에 의한 학생 선발을 계속해 나갈 것"이라며 …… 서울대의 새로운 대입전형을 긍정적으로 언급했다. [프레시안 2005-05-06]

이야말로 우롱 쇼쇼쇼의 극치입니다. 내신을 아무리 강화해도 절대로 학교의 교육이 살아날 수 없습니다. 단지 강남 독점 현상만 약간 완화될 뿐입니다. 또 대학서열체제하에서 입시교육의 중심을 학교 안으로 끌어오는 건 학교교육 말살일 뿐입니다. 더 황당한 건 내신으로 학교에서 독서, 토론이 활성화된다고 한 겁니다. 내신강화라는 건 입시를 학교 안에서 보게 한다는 건데, 도대체 대학서열체제에서 1등, 2등 가리는 입시를 어떻게 독서, 토론 능력으로 가린다는 겁니까? 토론 같은 것은 명확히 계량화해서 점수 서열을 갈라야 하는 대학서열체제하의 입시와 어울리지 않습니다.

서울대가 지역균형 선발, 특기자전형, 논술 중심 정시, 이런 식으로 전형을 복잡하게 벌려놓은 것을 가지고 '여러 줄 세우기'라고 하고 있습니다. 이것도 사기입니다. 대학서열체제하에서 '여러 줄 세우기'란 없습니다. 서울대가 전형을 세 가지가 아니라 삼만 가지로 벌려 세운다 해도 본질은 입시경쟁일 뿐입니다. 이미 말했지만, 차라리 한 줄 서열체제에서는 한 줄 세우기 입시가 훨씬 합리적입니다. 복잡하게 벌려 세울수록 가난한 사람, 지방사는 사람 자식들만 배제당합니다. 특기자전형은 결국 각종 경시대회, 조기유학 등을 감당할 수 있는 강남 중상층 몫입니다. 논술 중심 정시도 그렇구요. 지역균형선발은 여기서 남은 몫을 각 지역의 전교 1등 학생들로 채우겠다는 뜻입니다. 게다가 그 지역이란 것도 인구비례로 하면 어차피 대도시 위주가 될 겁니다. 말이 좋아 지역균형이지 진짜 지방 사람에게 갈 몫은 별로 없습니다. '단순무식'한 학력고사일 때보다 독점과 배제의 구조가 더 악랄해집니다. 이런 걸 '여러 줄 세우기'라며 '탐욕의 서울대'와 '우롱의 교육부'가 사기행각을 벌였습니다. 교육부는 아이들에게 이런 말을 하고 있는 것입니다.

> EBS도 해라. 학교 공부도 열심히 해라. 특기적성도 챙겨라. 봉사활동도 해라. 수행평가도 잘 해라. 수능, 논술 학원도 열심히 다녀라. 몽땅 다 잘 해라. 몽땅 다 열심히 해라. 피가 마를 때까지. 다양하게 한번 죽어봐라. 너희 부모가 쓸 수 있는 만큼 돈을 써봐라.

- 피 말리는 내신, 아이들은 괴롭다
  [학원가 르포] 수능 보듯 중간고사 치르는 고1 [오마이뉴스 2005-05-04]

- 내신논란 시위비화 조짐, 高1 촛불 드나 [문화일보 2005-05-04]

- [내신의 저주 고1 폭발] "나도 자살충동 … 시위하자" 인터넷 도배 [조선일보 2005-05-03]

이것은 2008년 입시안에 대한 아이들의 항변이었습니다. 한나라당은 기회는 이때다 하면서 치고 나왔습니다.

- 한나라당 "본고사·기여입학제 대학자율에 맡겨야"
  2012년 목표 '학생선발 완전자율' 법제화 추진 …… 사실상 '3불정책' 부정
  [오마이뉴스 2005-05-06]

- 한나라 "대학에 학생선발권" [중앙일보 2005-05-16]

어차피 대학을 평준화하든지 중등과정 평준화를 깨든지 둘 중의 하나를 해야 이 불안정이 사라집니다. 한나라당은 중등과정 평준화를 깨자는

것입니다. 대학에 선발자율권을 주면 대학은 틀림없이 고교등급제로 고교 평준화를 깨고 부자들만 일류고, 일류대를 독점하는 나라를 만들 테니까요.

- 자기소개서 70점 이상 '강남 72% · 비강남 3%' [한겨레 2004-10-08]

이래서 3불정책을 폐지하고 각 대학에 선발자율권을 줘야 하는 것입니다. 고려대, 연세대, 이화여대 등이 음성적으로 고교등급제를 시행하면서 강남 학생과 비강남 학생 사이에 점수 차별을 가했다는 기사입니다. 이런 짓을 공식적으로 하겠다는 것이지요. 어차피 귀족과 노예는 같은 대접을 받아선 안 되니까요.

- 서울대 교수 '3불정책' 집단 반발
  서울대 학내 최고 의결기구인 평의원회는, 16일 긴급 기자회견을 열고 대학의 경쟁력을 약화시키는 정책은 더 이상 용납될 수 없다면서 정부가 대학의 학생선발권을 최대한 보장해야 한다고 촉구했습니다. [SBS 2005-05-17]

서울대는 이렇게 나왔습니다. 국립 1등대인 서울대는 나라를 이끌고 전 국민에게 행복을 안겨줄 책임이 있다고 간주되지만, 정작 당사자들은 자기들의 기득권을 지키기 위해 나라가 망하든 말든, 국민이 노예가 되든 말든 관심이 없습니다.

서울대가 알아서 학생선발을 하게 되면 한국에서 가장 어려운 문제를 내려고 할 것이고, 그 문제는 어차피 보편 공교육에서 소화가 안 될 것이고, 그에 따라 사교육비가 당연히 폭등하고, 가난한 사람들, 지방민 자식들의 미래는 무참히 짓밟힙니다. 이것이 국립 서울대가 하는 짓입니다.

• 대교협, "내신 확대 따른 학생들 불안 해소하겠다"
  내신 비율, 2008년부터 점진적 확대 … 특목고 재학생 등 상대적 불이익 해소 방안도
  [노컷뉴스 2005-05-12]

한국대학교육협의회는 내신에 의한 학생들 불안을 해소하겠다며 특목고의 상대적 불이익 해소 방안을 강구하겠다고 발표했습니다. 이것은 내신을 안 하겠다는 말과 같습니다. 내신강화는 특목고 등 일류고를 향한 창인데, 특목고 불이익 해소라는 것은 그것에 대한 방패를 마련해주겠다는 소립니다. 아니, 방패 수준을 넘어 창 자체를 무력화하겠다는 것이지요. 이렇게 되면 지방민, 일반 국민들 자식은 수능, 논술에 내신까지 죽음의 트라이앵글에 갇혀 지옥 같은 고통을 겪어야 하는 데 반해, 특목고의 중상층 자녀들은 내신에서 해방돼 수능, 논술에만 집중할 수 있게 됩니다. 놀랄 만큼 냉혹하고 잔인한 나라에 우린 살고 있습니다.

• 불붙은 본고사 논쟁 … '교육大戰' 조짐
  安교육 "본고사 금지" 재확인 … 교총 "대학에 자율권 줘야" [조선일보 2004-10-13]

본고사를 보겠다는 일류대들과 그것을 막겠다는 정부와의 투쟁이 이때부터 2007년까지 흥미진진하게 펼쳐지고 있습니다. 2004년부터 교총 등 기득권세력 전체가 본고사 쟁취를 위해 나서고 있습니다.

• 서울지역 주요 대학의 **대학별 고사**의 특징 [세계일보 2005-06-24]

그런데 이 기사에는 '대학별 고사'라는 단어가 아무렇지도 않게 등장합니다. 즉 본고사가 지금 현재 실행되고 있는 것입니다. 본고사가 실행

되고 있기 때문에 논술가이드 라인이 필요해집니다. 본고사 내용에 대한 규제이지요. 본고사가 아예 없다면 본고사 내용에 대한 규제가 필요할 리 없습니다.

왜 이런 일이 생겼냐면 자유화 개혁세력이 자율화, 입시전형 다양화 차원에서 각 대학에게 자율권을 넘겼기 때문입니다. 그랬기 때문에 대학별 고사가 금지된 상태이지만 대학별 고사가 저절로 생겨버렸습니다. 그야말로 '우롱 각시의 쇼쇼쇼'인데요. 이런 흐름 속에서 당연히 공교육이 붕괴되고 국민은 도탄에 빠졌습니다. 그런데 정부가 계속해서 3불정책은 지킨다는 둥, 마치 기득권세력과 싸우는 것처럼 '좌측 깜빡이'를 켜고 있기 때문에 국민은 자신들의 고통이 정부의 과도한 규제, 즉 좌파 정책 때문인 것으로 착각하고 자유화, 즉 본고사를 지지하고 있는 실정입니다. 정부가 벌이는 쇼쇼쇼 때문에 뒤죽박죽 공화국이 됐습니다.

• 고대 · 연대 · 이대 고교등급제 "무혐의" [한겨레 2006-03-23]

고려대, 연세대, 이화여대 등이 고교등급제를 실행했는데 그것이 서울중앙지검에서 무혐의 판정을 받았습니다. 만약 정부가 엄히 행정지도를 했다면 서울중앙지검까지 갈 일도 없었겠지요. 정부의 태도가 미온적이니까 시민단체들이 공동으로 일류대들을 고발했습니다. 그런데 검찰이 무혐의 처분을 내린 겁니다. 그 이유는 학생 선발 재량권이 대학에 있기 때문이라는 것이었습니다. 이미 정부의 정책이 대학에 학생선발권을 준 상태이고, 검찰이 그 기준을 적용해 무혐의 결정을 내린 겁니다. 이런데도 일류대들과 정부는 2007년까지 서로 싸우는 '쇼쇼쇼'를 상연하고 있습니다. 사기치랴, 쇼쇼쇼하랴, 대단합니다.

물론 같은 자유화 개혁을 추진해도 집권 민주화세력은 구 독재세력보다 조금은 인간적인 자유화를 추구합니다. 그래서 3불정책도 못 버리고, 자사고, 특목고 등 노골적인 것들보다는 개방형 자율학교 같은 복잡한 사기성 정책을 추진하는 겁니다. 황당한 건 일류대들이 자유화 개혁 중에서도 가장 노골적이고 잔인한 구 독재세력의 자유화 노선과 보조를 맞추고 있다는 것입니다. 이들의 입장을 봐줘야 할 아무런 이유가 없습니다.

- '3不' 중·고교등급제 外 '2不'에 반기 [한국일보 2005-06-30]

2008년 입시안 파동의 와중에 한국대학교육협의회가 3불정책에 반기를 들었다는 기사인데, 그 내용이 황당합니다. 요즘엔 이들이 3불정책을 공격하며 기여입학제 금지를 뺀 나머지 두 개, 즉 본고사 금지와 고교등급제 금지를 풀어달라고 합니다. 그런데 이 당시엔 고교등급제 금지를 뺀 나머지 두 개를 풀어달라고 했습니다. 왜냐하면 바로 직전에 고교등급제를 한 것이 들통 나 사회적으로 비난을 받았기 때문입니다. 2007년에 이들은 고교등급제를 해야 한다고 주장했습니다. 국민을 그야말로 바보 취급하는 것입니다. 연예인들이 죄를 짓고 슬그머니 활동 재개하는 것에 그렇게 비난하는 국민들은, 고교등급제로 비난받을 땐 가만히 있다가 불과 2년 만에 고교등급제 하자고 표변하는 일류대들에겐 왜 가만히 있는지 모르겠습니다.

- 鄭총장 "우수한 학생 뽑겠다는 게 잘못인가" [동아일보 2005-07-07]

정부가 통합논술을 못 보게 하자 서울대 정운찬 총장이 이렇게 저항하고 나섰습니다. 서울대가 우수한 학생 뽑겠다고 나서면 대학서열체제, 학벌사회는 점점 더 강고해지고 이 책에서 지금까지 열거한 망국적 양상은 심화됩니다. 게다가 통합논술은 교과서 바깥에서 문제를 내겠다는 것으로서 사교육을 아예 전제하고 시작하는 방식입니다. 이렇게 되면 공교육은 무의미해지고 사교육만 더 창궐합니다. 국립 1등대의 서열을 향한 탐욕이 나라를 기울게 할 지경입니다.

- 서울대 교수협 "당정 결정은 획일화된 인재 육성 강요"
  "창의적 인재 육성 위한 노력 꺾지 말라" 당정 결정에 강한 비판 … 파문 확산
  [노컷뉴스 2005-07-08]

통합 논술 본고사를 못 보게 한 정부의 결정에 서울대 교수협이 비판성명을 냈습니다. 자신들은 논술고사를 보는 것이지 본고사를 보려는 게 아니라고 했습니다. 그러면서 논술고사에 변별력이 있다고 합니다. 변별력이 있다는 것은 이것으로 사람을 뽑겠다는 것이니까 당연히 본고사입니다. 대학별 자유 선발하라고 해놓고 본고사 보지 말라는 정부나, 명백히 본고사 하려고 하면서 본고사는 아니라는 서울대 교수들이나, 막상막하입니다.

상위 인재 선발을 위한 몸부림을 '창의적 인재 육성 위한 노력'이라고 주장하는군요. 사기입니다. 서울대가 상위 인재 선발을 위해 몸부림을 치면 이 책에서 설명한 구조에 의해 한국 교육에서 창의성이 사라집니다. 정부가 한국 교육의 획일성을 조장한다는 주장은 맞는데, 그것은 정부가 서울대의 탐욕을 규제하지 않기 때문에 벌어진 일입니다. 서울대를 잡아야 창의성이 생깁니다.

생각해보세요. 지금 현재 한국의 대학진학률이 80%를 넘어섰습니다. 대학에 가려고만 하면 극빈자를 제외하고는 거의 누구나 대학에 갈 수 있습니다. 그렇다면 대학입시경쟁이 정말 있기는 한 것입니까? 원하면 누구나 가질 수 있는 것을 위해서 누가 경쟁하겠습니까? 그런데도 입시경

쟁은 나날이 격렬해집니다. 대학입시경쟁이 아니라 사실은 서울대입시경쟁이기 때문입니다. 서울대 등 일류대와 일류학과를 위한 경쟁이지요. 그렇기 때문에 서울대가 입시 전형안을 낼 때마다 온 나라가 휘청거리고, 교육제도까지 바뀝니다. 일개 대학의 입시 문제에 전 국민의 자식들이 몽땅 종속된 이 구조. 서울대가 입시 문제를 저 혼자서 어렵게 내면 낼수록 이 획일성은 강화됩니다. 자기들이 주범이면서 획일성에 대해 남 탓을 하고 있습니다. 탐욕으로 점철된 사기극입니다.

• "이번 일은 학문의 자유에 중요한 분수령, 내게도 잡초 근성 호락호락하지 않아 각지 성원 큰 힘, 강남 편중 막기 위해 지역균형선발제 등 나야말로 노력했다."
정권의 압력에 당당히 맞선 서울대 정운찬 총장 [조선일보 2005-07-10]

입시 문제 마음대로 내서 서열기득권 유지하는 게 학문의 자유하고 무슨 상관이 있는지, 도무지 이들의 탐욕과 사기행각의 끝을 점칠 수 없습니다. 일류대들의 사기행각에 비하면 교육부나 자유화 개혁이 국민을 우롱하는 정도는 애교가 아닌가 느껴질 정도입니다.

• 김 부총리 "논술 정식 교과 포함 검토" [연합뉴스 2005-07-20]

우리나라가 얼마나 황당한 나라인지, 정부가 얼마나 국민을 우습게 여기는지 여기서 또 한번 알 수 있습니다. 국가가 교육을 설계할 때, 장차 무엇이 필요하겠다는 판단이 들면, 일단 해당 과목을 가르칠 교사를 양성하고, 그들이 학교에서 가르치고 난 후, 그 학생들이 제대로 배웠나 평가해야 합니다. 그런데 우리나라는 서울대가 논술하겠다고 하자, 사후에 교과가 부랴부랴 바뀔 지경입니다. 일류대가 제멋대로 칼춤 추는 장단에 전 국민이 놀아나야 하는 것입니다. 평가는 교육의 성과를 알아보는 것인데 우리는 주객이 전도되어 평가에 교육이 움직이고 있습니다. 그리고 그 평가권은 서울대가 쥐고 있습니다. 교육부는 각 학교에 자율성을 준다는 명목으로 이 상황을 조장했습니다. 이렇게 국가 공교육 과정이 일류대의 뒷북을 치게 되면 당연히 사교육이 창궐하게 됩니다. 제대로 된 나라라면 공교육 과정의 충실한 이수 여부로만 대학 입학이 결정돼야 합니다.

원래 논술을 도입하는 취지는 창의성, 다양성, 여러 줄 세우기 등이었습니다. 그런데 대학서열체제에선 이런 논술이 영원히 실현될 수 없습니다. 단지 입시의 한 요소로 경쟁종목만 더 늘릴 뿐입니다. 일류대들이 논술을 보겠다고 하자 교육부는 2005년 7월 15일, 각 대학별 맞춤 논술 교육을 EBS를 통해 하겠다고 했습니다. 이건 교육부가 논술이 대학별 본고사란 걸 인정한 것이고, 일류대들을 위한 입시관리에만 급급하다는 걸 말해줍니다. 논술이 창의성을 배양하기는커녕 사교육비만 올려놓고, 공교육을 흔드는 것이 명백하면 논술을 금지하면 될 일입니다. 교육부는 가장 간단한 일은 하지 않습니다. 마치 서민을 위하는 것처럼 논술 과외를 해준답니다. 어차피 보편 서비스를 받은 아이는 고가의 특별 서비스를 받은 아이를 이길 수 없습니다. 교육부의 사탕발림은 논술 본고사 자체를 지키기 위한 대중 마취제에 불과합니다. 행여나 저항하지 말고 패배가 예정된 경쟁에 몰두하도록. 도살장에 얌전히 끌려가는 소처럼. 그러면서 마치 국민을 위해 일류대들과 싸우는 척합니다. 우롱각시이니까요.

2006년 봄에 들어 교육부는 내신+수능 등급제가 변별력이 충분하다며 대학들을 압박하기 시작했습니다. 그러면서 각 대학별 고사 비중을 낮추라고 요구합니다. 내신+수능 등급제가 어떤 식으로 지금과 같은 첨예한 대학서열체제에 맞는 변별력을 발휘하는지 교육부는 복잡한 수식을 내놨습니다. 점점 더 국민 머리만 복잡하게 만들고 있는 것이지요. 게다가 비중을 낮추라는 건 결국 대학별 고사도 여전히 보긴 보라는 겁니다. 그야말로 우롱 쇼쇼쇼입니다. 이때 '죽음의 트라이앵글'이라는 동영상이 인터넷에 유포되면서 한국사회를 뒤흔들었습니다. 다양성을 모토로 한 내신+수능+논술 체제가 죽음의 트라이앵글이 되어 학생들을 죽이고 있다는 내용이었지요.

- 서울대, 2008년 입시요강 발표 … "변별력 위해 논술 택했다" [한국경제 2006-09-09]

하지만 서울대는 결국 자신들의 애당초 입장을 굽히지 않고 2008년 입시요강을 공식 발표했습니다. 그야말로 독야청청, 남산 위의 소나무가 철갑을 두른 듯 굳건하게, 국민이 뭐라고 울부짖어도 저 혼자만 구름 위에 있겠다는 것이지요. 그러자 이런 사태가 터졌습니다.

- "한국 논술시장을 잡아라"
  JP모건·템플턴 등 외국자본 잇단 진출 … 시장 장악 경쟁
  3~5년 후엔 수兆 시장 … 너도나도 논술강사로 [조선일보 2006-09-25]
- 물 만난 학원가 '논술 올인' [한겨레 2006-09-11]
- 사흘 초단기 논술특강료가 100만 원 … [세계일보 2006-09-29]

이것은 또 이런 결과를 빚었습니다.

- 서울 8.3대 1, 경기 5.7대 1 경쟁률 … 다시 부는 '외고 열풍' [세계일보 2006-10-18]

2008년 입시안으로 인해 특목고의 인기가 폭등한 겁니다. 정부는 내신을 강화한다면서도 대학에 선발 자율권을 줬습니다. 그러자 각 대학은 특

목고의 불이익을 해소한다는 명분으로 특목고 특혜안들을 짜내기 시작했습니다. 그 대표적인 것이 논술과 특기자전형입니다. 그리하여 내신이 강화되든 말든 특목고의 전성시대는 계속됐습니다. 강남 중상층의 웃음도 계속됐습니다. 강북과 지방민의 곡소리도 계속됐습니다.

- 대입준비 첫걸음 '내신 잡고 웃자' [세계일보 2006-11-06]

2008년 입시안에 걸린 고2 학생들을 향해 신문사가 조언하고 있습니다. '기말고사도 입시다. 방심하지 마라'라구요. 논술 사교육비도 뛰고, 특목고 주가도 폭등하는데, 또 한편으론 내신도 신경 써야 하는 죽음의 트라이앵글이 작동하기 시작한 겁니다. 내신이 올라가면 특목고 인기가 떨어지고, 특목고 인기가 올라가기 위해선 내신이 내려가야 합니다. 우린 이 두 가지가 함께 올라가고 있습니다. 대학서열체제와 대학선발자율성 조합이 빚은 오묘한 입시체제 때문입니다. 같은 시기 당장 발등에 불이 떨어진 고3들은 서울의 사교육 시장을 향해 진군하기 시작했습니다.

- 전국 고3 논술강사 찾아 서울로(전국종합) [연합뉴스 2006-11-22]
- '논술 상경' 강남 학원가 북적
  2주 비용이 숙박비 포함해 250만 원. 학교, 결석처리 않고 체험학습 인정
  [조선일보 2006-11-23]
- 지방 고3 교실 '논술 상경' 몸살 … 수백만 원씩 싸들고 서울로 [쿠키뉴스 2006-11-25]

이런 상황에서 지방 중상층들이 강남으로 사교육 유학을 보내 논술 시험을 잘 본 것 가지고, 기득권세력은 논술 성적이 강남만 높은 게 아니라 지방도 높다며 논술을 옹호했습니다. 우롱은 계속됩니다.

• 기말고사 끝나자 서울 논술학원 만원 [연합뉴스 2006-11-26]

　기말고사 내신을 챙긴 아이들이 이제 정시 논술을 챙기기 위해 학원으로 몰려들었습니다. 차라리 학력고사체제 때에는 시험 본 다음엔 쉴 수라도 있었습니다. 교육개혁 이후로는 죽을 때까지 쉼 없이 달려야 합니다. 여기서 끝이 아닙니다.

　일류대들은 애당초 논술로 아이들을 변별하겠다고 했습니다. 이건 불가능합니다. 논술은 주관식이어서 객관적으로 사람의 서열을 가르는 대학서열체제와 어울리지 않습니다. 이때 일류대들은 두 가지 전술을 쓸 수 있습니다. 하나는, 고액 특별 사교육을 받은 아이가 아니면 절대로 못 풀 어려운 논술문제를 내는 겁니다. 또 하나는 주관식에 객관식 요소를 집어넣는 겁니다. 그러니까 영어로 수학문제를 풀라고 하고서는 이것이 논술이라고 우기는 겁니다. 이것을 자유롭게 못 하게 되면 논술로 중상층 자녀들을 변별하기가 까다로워집니다. 또 논술 같은 주관식 시험은 채점의 공정성 문제가 끊임없이 제기되어 학교 입장에선 이만저만 피곤한 게 아닙니다.

　논술 반대 여론이 비등하고 죽음의 트라이앵글에 대한 성토가 커지자 일부 일류대는 그 틈을 타 논술비중을 줄이려는 시도를 시작했습니다. 그들이 원하는 건 특목고 중상층 자녀들을 변별해 독식하고 나머지 국민들을 내팽개치는 것으로 보입니다. 논술을 줄이면 어떻게 이 목표를 실현할 수 있을까요? 고려대 등 유명 대학들은 '비교내신제'라는 걸 생각해냈습니다. 이것은 수능점수를 내신으로 환산해 등급을 매기는 것입니다. 이렇게 되면 내신비율을 아무리 올려도 특목고 학생들에게 특혜를 줄 수 있습니다. 그다음 고려대는 차등내신이라는 복잡한 제도를 생각해냅니다. 교육부는 고려대의 차등내신안이 고교등급제가 아니라고 주장했습니다. 그러나 이것도 특목고에게 특혜가 돌아갈 안입니다.

차등내신

성적이 비슷하게 분포된 학교는 내신 부풀리기 소지가 있다고 판단, 상위 등급을 내리고 하위 등급을 올린다는 것. 성적이 비슷하게 분포된 학교는 일류학교(특목고, 자사고)이거나 지방 삼류학교일 것. 일류학교와 삼류학교 하위권이 이익을 보고 일류학교와 삼류학교 상위권이 피해를 보게 됨. 그런데 삼류학교 하위권은 어차피 고려대에 지원할 일이 없기 때문에 결국 일류학교 하위권만 이익을 봄. 피해를 보는 일류학교 상위권을 위해 고려대는 우선선발제를 따로 준비하려 했음. 결국 특목고 하위권 학생에게 특혜를 주기 위해 지방 삼류고 상위권 학생을 버리는 정책이었음. 일류대들은 이렇게 복잡한 궁리를 하고 있음. 묘안백출! 눈 뜨고 코 베임 당하는 세상임.

그러다 고려대, 연세대 등은 2007년 봄에 이르러 아예 수능중심 입시안을 발표했습니다. 내신은 어디론가 사라져버렸습니다. 여름이 되자 교육부는 내신약화에 동의합니다. 이로서 2008년 입시안 쇼쇼쇼는 허무개그 수준으로 비화하기 시작했습니다. 교육부는 여전히 내신 반영비율을 올려 달라고 애걸하고 있습니다. 이 말을 듣고 명문대들이 내신 반영비율을 올리게 되면, 이야기가 이 '우롱 각시 교육부의 2008년 입시안 쇼쇼쇼' 장의 첫머리로 다시 돌아가게 됩니다. 그리하여 지금까지의 경과가 한 번 더 반복될 겁니다. 대학서열체제하에서 중등교육과 입시를 개혁하겠다는 것 자체가 원천적으로 불가능한 것입니다. 아예 밀어버리는 수밖에 없습니다.

- **교육부 관계자 "입시개혁 대학 비협조로 실패"**
  교육부 관계자는 14일 "여러 차례 서울대와 연·고대 등에 학생부(내신) 반영 비율을 높일 것을 부탁해 왔지만 결국 수용되지 않았다."며 "참여정부가 2004년 야심차게 사교육 문제 해결을 천명했고, 국민 기대도 컸지만 결국은 실패했다고 봐야 할 것"이라고 말했다.
  그는 "서울대가 2005년 상반기에 통합형 논술을 추진하겠다고 하면서 주요 사립대들이 논술과 수능 비중을 높이는 쪽으로 움직였다."며 "그러다 2006년 8월 주요 7개 대학(고려대, 서강대, 성균관대, 연세대, 이화여대, 중앙대, 한양대)이 2008년 대입전형에서 학생부 40%, 수능 40%, 논술 20%를 기준으로 한다고 공동발표하고 지난해 연대 등이 논술 예시문항을 내놓으면서 도저히 공교육에서는 해결 안 된다는 인식이 퍼져 논술 광풍이 불었다."고 덧붙였다. 그는 또 "이번에 고려대가 내신은 변별력이 없으니 정시 모집인원의 절반을 수능으로 우선 선발하겠다며 수능 중심으로 돌아섰고, 다른 대학들도 다 같이 움직이고 있다."며 "**정부로서는 도리가 없다.**"고 말했다. [경향신문 2007-03-15]

도대체 2008년 입시안이 실현되고, 내신이 강화되면 무슨 사교육 문제가 해결된다는 건지 황당하기만 하거니와, 대학의 비협조로 실패했다고, 마치 대학들과 대립하는 것처럼 끝까지 '쇼쇼쇼'를 벌이는 교육부 관계자의 모습은 어처구니가 없습니다. 2008년 입시안과 함께 변별력을 위한 논술강화는 예견된 것이었습니다. 대학서열체제는 반드시 변별력을 요구하기 때문에 그 어떤 입시안을 내놔도 변별력 파동은 필연적입니다. 교육부가 이걸 예측 못하다니 말이 안 됩니다. 그리고 국가가 애들 장난인가요? 대학이 협조를 안 해주면 정부로서는 어쩔 도리가 없다니, 이게 말이 됩니까? 생각해보세요. 정부의 주장을 따라가보면 이런 구조가 됩니다.

사교육폐해와 입시과열은 망국병이다
→ 2008년 입시안이 예정대로 시행되고 내신이 강화되면 이것이 치유된다
→ 하지만 각 대학이 협조를 안 해주면 어쩔 수 없다
→ 나라가 망하든 말든

국가권력은 '폼'으로 있는 건가요? 정책 기조가 자유화이기 때문입니다. 각 대학에 자율성을 주는 것이 기본 기조이고 여타의 정책은 그 아래에 있기 때문에 자유화 개혁 정부는 항상 말로만 티격태격하면서 국민에게 헛된 희망만 심어주고, 실제로는 국민을 우롱하는 쪽으로 상황이 흘러가는 겁니다. 2008년 입시안 쇼쇼쇼와 함께 참여정부 입시개혁은 저물었습니다.

무슨 짓을 해도 안 된다

대학서열체제하에서 아이들의 다양한 재능을 키운다고 특기자전형을 늘려봐야 특수한 능력을 돈 주고 살 수 있는 중상층의 일류대 독점만 더 심해진다고 설명했습니다. 또 저마다 돈 주고 특수한 능력을 사려는 열풍이 불어, 예컨대 영어 특기자가 되기 위해 조기유학 열풍이 부는 등, 사교육비만 치솟을 뿐이지요. 일반적인 특기적성 교육도 마찬가집니다.

- '초등' 특기적성 교육, 학원업체가 점령?
  1조 5천억 시장, 서울시내 171개 학교 사설업체와 연결
  특기적성 교육이 오히려 사교육비를 가중시켜 무슨 짓을 해도 입시라는 블랙홀로 빨려듭니다. [오마이뉴스 2004-07-06]

- 광주 초등학교 88% 0교시 특기적성교육 [연합뉴스 2005-05-17]

특기적성 교육이 애를 잡고 있습니다. 이런 식이면 멀쩡하던 특기적성도 어디론가 사라지고 환멸만 남을 겁니다.

- 6월은 중고등학생 수행평가의 계절
  100점 만점 기준으로, 30점에서 40점을 좌우하는 수행평가는 초특급 핵무기의 위력을 가지고 청소년들을 시험의 늪 속에 빠뜨리고 있습니다. 밤을 새워 노트 필기를 정리하고 한 과목 노트를 제출하고 나면 수행평가에 나올 문제지를 받아 외어야 합니다. 끝나기가 무섭게 또 노트와 과제물을 제출하고 문제지를 받아듭니다. 자기주도적 학습, 공부하는 방법에 대한 고민은 사라진 채 1점이라도 깎이지 않기 위해 아이들은 안간힘을 쓰고 있습니다.
  [오마이뉴스 2005-06-10]

수행평가도 애들을 잡고 있습니다. 차라리 과거 암기 주입식 학력고사 체제일 때의 학교가 훨씬 낭만적이었습니다. 자유화 개혁의 손톱이 할퀴고 간 자리엔 폐허만 남았습니다.

- "수행평가, 대부분 인터넷에서 베끼지 않나요?"
  시험기간에 몰아서 내주는 형식적이고 고통스런 존재
  시험기간이 되면 학원에 머무는 시간도 많아지는데, 한꺼번에 몰린 수행평가 숙제를 하다보면 공부를 해야 할 시간과 함께 잠자는 시간도 턱없이 부족해진다는 것이다.
  [민중의소리 2005-06-18]

- 낮에는 학교수업, 밤에는 수행평가
  빡빡한 수행평가, 하루 과제, 최대 5개
  개인별 수행평가 과제뿐만 아니라 모둠별 수행평가 과제도 있기 때문에 학생들은 이중고를 겪는다. [바이러스 2005-06-17]

자유화 개혁세력이 창의성과 다양성을 존중한다는 명목으로, 또 학교교육을 정상화한다는 명목으로 아이들을 1년 365일 지옥 속에 몰아넣었습니다. 이러니까 왕따 현상이 나타나고 아이들이 미쳐가는 겁니다.

- 강남 '숙제대행학원' 건당 5만 원 … 전화통 '불' [경향신문 2006-08-21]

• 하나마나 수행평가
수행평가를 대행해 주는 업체나 학원엔 '수채화 5만 원', '과학 보고서 4만 원' 식으로 과제 유형별로 단가가 매겨져 있다. [중앙일보 2006-11-23]

수행평가는 학력고사 점수보다 더 직접적으로 돈으로 살 수 있는 성적이 되었습니다. 아니면 강남의 고학력 전업주부가 아이들의 평가를 도와줘 보다 효율적으로 강북민, 지방민을 따돌릴 수 있는 기제가 되어버렸습니다. 자유화 개혁이 항상 이런 식이지요. 끝없는 우롱, 우롱, 우롱.

• 수행평가 도입 8년, 선생님도 '절레절레'
#장면 1 : 서울 지역 초등 5학년생인 ㅎ군은 지난 7월초 과학과목 수행평가 과제를 받고 황당했다. 과제는 '도롱뇽 1마리 잡아오기'였다.
인근 ○○산의 도롱뇽이 심한 환경오염을 어떻게 견디고 있는지 확인해 보자는 게 교사의 취지였다. 제출 기한은 1주일. ㅎ군은 토요일 오후 아버지와 함께 산 계곡을 뒤지며 도롱뇽을 찾아 돌아다녔다. 허탕을 쳤다. 일요일에도 아침 일찍부터 아버지와 다시 산을 헤맸지만 실패했다. 과제 제출 날짜가 됐다. 학교에 가 보니 도롱뇽을 잡아 온 학우들이 3분의 1가량 됐다. 어디서, 어떻게 잡았는지 신기했다. 그러나 물어봐도 대답하지 않았다.
[경향신문 2006-11-23]

밤늦게까지 맞벌이하는, 휴일에도 일하는 비정규직 부모를 둔 아이는 이럴 때 어떻게 해야 합니까? 창의성은 개뿔. 이래서 난 자유화 교육개혁을 잔인하다고 느낍니다.

• 돈 받고 경진대회 입상 … 대입특기전형 '추악한 비리사슬'
현직 교육청 간부가 거액의 돈을 받고 서울 강남지역 고교생들을 과학발명품 경진대회에 부정 입상시켰다가 경찰에 적발됐다. '대리작품'으로 경진대회에 입상한 학생들은 이를 이용해 명문대 특기자 전형에 합격한 것으로 드러났다. [국민일보 2006-11-15]

이 사람들이 무슨 희대의 악당이라서 일을 벌인 게 아닙니다. 대학서열체제하에서 입시의 도구로 사용되는 특기자전형은 언제든지 이런 사건을 만들 수 있습니다. 마치 미국의 총기난사 사건이, 미국에 특히 총으로 사람 죽이길 좋아하는 사람들이 많이 살아서가 아니라 총기자유화 정책 때문인 것처럼 원인은 제도입니다. 꼭 이렇게 노골적인 부정을 저지르지 않아도 특기자전형은 구조적으로 중상층이 돈으로 자식의 학벌을 사는 트랙일 수밖에 없습니다. 대학서열을 밀어버려야 진정한 특기가 살아날 겁니다.

음악, 미술, 체육 교육 당연히 해야 합니다. 하지만 우리 학교들은 음악, 미술, 체육 교육을 도외시합니다. 그리하여 정부 당국이 음악, 미술, 체육 교육 내실화 정책을 펴면 어떻게 될까요? 교육 수요자들 사이에서 난리가 납니다. 일류대가 음악, 미술, 체육 전형을 보지 않는데 학교에서 음악, 미술, 체육 교육을 하면 왜 입시에도 없는 걸 시키냐고 난리가 나구요, 일류대 입시에 음악, 미술, 체육을 포함시키면, 왜 입시 공부 가짓수를 더 늘려서 애들을 잡느냐고 난리가 날 겁니다. 대학서열체제하에서는 이러지도, 저러지도, 아무것도 할 수 없습니다.

요즘 우리 아이들 체력 저하 현상이 사회문제가 되고 있습니다. 그나마 수행평가를 이용해서 체육교육을 강화하려고 하면 이런 일이 생깁니다.

- 5~7세 체육과외 열풍 … '수행평가 대비 미리미리'
중학교 진학 후 수행평가에서 좋은 점수를 받기 위한 장기적 투자 [경향신문 2006-05-17]

대학서열체제에서는 학교가 아무 일도 할 수 없습니다. 뭔가를 하면 반드시 부작용이 납니다. 모든 것이 입시와 연결되니까요.

• "인성·적성 높이기 위해 과외 받아요"
2002년 도입된 대입 인·적성 검사가 또 하나의 사교육 시장을 양산하고 있다. 매주 인·적성 모의시험을 치르는 학교도 있다. [오마이뉴스 2006-08-12]

이것도 원래는 입시에서 점수 위주로 아이들을 평가하지 않겠다고 도입한 겁니다. 결국 사교육 시장만 더 키웠습니다. 애들만 죽어납니다. 있던 인성도 거덜 나게 생겼습니다.

• 본뜻 잃은 봉사 활동 … '점수 따기' 급급
"공부에 매달려야 하는 학기 중엔 엄두를 못 내다가, 방학 때면 봉사활동에 몰린다고 합니다. 그러다보니 정말 형식적인 수준에 그치는가 하면, 봉사활동으로 특별 전형을 노리는 일부 학부모들의 치맛바람까지 더해져 본래 의미가 퇴색되어 가고 있는데요."
[KBS TV 2006-08-21]

• 본뜻 잃은 봉사 '입시수단' 전락 [쿠키뉴스 2006-08-22]

봉사활동도 입시에 잡아먹힙니다. 거듭 반복합니다. 무슨 짓을 해도 안 됩니다. 중등과정 학교가 무얼 하려고 하면 파탄상이 심화될 뿐입니다. 중등과정뿐만이 아니라 대학입시전형 바꾸기도 그렇습니다.

이미 다 해봤습니다. 본고사도 해봤고, 내신, 학생부 반영도 해봤습니다. 내신 반영비율을 좀 올리면 상황이 반전될 듯이 말하는 정부도 황당하고, 본고사를 보면 뭐가 좋아질 듯이 말하는 기득권세력들도 황당합니다. 우린 이미 안 해본 것이 없습니다. 딱 하나, 대학서열체제를 밀어버리는 것만 아직 안 해봤을 뿐입니다.

학년도 (존속기간)	개정의 의도	내용	문제점
45~53(9년)		대학별 입학시험	부정입학
54	학사부조리 예방	대학입학연합고사 + 대학별 본고사	연합고사 결과 백지화
55~61(7년)	실패한 연합고사의 시정, 대학자율	대학별 본고사 + 내신(권장)	학사부조리, 대학 간 격차, 입시위주 교육
62	학사부조리 예방, 교육의 효율성	대학입학자격국가고사	성적우수자 탈락, 비인기대학 등 정원미달
63	학사부조리 예방, 교육의 효율성, 대학자율	대학자율대학입학자격 국가고사 (대학입학정원의 100%만 합격) + 대학별 본고사	대학(학과) 간 극심한 학력차
64~68(5년)	실패한 국가고사의 시정, 대학자율	대학별 본고사	학사 부조리, 일류대 집중, 입시위주 교육
69~72(4년)	교육의 효율성, 학사부조리 제거	대학입학예비고사(자격시험) + 대학별 본고사	입시의 이중부담, 과열과외
73~80(8년)	자격시험의 부작용 시정, 교육의 효율성	대학입학예비고사(합격선 상존) + 본고사 + 내신	입시의 이중부담, 과열과외
81	과열과외 해소, 교육의 효율성	대학입학예비고사(선시험) + 내신	대학의 선발기능 약화
82~85(4년)	예비고사 개선 (선발의 타당도 제고), 무의미한 합격선 폐지	대학입학예비고사 + 내신	입시혼란, 적성무시 지원
86~87(2년)	내신의 문제점 보완, 교육의 효율성	대학입학학력고사 +내신 + 논술	대학의 선발기능 약화, 편중지원 및 미달, 논술 미흡
88~93(6년)	선시험의 부작용 시정, 논술의 문제점 개선	대학입학학력고사(선지원) + 내신 + 면접	대학의 선발기능 미흡, 면접의 기능 미흡
94~96	학력고사 개선, 대학자율	대학자율대학수학능력시험 + 내신 + 본고사	과열과외, 수능과 본고사 중복
97~01	대학의 학생선발, 자율권 확대	대학수학능력시험 + 학교생활기록부 + 논술	학생부 반영 비중 미흡, 사교육 과열
02	대학의 학생선발, 자율권 확대	대학수학능력시험 + 학교생 활기록부 + 논술 + 추천서 + 심층면접 등	학생부 반영 비중 미흡, 사교육 과열

- 대통령 자문 교육혁신위원회

대학서열체제하의 딜레마

본고사를 보면→ 일류대들의 어려운 시험문제. 사교육 망국

내신을 강화하면→ 아이들 삶의 질 파탄. 일류고 등 기득권세력의 반란 (특목고 불이익론)

교과서 위주 지식암기형 문제를 내면→ 획일성 문제

정형적인 틀을 벗어난 창의성 문제를 내면→ 공교육 붕괴, 사교육 팽창, 양극화 심화

국가가 과외를 안 시키면→ 도시 중상층만 과외의 혜택 받아 양극화

국가가 EBS 같은 과외를 시키면→ 입시학습 국가가 조장. 과외가 기준이 되므로, 학교 붕괴상이 심화됨. 공교육 공동화. 과외열풍이 부추겨져 더더욱 양극화

수요자 중심 교육개혁 안 하면→ 획일적인 암기 위주 교육, 암울한 교실

수요자 중심 교육개혁 하면→ 입시경쟁 격화에 따른 획일성 심화, 학교파탄

학교에 자율성 안 주면→ 관료지배체제

학교에 자율성 주면→ 입시경쟁 격화, 학교별 서열화 촉진

교원평가를 안 하면→ 학부모들이 답답해서 죽을 것 같음

교원평가를 하면→ 교육이 말살되고 입시강사만 남음

출구가 없습니다. 무슨 짓을 해도 교육 사망, 국가 사망, 국민 사망이라는 '3망 파탄' 상태를 벗어날 수 없습니다. 대학서열체제가 열쇠입니다. 자유화 개혁은 이 열쇠를 그냥 두고 다른 곳만 두드렸습니다. 결국 유일한 출구는 대학서열체제를 쓰러뜨릴 때만 열릴 겁니다.

2007년 대선, 무슨 짓인가는 하려 했으나

이 책을 쓴 후 출판하기까지 이런저런 일로 시간이 꽤 걸렸습니다. '어어어' 하는 사이에 대선이 치러지고 이명박 후보가 당선되었습니다. 하여 2007년 대선과 이명박 정부에 대해 간략하게나마 이야기하려 합니다. 간략하게만 추가하는 정도로 이야기하는 이유는 2007년 대선에서 나온 것들이나, 앞으로 벌어질 일들이 이 책에서 설명한 판에서 크게 벗어나지 않기 때문입니다.

2007년 대선이 15년 자유화 기조가 뒤집히는 전기가 되길 바랐으나 불행히도 이명박 후보의 당선으로 자유화 기조는 더욱 강하게 이어지게 됐습니다. 그리하여 다행히도(?) 이 책의 원래 내용이 모두 살아남게 되었습니다. 국가적으로는 애석하고 개인적으로는 큰 수고를 덜게 됐습니다. 이렇게 또 공익과 사익이 충돌하는군요. 이럴 땐 나의 사사로운 이익이 공익에 무너져도 되는데 말입니다.

이 책은 교육부문에서 대학서열체제 혁파를 주장합니다. 그것이 대학평준화이고 일단 국립대평준화부터 해나가자고 합니다. 영재들을 따로 격리수용해 교육(엘리트교육)시킬 것인지는 차차 실증적인 연구를 통해 방침을 정해 나가되 일단은 평준화에 국가적 에너지를 쏟아 부어야 한다는 것입니다.

그것을 하는 이유는 '선진조국 창조'를 위해서입니다. 또 국가경쟁력 제고를 위해서입니다. 또 경제성장을 위해서입니다. 2007년 대선에서는 민주노동당과 사회당이 대학 평준화안을 받았습니다. 그러나 경쟁력이니 성장이니 하는 것들에 대해서 진보진영은 여전히 냉소를 보내고 있습니다. 그리하여 국민의 신뢰를 얻지 못했습니다.

그 외 다른 후보들은 '평준화조차도' 받지 않았습니다. 정동영 후보는 입시폐지 공약을 내놨으나 실상은 수능폐지에 불과했습니다. 수능의 변별력을 떨어뜨리고 내신을 강화하겠다는 참여정부의 등급제 입시안은 2007년에 범국가적 혼란을 야기했습니다. 정 후보의 수능폐지안은 결국 수능변별력 약화, 내신강화안이 됩니다. 참여정부의 문제의식을 좀 더 강하게 발전시킨 정도의 수준입니다. 수능 사교육을 내신 사교육으로 바꾸는 것 말고는 별로 달라질 게 없습니다.

게다가 각 대학이 단순히 성적이 아닌 적성, 창의력 등을 종합 판단해 학생을 뽑도록 입학 관리 역량을 강화한다고 했습니다. 개혁세력이 좋아하는 레퍼토리의 재방송입니다. 이 책에서 지금까지 설명한 원리에 의해 사교육 망국 현상도 재방송될 안입니다. 투명하고 객관적인 제도를 통해 내신불신을 해소하겠다고 했는데, 가장 투명하고 객관적인 것은 단순한 객관식 시험입니다. 서열체제에서 시험 말고 창의력 같은 걸로 투명성을 확보하겠다는 건 망상입니다. 또 일류대들이 전국 최고 학생을 선발하려는데 내신불신을 해소한다고 달라지는 건 아무것도 없지요. 게다가 내신불신이 해소되려면 강남 학교, 특목고, 시골 학교의 학력수준이 같아져야 하는데 이런 일은 영원히 일어나지 않습니다. 그러므로 해소대상은 내신불신이 아니라 내신을 불신해서 학생을 자기들 마음대로 뽑겠다는 대학의 선발권이어야 합니다.

진실은 이렇습니다. 학교의 교육역량과 학생의 학업성취도는 별다른 상관이 없습니다. 대체로 부잣집 자식이 공부를 잘 하고 가난한 집 자식이 공부를 못합니다. 아무리 삼류 고등학교라도 그 지역이 부자동네로 재개발되는 순간 곧 일류학교로 탈바꿈하게 됩니다. 그러므로 농어촌학교와 서울 부촌 학교 사이에 학력격차가 생기는 건 당연한 일입니다. 이 상황에서 일류대학들이 각 학교별 학력차를 그대로 입시에 반영하면 빈부대물림 고착화가 발생합니다. 우리나라 대학들은 내신불신 운운하며 학교격차를 더 강화하려 하고 있으므로 학생선발권을 가질 자격이 없습니다. 교육개혁세력은 학교운영을 보다 잘 하면, 교사가 보다 잘 하면 학업성취도가 올라갈 것처럼 국민들에게 선전하는데 이것은 사기극입니다. 이런 사기극을 통해 교육격차의 책임을 각 학교 당사자들에게 돌려 가난한 집 아이들의 성적이 떨어질 수밖에 없는 구조를 호도하는 것이지요. 이럴수록 평준화체제를 강화해 빈부격차와 학벌양극화의 고리를 깨야 합니다.

그런데 정 후보는, 아마도 내신불신을 해소하기 위해, 우수 공립고 300개를 육성하겠다고 했습니다. 참여정부나 개혁세력의 공교육 정상화 강박증이 다시 발병한 것입니다. 학교만 잘 하면 된다는 것이지요. 개방형 자율학교를 만들겠다는 것과 같은 사고방식입니다. 이것을 통해 교육양극화도 해결하겠다고 했는데 해결될 턱이 없지요. 아직 정신을 못 차렸습니다. 이런 식이니 원고 완료 후에 대선을 거쳤음에도 이 책의 내용을 수정할 필요가 없었던 겁니다. 나한텐 다행, 나라엔 불행.

문국현 후보는 선거 막판에 국립대 공통학위제를 공약하여 그나마 높은 점수를 받았습니다. 이것은 국립대 평준화로 방향성이 잡히는 안입니다. 서울대 졸업장이나 지방 국립대 졸업장이나 같아지면, 그게 바로 평준화지요. 하지만 통합선발에 대한 강조가 없었습니다. 서울대가 1등 학생을 싹쓸이하고 지방 국립대에 훨씬 못한 학생이 갈 경우 어떻게 졸업장을 같게 할까요? 선발할 때부터 같은 커트라인으로 통합선발해야 합니다. 문국현 후보 측이 이런 생각까지 했을 수도 있지만 크게 부각되지는 못했고, 다른 정책들을 보면 이런 공약이나마 무슨 생각이 있어서 나온 것 같지는 않습니다.

문 후보는 학교 다양성을 위하여 자율형 공교육(charter school)을 전면화하겠다고 공약했습니다. 자, 개혁세력의 고질병이 다시 나왔습니다. 자율성과 다양성으로 공교육을 정상화하면, 즉 학교만 잘 하면 모든 게 좋아질 거라 여기는 고질병 말입니다. 참여정부의 개방형 자율학교, 강금실 전 서울시장 후보의 거점 명문고, 정동영 후보의 우수 공립고, 문국현 후보의 차터 스쿨. 악성 유전자는 면면히 이어집니다. 정말 몹쓸병입니다.

그 외 다른 후보들의 교육정책도 별다른 게 없었구요, 입시 평준화 이외의 무언가를 통해 상황을 개선하겠다는 지난 15년의 흐름이 그대로 이어졌습니다. 무슨 짓을 해도 안 되는 상황에서 자꾸만 무슨 짓인가를 통해 좋아질 수 있다고 국민들을 속인 것입니다.

아주 강력하고도 의미 있는 것은 신임 대통령 이명박 후보의 공약이었습니다. 이명박 당선자의 교육정책은 정직합니다. 이명박 당선자의 교육정책은 단순합니다. 모름지기 정책은 이래야 합니다. 어떻게 해서 무얼 이루겠다는 것인지가 한눈에 명확히 들어와야 하는 것이지요. 주장하는 바도 명확하고 그에 따라 문제지점도 명확합니다.

선택권 극소화(입시시장 폐쇄) → 입시 평준화 → 선진조국 창조
선택권 극대화(입시시장 개방) → 입시 자유화 → 봉건사회 퇴행

위가 이 책의 주장이고 아래가 이명박 당선자의 공약입니다. 선명하게 대비됩니다. 물론 봉건사회 퇴행은 이 책의 평가이구요. 수요자의 학교선택권을 통해 신분이 대물림되면 공화국이 붕괴되면서 봉건사회가 도래하는 것이니까요.

이명박 당선자는 누구든지 적성에 따라 골라갈 수 있는 자율형 고등학교 300여 개를 공약하고 있습니다. 그 안엔 자율형 사립고도 포함됩니다. 참여정부나 문국현 후보 정책인 개방형 자율학교, 차터 스쿨 등과 문민정부 정책인 자립형 사립고 등을 뒤섞은 것입니다. 수요자가 골라갈 수 있

다는 점을 강조한 것은 고교 평준화 해체를 의미합니다. 선택은 평준화에 대한 공격이니까요. 이것은 공화국에 대한 공격이지요. 소비자 선택을 통해 각 학교가 경쟁하도록 하면 교육수준이 올라갈 거라는 사고방식인데 앞에 설명한 것처럼 사기극입니다. 입시경쟁과 교육격차만 강화될 뿐입니다.

그리고 이 당선자는 대학입시의 3단계 완전자율화를 공약했습니다. 즉 고교 평준화 해체와 대학서열체제 극단화를 통해 사교육비 극대화, 양극화-교육격차 극대화, 공화국 붕괴로 이어지는 안입니다. 이외에도 교원평가, 학업성취도 평가 강화 등 철저한 평가체제를 제시하고 있습니다. 구조적인 모순을 각 당사자만 잘 하면 된다는 논리로 호도하는 것입니다. 자유화와 평가 강화, 바로 참여정부 정책의 버전 2.0인 셈이지요.

다른 사람들은 대학서열체제와 고교 평준화를 유지한 상태에서 이런저런 방법들로 사태를 호전시킬 수 있다고 하는 데 반해, 이명박 당선자는 평준화 해체, 서열체제 전면화를 정직하게 공약했습니다. 그리하여 전선이 단순해진 감이 있습니다. 평준화냐 서열화냐, 아주 명확한 대립각이 생긴 것이지요. 이상이 2007년 대선에 벌어진 일들이었습니다.

정말 황당한 대선이었지요. 직선제 이후 사상 최대 격차로 참패한 통합신당 측은 공황상태에 빠졌습니다. 그리고 손학규 전 경기지사가 당의 환골탈태를 이끌 리더로 부상했습니다. 그런데 손학규 전 지사는 고교등급제나 본고사 금지정책 등의 재검토를 주장한 바 있습니다. 제도 정치권이 점점 더 '초록은 동색'이 되어가고 있습니다.

이명박 당선자의 정책에서 가장 황당한 핵심은 아래의 도식으로 표현할 수 있습니다.

한국 교육의 문제 → 지나친 서열화, 그로 인한 지나친 경쟁, 사교육비

이명박 정부의 해법 → 더욱더 서열화, 더욱더 경쟁, 더욱 큰 사교육비

정말 황당한 일입니다. 공포스러운 것은 어쩌면 이명박 정부가 정말로 사교육비를 잡을지도 모른다는 점입니다. 어떻게 해서 그런 일이 벌어질까요?

사교육비란 욕망과 기회로부터 나오는 것입니다. 내 자식을 출세시키겠다는 욕망, 나는 꼭 출세하겠다는 욕망, 우리 집안도 여봐란 듯이 떵떵거리면서 살고 싶은 욕망이지요. 그런데 사교육비를 써도 이런 욕망을 충족시킬 수 없다는 것이 아예 분명해진다면?

여기서 기회가 문제가 됩니다. 조선시대나 고려시대 때 지금처럼 사교육비가 문제가 됐나요? 아니지요. 왜 그랬을까요? 교육을 통한 출세의 기회가 원천적으로 봉쇄됐기 때문입니다. 명문거족의 자제와 자기 자식이 똑같이 학업 경쟁을 해서 자기 자식이 승리할 수 있다고 믿었던 천민이 있었을까요? 옛날엔 교육비가 워낙 많이 들어 명문거족과 경쟁할 경제력의 천민이 없었지요. 또 설사 학업경쟁에 승리한다 해도 출세할 순 없었습니다. 바로 신분제 때문이었습니다.

민주공화국은 신분제를 폐지하고 기회를 모든 국민에게 개방합니다. 그것이 바로 평준화 공교육입니다. 그리하여 전 국민이 개천에도 용이 날 수 있다는 희망으로 경쟁에 뛰어듭니다. 용이 되냐 못 되냐의 기준이 일류대 입학에 있으므로 입시경쟁과 사교육비 문제가 발생한 것입니다.

그런데 이명박 정부의 주장대로 고교까지 자율화하고 게다가 등록금까지 올리면 경쟁에 소요되는 비용이 점점 더 커지게 됩니다. 또 대학입시 자율화로 대학전형의 다양성 정도가 점점 더 커지면 단순한 학력 경쟁 이외에 챙겨야 할 것들이 너무나 많아져 역시 경쟁비용이 상승하게 됩니다. 이렇게 되면 농어민, 생산직 노동자, 비정규직, 도시 빈민, 영세자영업자들은 어느 순간 아예 강남 부자와의 사교육비 경쟁을 포기하는 날이 올 수 있습니다.

바로 입시경쟁도 사라지고 사교육비 폭등도 사라지는 그런 날이 올 수 있는 것이지요. 사교육비 경쟁도 포기하고, 일 년에 등록금 수천만 원 하는 귀족학교에 자기 자식 보낼 생각도 아예 접는 그 날. 마치 미국 빈민가의 아이들이 교육에 대한 희망을 아예 접고 제멋대로 자라는 것처럼 그렇게. 선택된 자만 교육 받고, 선택된 자만 통치할 수 있었던 시대, 조선시대로 회귀하는 겁니다. 사교육비 폭등이 없었던 그 시대로. 부자들만 사교육비를 썼던 그런 시대로 말입니다.

일반 국민들은 붕괴 지경인 일반공립학교에 아이들을 보내는 것에 만족하고 그 이상의 욕망을 아예 포기해버리는 세상. 가난한 집 아이들에겐 일류학교 입학 기회가 사실상 거세된, 그리하여 욕망이 공허해진 '좀비' 같은 국민들이 배회하는 나라. 정말 상상만 해도 공포스럽습니다. 이명박 정부의 사교육비 절감 공약이 성공을 거둔다면 이런 식일 겁니다.

이명박 후보가 당선된 후 모든 언론에서 참여정부의 정책이 180도 달라지게 됐다고 보도했습니다. 아직도 진실이 드러나지 않고 있습니다. 김영삼 프레임, 즉 자유화 정책은 여전히 이어지고 있습니다. 그리하여 지금까지의 파탄도 계속 계승 발전될 것입니다. 이 부분을 분명히 깨닫지 않으면 한국사회에 미래는 없습니다. 제도정치권의 여야, 어느 쪽이 정권을 잡더라도 지금과 달라질 것이 없을 테니까요.

고등교육부문(대학) 자유화
→ 국립대 법인화, 한미FTA 등으로 이미 참여정부가 추진하고 있었음
중등교육부문의 자유화
→ 개방형 자율학교, 외국인 학교 등으로 이미 참여정부가 추진하고 있었음

교육정책 결정 권한을 각 개별 주체들에게 넘기는 분권화
→ 교육청장 직선제, 공모교장제, 단위학교 책임 경영원리 도입 등으로 이미 참여정부가 추진하고 있었음

이명박 당선자 측이 교육부 해체 등을 언급하면서 파문이 일었는데, 교육부 해체라든가 분권화 안은 이미 우리나라 민주화 진영에서도 숱하게 언급됐던 주장들이었습니다. 분권화, 자유화 맹신이 김영삼 정부 이래로 한국사회를 뒤덮고 있었던 것인데, 그래서 파탄이 왔던 것인데, 마치 아무도 몰랐던 것처럼 보도가 나왔습니다. 정말 이상한 나라에 살고 있습니다.

이 책에서 설명한 김영삼 정부의 5.31 교육개혁안을 입안했던 이주호 의원이 이명박 후보의 당선으로 전면에 등장했습니다. 언론은 이명박 당선자 측의 교육정책이 새롭고 놀랍다는 식으로 보도했는데 이미 1990년대 중반에 제출됐던 것이고, 김대중, 노무현 정부를 거치면서 충실히 이어져왔던 정책이었습니다. 참여정부가 직접 고백한 내용들을 볼까요?

- 2008 대입제도의 대원칙은 고교교육정상화와 대학의 자율화·다양화다. 이는 문민정부의 교육개혁위원회가 마련한 5·31 교육 개혁안 이후 대입제도의 근간이 된 정신이다.
  [국정브리핑 2007-09-14]

- 초중등교육 정상화, 국민의 사교육비 부담 축소의 최소한의 원칙하에 전형방식을 대학 자율로 맡겼다. (김대중 정부 때) '2002학년도 대학입학제도 개선안'이 발표됐다. "한 가지만 잘해도 대학에 갈 수 있다", "전원 무시험 전형" 등 말의 성찬이 벌어졌다. 하지만 속을 들여다보면 문민정부의 교육개혁안을 구체화하고 다양화를 강조하는 수준이었다.
  [국정브리핑 2007-09-14]

위의 기사는 참여정부가 자신의 교육정책을 납득시키기 위해 심혈을 기울여 작성해 책으로까지 출간한 국정브리핑의 기사입니다. 여기에 이 책에서 언급한 이명현 전 교육부장관의 인터뷰도 등장합니다.

이명현 전 교육부 장관의 말이다. "국민의정부 들어 새로 교육부 장관이 된 이해찬 씨가 어느 날 전화를 해왔다. '하루 저녁만 좀 시간을 내서 가르침을 달라'고 했다. 교육부장관직 인수인계인 셈이었다. 인터콘티넨탈호텔에서 만났는데 이해찬 씨가 'DJ 대통령께서 5.31 교육개혁 다 좋다고 하십니다'라고 했다. 특히 '여러 줄 세우기'를 좋아한다고 했다. 이해찬 씨는 내가 하는 이야기를 수첩에 꼼꼼히 적었다. 이해찬 씨는 장관이 되고 나서도 '(국민의정부 교육정책은) 5.31 교육개혁하고 똑같다'고 그랬다."

이명박 당선자 측의 이주호 의원은 참여정부 정책이 통제와 관치로 점철됐었다고 합니다. 각 언론도 그렇게 보도합니다. 그러나 진실은 이렇습니다.

- (정부의 내신강화 실패로) 대학의 자율성은 대통령조차 어떤 영향력도 행사할 수 없을 정도로 확대됐고 보장받고 있다는 사실을 역설적으로 입증했다. [국정브리핑 2007-09-14]

대학이 국가의 요구를 가볍게 거절할 수 있을 정도로 강력히 보장된 자율성. 그것이 지금까지의 정책이었지요.

김영삼 정부 5.31 교육개혁안 개정 취지
: 교육의 다양화, 자율화, 학교교육 정상화
김대중 정부 2002 대입안 개정 취지
: 교육의 다양화, 자율화, 학교교육 정상화
노무현 정부 2008 대입안 개정 취지
: 교육의 다양화, 자율화, 학교교육 정상화

세 쌍둥이입니다. 노무현 정부는 3불정책을 그렇게 강조했지만 고교등급제와 본고사는 이미 상당 부분 허물어진 상태였고, 정부정책이 자율성에 방점을 찍고 있기 때문에 3불정책을 하든 말든 애당초 별다른 의미가 없는 것이었지요. 이명박 당선자 측은 3불을 풀겠다고 하면서 그렇다고 본고사를 허용하는 건 아니라고 합니다. 즉 시험이 아닌 다양한 정보를 취합해 각 대학이 자유롭게 학생을 뽑도록 한다는 건데 이것이 지난 15년간의 정책기조였습니다. 자율성을 주되 본고사를 보지 말라는 건 참여정부고, 자율성을 주되 본고사를 안 보도록 유도하겠다는 건 이명박 정부인 셈인데 그럼 어떻게 하겠다는 것인가?

> 입학사정관들이 학생부에 있는 정보를 충분히 활용해서 학교에서 열심히 공부하고 생활한 아이들을 인정하는 방식으로 … 이명박 정부에서의 3단계 자율화 계획의 핵심은 대학의 학생선발의 역량을 키워드리겠다는 겁니다. 입학사정관이 필요하시면 저희들이 인건비 보조까지도 해드린다는 겁니다.　　- 이주호(이명박 당선자 측 교육정책 담당), KBS 〈2008 한국의 선택〉

참여정부 정책을 180도 뒤집는다는 이명박 정부 측에서 입학사정관이 무슨 대단한 혁신적인 안인 것처럼 소개하고 있습니다. 이것이 자율화 계획의 핵심이라고 말하고 있으며, 인건비 보조까지도 할 것이라고 강조하고 있습니다. 그런데 이걸 보시죠.

- 참여정부 2008 대입제도 비고(특기사항) : 입학사정관제 도입 [국정브리핑 2007-09-14]
- 2004년 8월 2008학년도 이후 대입제도 개선방안이 발표될 당시로 돌아가보자. 학생의 다양한 능력을 전문적으로 평가해서 선발하는 핵심 고리로 내세운 게 미국 대학이 실시하고 있는 '입학사정관제'다. 입학사정관은 학교생활기록부를 전문적으로 평가하는 사람이다. 1995년 5·31 교육개혁안에 뿌리를 두고 있다. [국정브리핑 2007-09-14]

입학사정관제가 2008 입시안 선발정책의 핵심 고리라는 겁니다. 또 그 뿌리는 김영삼 정부 5.31 교육개혁안에 있다는 것이지요. 이런 연유로 과거에 김대중 정부 이해찬 교육부장관 시절에도 입학사정관제 얘기가 나왔었습니다. 너무나 새롭지 않아서 하품이 날 지경입니다.

• **2008 대입, 무엇을 개혁하고자 했는가**
대학은 '입학사정관제'를 통해 대학의 전공교육체제에서 요구되는 학생을 선발할 수 있는 자율성을 누려야 한다. … 대학별 선발사정체제의 수립을 전제로 한 학생 선발에 있어서의 대학 자율성 인정, 수능중심 선발에서 내신중심(교육이력철 제도의 도입) 선발로의 전환을 … - 김민남, 전 (참여정부) 교육혁신위원회 선임위원 [국정브리핑 2007-12-07]

> 대학입학 전형의 구체적인 방법을 정하는 일은 의심의 여지없이 대학의 자율에 속합니다. … 대학의 자율적 노력을 지원하기 위해 입학사정관 확보를 비롯한 필요한 지원 방안도 강구하겠습니다. - 김신일(교육인적자원부 장관)

이주호 의원은 돈까지 지원하겠다면서 힘주어 강조했는데요, 참여정부는 이런 생각 안 했을까요?

• **한 총리 "입학사정관제 예산 대폭 확대할 것"** [노컷뉴스 2007-07-11]

이미 다 나온 얘기들이고 15년간 이어졌던 정책방향입니다. 파탄은 이어집니다. 누가 정권을 잡느냐 하는 건 더 이상 중요하지 않습니다. 지난 15년간의 기조를 바꿔야 합니다. 자유화 기조는 IMF, 민생 파탄, 교육 파탄으로 이미 사망 선고를 받았습니다. 그런데도 우리 국민들, 언론은 이 사실을 인지하지 못하거나 한사코 부인하고 있습니다. 통탄할 일입니다.

입학사정관제는 각 대학이 자율적으로 자체적인 기준에 의거해 학생을 선발한다는 것으로서 미국식 제도입니다. 우리 자유화 개혁이 아메리칸 스탠더드를 한국에 도입해 우리나라를 미국식으로 개조하려는 뜻이 있음을 여기서도 확인할 수 있습니다. 미국은 빈민들이 아예 교육을 포기하고 있는 나라입니다. 그래서 사교육비 폭등도 없지요. 우리나라도 이제 그렇게 되려 합니다. 무서운 일입니다.

• 美대학 신입생 선발은 주관의 예술 [매일경제 2007-11-27]

 이런 기사들이 나오는 것이 다 입학사정관제 때문입니다. 그런데 우리나라 일류대 당락이 각 대학의 주관에 의해 달라진다면 어느 학부모가 이것을 용인할까요? 미국식으로 정착되는 것도 문제이지만, 한국의 고질병인 대학서열체제 때문에 이것이 미국식으로라도 제대로 정착될 수가 없습니다. 유사 본고사가 되거나, 혹은 본고사를 안 보더라도 누구라도 인정할 수밖에 없는 어려운 기준을 적용해 저소득층을 배제하게 될 가능성이 높습니다. 정책은 정책대로 파탄이 나고 국민들은 국민들대로 고통을 겪게 됩니다. 지난 민주화 · 자유화 3대 정권 동안 지긋지긋하게 겪어왔던 일들입니다. 이젠 이 파탄의 판을 뒤집어야 합니다.

셋째 몸통 정리

- 대학서열체제-입시경쟁은 국민의 자식들을 몰살시키려는 죽음의 계곡이다.
- 이 죽음의 계곡에서 자식만 죽는 것이 아니라 부모도 가난이라는 질곡에 빠진다.
- 입시전쟁의 잔혹함이 아이들의 인간성을 파괴해 잔혹한 아이들을 만든다.
- 대학서열체제는 국민을 소수의 뻔뻔한 지배자와 다수의 양순한 노예로 만드는 뇌수술장이며 군림과 멸시를 정당화해 양극화 지배구도를 고착시킨다. 그리하여 신신분제사회가 된다.
- 대학서열체제에서 교육과 학문은 파탄지경이며, 시민정신도 창조성도 거세되고, 이기심과 획일성만이 조장된다.
- 대학서열체제는 부동산 문제를 촉발하며, 저출산의 원인이 되고, 지방공동화, 수도권 과밀화를 초래해 국가의 미래를 잠식하는 악성 종양이다.
- 대학서열체제는 승자독식사회와 패거리의 권력 과점이라는 후진국형 연고사회를 만든다. 승자 패거리에 들려는 경쟁이 극심해지고, 연고문화로 공적 신뢰가 추락해 사회적 자본이 고갈된다.
- 대학서열체제는 매력 없는 나라, 탈출하고 싶은 나라를 만들어 우리의 유일한 자원인 인재를 추방한다.
- 선발권-선택권으로 구성되는 자유로운 입시시장이 만악의 근원이다. 지금까지 교육정책은 이 문제의 핵심을 외면하고 다른 해결책들을 제시하면서 국민을 속여왔다.
- 2007년 대선은 자유화라는 지금까지의 정책기조를 더 강화시키는 방

향으로 결론이 났다. 자유화는 서열체제를 심화시킨다. 그리하여 파탄도 더 심해질 위험에 처했다.
- 입시시장 폐쇄, 선택의 자유 제한으로 서열체제를 뒤집어 파탄의 흐름을 전복시켜야 한다. 입시시장에서부터 시작된 흐름이 사회 전체로 파급돼 자유화 흐름이 역전될 계기가 마련될 것이다.
- 대대적인 무상평준화 교육투자로 교육을 국가도약의 발전소, 제2의 경부고속도로로 육성해야 한다. 이를 통해 국가경쟁력을 일신하고, 자유화 흐름을 역전해 서북부 유럽 같은 선진복지사회로 성장할 기회를 잡아야 한다.

닫는 깃발

자유가 무엇입니까? 탈규제가 자유입니까? 선택의 자유가 자유입니까? 원점으로 돌아가야 합니다. 다른 말로 하면, 초심으로 돌아가야 합니다. 우리나라는 무엇인가? 대한민국은 무엇인가? 이 지점에서 다시 시작해야 합니다. 우리나라는 한반도와 그 부속도서인가요? 만주인가요? 단군의 자손인가요? 몽골기병인가요? 혼혈인이 사는 동네는 우리나라 아닌가요? 몽골반점 없으면 우리 국민 아닌가요? 우리나라는 무엇입니까?

우리나라는 '공화국'입니다. 공화국이 아니면 우리나라가 아닙니다. 내가 노예라면, 노비라면, 난 그 나라의 시민이 아닙니다. 오로지 나를 시민으로 대접해주는 나라, 나를 자유인으로 만들어주는 나라만이 내 조국일 수 있습니다. 그 나라가 바로 공화국입니다. 대한민국은 민주공화국입니다. 여기가 출발입니다.

자유와 민주를 넘어 공화국으로 가자

하도 자유화, 분권화에 불쾌감을 보이니까 사람들이 파시스트냐고 종종 묻습니다. 히틀러, 스탈린, 북한을 추종하느냐는 말은 자유화세력으로부터 하도 많이 들어 귀에 못이 박힐 지경입니다. 내가 지금 공격하는 것은 90년대 이후 개혁을 주도했던 그 '자유'입니다. 그 자유가 우리 국민을 가난하게 만들고, 정신적으로도 황폐하게 만들었기 때문입니다. 원래 공화국의 목표는 국민을 자유로운 시민으로 만드는 것입니다. 다시 말해 자유는 우리의 목표입니다. 그러므로 나도 자유를 추구합니다. 그런데 자유화 개혁은 사람들로부터 자유를 앗아갔다고 생각합니다. 결국 '자유'가 '자유'를 먹은 것이지요. 난 진짜 자유를 위해 사이비 자유를 탄핵합니다.

자유가 무엇입니까? 탈규제가 자유입니까? 선택의 자유가 자유입니까? 원점으로 돌아가야 합니다. 다른 말로 하면, 초심으로 돌아가야 합니다. 우리나라는 무엇인가? 대한민국은 무엇인가? 이 지점에서 다시 시작해야 합니다. 우리나라는 한반도와 그 부속도서인가요? 만주인가요? 단군의 자손인가요? 몽골기병인가요? 혼혈인이 사는 동네는 우리나라 아닌가요? 몽골반점 없으면 우리 국민 아닌가요? 우리나라는 무엇입니까?

우리나라는 '공화국'입니다. 공화국이 아니면 우리나라가 아닙니다. 내가 노예라면, 노비라면, 난 그 나라의 시민이 아닙니다. 오로지 나를 시민으로 대접해주는 나라, 나를 자유인으로 만들어주는 나라만이 내 조국일 수 있습니다. 그 나라가 바로 공화국입니다. 대한민국은 민주공화국입니다. 여기가 출발입니다.

민주공화국이 날 시민으로, 자유인으로 대접해주는 방식

나 혼자만 시민이면 공화국이 아닙니다. 모든 국민이 다 시민인 나라가 공화국입니다. 즉 나만 자유인인 나라, 다시 말해 내가 왕인 나라는 공화국이 아닙니다. 소수만 자유인인 나라도 공화국이 아닙니다. 모든 국민이 자유시민인 나라가 공화국입니다. 공화국에서 자유는 반드시 보편적이어야 합니다. 모두가 자유로운 상태란 어떤 상태일까요?

후한 말 황제권이 약해지고 제후들이 자유로워졌습니다. 일반 평민에게도 힘만 있으면 군세를 기를 자유가 생겼습니다. 자유화, 분권화된 것이지요. 그러자 전국시대로 돌입했습니다. 시장논리에 의해 힘의 집중이 생겨 재벌집중, 지역 간 격차처럼 강력한 양극화가 발생, 결국 다수 제후는 망하고 삼국시대로 정리됐습니다. 그리고 강한 자가 다시 황제가 됐습니다. 이런 자유가 자유인가요? 후한 말에 잠시 공화국스러워졌던 건가요?

누군가가 다른 누군가를 예속시킬 자유를 누리는 한 보편적 자유는 없습니다. 자유화 개혁은 우리나라를 마치 후한 말 상황처럼 만들었습니다. 그냥 자유를 줬기 때문입니다. 그냥 자유를 주면 강자가 약자를 지배하게 됩니다. 약자가 예속을 당하는 나라는 공화국이 아닙니다.

공화국은 그런 사태를 막기 위해 강력한 보편규제를 설정합니다. 그것이 바로 '법에 의한 지배'입니다. 자유화 개혁의 법치는 소극적인 것이지만 공화국의 법치는 적극적입니다. 그것은 충분히 크고 강력한 공화국의 권력을 의미합니다. 왜냐하면 강자는 언제든지 규제를 뛰어넘을 수 있는데, 공공권력이 약해지면 그 강자의 탈주를 막을 수 없기 때문입니다(마치 후한 황제가 약해지자 제후의 발호를 막을 수 없었던 것처럼). 누군가가 보편규제를 넘어서는 순간 공화국의 질서는 무너집니다. 후한 말의 자유는 강자가 자유롭게 보편규제를 뛰어넘을 자유였을 뿐입니다. 이런 식의 자유는 크면 클수록 시민의 자유가 위축됩니다.

봉건시대야말로 사람들이 절대적으로 자유를 누렸던 시대였습니다. 그 당시 사람들은 자기가 가진 힘에 따라 자유롭게 살 수 있었습니다. 강자는 귀족의 삶을, 약자는 노예의 삶을. 그들 사이에 보편규제는 없었습니다. 그런 규제를 강제할 권력주체도 없었습니다. 완벽하게 분권화된 사회였지요. 각 분권화된 단위마다 강력한 리더십 주체(영주)가 있는 상태, 국가 전체로는 분권화 구조이지만 각 단위별로는 독재체제인 상태. 딱 자유화 개혁이 지금 추진하고 있는 자유시장의 구조입니다.

공화국은 이런 질서를 거부해야 합니다. 모두에게 자유를 주면 결국 지배자까지 포함해 모두를 노예로 만들 테니까요. 왜냐하면 본래적 의미의 공화국이란 예속당하지 않을 자유뿐만 아니라, 남을 예속시키지 않을 자유까지 포함하기 때문입니다. 그래서 일견 자유롭게 보이는 지배자들마저 진정한 공화국의 시각에선 모두 노예들일 뿐입니다.

봉건사회
- 국가 차원 : 작은 정부, 분권화
- 개별 단위 : 독재

공화국
- 국가 차원 : 큰 정부, 강력한 공공권력
- 개별 단위 : 민주적, 이해관계자적 원리

나 하나만의 자유뿐만이 아니라 모두의 자유를 염두에 두는 것은, 나의 정신이 나라는 육체적 유한성, 개체성으로부터 해방되어 모두에게 확장되었다는 것을 의미합니다. 이때 비로소 인간은 자유롭게 됩니다. 부자들이 제 자식만 귀족 만들겠다고 학교선택권 요구하고, 입시 자율화 요구하는 것은 그들의 정신이 유한성, 개체성, 탐욕이란 감옥에 아직 갇혀 있다는 뜻입니다. 그러므로 그들이 아무리 부자라 할지라도 그들은 노예입니다.

자유의 보편적 확장을 위해 당장의 개인적 불편함을 참고 보편규제에 복종하는 것은 이성의 힘으로 가능합니다. 이도 저도 다 싫고 각자 능력껏 자유롭게 살자는 것은 개인적 욕망대로 하겠다는 것입니다. 여기서 질문. 사람은 이성적 존재입니까?

당연히 아니지요. 사람이 이성적 존재라는 것은 '이성적일 수 있는 가능성이 있다'는 말일 뿐입니다. 사람은 욕망에 매우 취약한 존재입니다. 그냥 두면 사람은 언제라도 욕망의 노예로 전락할 겁니다. 보편이성과 달리 욕망은 철저히 개별적인 것이어서 욕망에 충실한 삶이란 결국 이기적인 삶을 말합니다. 바로 시장주의가 모든 경제주체들에게 요구하는 삶이지요. 대학서열체제가 강제하는 교육의 내용이기도 하구요.

공화국은 시민이 그런 상태에 빠지는 것을 노예의 상태, 부자유의 상태에 빠졌다고 인식합니다. 인식은 보편적으로 확장되어야 하고, 이해관계도 역시 보편적 이해와 매개되어야 합니다. 이런 이유에서 시민을 기르는 보편 공교육이 중요해집니다. 보편 공교육을 통해 동물처럼 태어난 인간이 자유인이 되는 것입니다. 국가라는 공공적 지평을 내 육체적 유한성 속에 끌어들여 정신을 해방시킴으로써 말입니다.

정신적 해방까지 가기 전에 먼저 중요한 것은 물질적 예속의 문제입니다. 내가 아무리 큰 정신을 가지고 있으면 뭐합니까? 남의 노비라면. 굶어죽을 지경이라면. 혹은 내 자식이 노예로 크는 것을 막을 수 없다면. 혹은 강자가 점점 힘을 키워 나를 비롯한 사람들 위에 군림하는 것을 막을 수 없다면. 인간은 원래 욕망의 노예이기 때문에 그냥 내버려두면 강자는, 꼭 그가 나쁜 사람이라서가 아니라 살다 보면 저절로 폭군(규제를 뛰어넘는 자, 저 혼자 자유로운 자)이 됩니다. 나도 만약 부자가 된다면 폭군이 될 것입니다.

미국은 이 상황에서 부자들을 대상으로 불우이웃돕기 운동을 합니다. 자선, 기부를 하라는 것이지요. 미국식 체제는 그것을 '선'이라고 인식합니다. 국가의 공적 부조를 받는 것을 수치로 여깁니다. 국가가 부자들에게 세금을 걷는 것을 '강탈'이라고 여깁니다. 그리하여 자기 자식 사립일류학교 보내는 걸 정당한 권리라고 생각합니다.

하지만 공화국은 부자의 자선, 기부에 의존하는 것을 수치로 여깁니다. 국가의 공적 부조 받는 것을 자유인의 권리라고 생각합니다. 세금을 자유인의 의무라고 생각합니다. 자기 자식 사립일류학교 보내는 걸 폭군의 수치스런 행동이라고 생각합니다. 왜냐하면 사립일류학교가 존재하기 위해선 공립삼류학교가 있어야 하는데(일류니 삼류니 하는 것은 상대적이므로 소수 일류학교의 존재는 언제나 다수 삼류학교의 존재를 전제로 함), 이런 구조는 부자가 사립일류학교를 선택하기 위해 결국 다수 국민이 삼류학교에서 들러리 서는 것이므로, 소수의 영광을 위해 다수를 희생시키는 폭군의 짓이기 때문이지요. 자선 같은 것은 마음먹기에 따라서 저절로 되지만 공적 부조는 국가제도로만 가능합니다. 일류학교 삼류학교 구분 따로 없는 교육제도도 저절로 되는 게 아니지요. 저절로 되는 자유로운 교육제도는 봉건시대 교육제도일 뿐입니다.

그렇기 때문에 공화국은 강력한 보편규제를 인위적으로 강제합니다. 국민은 그가 부자이건 가난뱅이건, 그 보편규제에 기꺼이 복종함으로써 자유시민이 됩니다. 물론 저는 위대한 자유인이 아니기 때문에 절대로 기꺼이 복종할 리는 없고 어떻게든 빠져나갈 구멍을 찾을 것입니다. 저 같은 사람들 때문에라도 공공권력은 충분히 크고 강해야 하고, 보편규제는 엄정해야 합니다. 왜냐하면 저는 법망의 빈 구석을 찾아 법무사, 회계사, 자산관리가들을 닦달할 것이거든요. 세상엔 저 같은 사람이 많거든요. 공화국은 이런 저를 노예로 파악하고 규제를 부과함으로써 자유인이 되도록 합니다. 무작정 나눠주는 자유는 이러한 공화국의 자유의 원리를 파괴하는 경향이 있습니다.

> 하재근 → 이기적이고 타산적인 보통 사람, 동물에 가까움 → 공화국의 보편규제 → 그나마 사람 노릇을 하게 됨

원리적으로 공화국은 국민을 시민으로 만들기 위해 모든 국민으로부터 신분을 선택할 자유를 몰수합니다. 이 근원적인 자유를 몰수하지 않는다면 공화국이 아니지요. 그 자유의 구체적인 내용은 첫째, 남에게 예속될 만큼 빈곤할 자유. 둘째, 신분이 세습될 만큼 불평등한 교육을 받을 자유. 이 두 가지입니다. 공화국이 나로부터 이 두 가지 자유를 몰수하는 것이 내가 시민이 되는 방식입니다. 그것은 동시에 부자가 남을 예속시킬 자유, 지배신분을 세습할 자유까지 몰수하는 것을 의미합니다. 현실의 정책에서 그것은 어떻게 나타나는가.

첫째, 고용보장, 혹은 사회복지. 소득 격차 조정, 혹은 세금을 통한 부의 재분배. 자산가(소유권자) 이외의 사람들에게도 발언권과 결정권 보장.
둘째, 평준화 무상 공교육(학교선택권 몰수)으로 나타납니다.

이 두 가지를 갖춘 나라만 조국이라고 할 수 있습니다. 이런 식으로 나로부터 절대적 자유를 몰수하고 보편규제를 강제하는 것이야말로 공화국이 날 자유인으로 대접하는 방식입니다. 무제약적인 자유를 주는 나라는 공화국이 아닙니다.

이성과 공화국

> 공화정은 민주주의 그 이상이다. …… 공화정은 자유에다 이성을 더한 것이다. 그것은 권리에다 정의를 더한 것이다. 또 그것은 관용에다 의지를 더한 것이다. 민주주의란 공화정에서 계몽의 빛을 제거했을 때 남아 있는 형태라고 말할 수 있다. - 레지 드브레, 「불의의 사태」 『미국식 사회모델』에서 재인용

여기서 말하는 민주주의란 미국을 말합니다. 공화정은 프랑스구요. 정말 자신만만하고 오만합니다. 그 오만함이란 결국 자부심을 말하는 것이지요. 강력한 자의식과 자부심은 공화국의 특징입니다. 자의식이 강하다는 것은 나의 정체를 내가 인식한다는 것으로서 이성적 사유를 한다는 뜻이고, 자부심이 강하다는 것은 저 혼자 자유인이 아니라 보편적 자유인으로서의 긍지를 뜻하는 것이지요. 보편적 자유라는 것은 보편규제에 복종하는 것이고 그것은 사적 욕망이라는 유한성으로부터 해방됐음을 뜻하니까요.

위에 인용한 사람은 굳이 공화정과 민주주의를 구분했습니다. 사실 따지고 들어가면 어디서부터 어디까지가 공화주의고, 어디서부터 어디까지가 민주주의인지 매우 불분명합니다. 공화정은 자유에다 이성을 더한 것이라고 자신만만하게 얘기하는데, 민주엔 그럼 자유만 있고 이성은 없답니까?

공화국을 요청한다

저는 민주주의라는 말보다 공화국이라는 말을 즐겨 씁니다. 저는 이것이 전략적으로 유효하다고 생각합니다. 왜냐하면 지금은 패러다임을 전환할 시점이기 때문입니다.

1. 발전 1단계 – 독재, 개발, 잘 살아보세 → 국민들 억압에 넌덜머리
2. 발전 2단계 – 민주화, 자유화 개혁 → 민생 파탄. 국민들 민주화 운동권에 넌덜머리
3. 발전 3단계 – ?

민주는 1987년 이후 20년간 우려먹은 레파토리입니다. 국민은 민주 개혁과 민생 파탄을 정서적으로 동일시하기 시작했습니다. 민주 개혁이란 이름하에 추진된 개혁은 자유화 개혁이었습니다. 그런데 민주 개혁과 자유화 개혁이 그리 쉽게 혼동될 수 있었다는 것은 민주라는 말 속에 뭔가 자유화에 취약한 한계가 있다는 뜻일 수도 있습니다.

한국사회는 지금 정치적 리더십을 복원해야 합니다. 국가적 공공성을 복원해야 합니다. 발전의 범국민적 에너지를 이끌어내야 합니다. 한마디로 지난 20년의 흐름을 뒤집어야 합니다. 그런데 지난 20년간 내세웠던 구호의 재탕으로 이것이 가능할까요?

공화국은 민주주의에 반대되는 것이 아니라 그것을 포함하는 것입니다. 헌법에도 우리나라는 민주공화국이라고 나와 있습니다. 민주주의 했으니까 이제 공화국을 내실화하면 됩니다. 우리나라 사람들은 강력한 국가규제를 주장하면 히틀러·스탈린을 연상해서 이 벽을 깨기가 너무 힘이 듭니다. 때문에 자유화 개혁, 시장화 개혁에 맞설 정치적 동력을 이끌어내질 못합니다.

하지만 그것이 이미 헌법에 나와 있는 공화국 정신이라고 하면 얘기가 달라지지요. 현실정치에서 강력한 힘을 발휘할 수 있습니다. 그래서 나는 학술적인 차원에서가 아니라 현실정치의 마케팅 차원에서, 공화국이라는 슬로건과 공화국의 정신에 주목합니다.

이성이란 뭘까

이성은 두 가지입니다.

첫째, 개인적 차원. 보편규제에 복종하는 자유의 정신. 이기심의 반대말.
둘째, 국가적 차원. 보편규제를 강제할 자유의 권력. 이기적인 개인들을 선도함.

'민주주의란 공화정에서 계몽의 빛을 제거했을 때 남아 있는 형태'라고 했습니다. 계몽의 빛이란 이성을 뜻합니다. 이성은 인간의 인간다움이고, 자유의 원천이며, 위대함과 자부심의 토대가 됩니다. (미국식) 민주주의엔 이런 것들이 없다는 겁니다. 무슨 소린가요? 미국이 이성을 잃어버린 미친 나라란 뜻인가요?

그게 아니라 미국이 민주주의란 이름하에 자유화, 분권화된 나라란 뜻입니다. 시장자율이 극도로 신장된 나라라는 뜻이지요. 모든 국민에게 보편적으로 작용하는 국가권력이 이성입니다. 미국은 이것이 약하므로 '계몽의 빛'이 없다고 비웃은 것입니다. N분의 1 원리만 남았습니다. 투표만 하는 것이지요. 그래서 계몽의 빛이 없는 민주주의라는 말이 됩니다. 그 결과 시장에서의 이기적인 욕망만 남았습니다.

무상교육 → 계몽의 빛
일류사립학교의 자유로운 고액 등록금 → 몰이성

프랑스 노동인구 중 공무원 비율 20% → 계몽의 빛(1990년 기준)
미국 노동인구 중 공무원 비율 13.6% → 몰이성

스웨덴의 공적 사회지출, GDP 대비 33.1% → 계몽의 빛(1990년 기준)

미국의 공적 사회지출, GDP 대비 14.6% → 몰이성

공공 복지제도의 서유럽 복지국가들 → 계몽의 빛

공공 보편 의료보험조차 강제하지 않는 자유의 나라 미국 → 몰이성

프랑스의 민간부담 교육비, GDP 대비 0.5%(핀란드 0.1%) → 계몽의 빛 (2003년 기준)

미국의 민간부담 교육비 GDP 대비 2.1%(한국 2.9%) → 몰이성

프랑스의 재정지출, GDP 대비 54.4% → 계몽의 빛

미국의 재정지출, GDP 대비 36%(한국 27.3%) → 몰이성

공화국은 권리에 정의를 더한 것이라고 했습니다. 권리는 각자가 저마다 가지고 있는 것입다. 그것을 자유롭게 놔두면 힘센 사람일수록 큰 권리를 누리겠지요. 정의를 더했다는 것은 모든 사람이 공평한 권리를 누리도록 국가가 관리한다는 뜻입니다. 특히 '양도할 수 없는 천부적 인권'의 경우, 어느 누구도 그 권리를 침해당하지 않도록 국가가 지키는 것이 바로 정의이지요. 또 산업부문에서 현대자동차가 부품을 자유롭게 만들거나 사서 쓸 권리와 중소기업이 생존하고 발전할 권리 사이에 충돌이 생긴다면 주저하지 않고 개입하는 것이 정의이고, 계몽의 빛입니다. 자유화는 이것을 시장에 맡깁니다. 이렇게 되면 자유만 있고 이성이 없는 상태가 됩니다. 이성이 없는 자유는 공화국의 자유가 아닙니다. 자유화 개혁은 이런 국가이성을 독재나 부패, 부자유를 초래하는 규제로 인식했습니다. 그 결과 계몽의 빛이 꺼진 자유만 남게 됩니다.

> 자유를 더 높게, 더 강하게 외쳐대는 사회에서는 사회적 평등이 그 사회의 민주주의 프로그램에 들어 있지 않다. …… 후자(미국식 민주주의)가 늘 의심스런 눈초리로 바라보는 정부의 개입을 전자(공화국)는 바람직한 것으로 본다.
> ― 레지 드브레, 「불의의 사태」「미국식 사회모델」에서 재인용

직선제와 공화국

미국은 흔히 민주주의의 이상향으로 알려져 있는데요 그것은 그 나라가 철저히 대중의 선택에 의해 움직이기 때문입니다. 대중은 시장에서 소비자로서 투표(선택, 구매)하고, 정치의 장에서 유권자로서 투표합니다. 이러한 자유로움과 상향식 원리 때문에 미국의 민주주의는 매우 모범적인 것으로 알려져 왔습니다. 특히 우리처럼 직선제 쟁취에 한이 맺혔던 나라에서는요. 미국은 아주 많은 수의 공무원이 주민의 직접 투표로 선출됩니다. 프랑스 같은 나라는 지성이 존중받는데 미국은 대중의 선택이 지상선입니다. 마치 프랑스가 더 비민주적인 것도 같습니다.

> 1988년 11월 8일, 캘리포니아 주 오클랜드의 유권자는 미국 대통령에서 그 지역의 한 공원의 책임자에 이르는 13개의 직능에 각기 출마한 총 48명의 후보자들 가운데에서 적임자를 골라 투표를 해야 하고, HIV 양성 환자의 기록 작성부터 보험 요금의 규정에까지 이르는 국민 투표에 붙여진 43개의 질문에 대해서 답을 해야 한다.
> ― 「르몽드 디플로마티크」

> 국민 투표의 실시, 수많은 공무원들을 뽑는 선거의 실시, 그리고 이외의 다른 종류의 투표 실시로 인해서 선거 인명부에 등록된 미국인은 투표를 해야 할 기회가 아주 잦다.
> ― 쥐스탱 바이스, 「미국식 사회모델」

물론, 자유투표에 의한 자결권은 공화국에서도 기본이지요. 그런데 자유투표에 의한 결정은 적극적 의미의 공화국이 아니어도 얼마든지 할 수 있습니다. 예를 들어 국민직선으로 히틀러가 집권한다면 그런 건 공화국이 아닙니다. 대중의 의사대로, 대중의 여론대로 하는 것이 민주적 권력 행사라고 인식되지만, 어쩌면 그것은 민주주의 자신을 압살할지도 모릅니다. 공화국은 그것을 좌시하지 않습니다. 그러니까 자유투표는 기본 조건이긴 하되, 공화국을 증명하는 핵심 원리는 아닙니다.

공화국은 국민이 자유투표로 지금까지 열거한 공화국의 조건을 폐기하려 할 때 결연히 거부할 수 있습니다. 만약 모든 국민이 복지제도와 평준화 공교육을 거부한다 해도 공화국이 그것에 맞서 싸울 수 있습니다. 특정 지자체 주민들이 투표로 세금 인하를 결의한다든가 일류학교 제도를 만들려 할 때 공화국은 거기에 맞서 싸워야 합니다.

물론 현실에서 공화국이 국민에 맞서 싸우는 극단적인 일은 발생하지 않습니다. 원리적으로 그렇다는 것이지요. 자유화 개혁 추진자들은 자유투표, 직선제 원리에만 집착하면서 공화국의 조건이 폐기되는 것엔 관심을 두지 않습니다. 오히려 공화국의 조건을 폐기하기 위해 민주주의의 이름으로 자유투표 원리를 이용하기도 합니다. 그것이 지방자치, 분권화와 맞물려 투표공화국으로 현상하지요. 교육감을 주민 직선제로 뽑자라든가, 고교 평준화 해체를 각 지역의 결정에 맡기자 등이 그 대표적인 예입니다. 투표의 손을 빌려 공화국 교육을 죽이겠다는 '차도살인지계' 입니다.

- 공화국의 대척점 - 폭군의 존재
- 민주주의는 다수지배의 원리, 폭군의 폭정을 다수가 막는다는 생각.
- 그런데, 한 사람의 '자의성' 이 폭정으로 발전할 수 있다면, 다수의 자의성은 폭정으로 발전할 수 없는 것일까? 다수가 폭군이 될 순 없는 것일까?

다수의 결정은 과연 지상선인가?
- 직선제 원리는 이것에 대해 말해주지 않음.

한 표로 바뀌는 것이 없다면, 특히 언제나 무력감과 배신감을 느끼는 약자들은 투표를 우습게 알게 됩니다. 투표판을 마냥 벌려놓는다고 능사가 아닙니다. 게다가 사람들은 바쁩니다. 대선 때 후보들에 대해 정보를 취합하고 판단을 내리는 것도 이만저만 힘든 일이 아닙니다. 총선으로 내려가면 이제 슬슬 후보자 정체도 모르고 투표하는 사태가 벌어집니다. 아니면 투표하러 갈 시간도 없습니다. 그 아래 선거로 내려가면 아무 생각이 없어집니다. 누가 나왔는지, 뭐하던 사람인지, 정보를 습득한 사람이 유권자 중에 몇 %나 됩니까? 정보를 습득하려 노력하는 사람은 몇 %나 됩니까? 지나친 선거는 유권자에게 스트레스만 주고 오히려 권력구조를 선거 안 했을 때보다 더 왜곡시킬 수 있습니다.

공공정책에 대한 투표도 마찬가지입니다. 먹고 살기 바쁜 판에 누가 공공정책 일일이 연구하고 있습니까? 국민의 의사대로 한다는 것이 언뜻 들으면 말은 참 좋은 말인데 현실에선 배를 산으로 보내는 사고방식일 수 있습니다. 요즘도 민주화 운동권은 국민의 여론이란 말을 만사형통의 주문처럼 애용하는데, 그냥 어느 사안이 정의의 원칙에 비추어 부당하다고 하면 그만 아닌가요? 직선 다수결 원리에 대해 너무나 강박적인 것 같습니다.

- 원리적으로 강자는 언제나 소수, 약자는 언제나 다수.
- 그러므로 다수지배는 약자지배로 간주됨.
- 그러나 현실에서는 다수의 결정이 약자의 이익에 배치되는 일이 있을 수 있음. 잦은 투표를 통한 미국 국민의 민주적 결정이 어떤 사회를 만들었는가?

- 개별이익이 보편이익을 구성한다는 생각.
- 경제주체들의 이익 극대화 → 이익들의 총합 → 공익
- 각 개인들의 이익 극대화 → 선택권 확대, 자율권, 투표권 → 공익
- 소송공화국 → 사적 이익을 대변하는 변호사 창궐 → 공익
- 분권화 → 각자 알아서 자기 이익을 추구하라 → 공익

우리는 민주화 후 자기도 모르게 이런 덫에 점점 빠져 들어온 것 같습니다.

- 공화국의 사고방식
- 개별이익과 보편이익이 충돌할 수도 있다는 인식.
- 사적 주체의 이익이 국가경쟁력을 갉아먹을 수도, 국민을 도탄에 빠뜨릴 수도 있음(과거보다 자기 이익 극대화에 더 몰두하는 사회. 과연 공익은 증진되었는가?).
- 보편이익의 담지자로서 국가가 적극적이어야 한다는 사고방식.
- 분권화된 자유시장체제에서 약자는 수탈을 당할 뿐이라는 생각.
- 국가의 보호가 없으면 산업발전의 싹이 잘릴 수도 있다는 생각.

기본권이 우선이다

저는 다만 나라를 자유시장이라는 이름의 정글로 방치해선 안 된다고 믿을 뿐입니다. 직선제 만능론은 앞에서도 말했지만 각자 알아서 판단하고 결정하라는 겁니다. 어떻게 결과가 나든 자업자득이구요. 제가 꿈꾸는 공화국은 자업자득을 인정하지 않습니다. 단지 관리자일 뿐만이 아니라 적극적인 개입자로서 정의의 원칙에 따라 결과에 개입합니다. 공화국이 지켜야 할 가장 기본적인 의무는 양도할 수 없는 천부인권으로 간주되는

것이 양도되는 사태를 막는 것입니다.

　예를 들어 교육부문에 창궐하는 소비자 주권론을 공화국은 막을 의무가 있습니다. 왜냐하면 공화국에서 교육권은 양도할 수 없는 천부인권인데, 소비자 주권론은 그런 교육을 상품화함으로써 구매능력이 안 되는 사람이 선택할 수 없도록, 마치 가난한 자가 부자들에게 권리를 양도하는 것과 같은 사태를 불러오기 때문이지요.

　이 세상에 천부인권이라는 것이 정말 있습니까? 그런 게 있을 턱이 없지요. 적어도 인간이 지각할 수 있는 바에 따르면 사람은 그냥 짐승일 뿐입니다. 혹시 위대한 선지자나 영성이 강한 존재가 인간의 영적 고귀함을 알아차릴 수도 있겠지만, 그런 건 보편적으로 지각되는 일이 아닙니다. 누구나 지각할 수 있는 영역에서 판단하면 인간은 더도 말고 덜도 말고 딱 짐승입니다.

　그럼 천부인권이라는 건 사기인가요? 네, 사기입니다. 다시 말해 가짜입니다. 하늘이 내린 인권은 없습니다. 저절로 있는 인권은 없습니다. 인권은 인위적인 겁니다. 억지로 가공된 겁니다. 그만큼 깨지기 쉽습니다. 그럼 누가 천부인권이라는 사기를 치는 것인가? 공화국입니다. 공화국은 천부인권을 지키는 것을 사명으로 삼는 정체입니다. 그 사명의 막중함 때문에 하늘을 참칭하며 양도할 수 없는 보편인권을 강조하는 것입니다. 기본권이 양도되는 나라는 공화국이 아닙니다.

　양도할 수 없는 보편적 권리의 가장 기본적인 것은 투표권입니다. 이래서 금권선거는 역적질입니다. 하지만 투표권만으로 세상에 정의가 생겨나지는 않는다고 했습니다. 공화국을 공화국이게 하는 보편인권의 핵심은 바로 '자유인일 권리'입니다. 예속이 있으면 그 순간 공화국은 신기루처럼 사라지기 때문에 공화국은 시민의 '자유인일 권리'를 지킵니다. 자유인일 수 있다면 선거판 몇 번 줄여도 됩니다.

당대 – 예속될 만큼 빈곤하지 않을 자유

자식 – 예속될 만큼 차별적 교육을 받지 않을 자유

소수자 – 다수에게 배제당하지 않을 자유

공화국은 이것을 위해 싸웁니다. 민주주의를 미국처럼 투표 정도로 생각한다면, 그런 민주주의는 기본권을 지켜주지 못한다는 것이 증명됐으므로(미국 빈민가의 삶을 보라), 자유의 기본권은 민주주의에 우선한다고도 말할 수 있습니다.

언뜻 민주적으로 보이는 방임형 국가 → 양극화, 불평등 극심 → 국민 우경화(우리나라의 현재) → 더 심하면 파시즘의 도래(대중파쇼, 히틀러)

공화국이 아닌 민주주의는 깨지기 쉬운 유리와도 같습니다. 우리나라는 지금 양극화가 맹렬히 진행중입니다. 방임성이 커짐에 따라 민주적 토양이 점차 사라지고 있습니다. 공화국이 나설 때입니다.

당신은 자본주의하지 말자는 말인가?

아닙니다. 서유럽 복지국가들은 자본주의 아닙니까? 왜 꼭 미국만 자본주의이고 그 외의 어떤 길도 다 '빨갱이'라고 생각해야 합니까? 생산수단의 공공 소유, 일체의 경제활동 통제, 배급, 이런 걸 주장하는 것이 아닙니다. 지금보다 더 강한 국가가 필요하다는 겁니다. 특히 기본권 영역에서는 더욱 그렇습니다. 적어도 기본권 영역만큼은 절대로 시장자율의 원리에 내맡겨서는 안 됩니다. 왜냐하면 시장은 근본적으로 자유경쟁과 차등, 이익, 거래의 세상이기 때문입니다. 이런 영역을 사회로부터 완전히 추방하는 것에도 난 반대합니다. 그러나 사회를 이런 원리로만 운영하는 것에도 반대합니다.

기본권 → 존엄성, 주권 → 모든 시민들의 절대적 평등
시장 → 사적 재산권 → 차등, 빈부격차
공화국의 두 축 → 평등 원리(기본권, 존엄성, 선택 불가) + 시장 원리(사적 재산권, 소비자 선택, 경쟁)
두 축의 공존이 깨지면 공화국이 위태로워짐

기본권은 경쟁해서 따먹기 게임하는 것이 아닙니다. 공화국은 그것을 양도할 수 없는 천부의 것이라고 간주하기 때문에 모두가 다 공평히 갖고 있는 것입니다. 차등이 생기면 이미 기본권이 아닙니다. 그것을 상품으로 바꿔 거래해 이익을 취하는 도구로 삼으면 당연히 안 됩니다. 기본권 영역은 근본적으로 '거래' 원리가 아닌 '공평 배급' 원리로 보호되는 것이 맞습니다.

자유시장과 그것으로부터 보호받는 기본권 영역이 함께 공존하는 것이 제가 꿈꾸는 공화국입니다. 자유시장을 없앨 수 없는 이유는 인간을 믿을 수 없기 때문입니다. 인간은 신적 통찰력의 소유자도 아니고, 설사 누군가 신적 통찰력을 가졌다 하더라도 다른 인간이 그를 알아보고 지배자로 추대할 가능성도 희박합니다. 그러므로 누군가가 사회를 완벽하게 계획 통제한다는 것은 망상입니다. 하지만 그렇다고 해서 각자의 자율에 맡기는 것도 안 됩니다. 인간이 신이 아니기 때문에 자율성에 내맡기면 무지나 욕망에 의한 자해행위까지도 서슴지 않습니다. 그러므로 적절한 브레이크가 필요합니다. 시장영역(자유)과 공공영역(규제)이 공존해야 하는 것입니다.

교육은 핵심적인 공공영역입니다. 국민이 이것에 차별을 받아선 안 됩니다. 이것을 차별받는 순간 재산에 따른 기회의 배제, 신분 대물림이 나타나기 때문에, 공화국은 즉각 와해됩니다. 이건 철저히 배급의 원리에 입각해 운영돼야 합니다. 배급이라고 해서 아무한테나 다 똑같은 걸 주자는 말이 아닙니다. 당사자 아이의 재능과 노력에 따른 차등은 인정하되 그 외의 차별적 요소는 모두 교육부문으로부터 공화국이 추방해야 한다는 뜻입니다. 특히 '돈' 말입니다. 돈의 그림자도 비쳐선 안 됩니다.

사적 이익의 원리가 기본권의 자유를 압살했기 때문에 지금의 파탄이 왔습니다. 어느 날 주식을 산 사람이 어떻게 해서 공장에 다니는 사람과 그 가족, 하청공장 관계자들, 그 주변의 자영업자들과 그 가족의 생사를 마음대로 결정할 수 있게 된 건가요? 이건 양도할 수 없는 시민의 권리가 자산가들에게 양도된 사태입니다. 마치 봉건시대 봉토에 따라 주민들의 생사여탈권이 함께 넘어간 것과 비슷한 사태로서 이미 공화국이 아닌 겁니다.

> 시장경제는 그 자신의 법칙에 따라 발전하도록 내버려 두기만 하면 거대하고 항구적인 해악을 창출하게 되어 있었다.   - 칼 폴라니

자유화 개혁은 한 사람당 한 표만 양도할 수 없는 권리라고 간주하고, 생존권과 교육권은 그렇게 생각하지 않는 것 같습니다. 중등과정 일류고들의 학비는 이제 연간 천만 원대로 치솟았습니다. 가난한 사람들은 명백히 자식교육권을 강제로 몰수당하고 있습니다. 부자들에게 돈을 쓸 자유, 즉 귀족 서비스를 선택할 자유를 주기 위해 국가는 모든 규제를 철폐하고 개방, 자유화해야 한다는 주장이 힘을 얻고 있습니다.

돈이 많다고 해서 고품질의 고가 상품을 구입할 수 있는 것은 아니다. ……
소비문화에 관한 한 네덜란드는 교과서적인 사회주의 사회처럼 느껴질 정
도다. …… 과소비와 사치, 게으름, 거친 행동, 이웃의 위급한 상황을 외면
하는 행위에 대해서는 일종의 적대감마저 보이고 있다. 그리고 **민주보다는
공화의 가치를 앞세운다. 모든 사람이 화합해서 함께 살아가는 것이 공화
이다**. …… 네덜란드인이 누리는 자유와 관용은 공화와 사회정의의 틀 안
에 있는 것이지 틀 밖에 있는 것이 아니다. "내 돈 갖고 내 마음대로 하는
데 누가 잔소리냐" 하는 말이 네덜란드에서는 통하지 않는다.

— 최병권, 「진보에는 나이가 없다」

자유화 개혁 이후 돈 많은 순서대로 능력껏 자유롭게 소비하는 것이 점점 더 미덕이 되어가고 있습니다. 국가는 개혁의 이름으로 일부러 차등을 조장합니다. 그렇게 차등을 두지 않으면 사람들이 경쟁을 하지 않아 경쟁력이 떨어질 거라고들 합니다. 하지만 온다던 경쟁력은 오지 않고 공화국만 와해되고 있습니다.

사람이 자신의 능력에 따라 보다 많이 소유할 순 있습니다. 자신의 소유물을 처분하고 망가뜨릴 수도 있습니다. 그러나 공화국엔 결코 남의 소유로 넘어갈 수 없는 것들이 있지요. 내가 시장에 가서 카세트라디오를 샀습니다. 좀 쓰다가 마땅히 마음에 안 들어서 분해해서 부품별로 팔고, 안 팔리는 부분은 버렸습니다. 혹은 멀쩡한 물건을 땅바닥에 패대기 치고 발로 짓밟았습니다. 무슨 문제가 됩니까? 아무런 문제도 안 되지요. 그런데 기업을 이렇게 해도 됩니까? 이렇게 해도 된다는 것을 지금까지의 자유화 개혁이 보여줬습니다.

뭔가 선이 넘어갔습니다. 카세트라디오와 기업 사이엔 근본적인 차이가 있습니다. 그것은 바로 라디오 부품은 그냥 물건일 뿐이지만 기업의

구성원들은 사람이라는 사실입니다. 사람에겐 양도할 수 없는 천부인권이 있습니다. 물건에겐 이런 것이 없습니다. 사람을 물건과 같이 취급했다면 천부인권이 부정당한 것입니다. 주주, 자산가들이 공화국을 무너뜨린 겁니다. 물론 사람을 너무 보호하다 보면 사양산업의 퇴출이 힘들어져 구조조정이 안 될 수 있습니다. 구조조정까지 하지 말자는 것이 아닙니다.

첫째, 사람을 경시하는 정도가 너무 심해 구조조정은커녕 구조파탄만 초래했음.
둘째, 구조조정을 하더라도 천부인권원리를 지키면서 할 수 있음(고용안정을 보장하면서 기업 내 유연화, 혹은 해고하더라도 국가가 존엄성 보장).

두 번째 것을 하기 위해선 돈이 듭니다. 우리나라는 그럴 정도로 충분히 세금을 걷지 못하는 나라입니다(노동비용대비 노동자 1인당 세부담 OECD 평균이 37.3%인데 반해 우리나라는 17.3%, 조세부담률은 OECD 국가 중 최저수준인 29위. OECD 2007년 연보). 하지만 첫 번째 것은 변명의 여지가 없습니다. 특히 중등교육마저 서열화시켜 사부담 공교육비와 사교육비를 함께 팽창시킨 데다가 이젠 공교육을 위탁해 사적이익의 원리에 교육을 내맡기려는 것은 절대 합리화가 안 됩니다. 기업을 카세트라디오 취급한 것으로 모자라 이젠 학교까지 그렇게 하겠다는 것 아닙니까?

이것은 기본권 탈취 음모, 공화국 와해 음모로밖에 볼 수 없습니다. 흔히 세계화 추세를 들며 이런 흐름의 불가피성을 역설하는데 거짓말입니다. 세상에 어느 나라가 공교육을 위탁하려 하며, 순식간에 노동자의 반을 비정규직으로 만들며, 시중은행 지분 60%를 넘깁니까? 이런 추세가 세상에 어디 있습니까? 자유화 개혁은 미국, 영국, 그리고 최근 자민당 주도하에 급격히 자유화하고 있는 일본에서 안 좋은 것만 뽑아내 한국에 이식하려는 것 같습니다.

  87년 직선제 투쟁 이후 자유화 20년입니다. 성적표는 나왔습니다. 이젠 키를 돌릴 때가 됐습니다. 박정희식 독재도 아니고, 자유화도 아닌 우리식 제3의 길을 찾을 때가 왔습니다. 일단 자유화로 잃어버린 그것, 강력한 국가규제를 통한 공공성과 경제적 활력을 되찾아야 합니다. 창조성과 문화적 역동성을 육성해야 합니다. 경쟁력을 배양해야 합니다. 그러려면 사람을 소모품 취급하는 지금의 구조를 뒤집어야 합니다. 역전을 위해선 국민들에게 새로운 희망, 비전을 제시해야 합니다. 모두 다 함께 선진국으로 가는 공화국, 아무도 뒤처지거나 배제당하지 않는 공화국. 이것이 국민들을 다시 꿈꾸게 할 것입니다.

  누군가는 반드시 제기할 것 같은 프랑스 등 유럽의 우경화에 대해
: 유럽이 우경화한다 해도 미국식 사회로 가는 것은 절대로 아닙니다. 체제의 차이는 여전히 유지됩니다. 그것이 극단적인 미국식 양극화 국가로 가고 있는 우리나라의 개혁을 막을 이유가 될 순 없습니다.

평준화로 가자

  소수 자산가의 이익이 경제활동의 목표 → 노동자 및 여타 이해관계자들은 자산가 이익 극대화를 위한 수단으로 전락 → 목표가 아닌 수단인 사람 : 노예 그렇게 분리된 소수와 다수의 자식들은 대학서열체제를 통해 지위를 대물림 → 무슨 수를 쓰더라도, 어떤 식으로 공교육을 정상화하더라도 이 서열체제에서 다수는 피지배자로 전락함 → 신분제 : 노예화 완성

한국인은 노예가 돼가고 있습니다. 이에 따라 물리적, 심리적 파탄, 상대적 박탈감, 노예가 되지 않기 위한 결사적 투쟁 등이 격화되고 있습니다. 승자독식구조에서 이익이 독점되므로 국가 거시지표가 좋아지면 좋아질수록 파탄은 깊어집니다. 그리하여 정치적 리더십이 와해되고, 공동체 전체의 비전은 사라집니다. 대학서열체제를 타격해 이 흐름을 역전시켜야 합니다. 그런데 왜 한국인은 자신이 노예화한다는 걸 인지하지 못할까요?

대학서열체제가 아주 어렸을 때부터 노예의식을 내면화함
→ 소수승자가 과실을 독차지하는 건 너무나 당연하다는 굴종의 정신 만연
대학서열체제가 조장하는 이기심이 저항을 거세하고 탐욕만 키움
→ 도박판에 몰두하는 노름꾼처럼 모든 국민이 일확천금을 열망하며 학벌쟁탈전에 뛰어들게 됨

사회가 거대한 도박장이 됐습니다. 모두가 판돈을 마련해 이 도박에 뛰어듭니다. 몰아주기 한판승 도박장에서 소수가 판돈을 독식하고 나머진 빈털터리로 학벌무산자가 됩니다. 그들은 지배를 달게 받으며, 가끔은 학벌을 사칭해 지배자들의 세상으로 나가기도 합니다. 복종과 멸시의 구조를 세뇌당한 사람들은 자기보다 못한 사람들에 대해 놀라울 만큼 냉혹하거나, 타자의 고통에 무감각한 사이코패스적인 성향을 내면화해갑니다.

교육을 각자의 총력을 기울인 간판 따먹기 체제에서, 교육기회의 공유라는 연대의 구조로 바꿔야 합니다. 이것은 강력한 역차별을 의미합니다. 바로 부자들에 대한 역차별입니다. 그 역차별을 하지 않으면 교육이 무너지고, 나라가 무너지게 생겼습니다.

그런데 이 역차별을 실력 있는 사람에 대한 역차별로 오인하는 경향이

있습니다. 그것은 신화로부터 비롯된 오해입니다.

신화 : '성실하고 능력있는 사람이 일류대 간다'
현실 : 서울대 입학생 60% 이상이 상위 20% 이내 가정 출신

학벌신분제에서 실력이란 바로 입시성적 → 입시성적은 부모 재산에 비례 → 대학서열체제는 능력을 부모 재산으로 치환해, 신분을 돈으로 사는 제도 → 대학 평준화는 입시성적이 높은 학생을 역차별 → 특목고 등 입시귀족학교의 존재 의의가 사라짐 → 역차별로 아무도 입시공부에 열중하지 않게 되므로 입시교육, 입시경쟁 사라짐 → 입시경쟁을 통해 귀족화하려는 부자들의 꿈도 역차별로 붕괴됨 → 정상적인 학교, 정상적인 학습만 남음

서민에겐 호환마마와도 같은 사교육비. 사교육비 대책은 정말 간단합니다. 두 가지가 있습니다. 하나, 사교육비를 줄이는 대책. 둘, 사교육비를 없애는 대책.

사교육비를 줄이는 대책
: 대학서열체제에 걸맞는 중등과정 + 입시제도 확립 → 교과서 암기식 학력고사 체제로 감(다양성, 자율성, 창의성으로 갈수록 사교육비 폭등)
사교육비를 없애는 대책
: 입시경쟁을 없앰(대학 평준화) → 입시 사교육 사라짐

대학서열체제가 사라지면 한국인은 공부를 안 할까요? 각자의 꿈이 있고, 사회적 차등이 존재하는 한 공부가 사라지는 일은 없습니다.

임금격차, 사회적 지위 격차, 직종 간 차이 → 공부의 필요성 상존

하지만 우리 사회는 사회적 차등이 살인적인 수준에 다다랐습니다. 그것이 고시열풍, 공무원열풍, 의대 집착 등을 부르고 있습니다. 이것 때문에 정상적인 공부는 사라지고 출세를 위한 공부만 남습니다.

대학서열체제 철폐 → 이기심이 아닌 연대의 원리로 사회 재조직 → 사회적 차등 정도가 조정될 반전의 모멘텀 형성 → 교육과 지식 창조력을 고갈시키는 고시, 공무원, 의대, 법대 집착 완화됨

자유화, 시장화는 인간성을 황폐화하고 삶의 질을 갉아먹습니다. 대학서열체제도 자유라는 양분을 먹고 자랍니다. 국가의 근간인 교육에서 시장원리를 추방해 사회의 과도한 시장화를 막는 길은 바로 대학서열체제라는 학벌간판 시장을 폐쇄하는 것입니다. 그것은 각자가 이기심을 추구할 자유를 양도하는 것이지요.

학교의 이기심
학생선발권 → 커트라인 극대화 → 간판권력 극대화
수요자의 이기심
학교선택권 → 자기 자식 커트라인 극대화 → 간판권력 극대화

이 두 개의 이기심이 자유롭게 만나는 시장이 대학서열체제하의 입시경쟁입니다. 이 판을 치우면 이기심에 포획되어가는 국가적 건강성이 회복될 것입니다. 요점은 이것입니다.

누가 파탄의 원흉인가? 독재잔당인가? 국가권력인가? → 바로 당신 자신, 바로 나 자신의 이기심이 파탄의 원흉

나만 잘 먹고 잘 살겠다는 이기심. 내 자식만 좋은 대학 보내겠다는 이기심. 부잣집 자식들을 독식해 자기만 일류학교가 되겠다는 이기심. 어려운 본고사를 봐 자기 학교 서열만 챙기겠다는 이기심. 시장에서 일류상품 즉, 일류학교, 일류학생을 선택하면 그만이라는 무책임한 소비자 의식.

각 주체의 이기심과 소비자 의식이 제한돼야 나라와 교육이 다시 살아남
→ 재미있는 영화, 좋은 차, 시장에서 선택하면 그만이다?
→ '후진 학교' 안 가면 그만이다? '후진 학생' 안 뽑으면 그만이다?
→ 한국경제가 이런 식의 이기심을 추방해 기적을 창출했던 것처럼 교육에서도 이기심 추방으로 기적적인 성취가 초래될 수 있음

우리나라 기계공업 능력은 형편없었으나 방위산업 육성 과정에서 경쟁력이 길러졌다고 했습니다. 방위산업 육성은 우리에게 두 가지를 시사해 줍니다.

① 소비자의 욕망을 억눌러야 한다
방위산업 소비자인 군부에게 억지로 조악한 국산품 선택을 강요한 결과 발전이 이루어졌음. 학생 수요자로서 일류 학생만 선택하려는 대학들을 국가가 강력히 규제해야 비일류학생, 즉 비강남 비중상층 국민의 자식들도 발전할 수 있음.
② 경쟁은 적절히 조절되어야 한다
박정희 정권은 방위산업을 육성하면서 품목별로 두 개의 기업을 선정했음.

경쟁이 아주 없어도 안 되지만, 너무 격심해도 안 된다는 사고방식. 지금 한국사회는 경쟁만능론 만연, 무한경쟁으로 치달으면서 경쟁이 자해적 양상을 보이고 있음. 특히 교육은 승자독식에 의한 극단적인 무한경쟁구조. 경쟁력 향상은커녕 모두가 고사해가고 있음. 대학서열체제를 타격해 무한경쟁의 판을 뒤집어야 함. 경쟁은 절대선이 아님.

분배파티는 이제 그만, 성장으로 가자

모두가 이익을 내부화하는 데만 혈안이 돼 있으면 나라가 성장할 수 있을까요?

- **제조업, 장사는 못하는데 금고는 가득 차**
  부채 비율(100.9%) 차입금 의존도(21%) 자기자본 비율(49.8%)은 사상 최저치(부채비율, 차입금의존도) 또는 최고치(자기자본 비율)를 기록했다. 특히 부채비율은 미국(136.4%)이나 일본(134.1%) 등 주요 선진국의 부채비율 수준보다 낮다. 재무 안전성이 갈수록 좋아지고 있는 것이다. 보유 현금성 자산도 87조 8천억 원으로 사상 최대 규모다.
  [한겨레 2007-05-10]

산업은행의 '2006년 기업 재무 분석' 보고서를 인용 보도한 것입니다. 이 보고서는 "외환위기 이후 기업들이 단기성과 위주의 보수적인 경영에 치중하고 불확실성을 이유로 설비투자에 소극적인 태도를 보이면서, 안정성은 지속적으로 개선되는 반면 수익성과 성장성은 둔화되는 현상이 반복되고 있다."며 "기업들이 신성장 산업을 발굴하고 연구개발 투자에 나서도록 유도하는 게 필요하다."라고 말합니다.

각자의 이익 극대화에만 치중하면 전체를 위한 활력이 사라집니다. 단기성과 위주의 보수적 행태는 소유권자들이 이익분배에 집착하기 때문에 나타납니다. 공동체를 위해 신성장 동력을 발굴하고 연구개발 투자를 하기보다는 이익분배, 자산분배가 이기심이란 주머니를 채워주니까요.

- **설비투자 계속 뒷걸음 성장잠재력 훼손 우려 [헤럴드경제 2007-05-02]**
- **설비투자 갈수록 위축**
  한국은행이 15일 발표한 '2006년 기업 경영 분석 결과'에 따르면 지난해 국내 제조업체들의 설비투자가 전년 대비 5.8% 증가하는 데 그쳤다. 이는 전년(18.2%)의 3분의 1 수준에도 못 미치는 것이며, 2003년 이후 처음으로 한 자릿수로 떨어진 것이다. 제조업 설비투자 증가율은 2003년 59.4%, 2004년 28.2%, 2005년 18.2%, 2006년 5.8% 등 현 정부 출범 이후 눈에 띄게 줄어드는 추세다. [조선일보 2007-05-16]
- **경제성장의 불씨가 꺼져 간다**
  (산은경제연구소의 '설비투자 동향' 자료에 의하면) 지난 97년 외환위기 이후 지난해까지 설비투자 증가율은 연평균 2.1%에 그쳤다는 것이다. 이는 지난 80~89년의 연평균 11.4%, 90~96년의 11.1% 증가에 비해 턱없이 낮은 증가세이다. [이코노미21 2007-05-11]

우리 경제의 활력이 꺼져가는 것을 두고, 이제는 선진국형으로 변했기 때문에 어쩔 수 없다는 식의 주장이 나오기도 하는데요. 소득 2만 달러가 넘는 나라들의 2005년 설비투자 증가율은 7.8%였다고 합니다. 싱가폴, 핀란드, 스웨덴의 설비투자 증가율은 10%가 넘는다고 합니다(서울신문 2007-05-14).

2007년 1분기 우리나라의 설비투자 증가율은 두자리 수(11.2%)가 되어 지표로만 보면 뭔가 상황이 역전된 것 같았지만, 사실은 새로운 그림의 지폐 때문에 ATM기가 대대적으로 교체되어 그런 수치가 나온 것이고(매일경제 2007-05-01), 같은 기간 제조업 생산능력 증가율은 13년내 최저치(1.5%)를 기록했다고 합니다(조선일보 2007-05-14).

활력을 빨아들여 이익을 내부화한 사람들과, 그 주변에 있는 사람들은 나날이 부자가 되고 국민은 가난해집니다. 미래를 위한 투자도 줄어듭니다. 국민의 삶과 인격과 미래가 소수에게 분배당한 것이지요. 날로 첨예해지는 상단 꼭짓점과 그 아래 있는 다수 국민. 삼각형 구조의 사회가 되어갑니다.

• 전국가구 상·하 20% 소득격차 8.4배 … 사상 최대 [연합뉴스 2007-05-09]

그 삼각형을 가로지르는 신분서열의 기준선이 대학서열체제입니다. 학벌간판이라는 낙인을 이마에 찍은 사람들이 배회하는 음울한 사회가 됩니다. 그 간판에 대한 열망이 2007년 여름 한국사회를 달군 학력위조 사건의 원인이었습니다. 학벌사회를 붕괴시키지 않으면 한국사회가 붕괴될 지경입니다.

산은경제연구소 김성환 선임연구원은 "설비투자가 회복되려면 일부 대기업만으로는 안 되고 내수가 회복돼 중소 제조업체들의 투자가 되살아나야 한다."(조선일보 2007-05-16)고 말합니다. 하지만 중소기업이 무슨 재주로 투자를 하나요?

- 소유권자들에게 이익을 분배하느라 대기업으로부터 중소기업으로 부가 이전되지 않음.
- 소유권자들의 이익 분배파티로 가난해진 국민들 때문에 국내 시장이 줄어들어 투자할 기회가 없음.
- 국민의 주머니로 들어간 돈도 시장으로 나오지 않고 사교육부문으로 빨려 들어감.

우리는 두 가지를 해야 합니다. 소유권자들의 이익 분배파티를 멈추고, 그 부를 공동체 전체의 활력을 회복하는 데 써야 합니다. 그리고 내수 시장의 활력을 잡아먹는 사교육부문을 없애야 합니다. 시장이 살아나면 기업이 살아나고, 다시 성장의 에너지가 약동할 겁니다. 그러기 위해선 각 주체의 이익 내부화 경쟁을 막아야 합니다.

> 소유권자, 강자, 부자들의 이익 내부화 중단
> → 노동자와 중소기업에 부를 나눔으로써 국가경제규모 성장, 장기 비전을 위한 투자에 부를 투여함으로써 국가경제 활력 재점화
> 일류대들의 이익 내부화(일류학생 독식) 중단
> → 여러 대학이 골고루 인재를 공유함으로써 국가 교육력, 학문 창조력 육성
> 부자 교육수요자들의 이익 내부화(일류학벌 독식) 중단
> → 부자들만 고등교육을 독식하는 체제에서 일반 국민도 고등교육을 골고루 받아 국가 전체 지식의 파이 성장

중소기업 영역인 부품소재산업을 육성해, 완제품 분야에서 세계의 공장이 될 중국이 계속해서 우리 부품을 사도록 해야 합니다. 그것은 결국 고숙련 노동자들과 창조적인 인력이 있어야만 가능한 일입니다. 그런 인력을 대대적으로 기르는 것이 교육부문의 부품소재산업 육성인 셈입니다. 그러나 우리는 한 명이 만 명을 먹여 살린다는 허망한 주술에 현혹돼 대학서열체제를 유지하면서 국민 다수를 노예 노동력으로 방치하고 있습니다. 그 꼭짓점에 있는 소수는 의사, 변호사, 고시만 꿈꾸면서 혼자만 잘 먹고 잘 살려 합니다. 대학서열체제에서는 이 구조를 뒤집을 수 없습니다.

> 1990년까지만 해도 중소기업의 생산성은 대기업의 50퍼센트 수준이었다. 이는 일본과 비슷한 수준이고 다른 선진국들보다 조금 낮은 수준이다. 그러나 이후 중소기업의 생산성은 계속 낮아졌고 2000년대에는 30퍼센트 수준으로 떨어졌다.
> — 김병권(새사연 연구센터장)

대학서열체제는 중소기업 세계를 삼류로 만듭니다. 중소기업이 있을 지방을 삼류로 만들고, 중소기업에서 일할 노동자를 삼류로 만듭니다. 그리하여 중소기업 자체를 삼류로 만듭니다. 지배와 멸시의 구조에서 멸시 세계에 속한 중소기업이 발전할 길은 없습니다. 대학서열체제가 한국을 지배와 멸시로 쪼개는 한 중소기업이 멸시의 세계를 벗어날 길도 없습니다. 국내에서 멸시 받는 기업이 국제경쟁력을 가질 길도 없습니다.

인류 역사상 유례없는 기적을 창출했던 우리 과거 체제의 장점을 발전적으로 계승해야 합니다. 고교 평준화를 대학 평준화로 발전시키는 것이지요. 강자들의 이익분배요구를 국가가 제어하는 것입니다. 대학 평준화가 당장 힘들다면 일단 국립대체제를 평준화로 돌리면서 국가 고등교육의 보루로 강화시켜야 합니다. 부실사립대, 부패사립대들을 적극적으로 국립대체제 안으로 편입시켜나가야 합니다. 인재를 육성하고, R&D 및 기초 학문 연구를 책임질 21세기판 경부고속도로를 만드는 것입니다. 소수의 이익을 위해 공동체의 활력이 분배당하는 구조에서, 다시 전체의 성장을 위해 소수의 이익을 제어하는 구조로 바꾸는 것이지요.

개인의 이기심, 사적 욕망	↔	국가 공공성, 전체의 성장, 경쟁력
대학서열체제		대학 평준화
고교서열체제		고교 평준화
상위 학벌 권력 독점		인재할당제

이순신과 박정희

드라마 〈불멸의 이순신〉에서 전쟁의 위기가 닥치자 지배자들은 백성들을 동원해 성을 쌓게 합니다. 그들은 이렇게 말합니다.

"이 나라는 저들(양민)의 나라이기도 하오이다."

마치 IMF 사태 이후 모든 고통을 노동자, 민중에게 떠넘기고, 중상층들은 오히려 제 세상 만난 듯 더 부자가 된 우리의 현실을 보는 듯합니다. 조선은 사실 임진왜란 때 망했어야 할 나라였다고 생각합니다. 왜적이 도성까지 거의 아무런 저항도 받지 않고 진격했다는 것은 조선이란 나라의 사회적 자본이 완전히 고갈된 상태였다는 걸 뜻합니다. 이순신은 전라좌수사가 되어 양반과 일반 병졸들 간의 차별을 없애고 기강을 바로잡습니다. 그것에 누가 항의하자 이렇게 말합니다.

"이 나라가 어디 종복과 백성들만의 나라라던가."

그렇죠. 이래야 경쟁력이 살아납니다. 그런데 대한민국은 비정규직과 노동자, 농민 등 민중만의 나라인가 봅니다. 그들만 희생하고 지배층들은 저 살 궁리만 하고 있으니 말입니다. 자기 자식들만 귀족 만들어주는 대학서열체제를 한사코 지키려 합니다. 또 자기 자식 미국 보내기 경쟁하느라 여념이 없지요.

이순신은 전라좌수영에 사회적 자본을 확충(차별철폐)해 신뢰와 헌신의 문화를 구축합니다. 그리고 R&D(거북선 개발), 설비투자(판옥선 건조), 교육훈련(군사훈련)에 박차를 가합니다. 자유화는 없습니다. 강력한 리더십의 강력한 규제를 실시합니다. 강력한 규제란 강자, 특권층의 발호, 전횡을 용납하지 않았다는 뜻입니다. 훌륭한 장수 하나가 만 명을 감당한다며 요즘 우리나라처럼 다수를 배제하지 않았습니다. 그러자 전라좌수영의 국제경쟁력이 사상최강 수준으로 급속히 상승합니다.

반면에 우리는 90년대 자유화 개혁 이후 차별이 심화, 구조화되고 있으며, 서열체제로 인해 입시경쟁만 창궐하고 헌신성은 무너지고, 주주중심주의로 이익을 탈취당해 R&D 혁신이나 설비투자 여력도 말라가고 있습니다. 대학서열체제는 교육훈련도 막습니다. 국민을 세계 최고 인재로 만드는 교육훈련은 개방된 대학체제와 헌신적인 기업들로 가능합니다. 누구나 쉽게 대학에서 고급지식을 습득할 수 있는 체제, 기업과 대학이 인재를 못 기른다는 둥 남 탓만 할 게 아니라 자기가 직접 직업훈련을 담당해야 한다는 헌신성을 가진 사회, 그런 체제에서 교육훈련이 가능해집니다. 그런데 대학서열체제는 입시 변별에 목숨을 건 폐쇄적인 체제이므로 일반 국민이 대학의 고급지식에 접근할 수 없습니다. 선발에만 집착하는 대학이 고급지식을 생산하지도 않거니와, 서열체제의 이기적 속성이 기업의 이기심을 고양시켜 직업훈련의 책임을 남에게만 전가시킵니다. 마치 일류대학들이 교육보다 일류인재 선발에만 목숨을 거는 것처럼, 기업들도 일류인재 스카웃에만 혈안이 되게 합니다. 그리하여 국가적으로는 이순신의 전라좌수영과 반대로, 선조의 조선 꼴이 나는 것입니다.

우리나라의 수출산업은 경공업으로부터 출발했습니다. 그중에서 박정희 전 대통령이 한 수출용 스웨터 공장에 들렀을 때, 여공에게 소원을 물었다고 합니다. 그 여공은 못 배운 게 한이라고 했답니다. 그 자리에서 대통령이 업체 사장 얼굴을 쳐다봤고 그 즉시 사장은 사내 야간학교 개설을 약속했습니다. 대통령이 시설을 잘 해주라고 못을 박았고, 시간이 흘러 졸업할 때가 됐는데, 문교부가 야간학교는 정규학교가 아니므로 정식 졸업장을 줄 수 없다고 나왔습니다. 박 대통령이 문교부 장관을 불러 호통을 쳤다고 합니다. 바로 정규 학력을 인정해주는 것으로 법규가 바뀌었습니다. 졸업식날은 졸업생과 직장 동료들, 참석한 내외빈들이 모두 엉엉 우는 바람에 졸업식이 중단되기도 했다고 합니다.

과거 고등학교는 오늘날 대학교에 해당합니다. 박정희는 당시에 고등학교를 평준화했지요. 지금 노동자의 자식은 삼류대나 지방대를 가야 하지만, 그땐 평준화된, 즉 정상적인 고등학교를 나올 수 있게 해준 겁니다. 자유화 개혁은 잘 있던 고교 평준화마저 깨 서열화시키고 있는 중입니다. 지금은 중상층만 좋은 고등학교 갑니다.

독재와 노동억압은 어떤 이유로도 정당화될 수 없습니다. 그러나 그것이 인류 역사상 유례가 없는 기적을 창출한 대한민국의 성장 시스템을 모두 부정할 이유가 될 순 없습니다. 우리나라는 〈불멸의 이순신〉 속 전라좌수영과 비슷한 면모가 분명 있었습니다. 그것은 국가의 강력한 리더십에 의한 강자 통제였습니다. 고교 평준화는 강자가 일류학교를 선택하고 싶어하는 욕망을 억압한 것이었지요. 여공에게 평준화된 고교 졸업장을 준 것은 부잣집 자식이 받을 일류고 졸업장의 가치를 깎아먹은 것입니다. 국립대 평준화라도 하면 서울대 졸업장에 대해 같은 효과가 발생합니다.

더 발전했다는 민주화 시대에 삼류대, 지방대에 갈 수밖에 없는 국민들 한을 왜 못 풀어주나요? 못 배워서 최고 인재가 못 되고 저임금 단순노동밖에 할 수 없는 국민들 한을 왜 못 풀어주나요? 잘 사는 집 아이들만 최고 인재로 호의호식하는 나라로 다시 한번 기적을 창출할 수 있을까요? 박정희는 노조를 탄압했지만 자유화체제는 노조를 저절로 와해시키거나 고립시키고 있습니다. 소수 대노조에겐 고임금을, 다수 노동자에겐 저임금을 구조화함으로써 노노갈등을 부추기는 것이지요. 이런 식으로 국민을 분단시키는 양극화 구도는 대학서열체제와 정확히 일치합니다. 이런 체제는 한을 풀어주기는커녕 절망만 조장합니다.

교육예산을 대대적으로 확충해 아이들을 국가공동체가 연대의 원리로 보육·교육하고, 대학서열체제를 밀어버려 약자에겐 기회를, 강자에겐 규제를 주면 나라가 다시 한번 한덩어리가 될 겁니다. 신뢰가 살아나고 헌신이 살아날 겁니다. 강자를 규제하려면 국가가 강해져야 합니다. 그것은 민주적 원리에 입각한 강력한 협력적 리더십의 확립으로 가능한 일입니다. 그런데 우리 국가권력의 협력은 강자를 향해서만 있는 것 같습니다. 그런 건 진정한 민주주의가 아닙니다. 강자는 규제의 대상입니다. 강자는 자유시장에서 충분히 권력을 누리므로 국가권력까지 나서서 그들을 비호하면 특권이 됩니다. 특권은 사회의 신뢰를 짓밟고 사회적 자본을 와해시킵니다. 특권을 신분으로 구조화하는 체제가 학벌사회이고, 그것의 물리적 토대가 되는 것이 대학서열체제입니다. 대학서열을 밀어버리는 것이 학교와 교육을 사회적 자본육성의 용광로, 제2의 포항제철, 제2의 경부고속도로로 만드는 유일한 길입니다.

우리가 이것을 거부할 이유가 있을까

대학서열체제가 사라지면 입시지옥이 사라집니다. 전 국민의 삶의 질이 일거에 향상됩니다. 사교육비 고통이 사라집니다. 내수시장이 활성화됩니다. 자영업도 살아납니다. 지방 공동화·저출산이 반전됩니다. 시민이 길러져 민주주의가 발전됩니다. 인재가 길러져 국가경쟁력이 향상됩니다. 덕성이 길러져 사회가 따뜻해집니다. 탈출하던 사람들이 돌아옵니다. 문화성과 창조성이 생겨납니다. 고등교육기관의 학문경쟁력이 만개합니다. 공화국이 태어납니다. 신뢰의 문화가 생겨납니다. 기술·직업 교육, 평생교육도 정상화됩니다.

왕따를 부른 냉혹한 스트레스 구조는 사라집니다. 엄마들의 고통이 사라집니다. 노조가 자식 학원비를 벌기 위해 공장 멈추고 데모하는 일도 사라집니다. 권력독점 패거리가 사라지고 국민의 한도 사라집니다. 학벌세탁 광풍도 사라집니다. 학력·학벌 거짓말도 사라집니다. 만연한 기러기 가족 문화도 사라집니다. 획일화도 사라집니다. 승자독식구조가 사라집니다. 도박장 학교와 정글 사회도 사라집니다. 절망과 고통도 사라집니다.

우리가 이것을 거부할 이유가 있을까요?

참고문헌

E. J. 시에예스 지음, 박인수 옮김, 『제3신분이란 무엇인가』, 책세상, 2003.

H. C. 바너드 지음, 서정복 옮김, 『프랑스혁명과 교육 개혁』, 삼지원, 1993.

MIT 산업생산성 위원회 지음, 신영수 옮김, 『메이드 인 아메리카』, 시사영어사, 1990.

가리야 다케히코 지음, 김미란 옮김, 『교육개혁의 환상』, 북코리아, 2004.

가리야 다케히코 지음, 김미란 옮김, 『학력저하의 실태』, 북코리아, 2004.

강경식, 『국산품 애용식으론 나라가 망한다』, 폴리미디어, 1993.

강두용, 『소비부진의 구조적 원인』, 산업연구원, 2005.

강두용·이상연·이원복·민성환, 『한국 제조업의 업종별 기술수준 및 개발 동향』, 산업연구원, 2004.

강상구, 『신자유주의의 옮김사와 진실』, 문화과학사, 2000.

강준만, 『서울대의 나라』, 개마고원, 1996.

강준만, 『이건희 시대』, 인물과사상사, 2005.

개빈 켈리 외 지음, 장현준 옮김, 『참여자본주의』, 미래M&B, 2003.

경상대학교 사회과학연구원, 『대학서열체제 연구』, 한울아카데미, 2004.

경향신문 특별취재팀, 『민주화 20년의 열망과 절망』, 후마니타스, 2007.

구인회, 『한국의 소득불평등과 빈곤』, 서울대학교출판부, 2006.

구자억·전효선·정광희·정영순, 『세계의 교육혁명』, 문음사, 1999.

권선무, 『서울대는 왜 있는 집 자녀만 다닐까』, 바다출판사, 2004.

김경근, 『대학서열 깨기』, 개마고원, 1999.

김균 외, 『자유주의 비판』, 풀빛, 1997.

김남두 엮음, 『재산권 사상의 흐름』, 천지, 1993.

김대중·류근일 외, 『조선일보 명칼럼집』, 조선일보사, 1999.

김덕영, 『위장된 학교』, 인물과사상사, 2004.

김동훈, 『대학이 망해야 나라가 산다』, 바다출판사, 1999.

김동훈, 『서울대가 없어야 나라가 산다』, 더북스, 2002.

김동훈, 『한국의 학벌, 또 하나의 카스트인가』, 책세상, 2001.

김부태, 『한국 학력사회론』, 내일을 여는 책, 1995.

김상봉, 『학벌사회』, 한길사, 2004.

김상헌, 『대한민국 강남특별시』, 위즈덤하우스, 2004.

김선호·김애란, 『대학입시제도와 대학교육』, 장락, 1998.

김성국, 석현호, 임현진, 유석춘, 『우리에게 연고는 무엇인가』, 전통과 현대, 2003.

김승욱 외, 『시장인가? 정부인가?』, 부키, 2004.

김신일 외, 『시민의 교육학』, 한길사, 1995.

김신일, 『교육사회학』, 교육과학사, 1993.

김양배, 『산업사회의 노동과 계급의 재생산』, 한울아카데미, 2002.

김영문, 『일본식 경영』, 고려원, 1994.

김용숙, 『점수병학교 학력병사회 이대로 좋은가』, 성원사, 1990.

김용일, 『교육의 미래』, 문음사, 2002.

김용일, 『위험한 실험 교육개혁의 정치학』, 문음사, 2001.

김유선, 『한국 노동자의 임금실태와 임금정책』, 후마니타스, 2005.

김은실, 『대치동 엄마들의 입시전략』, 이지북, 2004.

김적교·김상호, 『독일의 사회적 시장경제』, 한국경제연구원, 1999.

김정렴, 『아, 박정희』, 중앙M&B, 1997.

김진방·성낙선 외, 『미국 자본주의 해부』, 풀빛, 2001.

김진방 · 이상호 외, 『유럽 자본주의 해부』, 풀빛, 2003.

김태수, 『학벌 디지털 대한민국의 마지막 굴레』, 서원, 2003.

김헌숙, 『영국학교 시민교육』, 땅에쓰신글씨, 2002.

김형아 지음, 신명주 옮김, 『유신과 중화학공업 박정희의 양날의 선택』, 일조각, 2005.

김흥기 외 경제기획원 원사 발간위원회, 『비사 경제기획원 33년 영욕의 한국경제』, 매일경제신문사, 1999.

나라정책연구회, 『소비자 주권의 교육대개혁론』, 길벗, 1995.

다미엥 미예 · 에릭 뚜생 지음, 조홍식 옮김, 『신용불량국가』, 창비, 2006.

더그 헨우드 지음, 이강국 옮김, 『신경제 이후』, 필맥, 2004.

더그 헨우드 지음, 이주명 옮김, 『월 스트리트 누구를 위해 어떻게 움직이나』, 사계절, 1999.

데이비드 C. 코튼 지음, 채혜원 옮김, 『기업이 세계를 지배할 때』, 세종서적, 1997.

동아일보 특별취재팀, 『잃어버린 5년, 칼국수에서 IMF까지』 1~2, 동아일보사, 1999.

라이하르트 슈프렝어 지음, 나현성, 『동기유발의 원칙』, 생각의나무, 1999.

럭키금성(LG)경제연구소, 『일본과 독일 어떻게 강대국이 되었는가』, 럭키금성경제연구소, 1991.

로렌 슬레이터 지음, 조증열 옮김, 『스키너의 심리상자 열기』, 에코의서재, 2005.

로버트 다알 지음, 안승국 옮김, 『경제민주주의』, 인간사랑, 1999.

로버트 라이시 지음, 오성호 옮김, 『부유한 노예』, 김영사, 2001.

로버트 스키델스키 지음, 이상훈 옮김, 『케인스』, 시공사, 2000.

로버트 프랭크 · 필립 쿡 지음, 권영경 · 김양미 옮김, 『이긴 자가 전부 가지는 사회』, CM비지니스, 1997.

롤프 칼슨 지음, 박행웅 · 이종삼 옮김, 『오너십이 기업운명을 지배한다』, 김영사, 2002.

롬 인터내셔널, 『미국의 진실』, 이치, 2004.

리차드 플로리다 지음, 이길태 옮김, 『Creative Class: 창조적 변화를 주도하는 사람들』, 전자신문사, 2002.

린다 위스 지음, 박형준 · 김남줄 옮김, 『국가몰락의 신화』, 일신사, 2002.

마르퀴 드 콩도르세 지음, 장세룡 옮김, 『인간 정신의 진보에 관한 옮김사적 개요』, 책세상, 2002.

마이클 무어 지음, 감남섭 옮김, 『이봐 내 나라를 돌려줘』, 한겨레신문사, 2004.

마이클 무어 지음, 김현후 옮김, 『멍청한 백인들』, 나무와숲, 2002.

마이클 애플 외, 『문화정치학과 교육』, 우리교육, 2004.

마이클 애플 지음, 박부권·심연미·김수연 옮김, 『학교지식의 정치학』, 우리교육, 2002.

마이클 애플 지음, 성열관 옮김, 『미국교육개혁 옳은 길로 가고 있나』, 우리교육, 2003.

마저리 켈리 지음, 강현석 옮김, 『자본의 권리는 하늘이 내렸나?』, 이소출판사, 2003.

마틴 메이어, 『마틴 씨 한국이 그렇게도 좋아요?』, 현암사, 2005.

모리치오 비롤리 지음, 김경희·김동규 옮김, 『공화주의』, 인간사랑, 2006.

미우라 아츠시 지음, 이화성 옮김, 『하류사회』, 씨앗을뿌리는사람, 2006.

민혜숙, 『서울대 시지프스』, 문학과지성사, 1998.

밀턴 프리드만 지음, 안재욱·이은영 옮김, 『자유시장과 작은정부』, 나남, 1995.

박거용, 『한국 대학의 현실』, 문화과학사, 2005.

박세일 외, 『자율과 책무의 학교개혁』, 한국개발연구원, 2002.

박세일, 『대한민국 선진화 전략』, 21세기북스, 2006.

박홍기·김재천, 『학벌리포트』, 더북, 2004.

배정한, 『현대조경설계의 이론과 쟁점』, 조경, 2006.

백승욱, 『자본주의 옮김사 강의』, 그린비, 2006.

베아트 샬러 지음, 이현우 옮김, 『사람의 행동을 결정짓는 심리코드』, 흐름출판, 2005.

서정욱 외, 『세계가 놀란 한국 핵심산업기술』, 김영사, 2002.

석태종, 『교육사회학』, 교육과학사, 1996.

성윤모, 『한국의 제조업은 미래가 두렵다』, 마이넌, 2003.

세르주 시코티 지음, 윤미연 옮김, 『심리실험 150』, 궁리, 2006.

손석춘 외, 『새로운 사회를 여는 상상력』, 시대의창, 2006.

손준종, 『교육사회학』, 문음사, 2001.

송미현 외, 『미국을 말한다』, 푸른나무, 2003.

신광영, 『한국의 계급과 불평등』, 을유문화사, 2004.

신용석, 『현장에서 본 프랑스 교육』, 서당, 1991.

신장섭, 『한국경제 제3의길』, 중앙M&B, 1999.

신장섭 · 장성원, 『삼성 반도체 세계 일등 비결의 해부』, 삼성경제연구소, 2006.

신장섭 · 장하준, 『주식회사 한국의 구조조정』, 창비, 2004.

심미혜, 『미국 교육과 아메리칸 커피』, 솔, 2001.

안기성 외, 『한국 교육개혁의 정치학』, 학지사, 1998.

안재오, 『교육공화국』, 얼과알, 2003.

알피 콘 지음, 성재선 옮김, 『경쟁을 넘어서』, 비봉출판사, 1995.

야쿠시지 타이조 지음, 강박광 옮김, 『강대국의 기술패권』, 겸지사, 1994.

엄광석, 『왜 유럽에서는 과외가 없는가』, 정화출판문화사, 1981.

에몬 핑글턴 지음, 김학동 옮김, 『제조업은 영원한가?』, 지식여행, 2000.

엘리어트 애런슨 지음, 윤진 · 최상진 옮김, 『사회심리학』, 탐구당, 1993.

옐러 피서르, 안톤 헤이머레이크 지음, 최남호 · 최연우 옮김, 『네덜란드의 기적』, 따님, 2004.

오마에 겐이치 지음, 지의정 옮김, 『부의 위기』, 국일증권경제연구소, 2006.

오오무라 마사오 지음, 박선무 · 고선윤 옮김, 『3일만에 읽는 심리학』, 서울문화사, 2004.

오원철, 『박정희는 어떻게 경제강국 만들었나』, 동서문화사, 2006.

오원철, 『한국형 경제건설』 1~2, 기아경제연구소, 1995.

오원철, 『한국형 경제건설』 3~7, 한국형경제정책연구소, 1999.

오치 미치오 지음, 곽해선 옮김, 『WASP』, 살림, 1999.

원윤수 · 류진현, 『프랑스의 고등교육』, 서울대학교출판부, 2002.

유석춘 외, 『사회자본』, 그린, 2003.

유철규 외, 『혁신과 통합의 한국경제모델을 찾아서』, 함께읽는책, 2006.

유철규 외, 『박정희 모델과 신자유주의 사이에서』, 함께읽는책, 2004.

유철규 외, 『한국자본의 발전모델의 옮김사와 위기』, 함께읽는책, 2003.

유현옥, 『현대 교육의 주제와 쟁점』, 내일을 여는 책, 1996.

이나미, 『한국 자유주의의 기원』, 책세상, 2003.

이병문, 『핀란드 들여다보기』, 매일경제신문사, 2006.

이병천, 조원희 외, 『한국경제 재생의 길은 있는가』, 당대, 2001.

이수경, 『한국애들 정말 불쌍해』, 삼성출판사, 1999.

이용주, 김덕영, 『신화가 되어버린 싱가포르』, 한국학술정보, 2005.

이이화, 『한국사 이야기』, 한길사, 2001.

이정규, 『한국사회의 학력 학벌주의』, 집문당, 2003.

이정전, 『시장은 정말 우리를 행복하게 하는가』, 한길사, 2002.

이정환, 『투기자본의 천국 대한민국』, 중심, 2006.

이주호 외, 『평준화를 넘어 다양화로』, 학지사, 2006.

이찬근, 『뉴금융라운드』, 모색, 1999.

이찬근, 『한국경제가 사라진다』, 21세기북스, 2005.

이해영, 『낯선 식민지 한미FTA』, 메이데이, 2006.

이호, 『신들린 사람들의 합창 포항제철 30년 이야기』, 1998.

이홍, 『지식점프』, 삼성경제연구소, 2004.

임달호 · 조재길, 『강남아파트 명문학군만 따라가면 반드시 돈 번다』, 이지북, 2006.

자크 아탈리, 『인간적인 길』, 에디터, 2005.

장승규, 『존경받는 기업 발렌베리가의 신화』, 새로운 제안, 2006.

장시복, 『세계화 시대 초국적기업의 실체』, 책세상, 2004.

장하준, 『국가의 역할』, 부키, 2006.

장하준, 『사다리 걷어차기』, 부키, 2004.

장하준 · 정승일, 『쾌도난마 한국경제』, 부키, 2005.

전교조참교육실천위원회, 『학교 붕괴』, 푸른나무, 1999.

전국교수노조, 『우리대학 절망에서』, 노기연, 2006.

전창환 · 조영철 외, 『미국식 자본주의와 사회민주적 대안』, 당대, 2001.

전태영, 『세금이야기』, 생각의나무, 2005.

정민걸, 『우리가 돼지고기냐 내신등급제하게!』, 간디서원, 2005.

정박원, 『현대자동차 왜 강한가』, 채움, 2005.

정세영, 『미래는 만드는 것이다―정세영의 자동차 외길 32년』, 행림출판, 2000.

정영근 외, 『동서양 주요국가들의 대학교육』, 문음사, 1999.

정이환, 『현대 노동시장의 정치사회학』, 후마니타스, 2006.

정종화, 『유럽연합국가들의 교육제도』, 법문사, 1997.

정진상 외, 『교육부의 대국민 사기극』, 책갈피, 2005.

정진상, 『국립대 통합네트워크』, 책세상, 2004.

조셉 인너스·에비 드레스 지음, 김원석 옮김, 『세계는 믿지 않았다』, 에드텍, 1993.

조용경 편, 『각하 이제 마쳤습니다―박태준 글 모음』, 한송, 1995.

조지프 스티글리츠 지음, 강신욱 옮김, 『시장으로 가는 길』, 한울아카데미, 2003.

조지프 스티글리츠 지음, 송철복 옮김, 『세계화와 그 불만』, 세종연구원, 2002.

조현재·전호림·임상균, 『디지털 정복자 삼성전자』, 매일경제신문사, 2005.

존 매들리 지음, 차미경·이양지 옮김, 『초국적 기업, 세계를 삼키다』, 창비, 2004.

존 미클스웨이트·에이드리언 올드리치 지음, 유경찬 옮김, 『기업의 역사』, 을유문화사, 2004.

존 워로노프 지음, 박영민 옮김, 『한국경제』, 시사영어사, 1984.

주치호, 『삼성공화국』, 한가람, 1997.

쥐스탱 바이스 지음, 김종명 옮김, 『미국식 사회 모델』, 동문선, 2002.

찰스 랜드리 지음, 임상오 옮김, 『창조도시』, 2005.

찰스 M. 햄든 터너·폰즈 트롬페나스 지음, 김종욱 외 옮김, 『문화코드 & 비지니스코드』, 글월마로니, 2003.

천보선·김학한, 『신자유주의와 한국교육의 진로』, 한울, 2004.

최병권, 『진보에는 나이가 없다』, 휴머니스트, 2003.

최원룡, 『중소기업 죽이기』, 한국산업정보센터, 1995.

최정규, 『이타적 인간의 출현』, 뿌리와이파리, 2004.

코리안 워크스 지음, 정란희 옮김, 『한국 vs 일본』, 예담, 2002.

코모토 요시코 지음, 임선애 옮김, 『스웨덴 쑥쑥교육』, 홍익출판사, 2002.

폴 크루그먼 지음, 김이수·오승훈 옮김, 『경제학의 향연』, 부키, 2004.

프랜시스 후쿠야마 지음, 한국경제신문 국제부 옮김, 『대붕괴 신질서』, 한국경제신문, 2001.

하랄드 슈만·한스 피터 마르틴 지음, 강수돌 옮김, 『세계화의 덫』, 영림카디널, 2003.

하용출, 『후발 산업화와 국가의 동학』, 서울대학교출판부, 2006.

학술단체협의회, 『우리 학문 속의 미국』, 한울아카데미, 2003.

한국사회민주주의 연구회, 『세계화와 사회민주주의』, 사회와연대, 2002.

한국직업능력개발원, 『학벌주의에 관한 인식과 개선요구 조사 연구』, 한국직업능력개발원, 2003.

한상복, 『외발자전거는 넘어지지 않는다』, 하늘, 1995.

허창희, 『나 혼자 간 미국 고등학교 유학기』, 황금가지, 2003.

홍은주, 『초국적시대의 미국기업』, 한송, 1996.

홍하상, 『이병철 vs 정주영』, 한국경제신문, 2004.

홍하상, 『CEO 박정희』, 국일미디어, 2005.

후지이 겐키 지음, 이혁재 옮김, 『90%가 하류로 전락한다』, 재인, 2006.

히딩크, 『마이 웨이』, 조선일보사, 2002.